弘扬"两路"精神 加快建设交通强国

王 戎 唐伯明 郭瑞敏 等 著

人民交通出版社股份有限公司
北 京

内 容 提 要

"两路"(川藏、青藏公路)的修筑,是新中国成立后的第一项超级工程。"两路"精神既是对中国共产党优良传统的继承和发扬,也是社会主义建设时期先进精神的源头。本书详尽论述并阐释了"两路"修筑的时代背景,"两路"精神的发展历程、思想渊源、实践本源、内涵特质、历史地位。大力弘扬和践行"两路"精神,对于加快建设交通强国,实现中华民族伟大复兴的中国梦,具有极其重要的现实意义。

图书在版编目(CIP)数据

弘扬"两路"精神 加快建设交通强国 / 王戎等著. — 北京:人民交通出版社股份有限公司, 2020.7
ISBN 978-7-114-16502-3

Ⅰ.①弘… Ⅱ.①王… Ⅲ.①公路运输—交通运输发展—研究—中国 Ⅳ.①F542

中国版本图书馆 CIP 数据核字(2020)第 066237 号

HONGYANG LIANGLU JINGSHEN JIAKUAI JIANSHE JIAOTONG QIANGGUO

书 名:	弘扬"两路"精神 加快建设交通强国
著 作 者:	王 戎 唐伯明 郭瑞敏 等
责任编辑:	陈 鹏
责任校对:	孙国靖 龙 雪
责任印制:	刘高彤
出版发行:	人民交通出版社股份有限公司
地 址:	(100011)北京市朝阳区安定门外外馆斜街 3 号
网 址:	http://www.ccpress.com.cn
销售电话:	(010)59757973
总 经 销:	人民交通出版社股份有限公司发行部
经 销:	各地新华书店
印 刷:	北京印匠彩色印刷有限公司
开 本:	710×1000 1/16
印 张:	27
字 数:	325 千
版 次:	2020 年 7 月 第 1 版
印 次:	2020 年 7 月 第 1 次印刷
书 号:	ISBN 978-7-114-16502-3
定 价:	80.00 元

(有印刷、装订质量问题的图书由本公司负责调换)

弘扬"两路"精神
书写加快建设交通强国新篇章

刘小明

伟大的革命实践产生伟大的革命精神。"两路"精神源于66年前修筑"两路"的伟大实践,源于66年来养护"两路"的传承坚守,是习近平总书记亲自提出的精神力量,是中国精神的重要组成部分。迈上加快建设交通强国的征程,我们更需要大力弘扬"两路"精神,凝聚磅礴力量,为实现"两个一百年"奋斗目标、实现中华民族伟大复兴中国梦不懈奋斗。

"两路"精神是在修筑、养护川藏、青藏公路的伟大实践中孕育而生的。新中国成立之时,在一穷二白的条件下,中国共产党人以人民利益至上,"一面进军,一面修路",担当起建设川藏、青藏公路的崇高使命。强大的精神力量支撑着筑路先辈们克服风餐露宿、物资匮乏等现实困难,面对高寒缺氧、多年冻土、沼泽、泥石流等恶劣自然条件,以忠诚、奉献、担当甚至生命,用铁锹、镐头、钢钎、双手,在雪域高原悬崖峭壁中开辟通道，创造了世界筑路奇迹。正如解放军某师的筑路英雄所说，"川藏公路每前进一步，都印着我们的汗和血迹，每前进一程，都是我们的光荣和幸福！"正是在这样艰苦卓绝的伟大实践中，孕育形成了伟大的"两路"精神。

习近平总书记亲自提炼并深入阐释了"两路"精神的内涵实质。1954年12月25日，"两路"全线通车。毛泽东主席特地为"两路"通车题词："庆祝康藏、青藏两公路的通车，巩固各民族人民的团结，建设祖国！"2014年8月6日，总书记对"两路"建成通车60周年作出重要指示：60年来，在建设和养护公路的过程中，形成和发扬了一不怕苦、二不怕死，顽强拼搏、甘当路石，军民一家、民族团结的"两路"精神。习近平总书记首次概括提炼了"两路"精神。"一不怕苦、二不怕死"，体现的是不畏艰险的革命英雄主义；"顽强拼搏、甘当路石"，体现的是勇往直前、敢为人先的进取意识和担当精神；"军民一家、民族团结"，体现的是水乳交融、血肉相连的军民鱼水情深，象征着各民族兄弟姐妹像石榴籽一样紧紧抱在一起。这三个方面形成一个有机整体，全面诠释了一代又一代交通人创建、守护、传承"两路"精神的优良传统和高贵品质。习近平总书记强调，新形势下，要继续弘扬"两路"精神，养好"两路"，保障畅通，使川藏、青藏公路始终成为民族团结之路、西藏文明进步之路、西藏各族同胞共同富裕之路。2016年9月，总书记强调"两路"精神充分体现了交通运输系统的风采,在新形势下要进一步弘扬并创新、发展。2018年10月,总书记在中央财经委员会第三次会议上强调,发扬"两路"精神和青藏铁路精神,高起点高标准高质量推进川藏铁路规划建设。此外,在会见四川航空"中国民航英雄机组"全体成员时指出,伟大出自平凡,英雄来自人民,把每一项平凡工作做好就是不平凡。学习英雄事迹,弘扬英雄精神,要把非凡英雄精神体现在平凡工作岗位上,体现在对人民生命安全高度负责的责任意识上。在和港珠澳大桥建设者代表交谈时,总书记充分肯定了港珠澳大桥体现出的逢山开路、遇水架桥的奋斗精神,勇创世界一流的民族志气。习近平总书记的重要指示精神,富有理论性、时代性、创新性,进一步丰富和发展了"两路"精神的内涵实质,形成了以"两路"精神为代表的新时代交通精神,为交通运输事业注入了强大的发展动力。

"两路"精神成为推动交通运输发展的精神力量。随着时代变迁,"两路"精神始终熠熠生辉。60多年来,"两路"精神已经融入交通人的血液,成为交通人团结拼搏的心灵高地和精神传承,激励着一代代交通人创造出一个个新奇迹。我国高速铁路、高速公路、城市轨道交通、港口万吨级泊位等数量规模均跃居世界第一,公路成网,铁路密布,高铁飞驰,巨轮远航,飞机翱翔,天堑变通途变为现实。青藏铁路、港珠澳大桥、北京大兴国际机场等"超级工程"举世瞩目,中国路、中国桥、中国港、中国高铁、中国电商成为国家亮丽名片。交通运输实现了从小到大、从大向强的历史性转变,实现了从"整体滞后"到"瓶颈制约""初步缓解",再到"基本适应"的历史性跨越。

"两路"精神为加快建设交通强国注入强大伟力。人无精神则不立,国无精神则不强。迈上加快建设交通强国的征程,我们需要进一步弘扬"两路"精神,凝聚行业合力,攻坚克难,破解行业难题,推动高质量发展,努力建设人民满意交通。需要进一步弘扬"两路"精神,激励全体交通人,永不懈怠、一往无前,做新时代交通强国的坚定建设者,共同谱写新时代加快建设交通强国的壮丽篇章,为实现"两个一百年"奋斗目标、实现中华民族伟大复兴中国梦而努力奋斗!

"两路"精神内涵丰富,思想深邃,立意高远。60多年来,一代代交通人传承和坚守"两路"精神,不断丰富和发展着"两路"精神的时代内涵,为推动交通运输高质量发展注入了强大精神动力。在迈向加快建设交通强国的新征程中,我们必须深入研究"两路"精神在新时代的新内涵,进一步凝练升华,不断形成更丰富理论成果。我们必须深入学,反复悟,让"两路"精神成为加快建设交通强国的强大思想源泉和精神力量,激励全行业干部职工不忘初心、牢记使命,开拓进取、永远奋斗!

前　言

20世纪50年代康藏、青藏公路的修建，是我国乃至世界公路修筑史上罕见的壮举。"两路"建成通车开启了西藏交通发展新纪元，是西藏走向进步和发展的重要里程碑，对维护国家统一、巩固国防、促进民族团结进步发挥了极为重要的作用。

治国必治边，治边先稳藏，稳藏先修路。"两路"修筑是在复杂的国际国内背景下，在极其艰险的工程环境中进行的。新中国成立之初，为了粉碎国内外敌对势力分裂西藏的图谋，维护多民族国家的团结统一，巩固国防安全，改变西藏贫穷落后面貌、促进民族地区的繁荣发展，中国共产党毅然做出和平解放西藏，修筑康藏、青藏公路的战略决策。

康藏公路(今称川藏公路)起于西康省省会雅安，经马尼干戈、昌都、林芝，终于西藏拉萨，全长2255公里。1950年4月破土动工，1954年12月建成通车。1955年西康省建制撤销全部并入四川省。1955年10月，康藏公路改称"川藏公路"，起点延至成都，全长2416公里。川藏公路蜿蜒于青藏高原横断山脉的崇山峡谷之间，翻越二郎山、折多山、雀儿山、色季拉山等14座大山，除二郎山垭口海拔3200米外，其余13座大山都在海拔4000米以上；横跨大渡河、金沙江、怒江、拉萨河等10多条大河急流；横穿龙门山、通麦等8条大断裂带。地质灾害频发，堪称"地质灾害博物馆"，建筑工程异常艰险。

1950年初，人民解放军进军西藏，完成中国大陆的统一。党中央指示进藏部队，"一面进军，一面修路"。11万解放军官兵、工程技术人员和各族群众组成筑路大军，以钢钎、铁锤、铁锹等简陋工具，以"让高山低头，叫河水让路"的英雄气概，逢山开路、遇水架桥。筑路大军挑战极限，风餐露宿、卧冰爬雪、舍生忘死，用青春、热血和生命筑路，三千英烈捐躯高原。历时近5年艰苦卓绝的奋战，1954年12月25日，康藏公路正式通车。

青藏公路由西宁至拉萨，其中格尔木至拉萨段全长1155公里，于1954年5—12月修筑。青藏公路是世界平均海拔最高的公路，平均海拔4500米以上，最高处达5231米；最低气温零下40摄氏度，空气中氧含量不足内地的一半，被称为"人类生命禁区"。青藏公路穿越峡谷、戈壁、冰川和长年冻土区等高原险峻地段，翻越昆仑山、唐古拉山等山脉，跨越通天河、沱沱河、楚玛尔河等高原河流及可可西里无人区。1954年5月11日，青藏公路的筑路大军，每人一把铁锹、一把十字镐，宣告青藏公路破土开工。筑路队伍克服重重困难，战胜海拔5231米的唐古拉山口，劈开15公里长的千年石峡。1954年12月22日，青藏公路修抵拉萨。

1954年12月25日，康藏、青藏公路全线通车。毛泽东主席特为"两路"通车题词："庆祝康藏、青藏两公路的通车，巩固各民族人民的团结，建设祖国！"川藏、青藏两条公路犹如有力的臂膀，又好似"金桥"，将西藏与中华人民共和国大家庭紧紧连在一起。

川藏、青藏公路的建设留给后人的，不仅仅是两条重要的运输生命线，更留下了宝贵的精神财富。修筑"两路"的工程巨大而艰险，在世界公路修筑史上前所未有。在"人类生命禁区"的"世界屋脊"雪域高原,英雄们以血肉之躯和简易工具,创造了世界公路建设史上的奇迹,也铸就了不朽的精神丰碑——"两路"精神。"两路"精神是在筑路实践中孕育而成的,在"两路"的改造养护中传承发展,在新时代凝练升华。

2014年8月6日,习近平总书记就川藏、青藏公路建成通车60周年做出重要批示。他强调,新形势下,要继续弘扬"一不怕苦、二不怕死,顽强拼搏、甘当路石,军民一家、民族团结"的"两路"精神,养好两路,保障畅通,使川藏、青藏公路始终成为民族团结之路、西藏文明进步之路、西藏各族同胞共同富裕之路。①

"一不怕苦、二不怕死,顽强拼搏、甘当路石,军民一家、民族团结"的"两路"精神,是中国共产党革命精神在新中国建设时期在交通战线的生动体现,是社会主义核心价值观的生动实践。"两路"精神与红船精神、井冈山精神、长征精神、延安精神、红岩精神、西柏坡精神等革命精神一脉相承,是马克思主义中国化的重要成果。"两路"精神是中国共产党和中华民族的宝贵精神财富,是新时代习近平总书记关于交通运输发展批示精神的重要组成部分,是当代交通人书写交通强国的不竭动力,是实现中华民族伟大复兴中国梦的巨大精神力量。

60多年来,一代代交通人继承和弘扬"两路"精神,用青春、热血和生命保卫着进藏道路的畅通,不断丰富和发展着"两路"精神的时代内涵。"两路"的修筑及"两路"精神是宣言书,宣告中国共产党捍卫国家统一、实现各民族共同繁荣发展的坚强决心,体现了中国共产

---

①习近平就川藏青藏公路建成通车60周年作出重要批示[N].人民日报,2014-08-07(01).

党人为中国人民谋幸福、为中华民族谋复兴的初心和使命;"两路"的修筑者是宣传队和工作队,川藏、青藏公路连接着四川、青海、西藏等省、自治区,沿线有汉族、藏族、回族、蒙古族、哈萨克族等十多个民族,筑路部队广泛宣传和模范执行党的民族和宗教政策;"两路"的修筑者又是播种机,播撒"革命理想高于天"的坚定信念,传递着民族团结、军民一家的血脉亲情。

川藏、青藏公路的修筑是新中国成立后的第一项超级工程,开启了中国共产党以执政党身份进行大规模基础建设的先河。"两路"修筑异常艰难,筑路军民战天斗地的大无畏精神和史诗般的英雄事迹,足为后世表率。"两路"精神既是对中国共产党优良传统的继承和发扬,也是社会主义建设时期先进精神的源头。

新时代开启新征程,实现中华民族的伟大复兴需要精神的引领,建设交通强国需要精神动力。"两路"精神是中国共产党人的初心、使命和宗旨的集中体现。大力弘扬和践行"两路"精神,对于加快建设交通强国、实现中华民族伟大复兴的中国梦,具有极其重要的现实意义。

目 录

第一章 "两路"修筑的历史背景 （1）
第一节 西藏的战略地位 （2）
一、西藏地理环境概述 （2）
二、西藏的战略地位 （3）
第二节 历史上的西藏 （7）
一、历代中央政府对西藏的管理 （7）
二、历史上西藏与内地交通概况 （9）
第三节 川藏、青藏"两路"修筑背景 （14）
一、国际背景 （14）
二、国内背景 （17）
三、修筑"两路"体现第一代中共领导集体的雄韬伟略 （25）
第四节 川藏、青藏公路修筑概况 （31）
一、川藏公路 （31）
二、青藏公路 （33）

第二章 "两路"精神发展历程 （37）

第一节 工程艰巨催生"两路"精神 （37）

一、艰难的勘测之旅——征服地质结构复杂、气候恶劣、灾害频发的自然环境 （39）

二、排除万难的筑路征程——攻克工具简陋、技术落后的难题 （45）

三、负重涉远——克服后勤补给难题 （48）

第二节 筑路英烈孕育"两路"精神 （51）

一、视死忽如归：模范共产党员张福林 （52）

二、志气常坚强：千锤英雄杨海银 （54）

三、世上无难事：渡江英雄李文炎 （56）

四、劈开生死路：探险英雄杨茂武 （58）

五、筑路英雄的革命乐观主义精神 （59）

六、军民一家，团结协作 （62）

第三节 "两路"通车与西藏邮路的开发 （65）

第四节 "两路"精神薪火相传 （69）

一、一条天路几代情——养路工人的"两路"情怀 （70）

二、传承"两路"精神，开发西藏道路交通 （75）

三、青藏铁路建设，诠释新时代"两路"精神 （79）

第五节 新时代"两路"精神凝练与升华 （85）

第三章 "两路"精神理论探源 (88)

第一节 理论溯源 (88)
一、革命导师论交通运输业 (90)
二、革命导师论革命精神 (107)

第二节 思想渊源 (116)
一、中国共产党的初心和使命 (117)
二、中国共产党红色精神谱系 (120)
三、党的优良传统作风 (125)
四、人民军队的光荣传统 (130)

第三节 文化起源 (133)
一、历久弥新的爱国主义精神 (135)
二、传之久远的自强不息精神 (138)
三、永不褪色的艰苦奋斗精神 (140)
四、薪火相传的奉献牺牲精神 (144)
五、民族团结是走向复兴的强大精神力量 (145)

第四章 "两路"精神的内涵特质 (149)

第一节 "两路"精神的内涵 (150)
一、"一不怕苦、二不怕死"的革命英雄主义精神 (151)
二、"顽强拼搏、甘当路石"的奋斗奉献和忠诚尽责精神 (156)

三、"军民一家、民族团结"的优良传统和互助精神………（168）

四、服务人民的根本宗旨和人民利益至上的执政

理念………………………………………………（177）

五、巩固边防的爱国情怀、祖国利益高于一切的理想

信念………………………………………………（186）

第二节 "两路"精神的特质………………………………（189）

一、"两路"精神是民族精神与革命精神的统一………（189）

二、"两路"精神是拼搏精神与科学精神的统一………（191）

三、"两路"精神是国防安全与民族团结的统一………（195）

四、"两路"精神是革命英雄主义与革命乐观主义的

统一………………………………………………（197）

第五章 "两路"精神的历史地位………………………（204）

第一节 "两路"精神是新中国建设时期先进精神的

源头………………………………………………（204）

一、"两路"精神形成于新中国第一项超级工程中……（205）

二、"两路"精神成为建设时期各种先进精神的源头……（208）

三、"两路"精神体现了建设时期先进精神实事求是的

共同特质…………………………………………（213）

第二节 "两路"精神成为时代精神坐标…………………（217）

一、筑路英雄战天斗地的精神足为后世表率…………（217）

二、英雄事迹和创造才能足以鼓舞一个时代…………（221）

第三节 "两路"精神是中国共产党人的初心、使命
　　　　和根本宗旨的集中体现 …………………………（227）
一、修筑"两路"目的是为实现初心和使命 ……………（228）
二、筑路实践体现为民执政理念 …………………………（229）
第四节 "两路"精神是中国共产党红色精神在交通
　　　　运输行业的集中体现 ……………………………（232）
第五节 "两路"精神促西藏地区实现跨越式发展 …………（234）
一、捍卫国家统一、维护国防安全 ………………………（235）
二、维护边疆稳定、民族团结 ……………………………（238）
三、开创西藏交通运输的新纪元 …………………………（241）
四、促进西藏地区社会经济跨越式发展 …………………（246）
五、促西藏地区科学文化教育事业长足进步 ……………（253）
六、改善西藏地区人民生活，增强藏族群众幸福感 ……（257）

第六章 "两路"精神的时代价值 …………………………（264）

第一节 "两路"精神是习近平关于交通运输工作
　　　　重要批示精神的重要组成部分 …………………（264）
一、"两路"精神与党的交通强国战略思想的统一性 ……（265）
二、"两路"精神是书写交通强国的不竭动力 ……………（267）
三、"两路"精神助推交通扶贫、决胜全面建成
　　　小康社会 …………………………………………（271）

四、"两路"精神助推"一带一路"建设 …………………… (275)
第二节　"两路"精神是实现中华民族伟大复兴的
　　　　强大动力 …………………………………………… (276)
　　一、是中国共产党优良传统的继承和发扬 …………………… (277)
　　二、是实现中华民族伟大复兴中国梦的巨大精神力量 ……… (278)
第三节　"两路"精神是培育新时代交通精神的不竭源泉 …… (283)
　　一、艰苦奋斗精神 ……………………………………………… (284)
　　二、勇于创新的科学精神 ……………………………………… (285)
　　三、不畏艰险精神 ……………………………………………… (286)
　　四、默默奉献精神 ……………………………………………… (287)
第四节　"两路"精神是新时代民族团结、国家统一的重要
　　　　法宝 ………………………………………………… (290)
　　一、是中华民族自信、自立、自强精神的传承和丰富 ……… (290)
　　二、是新时代民族团结、国家统一的重要法宝 ……………… (291)
第五节　"两路"精神是社会主义核心价值观教育的
　　　　生动教材 …………………………………………… (296)
　　一、"两路"精神与社会主义核心价值观的深刻关联 ………… (297)
　　二、"两路"精神对加强社会主义核心价值观教育的
　　　　现实意义 …………………………………………………… (299)
　　三、英雄事迹是社会主义核心价值观教育的生动教材 ……… (303)
　　四、在弘扬"两路"精神中践行社会主义核心价值观 ……… (304)

第六节 "两路"精神是建设先进文化的重要资源……………（307）
　一、"两路"精神是建设先进文化的重要范本 …………（308）
　二、"两路"精神是增强文化自信的重要力量 …………（309）
　三、"两路"精神助推思想道德建设 ………………………（310）

第七节 弘扬"两路"精神　维护国防安全……………………（311）
　一、"两路"精神体现巩固国防的战略眼光 ………………（311）
　二、"两路"精神对维护国防安全具有重要意义 …………（314）
　三、弘扬"两路"精神，加强新时代军队建设国防教育……（321）

第八节 "两路"精神助推旅游文化发展………………………（322）
　一、"两路"精神助推红色旅游发展 ………………………（323）
　二、发展川青藏旅游文化需要"两路"精神引领 …………（326）
　三、发展"两路"精神红色文化旅游的思考 ………………（330）

第七章 "两路"精神引领交通强国……………………………（335）

第一节 新时代"两路"精神楷模………………………………（335）
　一、最美绿色信使，铸就高原邮路丰碑 …………………（336）
　二、"两路"守卫者，奉献不息保畅通 ……………………（345）
　三、交通科研奋斗者，攻坚克难再谱传奇 ………………（353）

第二节 弘扬"两路"精神，促进现代综合交通运输体系
　　　　发展……………………………………………………（359）
　一、"新世界七大奇迹"之一——港珠澳大桥背后的
　　　交通精神……………………………………………………（360）

二、世界海拔最高的铁路——青藏铁路 …………………… (364)
三、弘扬"两路"精神,助力邮运事业建设 ………………… (367)

第三节 弘扬"两路"精神,促当代交通运输技术新发展 …… (368)
一、世界最高隧道"雀儿山隧道"终结"鬼门关" …………… (369)
二、"五隧两桥"让通麦天险成坦途 ………………………… (372)
三、公路建设史上的"珠峰"——"云端高速"雅康
　　高速公路 ……………………………………………… (374)
四、川藏铁路书写"两路"精神新华章 ……………………… (376)
五、雪域高原上的"空中金桥"助力西藏发展 ……………… (378)

第四节 弘扬"两路"精神,推动交通运输文化发展 ………… (380)
一、弘扬"两路"精神,凝聚交通运输行业强大
　　精神力量 ……………………………………………… (381)
二、弘扬"两路"精神,助推新时代交通运输文化发展 …… (383)
三、弘扬"两路"精神,增强交通运输文化吸引力
　　和感召力 ……………………………………………… (385)

第五节 弘扬"两路"精神,助推强国梦 ……………………… (387)
一、弘扬"两路"精神,助推交通运输事业科学发展 ……… (388)
二、弘扬"两路"精神,构筑强国梦坚实后盾 ……………… (390)

参考文献 ………………………………………………………… (393)
后记 ……………………………………………………………… (413)

第一章
"两路"修筑的历史背景

川藏、青藏公路的修筑,是在复杂的国际国内背景下、极其艰险的工程环境中进行的。毛泽东指出,西藏人口虽不多,但国际地位极重要。因为西藏地处祖国西南边陲,外来势力多次插手干涉西藏事务。太平洋战争爆发后,英国曾阻挠我国修建中印公路,谎称修建中印公路会破坏西藏自治、威胁印度安全;1950年,《中苏友好同盟互助条约》签订和朝鲜战争爆发之时,美国立即采取援助西藏分裂势力的行动,将大批武器运往西藏。在美国的授意下,西藏分裂势力还利用联合国进行分裂活动,企图把"西藏问题"国际化。

治国必治边,治边先稳藏,稳藏先修路。面对当时西藏地方政府中的分裂主义分子与美国、英国、印度紧锣密鼓的分裂活动,中国共产党根据西藏特殊的政治社会状况以及险要的地理交通环境,创造性地做出了和平解放西藏,修筑康藏、青藏公路等战略决策。

第一节　西藏的战略地位

一、西藏地理环境概述

西藏自治区位于中国的西南边陲，青藏高原的西南部，是我国海拔最高的省级行政区。西藏自治区土地面积为 120 多万平方公里，约占全国总面积的 1/8，仅次于新疆维吾尔自治区。西藏是青藏高原的主体部分，这里既有绵延千里、高入云霄的高山雪峰，又有星罗棋布的湖泊和水流湍急、陡峭深邃的峡谷。西藏的北部自西向东分布着昆仑山脉、阿尔金山脉和祁连山脉，南部为耸入云霄的喜马拉雅山脉，西部是高大的喀喇昆仑山脉和帕米尔高原，东部及东北部与秦岭山脉西段和黄土高原相连，东南部经著名的横断山脉连接我国的云贵高原和四川盆地。西藏地区南北最宽约 1000 公里，东西最长达 2000 公里，平均海拔 4000 米以上，海拔 7000 米以上的山峰有 50 多座，8000 米以上的山峰有 11 座，雄伟的喜马拉雅山脉是世界上最高、最年轻的山脉。这里雪峰连绵、冰湖棋布，水力资源极为丰富，亚洲著名的恒河、印度河、布拉马普特拉河、湄公河、萨尔温江、伊洛瓦底江等河流都源自此地，被称为"众水之源"。

西藏自治区自东向西与缅甸、印度、不丹、尼泊尔等国家和印控克什米尔地区接壤，其边界线占我国整个陆地边界线的 1/6，国界线全长 4000 多公里，是中国通向南亚的门户，其军事位置和地缘政治地位十分重要。

二、西藏的战略地位

习近平总书记对西藏在我国现代化建设全局中的战略地位进行了全面的概括,他指出:"西藏是重要的国家安全屏障,也是重要的生态安全屏障、重要的战略资源储备基地。"①

(一)西藏是我国重要的国家安全屏障

西藏的地理位置,决定了它是我国西部的国家安全屏障。对内而言,西藏北邻新疆,东北紧靠青海,东西接连四川,东南毗连云南,是我国西北、西南的天然屏障。正如清末重臣张荫棠所言,西藏"为川滇秦陇四省屏蔽,设有疏虞,不独四省防无虚日,其关系大局实有不堪设想者"。

对外而言,西藏往西出巴基斯坦就可直抵霍尔木兹海峡;向南出缅甸,可达孟加拉湾,直抵印度洋心脏地带;向北,就是中亚地区,亚欧大陆的中心。其独特的地理位置,无疑是保证我国地缘政治安全的基石。西藏独特的战略地位,使其从清末就开始成为西方帝国主义势力觊觎的对象,他们阴谋百出,企图将西藏从中国的版图上分裂出去。因此,外来势力肢解、分裂西藏与中央政府和西藏各族人民的反肢解、反分裂的斗争从未停止。

新中国成立后,中央人民政府坚决捍卫国家主权,以强有力的姿态维护国家统一和西藏地区的稳定,但美英帝国主义势力企图分裂西藏所造成的历史遗留和现实问题仍然存在。尤其是西藏与印度

---

①习近平. 在庆祝西藏和平解放六十周年大会上的讲话[N]. 人民日报,2011-07-20(02).

接壤的边界线划界问题，目前仍存在较大争议。而西藏内部，达赖集团在国际反华势力的支持下，长期煽动所谓"西藏问题"，进行"藏独"活动，阻挠西藏发展，破坏国家稳定。

中国共产党高度重视西藏在维护我国边界安全方面的重要作用。江泽民同志曾强调：西藏的稳定，涉及国家的稳定；西藏的发展，涉及国家的发展；西藏的安全，涉及国家的安全。习近平总书记高屋建瓴地提出，"治国必治边、治边先稳藏"[①]，可见西藏是国家重要的战略安全屏障。

（二）西藏是我国重要的战略资源储备基地

就战略资源来看，西藏在中国现今及未来的能源安全体系中具有重要作用。21世纪以来，在经济全球化背景下，世界各国均将确保能源供应安全上升到国家战略的高度。矿产及原油等不可再生、不可替代的资源，成为各国激烈争夺的对象。随着中国经济规模的增长，对资源的需求也日渐加大。新能源基地的开发，对我国未来的发展非常重要，西藏能源储备丰富，将成为我国新的能源基地。

西藏在矿产资源、能源资源、林业资源等领域，拥有丰富的储备。地质勘探资料显示，西藏地处世界上最大的成矿带之一的阿尔卑斯—喜马拉雅成矿带的东段，地质构造独特，成矿条件优越，蕴藏的潜力惊人。1999年开始，国家实施专项"国土资源大调查"，把青藏高原列为重点找矿目标区，获得重大突破。目前，在西藏已经发现了"三江"成矿带、雅江成矿带、班公湖—怒江成矿带、冈底斯成矿带，拥有的矿产资源矿种齐全、分布广泛、储

[①] 为西藏跨越式发展和长治久安作出新贡献[N]. 人民日报，2014-07-24(04).

量巨大。已发现的矿床、矿点、矿化点3000余处，涉及矿物种类102种。西藏优势矿种有铜、铬、硼、锂、铅、锌、金、锑、铁，以及地热、矿泉水等，部分矿产在全国占重要地位，矿产资源潜在价值万亿元以上。此外，石油资源目前也有很好的找矿远景。

2016年底，国家发布《全国矿产资源规划（2016—2020年）》，已明确将西藏驱龙铜矿等列入国家规划区和对国民经济具有重要价值的矿区。虽然西藏已探明的能源蕴藏量十分丰富，但由于生态环境严酷，生态系统非常脆弱，且交通不便，在目前条件下无法进行大规模开采，暂时只能作为国家的一种战略储备。一旦条件成熟，西藏将成为我国新能源基地。

此外，西藏因其显著的地域与环境特色，水能、风能、太阳能等可再生清洁能源储量巨大，成为国家清洁能源基地。由于地势高峻，西藏是我国太阳辐射量最大、年日照时间总时长最长的地区，拥有其他地区无法比拟的丰富太阳能资源。其地热资源也位居全国首位，储量占我国地热资源的80%。西藏地区已勘探出800余处热泉、热水湖等，总热流量为每秒55万大卡。同时，西藏的风能储量居于全国第七位，两个主风带，即阿里到那曲的西北部风带与日喀则到山南市南部风带，风能储蓄量巨大，年风能储量可达930亿千瓦时。

西藏丰富的水资源储备尤为引人瞩目，联合国在"国际淡水年"计划中指出：水已经成为人类在石油危机之后又一个更深刻的社会危机。"19世纪争煤，20世纪争石油，21世纪争水"已经成为全人类的共识。今后，水资源将成为比任何资源都重要的战略资源。位于青藏高原的西藏，地处亚欧板块与印度洋板块交界处，地理位置特殊，水资源异常丰富，是众多河流的发源地。不仅长江、黄河、澜沧江、怒江、雅鲁藏布江等大江大河发源于此，而且众多国际河流如恒河、印度河、布拉马普特拉河、湄公河等河流的源头都在这里。西藏因此被称为我国乃至南亚、东南亚的"江河源"和"生态源"，是我国最为重要的水资源富集区和生态园区。

西藏高原冰川面积及储量分别占全国的 48.2% 和 53.6%，冰川总水资源量约为 3000 亿立方米，每年冰川融水径流量 325 亿立方米。西藏的湖泊面积 2.5 万多平方公里，占全国湖泊总面积的 30%。因此，西藏在维护我国气候稳定、保障国家淡水资源安全方面，具有不可替代的作用。西藏的水资源指标拥有四项全国第一：水资源总量全国第一、人均水资源量全国第一、亩均水资源占有量全国第一、水资源潜能全国第一。毫无疑问，西藏是我国主要水资源存储区和开发潜力最大的区域。

（三）西藏是我国面向南亚的战略枢纽和开放通道

从国际关系视角看，因流经西藏的南亚河流众多，未来关于水资源的开发、利用和分配，将成为我国与南亚相关国家或地区合作的重要议题，这对扩大国家影响力，增进我国与南亚国家或地区的传统友好关系，促进亚洲一体化等方面，均有积极作用。

新时代的"一带一路"建设，赋予西藏更加重要的战略地位。西藏是我国面向南亚的战略枢纽和开放门户，是国家确定的沿边地区开放开发重点区域和面向南亚开放的重要通道，也是孟中印缅经济走廊的重要门户。

第二节 历史上的西藏

一、历代中央政府对西藏的管理

西藏自古以来是中国不可分割的一部分，中央政府管辖西藏由来已久。唐太宗将文成公主嫁于赞普松赞干布，西藏与中原王朝结为一体，以甥舅相称。元代，西藏成为中央政府直接治理下的一个行政区域，这是西藏正式纳入中国版图的开始。这一时期中央设宣政院，直接管理西藏地区军政要务，并在西藏直接建立地方军政机构，名为"乌思、藏、纳里速古鲁孙①等三路宣慰使司都元帅府"，进行专门管理。蒙哥、忽必烈、元顺帝时期，多次"差金字使者前往吐蕃各处清查户口、划定地界"②，留下了西藏有史以来最详细、最确切的人口统计数字。为了加强与西藏地方的政治、经济互动并有效控制西藏局势，元代中央政府重建了西藏驿道。西藏驿站与内地的驿站相连，直通元大都。驿站统归中央宣政院和中书省管理，可见其重要性。为保证驿道通畅，元代中央政府派遣进藏的蒙古军队驻守驿站。驿站的设立为元代中央政府对西藏进行统治带来了极大的便利。

明代称西藏为"乌斯藏"，在西藏设立两个都指挥使司，即乌斯

---

①乌思藏纳里速古鲁孙 元代藏族地区名，大体相当于今西藏自治区辖区。乌思，原意为中心，指以拉萨为中心的前藏；藏，原意为洁净，即以日喀则为中心的后藏；乌思藏，在清代后各史籍中正式称为"卫藏"；纳里速，指阿里；古鲁孙，指三围，即今阿里的古格、普兰和芒域地区；纳里速古鲁孙，意为"阿里三围"，范围大体相当于今阿里地区。

②陈庆英，史卫民．蒙哥汗时期的蒙藏关系[J]．蒙古史研究，1985(00)：3-10．转引自沈卫荣．元朝中央政府对西藏的统治[J]．历史研究，1988(03)：136-148．

藏都指挥使司及朵甘卫都指挥使司，又设有指挥使司、宣慰使司、招讨使司、万户府、千户所等机构，综理军民事务。明代中央政府还重新整修了从雅州（今四川雅安）到乌斯藏的驿道，设置了驿站，大大便利了西藏与内地的交通。而清政府与西藏的互动，在后金时代就已开始。入关以后，清代中央政府在顺治九年（1652年）成功邀请五世达赖进京并予以册封，正式确定了清政府对西藏地区的统属关系。这对双方政治互动层次的提升以及清政府利用藏传佛教绥服蒙古地区，均产生了重大影响。康熙四十八年（1709年），清廷首次直接派官员入藏处理西藏事务，将西藏纳入中央的直接管理之下，并于雍正六年（1728年）开始实行驻藏大臣制度，且不断强化驻藏大臣的权力。乾隆五十八年（1793年）《钦定藏内善后章程二十九条》的颁布与实施，标志清政府对西藏的管理取得了系统化、法制化、长效化的成果。

辛亥革命以后，历届中央政府都严正指出西藏是中国领土的一部分，并从法律上做出了规定。中华民国在其成立之初即宣布是集汉族、满族、蒙古族、回族、藏族等民族为一体的共和国，并以五色旗为国旗，象征汉族、满族、蒙古族、回族、藏族五大族为一体。1912年，南京临时政府公布的《中华民国临时约法》中规定："中华民国领土，为二十二行省，包括内外蒙古、西藏、青海（注：新疆在二十二行省里）。"明确指出西藏等地区是中国领土的一部分，并以法律形式保障了西藏地区对国家事务参与、管理的权力。1912年7月，中华民国成立蒙藏事务局，掌管蒙古、西藏等地少数民族地区事务。1927年，南京国民政府分别致电达赖和噶伦，其中指出："政府秉承遗教，一视同仁，藏卫虽遥，其地为中华民国之领土，其人为中华民国之国民，无不尽力扶植地方自治之基，以争存于世界。"表明了中央政府对捍卫西藏主权的态度。

1929年2月1日,南京国民政府正式设立蒙藏委员会,凡遇到蒙古、西藏重要事务,都要由蒙藏委员会报请政府首脑,选派大员亲临解决。例如,1940年初,国民政府命当时的蒙藏委员会委员长吴忠信赴藏,会同西藏地方摄政热振呼图克图主持第十四世达赖喇嘛转世事宜;1949年,委派蒙藏委员会委员长关吉玉赴青海主持第十世班禅额尔德尼确吉坚赞的坐床典礼。这些都是中央政府对西藏行使主权的体现。

二、历史上西藏与内地交通概况

西藏被高耸的喜马拉雅山脉、昆仑山脉和唐古拉山脉环抱,万山丛岭的地理条件,成为西藏与外界交流的巨大阻碍,古来便有"乱石纵横、人马路绝、艰险万状不可名态"的惊叹。由内地至西藏要穿过崇山峻岭、峡江长河,越过皑皑雪原、茫茫草地,"涉历数万里之程,动经数年"。地理的阻隔,使得在漫长的时期内,中原王朝对西藏知之甚少,所谓"吐蕃之有国莫知其所由"[①]。但是,再艰辛的路途,也阻隔不了西藏与内地的交往,在雪山峻岭之上、在重岩叠嶂之中,人们艰难地开辟着内地与西藏经济文化交流的走廊。

考古材料证实,西藏地区自史前就通过不同的渠道和途径参与了远程的、与周边地区及国家的贸易与交流。霍巍教授提出,西藏地区自史前就存在与内地的交通路线,大致有两条主干线:其一,自东北方向由甘肃、青海一线纵深到高原腹心地带;其二,通过藏

---

① 沈颐. 西藏近世史略[J]. 教育杂志, 1910(09): 36.

东三江流域沿雅鲁藏布江西进至高原腹心地带，并向南联通四川与云南山地，向西一直延伸到西藏西部地区①。每一条路线都是人们在漫漫历史长河中、在广袤的高原地理环境之中，历经艰苦摸索，经过不断改造和优化，寻找到的最省时、省力，也相对安全的交通路线。

这些出藏、入藏线路在后世大致得以延续，并在唐宋时期伴随茶马贸易的兴盛和历代政府"以茶治边"政策的实施，逐步发展成为以青藏、川藏、滇藏三条干道组成的庞大贸易网。在今天它们又获得了一个新的美丽称谓"茶马古道"②。

茶叶在唐代之时开始大量输往西藏，藏人饮茶之风气渐盛，宋时阎苍舒云："夷人不可一日无茶以生。"③到了明代，甚至达到"番人嗜茶如命，一日无茶，社会为之不安"④的程度，茶叶成为影响西藏社会的无可替代的核心商品。故中央政府设置茶禁，把茶叶贸易变为控制西藏地区的最重要经济手段，即所谓"以茶治边"之策。茶叶既维系着内地与西藏的经济联系，又维系着双方的政治联系，中央政府利用茶叶经济垄断权，既增加了西藏与内地的交流，也强化了西藏对内地政治、经济的依赖性。因此，随着汉藏贸易的持续发展，尽管茶马古道上的贸易早已不限于茶和马，藏区的羊毛、药材、矿产等土特产和内地的布匹、锦缎、五金、日用百货等都成为贸易商品，但茶叶贸易一直为其最大宗。所以，这些道路体系称"茶马古道"。同时，历代政府修建的通往西藏的驿道，虽具体路径

---

①霍巍. 从考古发现看西藏史前的交通与贸易[J]. 中国藏学，2013(02)：5-24.
②"茶马古道"的概念，则是20世纪90年代初由云南木霁弘、陈保亚、李旭等6名青年学者借用"茶马互市"的历史提出。见木霁弘，陈保亚，等. 滇藏川"大三角"文化探秘[M]. 昆明：云南大学出版社，1992：11.
③阎苍舒. 续文献通考·榷茶[M]. 杭州：浙江古籍出版社，1988：2981.
④任乃强. 康藏史地大纲 上册[M]. 雅安：建康日报社，1942：58.

有所不同，但多沿袭这些道路体系。唐代内地与西藏的官方往来，多走青藏道，明代则规定西藏地方贡使只能由川藏道入贡，清代时驻藏大臣往返、土司觐见皆走川藏路。

这些道路体系，既加速了西藏与内地文化交流与社会交往，也奠定了青藏高原文明向东发展，与中原王朝融合的历史基调。它们不但具有重大的经济功能，同时担负着内地和西藏地区的政治、军事、文化、宗教等方面的沟通功能，对我国西藏地区历史和现今面貌的形成，有着重大的作用。

(一) 由青海入西藏的"唐蕃古道"

这是贯穿青海和西藏的线路，此线利用青海较为开阔平坦的地势，顺势跃入高原腹地，自然条件相对较为优越，在唐代发展为正式的、具有官道性质的交通路线。唐代文成公主、金城公主和亲入藏，走的都是这条道路。吐蕃与唐王朝的和亲，极大地促进了由青海入藏交通线路的整修和发展。这条道路虽存在已久，但直到唐初还只是由民间逐段凿通，路况很差，崎岖难行。为了迎接文成公主、金城公主顺利入藏，吐蕃赞普松赞干布、尺带珠丹曾动用大量人力物力，向着青海一线筑路①。在这条路上，松赞干布曾率兵至柏海②亲迎公主，并"为公主筑一城以夸后世"。其后，金城公主入藏之时，吐蕃也曾"凿石通车，逆金城公主道也"。这条唐代经由政治、经济交流而大为繁荣的青藏线，后世称之为"唐蕃古道"，亦被看作是茶马古道的三条主干道之一。该道起自陕西西安

---

①西藏自治区交通厅，西藏社会科学研究院.西藏古近代交通史[M].北京：人民交通出版社，2001：77.
②古湖泊名，近黄河源。即今青海鄂陵湖或扎陵湖。唐贞观十五年(641年)，文成公主和亲吐蕃，松赞干布到此迎接。

（即长安），途经甘肃、青海至西藏拉萨，全长3000余公里，是唐代以来中原地区去往青海、西藏地区乃至尼泊尔、印度等国的必经之路。

（二）川藏、滇藏"茶马古道"

"茶马古道"是指唐宋以来至中华民国时期汉藏民族之间以进行茶马交易而形成的交通要道，可分为南北两条路线，即滇藏道和川藏道。这两条线路联通四川与云南山地，为历史上著名的川藏、滇藏"茶马古道"的前身。此线充分利用了高原复杂地理环境条件下的河谷通道，既能走陆路，也能走水路。滇藏道起自云南西部洱海一带产茶区，经丽江、中甸、德钦、芒康、察雅至昌都，再由昌都通往卫藏地区。川藏道则以今四川雅安一带产茶区为起点，首先进入康定，自此分成南、北两条支线：北线是从康定向北，经道孚、炉霍、甘孜、德格、江达，抵达昌都（即今川藏公路的北线），再由昌都通往卫藏地区；南线则是从康定向南，经雅江、理塘、巴塘、芒康至昌都（即今川藏公路的南线），再由昌都通向卫藏地区。

在这两条茶马古道中，川藏通道对西藏的影响更为重大，因为明清时期输往西藏地区的茶叶，90%以上为川茶。但是雪山深谷的地形条件，大大影响了川藏通道的通行。不仅是在古代，即使在今天重走这条线路，人们也对路途之艰险感到惊骇。1950年随军进藏的记者林田在他的日记《藏行纪实》中写道："从雅安到拉萨，两千多公里的高原古道，跨过整个横断山脉和许多人烟稀少的地区。重重雪山，条条激流，绝壁峡谷，莽莽草地，冰川流沙，崩岩滚石，寒风暴雪，稀薄空气……这无数险阻，在漫长的年代里，使康藏道

第一章 "两路"修筑的历史背景

上行旅之难,难于'去西天'。"①而且每到冬季,大雪封山,川藏通道几乎无法通行。时至中华民国初期,由于官方停止了对西藏的茶叶贸易,再加上军阀混战,道路无人修缮管理,内地通往西藏的交通条件更加困难。进藏道路的艰险,对国家统一、主权安全和民族团结都造成了极大的阻碍。图1-1为茶马古道上的背夫。

图1-1 茶马古道上的背夫
(作者摄于泸定县二郎山川藏公路纪念馆)

(三)川藏、青藏公路

新中国成立后,党和政府高度重视入藏交通建设,从1950年4月开始,经过11万军民的艰苦修建,于1954年12月25日建成通车康藏(川藏)公路(主要是北线317国道部分)和青藏公路,又于1969年全部建成川藏公路。川藏公路由成都至拉萨,分为南北两线。南线由四川成都、雅安、泸定、康定、东俄洛、理塘、巴塘,西藏芒康、邦达、八宿、波密、林芝、工布江达、墨竹工卡至拉萨,全长2146公里,是318国道的一部分。北线由成都至东俄洛与南线重合,再由东俄洛北上与南线分开,经八美、道孚、炉霍、甘孜、德格、西藏达江、昌都、那曲至拉萨,全长2412公里,是317国道的一部分。成都、雅安、泸定、康定、东俄洛、道孚、炉霍、甘孜、德格、昌都,邦达与南线重合,经波密、林芝至拉萨段,为小北线,于1954年12月建成。1954年12月25日,川藏、青藏公

---

① 林田. 藏行记实[M]. 北京:中国藏学出版社,1997.

路建成通车，这在内地与西藏交通史上，可谓开天辟地、前所未有的跨时代创举。

2006年，高原"天路"青藏铁路建成通车。目前，川藏铁路的建设也正在积极推进，进藏道路的艰险、曲折终将成为历史。随着川藏、青藏、滇藏、新藏公路的修筑，青藏铁路的通车，川藏铁路建设的加快推进，西藏航空事业的发展，西藏交通立体化格局日益成熟，将极大地巩固国防安全、促进西藏地区社会经济和文化的繁荣发展、各民族团结进步，引领西藏人民走向更美好的明天。

第三节　川藏、青藏"两路"修筑背景

一、国际背景

清末以降，随着列强入侵，各国争相在中国划分势力范围。西藏因其独特的战略位置，引起英俄等国竞相争夺。清政府与民国政府的软弱和时局动荡，使中央政府难以有效掌控西藏局势，而祖国内地与西藏交通的困难，加剧了西藏被从中国割裂出去的危险。

英国自清末以来，一直企图把西藏从中国领土中分裂出去，其主要目的不仅仅是觊觎西藏广阔的商业市场，更是希望把西藏变成中国和印度之间的缓冲地区，并以西藏为跳板，逐步向中国西南部渗透。为此，英国政府和公司不断派出探险家潜入西藏，搜集当地的政治经济情报。他们在给英国政府的报告里共同指出，西藏对茶叶的需求是一个巨大的消费市场，茶叶是中国中央政府与西藏之间

最重要的纽带之一，也是中国内地与西藏联系的最关键因素①。因此，包括茶叶在内的商品倾销对英国既有巨大的商业利益，同时也成为英国割裂西藏与中国内地联系的重要手段。而要控制西藏市场必须满足两个要求：打通印度通往西藏的商路，以更快捷的交通获得对西藏贸易的优势；强迫清政府同意开放西藏为通商口岸，或以直接否定中国中央政府对西藏主权的方式，以"自治"之名，将西藏直接纳入英国保护。

清政府意识到英国对西藏的野心后，对其多有提防。清末重臣张荫棠评论道："英人经营西藏，已非一日，耗费不下千万，阴谋百出。"但清政府实力不济，无力抗衡英国对西藏的图谋。在英国的步步紧逼下，除了在西藏主权问题上绝不松口外，不得不同意开放西藏为通商口岸，准许英国进行商品倾销，甚至同意将印藏通道的咽喉要地哲孟雄（锡金）②归英国保护。更为严重的是，1903年，英属印度总督寇松（Lord Curzon）提出"中国对西藏的宗主权乃是一种法律上的虚构"，试图否认清政府对西藏的主权。1904年，英国第二次武装入侵西藏后，就将此付诸实施，绕开清政府，直接迫使西藏地方政府签订了所谓的《拉萨条约》，不仅要求赔款、扩大通商口岸，更提出拆除中国与哲孟雄边界至拉萨的防御工事，甚至要求未经英国事先同意，西藏土地不得让卖、租典于其他国家，西藏一切事务不准第三国干涉。该条约严重损害了中国对西藏的主权。

英国侵略西藏的同时，沙皇俄国也正在为实现南下印度洋战略积极活动，侵略矛头直指中国西北、西南地区，而策动西北蒙古独

---

①赵国栋．英印时期印度茶叶输入西藏及其影响[J]．东南亚南亚研究，2016（01）：58-64+109．

②古代中国称锡金为哲孟雄（Dremojong），清代时哲孟雄是西藏的藩属国。1890年，清政府与英国签订了《中英会议藏印条约》，清廷承认锡金归英国保护。

立更是其活动重心。为服务于此战略，俄国积极在西藏活动，利用蒙古信奉藏传佛教的宗教环境，企图通过操纵西藏宗教领袖，从精神上控制蒙古，进而达到其政治目标。俄国在西藏主要采取笼络、贿赂手段以收买人心，培植自己的代理人。十三世达赖喇嘛的侍讲德尔智就是其中最具代表性的一个例子。德尔智凭借对达赖的影响力，极力挑拨西藏地方和清朝中央政府的关系，致使年轻的达赖喇嘛"为彼说所浸渍，其志意似怦怦欲动"。同时，俄国利用清政府的窘境威逼利诱，迫使清政府出让对西藏的主权。在 1903 年签订的《中俄密约》中即包含清政府若濒于国家危急，则以西藏之权利让与俄国，俄国以努力于清政府之保全为其代价的条款。英俄两国围绕"西藏问题"展开了激烈争夺。

1907 年 8 月，在列强欧洲势力重组的大背景下，英俄经过一年多谈判，就西藏问题达成了妥协，签订了《西藏协定》。该协定以法律形式承认了英国在西藏的殖民优势。在协定中，英俄合谋提出了所谓"中国对西藏之宗主权"。以"宗主权"替代"主权"，这成为以后英国政府阴谋策动西藏"独立"，俄国策动外蒙古"独立"的主要依据。中国对西藏毫无疑义的主权至此被变得在国际上富有争议，并成为列强插手中国内政的重要口实。

中华民国建立后，英国继续其分裂西藏的图谋。1913 年，英国反对中华民国政府派兵进入西藏，逼迫中国同意召开西姆拉会议，谈判解决西藏问题。在西姆拉会议上，英国与西藏地方分裂势力秘密勾结，策划了所谓的"西藏独立国"的蓝本，并划定了非法的"麦克马洪线"，造成了中国与印度的百年纠葛，至今藏南地区中印两国的边界仍然存在争议，并有引发武装冲突的危险。

第二次世界大战后，"西藏问题"的国际化危险愈演愈烈，问题也更加复杂。1947年,印度宣告独立并继承了英帝国在西藏的一切殖民遗产,对西藏虎视眈眈。而英国虽然在亚洲的殖民地逐渐崩解,却不愿意放弃以西藏干涉中国内政的机会。英国外交部远东局的官员宣称,西藏已有30多年事实上的"独立",英国支持西藏自治。同时,英国将所谓的"西藏地位问题"提交联合国大会进行表决,试图使"西藏问题"国际化。美国在新中国成立后也开始介入"西藏问题",支持"西藏独立",将"以藏制华"作为其对付新中国的一个战略筹码。因此,从长远的战略角度看,新中国如不能迅速、有效地解放西藏,势必导致西藏像台湾一样,成为其他国家遏制新中国发展的战略支点。而解放西藏首先要解决的,就是进藏交通问题。

二、国内背景

西藏的战略地位极为重要,清末有识之士即指出,一旦西藏有变,则中国西南门户大开,故保藏即所以保川,保川即所以保湘、鄂、皖、豫、宁、苏六省之腹地①,关系不可谓不重大。历史上,英国就是企图通过西藏进入中国,打通从长江上游到下游的通道,进而控制整个中国。清末以来,中国历届中央政府不能对西藏进行有效管理、行使主权,最首要的困难就是交通不便。清代与中华民国时期,中央政府都以四川为基地应对西藏危机,但四川与西藏不但相距数千里之遥,且路途险峻,交通极为不便。中华民国时期曾数次深入川藏线的军事记者朱海山,详细地道出了川藏线的艰难情形,"如于四川打箭炉起至拉萨……沿途须越崇山峻岭七十二座,

---

① 拟改设西藏行省策[J]. 东方杂志,1906(02).

大小河流环回十余道，山路尽如羊肠，行程约须四个月之久，故商旅视为畏途。"①交通的险阻造成了非常严重的局面，即一旦西藏有事，四川往往鞭长莫及、无法应对，只能任由局势失控。

历史上，军事手段只是中国中央政府管理西藏的一个方面，更重要的是借助经济、文化手段来保持对西藏的控制。由于西藏地处高原，自然条件造成其生态环境脆弱，生产能力有限，对外部贸易的需求以及经济依赖很强。纵观历史，西藏虽然也有通往南亚、欧洲的对外贸易通道，但近代之前，与中国内地的贸易通道是其中往来最为频繁、交易量最大，同时也相对最为便捷，具有无可替代的地位。英国在对西藏数度深入调查后发现，茶叶贸易是维系西藏与中国内地联系的最重要方式。即西藏与内地的茶叶贸易，既维系了双方的经济联系，又维系了双方的政治联系。这也是明清历朝"以茶治边"政策的由来。

由此可以看出，内地与西藏的交通线——茶马古道，不但是推动西藏与内地经济交流的财富之路，也是连接内地与西藏文化、政治的信仰之路与和睦之路。一旦入藏的通道阻塞，内地与西藏的联系就被切断，不但西藏的经济发展会严重受阻，而国家对西藏行使主权也不啻纸上谈兵。诚如清末时沈颐所感慨，西藏"交通险阻，其后严寒，凡由川入藏者，苟遇冰雪阻滞，辄历数十日乃至数月。而英人由印度入藏者，可由铁道径达大吉岭，逾岭而北，即为藏境，此边事所由日亟也"②。可惜，从清末到中华民国都没能破解这个困局。

英国充分认识到了这一点，从 19 世纪下半叶便积极筹备打通印

---

① 朱海山. 旅行西藏交通路线之详讯[J]. 军事杂志，1929(11).
② 沈颐. 西藏近世史略[J]. 教育杂志，1910(09)：35.

藏商路。众所周知，西藏与印度本不接壤，喜马拉雅山脉阻隔着印度通往西藏的道路。但英国通过在南亚的扩展，解决了这一难题。哲孟雄（锡金）位于喜马拉雅山脉南麓，北接中国西藏，南临孟加拉平原，东西两侧分别是不丹和尼泊尔，向来被视为从恒河平原通往西藏的最好通道。英国通过武力使尼泊尔、不丹、哲孟雄（锡金）等地相继纳入其掌控，打通印藏商路的障碍被一一排除。1879年，英印政府完成了从印度经哲孟雄（锡金）直到西藏边界的道路整修工程，使之能够通行车辆；1881年将铁路修到了印度大吉岭产茶区，使得从印度加尔各答到西藏边境口岸亚东的行程缩短到不足一周。1887年，驻藏大臣在奏折里汇报："英人倚印度为外府，经营桑茶之利。火车铁路直抵大吉岭，其欲入藏通商，蓄谋已久。"①印藏商路的开通，克服了西藏封闭、险要的地理环境，为英国向西藏倾销商品、掠夺资源提供了极为有利的条件。

以茶叶为例，西藏茶叶市场最重要供给者原本是四川的茶叶经营者，历史上著名的川藏茶马古道即因此得名。后来，云南茶叶兴起，到清代也在西藏茶叶市场上占据了相当份额。但川茶和滇茶入藏都有个极大的问题，就是由于距离遥远、运输不便导致的茶叶价格高昂。特别是川藏茶道途经崇山峻岭，由打箭炉（雅安）至拉萨耗时长、运费高，在价格上根本无法与印度茶叶竞争。而且，受制于路况条件和运输工具，从雅安到拉萨的茶叶贩运全靠人力背负，徒步贩运。从雅安到康定，背夫要背负沉重的茶包翻越高寒、贫瘠而荒蛮的二郎山，路途上地质灾害频繁，盗匪劫掠时有发生。事实上，不仅茶叶，每一种经由内地运往西藏的商品都面临这种窘境，

---

①转引自陈一石. 印茶侵销西藏与清王朝的对策[J]. 民族研究，1983(06)：24-33+43.

路途远、运费高、风险大,从而大大提升了内地商品入藏的成本。而印藏线经由印度北部的大吉岭经锡金,经亚东商埠然后到拉萨,虽然亚东到喜马拉雅一线也非常危险,"山路曲折崎岖,道旁峭壁矗立,稍不经心,则万丈深渊,即为不幸者之归宿地"①,但较其他路段相对安全且迅捷。

英国人古柏在对康藏地区的几次考察中发现,茶叶从印度阿萨姆种植园,走水路运往雅鲁藏布江口岸仅需要1-2天,而四川茶叶从巴塘运往同一地点则需要20天;印度茶在西藏地区以每磅4安拉的价格出售即可获得丰厚利润,而边茶在雅安售价即达每磅8安拉,经过背夫、牦牛或骡子运往巴塘需要60天左右,在当地售价已高达1卢布8安拉②。尽管价格已经如此高昂,但川茶进藏的路途还没有走完,还需要从巴塘过金沙江,才能达到昌都和拉萨。因此英国商品利用价格优势,大量倾销西藏。英国不仅修通了印度与西藏之间的商路,还试图控制中国内地与西藏的铁路交通。面对列强对西藏的渗透和干涉,清政府为宣示主权,不但调川军入藏,在西藏改土归流,加强管理,而且在1909年提出修建川藏铁路的设想,四川总督派测绘人员进行了道路勘测。英国借清政府资金匮乏无力筑路之机,趁势要求把川藏铁路线交归英国办理③。只不过,此事尚未有定论,清政府就随着辛亥革命的枪声土崩瓦解。

辛亥革命后,达赖在英国的支持下,排斥中央驻藏势力,驱逐中央政府驻藏官兵,导致中央在西藏无一兵一卒,内外交困。这

---

①林东海,徐百如.西藏考察纪实[J].康藏前锋,1935(11).
②转引自:赵艾东.19世纪英人古柏(Cooper)的康区考察与英国对中国西南边疆的觊觎[A].任乃强与康藏研究学术研讨会论文摘要[C].成都:四川大学中国藏学研究所,2009:14.
③要求川藏路权[N].广益丛报,1909(214):7.

时，依凭入藏商路开展经济文化联系，变得至关重要。但自晚清民国以来，军阀混战，道路无人修缮管理，出藏通往内地的交通条件大打折扣。为了节省运费降低成本，许多中国商品也逐渐通过印度转运西藏。1927年，英国驻江孜商务委员会在其年度报告中提到，西藏"与中国直接贸易处于停顿状态。甚至像中国礼帽和中国食品这类非常一般的中国货物，也须经加尔各答进口。"①英国占据了大部分西藏贸易市场，标志着西藏对内地联系大大减弱，对英国依赖性迅速增强。

中华民国时期，不少西藏上层贵族不再将子女送去内地学习，而是送往英属印度噶伦堡和大吉岭读书，使得新一代的藏族精英对英国的认同感大增，这对其后西藏政局产生极大影响。西藏近代史上著名的"擦绒事件"②的主角，擦绒·达桑占堆就把他的子女送到印度读书。到解放前夕，噶厦中居要职者即有至英、印留学者20-30人，在约300名僧俗官员中，一半以上都曾在印度居留或游历③。

甚至国民政府派往西藏的特使也常常不走国内线路而选择印藏线，如1929年，国民政府派遣特使刘曼卿入藏考察，她被称为打破民国以来康藏和内地不交通记录之第一人，由南京出发经重庆、成都、康定、昌都到拉萨，回程时取道锡金、印度④。而1940年国民政府派遣特使吴忠信入藏主持十四世达赖喇嘛坐床典礼，亦是经由

---

①《英国印度事务部档案馆藏档案》，L/PS/12/4166，P3690/1927号文件。转引自：董志勇. 关于"印茶入藏"问题[J]. 中国藏学，1993(03)：69-82.
②1924年，西藏军方部分受西方观念影响的军官秘密聚会，商议上书噶厦，要求允许武官代表参与西藏政教重大会议，军方诸事由藏军司令部全会自行决定。这无疑是在挑战西藏的现行政教合一制度，威胁到十三世达赖喇嘛的权威。这些军官很快被处置，作为藏军总司令的擦绒·达桑占堆也被免职。
③喜饶尼玛. 英国在藏机构沿革及其活动概述[J]. 中国藏学，1990(04)：47-57.
④康欣平，王娜娜. 在国家与桑梓之间：刘曼卿进藏期间的心态分析[J]. 北方民族大学学报(哲学社会科学版)，2009(04)：38-42.

印度入藏。时至新中国成立后的1951年，中央人民政府委派张经武将军前往西藏就和平解放事宜进行磋商时，还因川藏对峙、气候恶劣等原因，不得不乘坐飞机绕道中国香港、新加坡、印度，从亚东入藏。这种情况一直延续到川藏和青藏公路建成才得以结束。

在这种情况下，西藏与内地的疏离可想而知。英国政府趁隙而入，通过扩充西藏的军队规模和武器装备、训练藏军并建立拉萨警察组织、连接江孜至拉萨的电报线、派遣英国人进藏考察、在江孜开办英语学校等[1]方式，积极向西藏渗透，扩大其影响力。国民政府特使黄慕松在赴西藏致祭十三世达赖时发现，西藏唯一一座现代化铁桥，是印度人邀请的英国工程师勘察、设计、监修，并从印度运进钢条和水泥建成的。与中央疏离，依靠英国、印度，这必然使得西藏内部产生离心倾向。毫无疑问，交通成为英国渗透、控制西藏的铁臂，也成为限制中国内地与西藏联系、阻碍中国政府对西藏行使完全主权的最重要因素。辛亥革命后，西藏上层统治集团中的亲英国派之所以敢大搞西藏"独立"活动，其重要原因就是中国各省与西藏之间的政治、经济联系已被严重削弱，而西藏与英属印度之间的政治、经济联系已变得十分紧密。由此可见，自近代以来，进藏通道的畅通，对于国家统一、主权安全和民族团结至关重要。

英国人对西藏表面上是经济侵略，实质上是政治控制，而政治控制又离不开军事支持。1948年，国民政府发现英国由印度阿萨密省的塞地亚为起点修筑公路，已经修至察隅西南约100华里的瓦龙，而且还将继续向北推进，在该年年底就能进入中国境内，到达康藏边境的察隅。这将对中国的国防产生极大影响。届时不但西藏不保，整个中国西南门户大开，入侵者可以长驱直入，青海、宁夏、

---

[1] 周伟洲. 唐代吐蕃与近代西藏史论稿[M]. 北京：中国藏学出版社，2006：224-226.

新疆以至于四川、甘肃、云南都将陷入危机。更糟糕的是，晚清民国时期，由于帝国主义的侵略，致使西藏地方分裂主义势力出现。继1911年十三世达赖驱逐驻藏川军和汉人后，又多次派军攻入川康地区，挑起武装冲突。国民政府虽然在1934年黄慕松致祭十三世达赖喇嘛之后设立了蒙藏委员会驻藏办事处，但当时战乱频仍，再加上中央政府在西藏无一兵一卒，对西藏事务有心无力、鞭长莫及。

1939年设立西康省的本意，是为了加强对西藏的交流和管理，但实际情况是，西康省建立了10年，所能控制的范围仅在金沙江以东，金沙江俨然成了当时西藏地区与内地的天然界限，不但没有消除汉藏隔阂，反而导致双方的壁垒更加森严。再加上近代以来由于英国的影响，西藏疏远中国中央政府而亲近英国，与内地几乎完全隔离。即使是中央政府特使入藏，也必须假道英印，领取别国的护照通行。

第二次世界大战以后，英国在远东的实力大减，对殖民地的控制逐渐减弱。为了讨取"美援"，在远东殖民地的控制与开拓方面，不惜请美国参加，美国的"手臂"也伸到了西藏，致使形势愈发复杂。1947年3月，印度新德里召开泛亚洲会议，西藏单独派代表团参加，会场上悬挂的亚洲各国国旗中，竟有西藏的"雪山狮子"旗，所悬挂的地图上，也把西藏置于中国疆界之外。这一有悖于外交公理的行为，遭到中国代表团的强烈抗议，会议主持者不得不加以更正。印度方面被迫表示西藏代表是以尼赫鲁私人名义邀请，会议并未邀请西藏"官方"代表参加。但印度方面还是让西藏代表以一个"独立国家"的身份在会上致辞。

在英美的支持下，西藏内部的"藏独"分子也日益活跃，策划的分裂行动不断增多。1948年7月，西藏代表团未经中央政府同意，擅自到美国活动。为获得签证和外汇，代表团被迫来到南京，国民政府极力劝阻，而美英等国则让其驻香港总领事馆和驻华大使馆直接非法给代表团办理了入境签证。1948年7月，代表团到美国华盛顿，10月到英国伦敦，后经印度返回西藏。他们在美英期间，进行了一系列分裂祖国的活动。到解放前夕，更是驱逐国民政府蒙藏委员会驻藏办事人员①，还联络外国势力，寻求西藏独立的军事援助和政治支持②，企图以武力阻止西藏解放。

由此可见，新中国成立前后，西藏处境已经变得非常危险，国内的分裂分子大肆行动，国际上印度、英、美等国，不但持续变本加厉地进行分裂西藏的活动，而且还把所谓的西藏与台湾问题共同作为对抗新中国的政治筹码。1950年，朝鲜战争爆发，中国人民志愿军跨过鸭绿江抗美援朝、保家卫国。为了制衡新中国，美国认为如果西藏有变，就可以达到分散中国对朝鲜战场的兵力投入、缓解美军战争压力的目的，"西藏问题"由于国际反华势力的干预和操纵，变得越来越复杂。1949年底，毛泽东同志审时度势，决定"为不失时机地解放西藏，打击帝国主义侵略扩张野心，促使西藏向内转化，进军西藏宜早不宜迟，越早越有利，否则夜长梦多"。为了从政治上完成祖国统一大业、维护多民族国家的团结统一，军事上巩固国防安全，经济上改变旧西藏贫穷落后面貌、促进民族地区的繁荣发展，党中央高瞻远瞩地制定了进军西藏的策略方针，做出修筑康藏(川藏)、青藏公路的战略决策。

---

①1949年7月，西藏噶厦政府"召见"国民党政府蒙藏委员会驻藏办事处代理处长陈锡璋，通知办事处及其下属单位人员必须在两周内离开西藏。当时，蒙藏委员会驻藏办事处及其下属的小学、电台、气象测候所等单位人员共有300余人，在西藏方面的威逼下，分批经亚东撤离西藏。

②1949年底至1950年初，噶厦在印度驻拉萨代表黎吉生的直接唆使策划下，决定派出几个"亲善使团"，分赴美国、英国、印度、尼泊尔等国，以寻求对其"独立"的支持和军事援助。

三、修筑"两路"体现第一代中共领导集体的雄韬伟略

中国共产党是国家利益、民族利益的忠实捍卫者，坚决维护国家主权和领土完整。面对西藏错综复杂的情势，中央政府坚定地回击帝国主义国家和国内"藏独"势力分裂西藏的企图，明确表态：解放西藏"是中国人民、中国共产党和中国人民解放军的坚定不移的方针"①，绝无妥协余地，表明了维护国家主权和领土完整的坚强决心。1949年9月，中国人民解放军总司令朱德在政协会议上庄严承诺，一定会完成中国统一大业，解放包括西藏、台湾在内的全部祖国领土。

毛泽东、朱德等党和国家领导人积极争取西藏地方力量的支持，回应藏族爱国群众解放西藏的迫切要求。十世班禅额尔德尼·确吉坚赞致电人民革命军事委员会副主席兼人民解放军第一野战军司令员彭德怀，称："兹幸在钧座领导之下，西北已获解放，边民同声欢忭。今后人民之康乐有期，国家之复兴可待。"并恳求"领导义师，解放西藏，肃清叛国分子，拯救西藏人民。"②益喜楚臣③赶赴西宁，请求人民解放军迅速解放西藏④。彭德怀亲自回复：人民解放军在中央人民政府毛主席领导下，即将解放全国，摧毁国民党残余，驱逐英美帝国主义者一切侵略势力，求中国领土之全部独立与解放……西藏解放，已可预期。

---

① 决不容许外国侵略者吞并中国的领土——西藏[N]. 新华日报，1949-09-02.
② 班禅额尔德尼电彭德怀将军 恳求解放西藏拯救藏民[N]. 人民日报，1949-11-24.
③ 西藏已故五世热振活佛的却布堪布（职务名，相当于秘书长），他在1946年西藏热振活佛事变发生后即避居西康青海等地。
④ 益喜楚臣抵达西宁 要求迅速解放西藏[N]. 人民日报，1949-12-03.

1949年11月23日，毛泽东、朱德气势恢宏地宣称："中央人民政府和中国人民解放军必能满足西藏人民的这个愿望。"中央维护国家主权和统一的坚决态度，得到了渴望统一西藏的藏族群众的热烈支持。西康省藏族群众代表汪嘉、伯志、蔡良三人赴京路过西安时，向西北军政委员会主席彭德怀敬献"边民救星"的红色锦旗。彭德怀表示：将在伟大英明的毛主席领导下，巩固各民族团结，为建设独立、自由、平等、统一、富强与康乐的新中国而奋斗①。历史将会证明，西藏的未来与祖国整体的发展紧密联系，只有融入祖国大家庭的西藏才能焕发光彩，真正成为藏族人民渴望的民主、自治、繁荣的新西藏。

早在1949年2月，毛泽东在西柏坡与来访的苏共中央政治局委员米高扬的谈话中，谈到了西藏问题。他指出："解放全国，比较麻烦的有两处：台湾和西藏。西藏问题也并不难解决，只是不能太快，不能过于鲁莽，因为：（一）交通困难，大军不便行动，给养供应麻烦也较多；（二）民族问题，尤其是受宗教控制的地区，解决它更需要时间，需要稳步前进，不应操之过急。"②新中国成立前夕，英美帝国主义挑拨西藏地方与中国中央政府关系，企图趁人民解放军尚未到达西藏之前，将西藏从中国分裂出去。1949年7月8日，西藏地方当局发布通告，将国民政府蒙藏委员会驻藏办事处人员及家属共300余人，分三批用当地武装押送至中印边境，经印度由海路返回中国内地。此次"驱汉事件"加速了中央将解放西藏提上日程。

解放西藏刻不容缓。1949年10月10日，毛泽东电示正率第一

---

① 新华社.西康藏民代表抵京 朱德副主席予以接见 路经西安曾向彭德怀主席献旗[N].人民日报，1950-02-27(01).
② 中共中央党史研究室科研局.毛泽东的足迹[M].北京：中共党史出版社，1993：345.

野战军第一兵团进军新疆的兵团司令员兼政委王震，指出："你们的进军任务，包括出兵西藏，解放藏北。"①1949年12月，毛泽东访问苏联，途经满洲里时，致信中共中央并西南局，指出：印度、美国都在打西藏的注意，解放西藏的问题要下决心了，"进军西藏宜早不宜迟，越早越有利，否则夜长梦多"。1950年1月2日凌晨，毛泽东在访问苏联途中，将拟好的电报发回国内。电文上，毛泽东特意写着"中央、彭德怀，并转发小平、伯承、贺龙""西藏人口虽不多，但国际地位极重要，我们必须占领……向西藏进军及经营西藏的任务应确定由西南局担负……如果没有不可克服的困难，应当争取今年6月中旬开始向西藏进军，于10月以前占领全藏……"毛泽东高瞻远瞩地提出了必须"一面进军，一面修路"的指示，"解决进军西藏中的运输诸问题"。

党中央对西藏问题的特殊性和复杂性有着深刻的认识，刘伯承、邓小平仔细研读了毛泽东的电报，接受了进军西藏的任务。西南军政委员会主席刘伯承、政委邓小平在接见十八军进藏部队主要领导人时强调指出："西藏同内地其他省份不同，有它的特殊性，你们要下功夫，认真研究它的社会历史、政治经济、宗教文化，以及地理环境、自然条件、交通运输等各方面的情况。""解决西藏问题，军事与政治相比较，政治是主要的。从历史上看，对西藏多次用兵都未解决，而解决者亦多靠政治。政治问题极为重要。""要掌握好政策，要靠政策走路，靠政策吃饭。政策就是生命。……还必须解决补给之公路。"邓小平说："在进军的同时，要用很大的力量去筑路。西藏的公路建设是先纵后横，首先修通连接内地的战略纵

---

① 中共西藏自治区委员会党史研究室．天宝与西藏[M]．北京：中共党史出版社，2006：50．

深道路，尔后再以拉萨为中心向横的方向、向边境发展。只有这样，才能站住脚跟，建设西藏，保卫边疆。"①

很显然，解放西藏的主要方式不是军事威慑，而是与西藏的交流与沟通，通过大力支持、扶助西藏发展，获得西藏人民衷心的支持和认同。而西藏发展的生命线，则是与内地的交通线。这些交通线既是经贸之路、文化之路、安藏之路和兴藏之路，同时也是维护中国边疆稳固的"定边"之路。因此，毛泽东发出了"一面进军，一面修路"的指示：通过修路，为进驻拉萨的解放军提供强有力的后勤保障和长期支持；通过修路，贯通西藏与内地的联系，大力加速西藏经济增长，改善西藏人民生活状况；通过修路，增强各族人民的血肉联系。以毛泽东为核心的新中国第一代领导集体，高瞻远瞩地指出了进军西藏、解放西藏、修筑进藏公路的深远意义。

西藏理化亚玛顿珠寺院的大管家说过，他已经经历了清朝、国民党、现在的中央人民政府三个朝代。清末四川都督赵尔丰进藏失败了，国民党又来了，但是国民党解决不了供给问题，没有大米，只能吃糌粑，失败了。现在解放军来了，目前看来供给很好，但将来也得靠吃糌粑而最后失败。中央政府派人进藏是不会成功的，喇嘛寺才是这里最后胜利的统治者②。事实证明，新中国中央政府有能力打破这个历史痼疾，让中央政府对西藏的管理真正落到实处。

修筑入藏公路可以说是新中国的一号工程。康藏、青藏公路不仅工程浩大，而且施工技术难度极大，修路投入的资金之巨可想而知。据康藏公路修建司令部计算，仅修筑康藏公路，"除去参加筑

---

① 军事科学院战略研究部. 邓小平军事文集 第二卷[M]. 北京：军事科学出版社、中央文献出版社，2002：276.

② 林田. 藏行记实[M]. 北京：中国藏学出版社，1997：42.

路的人民解放军的给养被服等项，建设这条路的费用，如果折成五千元（旧币）一张的人民币，每行一张，排成九行，可以从北京的天安门，一直到拉萨的布达拉宫。这笔费用如果按照今年三月重庆的牌价，折成大米，用载重三吨半的汽车装载，一辆接着一辆，可以从雀儿山东麓的马尼干戈一直排到拉萨"①。"两路"修筑之时，新中国刚刚成立，国家百废待兴、百政待举，对外需要支撑志愿军入朝作战，国家经济非常困难。能在这样艰难的时刻，毅然决然做出进军西藏、修筑进藏公路的战略决定，充分显示了中国共产党第一代领导集体克服万难的勇气和雄才伟略。

在进藏动员和入藏筑路的过程中，中国共产党不断强调要加强政治动员，要让战士们充分明确修筑康藏、青藏公路的政治意义，这是"两路"建设得以顺利进行的思想保障。1950年2月15日，西南军区发出的《解放西藏政治动员令》中号召"每一个指战员必须树立长期建设西藏的思想和决心"。1950年3月6日，十八军将士在四川乐山举行了进军西藏誓师大会（图1-2），官兵们发出"把五星红旗插到喜马拉雅山上"的豪迈誓言。1952年12月1日，西藏军区成立后的第一届党代会在拉萨召开，会议的主要议题是解决西藏工作的政策、策略和长期建藏两个问题，与会代表进行了为时一周的深入讨论。大家认识到建设西藏任务艰巨，必须有在西藏长期艰苦奋斗的打算，全体代表一致通过，并写下向党中央毛主席表示长期建藏的决心书。

负责进藏并建设康藏公路的十八军军长张国华，在对连以上干部的讲座中，提出了解放军进军西藏的三大任务：提高藏族人民的觉悟，发展生产建设（包括教育、文化、医药建设），巩固国防。在

---

① 沈石. 筑路史上的奇迹——康藏公路通讯[N]. 人民日报, 1954-12-13(02).

图1-2 1950年3月,十八军在乐山举行进军西藏誓师大会

(作者摄于西藏自治区"两路"精神纪念馆)

政治工作中,他既强调入藏工作的艰难,时时以长征伟业激励战士;又强调建设西藏对民族团结、共同发展的重要性。他在慰问战士的时候总是耐心向大家讲:"我们到西藏去不是去做官,是做藏族同胞的工人,替他们工作,做他们的先生,又做他们的学生。""咱们到西藏准备着当工人,从事生产。你们大多数不就是工人、农民出身吗?"①其后,进藏部队时时反思:是什么思想、什么因素支持着大家情绪始终高涨?最重要、最长效的思想激励,就是把修路和长期建设西藏联系在一起。修路不是进军中临时附带的任务,人民解放军进藏的一项重要任务就是建设,建设是解放西藏、保卫

---

①郭江明,冉启培. 井冈山走出的"井冈山"——张国华传[M]. 北京:解放军出版社,2014.

边疆的主要条件和内容①。1952年11月20日,康藏公路通车到昌都,毛泽东主席亲手书写"为了帮助各兄弟民族,不怕困难,努力筑路"的题词,极大地鼓舞了筑路部队的士气和他们克服困难的勇气。

正是新中国第一代领导以战略家的雄才伟略,做出解放西藏,修筑康藏、青藏公路的战略决策,"一面进军,一面修路","为了帮助各兄弟民族,不怕困难,努力筑路",将理想主义、革命英雄主义和民族团结的理念深深镌刻在每一位筑路战士的心里。在历时近5年艰苦卓绝的筑路岁月中,战士们正是依靠坚韧不拔的毅力和建设新西藏的决心,排除万难、顽强奋进,不仅创造了世界筑路史上的奇迹,而且在筑路护路实践中,孕育形成了宝贵的精神财富——"一不怕苦、二不怕死,顽强拼搏、甘当路石,军民一家、民族团结"的"两路"精神。

第四节　川藏、青藏公路修筑概况

一、川藏公路

康藏公路(今称川藏公路),修筑始于1950年4月,1954年12月建成通车,历时4年又8个多月。康藏公路起点为西康省省会雅安,经新都桥、马尼干戈、德格、昌都、邦达、然乌、林芝,最终到达拉萨,全长2255公里。1954年西康省撤销建制,1955年10月,交通部决定将其更名为"川藏公路",以成都为起点,全长2416

---

①林田.藏行记实[M].北京:中国藏学出版社,1997.

公里。

川藏公路于1950年4月13日在西康省省会雅安金鸡关破土动工，首先恢复和重建雅安至马尼干戈段全长690公里的路线。民国政府曾经修过这一路段，但是工程质量低下，早已无法使用。由于任务紧迫，雅马路段先沿旧路抢通，再于1951年改善。1950年5月，抢修二郎山工程，1950年6月25日，公路抢通至康定。雅马路段恢复改建期间，部队一面进军，一面抢修，于1950年8月25日抢通至甘孜，随即通车至马尼干戈。雅安至马尼干戈路段，民国政府修了10年未通，在中国共产党的领导下，只用了10个月就修复通车。

1951年为雅马段的改善工程建设，以桥梁工程为重点，中型桥修建钢梁及钢筋混凝土梁。跨越芦山河的飞仙关大桥和跨越大渡河的泸定大桥是钢索吊桥，两桥在1951年6月1日和4日先后建成通车。图1-3为飞仙关大桥的施工现场。

图1-3 飞仙关大桥施工现场

1950年10月1日，由西南军政委员会交通部及中国人民解放军第十八军共同领导的康藏公路工程处成立，开始筹建马尼干戈至昌都段。1951年5月28日，马尼干戈至昌都段正式开工。工程首先要攻克的就是海拔5047米的雀儿山（全线最高的山）。1951年7月5日，雀儿山路段开始施工。经过修路部队和民工的艰苦奋战，

1952年1月17日，雀儿山全线路通车。1952年6月，公路修通至金沙江边的冈拖。1952年11月21日，公路通车至昌都。马尼干戈至昌都段路线跨过六座大山，工程由金沙江推进至澜沧江流域。

公路通到昌都之后，面临昌都至拉萨路线的选择问题，有南、北、中3条比较线路，党中央最终决定走南线。为加快进度，保证1954年通车拉萨，自1953年开始，昌都到拉萨的路段分成东西两段同时施工，东段由昌都向西修，西段由拉萨向东修。

1953年6月23日，公路通车至吉塘。1953年夏天，英勇的筑路部队劈开了怒江西岸的悬崖，攻克怒江天险，在怒江桥头留下了气壮山河的"英雄阵地"四个大字。1953年11月1日，怒江大桥建成通车。图1-4为竣工后的怒江大桥。

1953年，工程由澜沧江、怒江流域延伸至雅鲁藏布江流域，提前完成本年任务前进至波密地区。在东段向拉萨推进的同时，西段也由拉萨向东修建至敏拉。

图1-4 竣工后的怒江大桥

1954年是然拉根至敏拉段修建时期，东段由然拉根至郎塞（巴河），西段由敏拉至郎塞（巴河）。1954年11月27日，川藏公路东西两段筑路大军在郎塞（巴河）胜利会师。1954年12月25日，川藏公路正式通车。

二、青藏公路

青藏公路于1954年5月开始施工。第一个目标就是完成自格尔木到霍霍西里(可可西里)约300公里公路的修建。

1954年5月11日，在距格尔木30公里处昆仑山下的艾芨里沟，慕生忠将军率领1200人，开始了向青藏高原的艰难进军。公路延伸到距离格尔木73公里处，需架桥跨越格尔木河上游最窄的一段。筑路部队在此修建青藏公路第一桥——天涯桥(现称昆仑桥)，并于1954年7月18日建成通车。

过了天涯桥，前进20多公里到达纳赤台。纳赤台前进至昆仑山口约80多公里，公路沿格尔木河道弯曲修筑。由于昆仑山雪水漫流，水毁灾害严重，工程非常艰巨。

昆仑山口至唐古拉山之间为300多公里的宽广地域，有长江源头的三条支流，即楚玛尔河、沱沱河和通天河。首先遇上的是楚玛尔河，它发源于昆仑山脉的可可西里。施工队修筑透水路堤，跨越了楚玛尔河。

楚玛尔河至五道梁有25公里，五道梁是由于五道山梁连续横列而得名。梁与梁之间是夏秋成河、冬春干涸的滩地。1954年7月27日，公路修筑到五道梁(位于可可西里)，胜利地完成了300公里修建任务。1954年7月30日，10辆十轮卡车开上了可可西里，而这里，曾被外国探险家断言为人类根本无法生存的"生命禁区"。

完成了300公里公路修建任务后，筑路大军继续前进，经过北麓河，翻越风火山(又名开心岭)，于1954年9月3日到达沱沱河。跨过沱沱河、通天河，再往前是小唐古拉山，此处山高坡陡，又傍山修筑18公里沿通天河支流的布曲河到达温泉。工程进展到唐古拉山口，这里是长江和怒江的分水岭，也是青藏公路的最高点，海拔5000多米，常年多风雪，气温多在零下，最低可降到零下50至零下40摄氏度。筑路大军冒着严寒，在海拔5000多米的唐古拉山上

第一章 "两路"修筑的历史背景

修筑了30公里的公路。1954年10月20日,公路成功翻越唐古拉山,青藏公路通过海拔5231米的唐古拉山口,进入西藏地区。

1954年10月29日,公路建设推进到唐古拉山以南的起伏辽阔地带,解放军西北军区工程兵开进工地,加速了工程进度。10月31日,打通桃儿九山,前进到安多。过了安多,绕过4800多米高的申克里贡山,进入平川地带。1954年11月16日,青藏公路修筑到藏北重镇黑河。

过了黑河,公路延伸到念青唐古拉山脉的尕勤拉山和拉陇尕木山,四道山岭横卧,人们称之为"四道梁"。这里是怒江流域和雅鲁藏布江流域的分水岭。越过四道梁,筑路大军进入当雄草原,铺筑过水路面通过当雄河。在20天的时间内,公路就从黑河前进了260公里,推进到了羊八井。

1954年12月2日,筑路大军来到冈底斯山脉堆龙河谷长15公里的羊八井石峡,这是青藏公路最艰巨的一段工程。为了康藏、青藏公路同时通车拉萨,西藏军区从康藏公路调来了工兵八团一个营从南往北修,西北军区工兵二团和工程队从北往南修,于12月3日同时动工,南北夹击合力劈开石峡。1954年12月12日,修筑大军劈开15公里长的千年石峡羊八井,直下拉萨平原。为了庆祝这一胜利,筑路大军在石峡峭壁上写下"跨越昆仑唐古拉,劈开石峡通拉萨"十四个大字(图1-5)。1954年12月16日,康藏、青藏"两路"修筑大军在拉萨市西郊东嘎胜利会师。

图1-5 "跨过昆仑唐古拉,劈开石峡通拉萨"
(作者摄于慕生忠纪念馆)

1954年12月22日，青藏公路修抵拉萨。

1954年12月25日，康藏、青藏公路全线通车，通车典礼在拉萨、雅安、西宁隆重举行（图1-6）。毛泽东主席特地为"两路"通车题词："庆祝康藏、青藏两公路的通车，巩固各民族人民的团结，建设祖国！"川藏、青藏两条公路的建成通车，把西藏与祖国大家庭紧紧连在一起，有力地促进了西藏与祖国内地政治、经济、文化上的交流合作，对推动西藏实现社会制度历史性跨越、经济社会快速发展，对巩固西南边疆、促进民族团结进步，发挥了十分重要的作用。

a) b)

图1-6　1954年12月25日，川藏、青藏公路通车典礼

（作者摄于西藏自治区"两路"精神纪念馆）

第二章
"两路"精神发展历程

川藏、青藏公路历经了艰苦卓绝的勘测施工、集思广益的扩建改建和充满艰辛的常年养护等不同阶段。"两路"精神正是在筑路实践中孕育形成，在改造养护中传承发展，在新时代凝练升华而成的。2014年8月6日，在川藏、青藏公路建成通车60周年之际，习近平总书记做出重要批示，把"两路"精神概括为"一不怕苦、二不怕死，顽强拼搏、甘当路石，军民一家、民族团结"。"两路"精神传承着中华民族的优良传统，蕴含着中国共产党人的红色基因，彰显着中国人民的坚强品格。

第一节 工程艰巨催生"两路"精神

1950年，中共中央做出修筑川藏（康藏）、青藏公路的历史性决定，不但在中国筑路史，就是在世界公路修筑史上也是石破天惊之举。毕竟,入藏道路之险峻艰难举世皆知。川藏(康藏)公路穿越横断山脉的14座大山,横跨岷江、大渡河、金沙江、怒江、拉萨河等众多江河,横穿龙门山、炉霍、甘孜、青泥洞、金沙江、澜沧江、怒江、通麦等八条大断裂带。这里地层破碎,地震频繁,震级较高,地质条件极其复杂。川藏(康藏)线沿途泥石流、沼泽、塌方、雪崩、水毁等出现频繁,堪称"地质灾害的博物馆"。青藏公路在海拔4000-5000米的"生命禁区"青藏高原施工,要翻越海拔5000多米的唐古拉山,高寒缺氧、气候瞬息万变、多年冻土不化,自然环境极其恶劣。在冰川和流沙地段,道路时常被流沙掩埋;绵延的雨季,又常常导致严重的塌方;冰川爆发时,雪水夹着泥沙、大石头,路基和桥梁在它们面前根本不堪一击;还有很多路线要在连藏羚羊都无法立足的悬崖峭壁上通过。

道路修筑的难度超乎想象,因此,历史上元明清三代竭尽全力所能做到的,也只是勉强保持入藏的官方驿道断续连通。修筑入藏公路,打通内地与西藏的顺畅连接通道,多年以来,都不啻是纸上谈兵、痴人说梦。没有生产力的巨大进步,没有先进的生产工具和筑路技术,修通"两路"谈何容易!马克思曾说过:"批判的武器当然不能代替武器的批判,物质的力量只能用物质的力量来摧毁。"但是马克思也注意到:"理论一经掌握群众,也会变成物质力量。"①毛泽东同志则指出:"代表先进阶级的正确思想一旦被群众掌握,就会变成改造社会、改造世界的物质力量。"②即"物质变精神,精神变物质"。先进的思想理论一旦为人民群众所掌握,就会转化为改造

---

①马克思,恩格斯.马克思恩格斯全集 第1卷[M].中共中央马克思恩格斯列宁斯大林著作编译局,译.北京:人民出版社,1956:460.
②毛泽东.毛泽东著作选读编辑委员会编.毛泽东著作选读 乙种本[M].北京:中国青年出版社,1964:429.

社会、改造世界的强大力量。

中华人民共和国——这个新生的中国共产党领导的社会主义国家，从开始屹立于世界舞台之时，就彰显出强大的社会整合能力和组织动员能力，通过社会主义改造和新中国的建设，在民众中激发出强烈的、前所未有的爱国和建设热情。巨大的精神力量，在筑路过程中转化为创造筑路奇迹的强大力量，最终使筑路大军突破气候恶劣、地理险峻、技术落后、工具原始、后勤困难等层层限制，用不到 5 年的时间就将川藏(康藏)、青藏公路全线贯通。

一、艰难的勘测之旅——征服地质结构复杂、气候恶劣、灾害频发的自然环境

由于历史上从未对川藏(康藏)、青藏公路进行科学勘测，不要说严谨的数据资料，就是对川藏(康藏)、青藏公路所经区域的详细地形都不甚清楚，连一张完整的地图都拿不出来。所以，修筑川藏(康藏)、青藏公路的第一步——勘测工作迅速开展起来。许多时候，为了赶上工程进度，甚至一边勘测一边修路，勘测人员是筑路大军里最先经受考验的。

1950 年初，中国人民解放军进军西藏时，党中央和毛泽东主席即指示"一面进军，一面修路"，川藏(康藏)公路的勘测和进军同时进行。在动工修建川藏(康藏)公路之前，为了寻找一条最合适的路线，勘测队员们历经了无数艰险。第一批勘测队员从 1950 年开始工作，十几个勘测队从澜沧江流域走到雅鲁藏布江流域，从横断山脉一路爬行到喜马拉雅山脉。他们走过人迹罕至的不毛之地，到过连飞禽走兽都未曾涉足的地方。在勘测路线过程中，勘测队员们有时

图 2-1 攀登悬崖勘测

不是靠脚走,而是用脚跳(经过沼泽地带不得不从一个草垫跳到另一个草垫上),有时只能靠全身滚动甚至匍匐爬行才能顺利前进。

每次行到江流湍急的江边,为找到适合修建跨江大桥的地点,他们得多次往返于怒吼咆哮着的江面。最好的情况,可以靠破旧的橡皮船过江,多数时候只能靠溜索渡过汹涌奔腾的江河,在万不得已之际,则只能徒身横渡冰冷刺骨的江河。图 2-1、图 2-2 为踏勘队员冒险进行勘测,图 2-3 为踏勘队翻越高山行进路程。

图 2-2 用溜索进行勘测

图 2-3 踏勘队翻越高山

穿越丛林时,他们常在野兽出没的原始森林里露营,在野兽经过的崖洞过夜,在厚厚的积雪上入眠。丛林地带,满布荆棘,身上的帆布衣服不得不缝了又缝,补了又补。在人迹罕至的地方长途远行,补给不足,他们经常忍饥挨饿受冻。饿了,靠吃又冷又硬的馒头、窝头、代食粉、糌粑团或野菜(沿路的野冬苋菜、野韭菜、灰灰菜、野葱、火麻子等)充饥；渴了，就融化雪水解渴。夏天经过多雨的原始森林，要提防野兽的突然袭击，忍受蚂蟥等蚊虫的叮咬。

在高海拔地区，氧气稀薄，呼吸困难。雀儿山是川藏公路上的重点工程之一，这里海拔5047米，峰峦险峻，地势高寒，气候恶劣，严重缺氧。雀儿山每年有8—9个月被冰雹、雨、雪封锁，是修筑川藏公路上的一道险关。有人写过这样一首歌谣："登上雀儿山，伸手能摸天，一步三喘气，头晕加目眩，四顾雾茫茫，风雪迷漫漫，深沟大壑多，断崖峭壁连，要想越过去，真是难、难、难！"还有人这样唱过："提起雀儿山，自古少人烟，飞鸟也难上山顶，终年雪不断……"这里气候复杂多变，一天之内时常晴、雨、风、雪、冰雹交替出现，有时勘测队员正紧张忙碌着，一阵狂风刮过，紧接而至的就是密集的冰豆子一个接一个砸下来。冰豆子打在石头上，不一会儿就把没来得及平整的洼地填得满满当当。大家又七手八脚铲去冰豆子，搭好帐篷，准备休息。谁知一刹那，冰消雪融，又是满山泥水。每年10月下旬，雀儿山上早已银装素裹。凛冽的寒风夹着雪片，像脱缰的野马，狂啸怒吼，覆盖了茫茫大地，吞噬了条条山路，封住了道道溪流①。勘测队员们在雪地里搭帐篷，为避免体温融化积雪打湿床垫，他们就设法在雪地上铺上一层树枝，树枝上面再搭建帐篷，他们风趣地把这称作"钢丝床"。

勘测时，有的勘测队员因为在大雪及膝的雪地上长久站立，替

---

① 纪念川藏青藏公路通车三十周年筹委会办公室文献组，西藏自治区交通厅文献组. 纪念川藏青藏公路通车三十周年文献集 第二卷 筑路篇(下)[M]. 拉萨：西藏人民出版社，1984：131-132.

代中线桩以帮助绘图人员绘制地形图而冻伤；有的勘测队员因长时间行走于雪地而患上雪盲症，睁眼不见五指，沿途缺医少药，无法医治，唯一的方法就是用毛巾热敷以缓解症状。

1953年，川藏公路各勘测设计路线分队进入波密地区工作期间，发生了著名的"鸽"冰川（现名为古乡冰川泥石流）事件。冰川爆发时，伴随着巨响，地动山摇，高达100米的泥浆夹带着体积几百立方米不等的大小石块、冰块，像一条巨龙从峡谷深处翻滚涌出，大石相撞，火星迸溅，山谷轰鸣，地面震动。泥石流对部分新修公路损毁严重，交通阻断，部分路段被迫改线。在如此艰难的情况下，勘测队员冲锋在前，一边奋战波密泥石流，一边改寻新线。波密地区毒虫肆虐，在找线路时，草丛中的旱蚂蟥不断吮吸着他们的鲜血，草虱子钻进他们的皮肤施放着毒剂。此外，丛林中的野生漆树，还使很多队员产生过敏而全身红肿。

为找到合理、经济的公路路线，勘测队员们不辞辛劳、披荆斩棘，甚至冒着生命危险坚持踏勘，先后翻越了200多座海拔4000-6000米的大山，行进了1万多公里路程。

青藏公路的勘测同样充满了艰辛。

1951年5月，西藏和平解放，8月西北军出发进藏，邓郁清（参加过旧青藏公路的修建）带领2名测量员随军出发，担负青藏公路的勘测任务。由于行军路线不适合修建公路，筑路计划暂时搁置。当时间推移到1953年，进驻西藏的部队及地方人员粮食告急，吃穿用都要从数千里外组织牲畜驮运，代价十分昂贵。西藏少数分裂分子企图利用此机会发动叛乱，逼迫解放军退出西藏。

当时，从西南雇牦牛、从西北用骆驼运送粮食到拉萨，一年只能往返一趟，运费加上损耗，一斤粮食比一斤银子还贵。以1952年由西北运送进藏物资的一支驼队为例，他们拥有3000峰骆驼，尽了最大的努力，虽然把物资运到了目的地那曲，但在第二年春天返程路上，由于缺乏草料，大部分骆驼在途中倒毙。按照骆驼的食量计算，一峰骆驼运送物资进藏，必须要有四峰骆驼供料，才能维持其生命，其代价之大可想而知。事实证明，单靠牲畜驮运物资支援西藏无法满足现实需要，勘测修筑青藏公路迫在眉睫。

据任启明（曾任西北运输总队副政委）回忆，他们在运输物资的同时，还担负探测青藏公路修筑路线的任务。这期间，他们总队先后买得2万多峰骆驼运粮。原计划是沿十八军独立支队从西北进军西藏的路线，从青海省的香日德出发，经巴隆大坂诺木冈、曲麻莱，渡过通天河，翻越唐古拉山口，经聂荣宗（今聂荣县），进入藏北重镇黑河，再由黑河分工委组织力量，把粮食、物资运往拉萨。但因老路线大部分是泥沼地带，加上饲料不足，骆驼队要完成任务困难极大。所以，运输队西行到格尔木后，决定改走南行路线，越过昆仑山、唐古拉山，横跨青藏高原经黑河前往拉萨。

由于青藏沿线地势高寒、人烟稀少，路途遥远，运输中骆驼不断死亡，很难完成支援西藏的运粮任务。面对现实情况，运输总队负责人认为：尽快修通青藏公路，才是解决运粮问题的根本办法。他建议依据骆驼队前期提供的资料，用木轮大车、胶轮大车先行探路，在胶轮大车通过后，就组织民工进入工地修路。当时，张国华（进军西藏的十八军军长）、慕生忠（时任西藏工委常委、西藏运输总队政委）等趁在北京开会的机会，就修建青藏公路问题先后向中央作了汇报请示，得到周恩来和彭德怀的同意和支持。周恩来详细地询问了情况后说："青藏公路要修，它如同人的手背，平坦易为，而且斩不断、炸不烂，非常保险。康藏公路要修，但它如同人手的五指，横断山脉，断一处就不能通车了。为了战略上的需要，青藏、康藏两条公路并修。两条路都要通车，万一断了一条，我们还有一条，修复断了的一条时，另一条还可以支援。"[1]彭德怀手指地图上甘肃北部到西藏的西半部说："这一带都是空的，需要开发建设。"

根据中央指示，运输总队决定由任启明率领一支木轮大车队首次试探路线。探路队总共约30人，由任启明总体负责。他们在闯过昆仑峡谷，横过楚玛尔河后，辗转来到了传说中"死神主宰的地区"——从霍霍西里（可可西里）到唐古拉山垭口的数百里地带。之前有很多外国探险家断言，人类无法在这一地带生活，因为这里是沉睡着的亘古荒原。

唐古拉山脉的山峰，自西向东，逶迤排列。虽然看上去海拔不高，但都全戴"银冠"（终年积雪）。此地天气多变，清晨，探测队沐浴着晨光，开始了探测行程。很快太阳施展威力，光顶烈日炎炎，有点"早穿棉袄午穿纱"的感觉。忽而狂风大作，风沙夹着小石子，豌豆大的冰雹夹着绿豆大的雨点，劈头盖脸打过来。冰雹历时不久，风停雨住，一轮红日又钻出云层，草原恢复静穆，地面上铺了一层"雪豌豆"。这一系列暴风骤雨和剧烈运动，使得勘测队员们头晕乏力、呼吸困难。

冬季的高原，昼夜温差极大。白天，阳光普照；夜晚，勘测队员住在帐篷里，将所有的皮袄、衣服等众多衣物都压在被子上，以增加温度，却仍然抵挡不住高原夜晚的寒冷。当时，他们没有温度计，估计至少也是零下40摄氏度甚至更冷，很多人都被冻醒。第二

---

[1]《青藏公路五十年》编委会. 青藏公路五十年[M]. 西宁：青海人民出版社，2007：29.

天，等他们伸出被窝，发现帐篷早已被风吹走，天灰蒙蒙的，大地一片洁白，大雪已经把大家覆盖了。在经过黄河源的烂泥潭时，有十几名队员因陷进泥淖里而牺牲，还损失了几百匹骡马。即使是如此艰难的处境，也没有让勘探队退却，"一不怕苦、二不怕死"就是他们拼搏精神的生动写照。

历经千难成此境，人间万事出艰辛。他们的努力是卓有成效的，在多条比较线中找到了科学合理的公路行进线路，川藏、青藏公路后来多次整修，基本是沿着原线路进行。

二、排除万难的筑路征程——攻克工具简陋、技术落后的难题

旧中国留下了"一穷二白"的烂摊子，在1950年的中国，先进的机械设备和筑路技术都是奢谈。陈明义将军回忆说，不是机械筑路，也不是半机械筑路，而是只有屈指可数的机械。川藏公路的筑路大军能够使用的基本只有锤子、钢钎等原始筑路工具，到1954年之前，除了个别机器外，最先进的大概就是火药这种开山工具了。难以想象，两条被世人称之为"天路"的世界上最难开辟的路，是他们靠着铁锤、铲子、钢钎，一锤一锤地打，一铲一铲地挖而开凿出来的。

青藏公路修建之初，由于经费和人力、物力所限，甚至连一个专门的筑路组织都没有成立，均在"西藏运输总队"的基础上展开工作。在"世界屋脊"的青藏高原新修1000多公里公路，却连一个正规的测量队、工程队都没有凑齐。邓郁清是西藏工委从西北局调来的唯一一位工程师，担任工程技术总负责人。他在回忆文章里写

道："我简直不敢相信这样的计划中央会批准。"①青藏公路修建初期，不但严重缺乏工程技术人员，而且炸药数量有限，开山工具也严重不足。在修建桥梁时没有熟练的架桥工人，更没有必要的施工用料和设备，必要的松木和钢筋铅丝也是从遥远的兰州等地运来。而接梁需要的诸如螺栓、铁板夹、桥钉等小零件也没有。没有水泥和石灰，附近也找不到可以打料石的石场；没有经纬仪，只有靠皮尺测出两岸桩位线。筑路工具也极度缺乏，两人只能合用一把锹和镐；铁凿、锯子稀缺，更不用说拉车、推索、轨道滑车了。图2-4、图2-5分别为西藏自治区"两路"精神纪念馆展出的"一面进军，一面修路"浮雕与铁凿、锯子等筑路工具。

图2-4 "一面进军，一面修路"浮雕

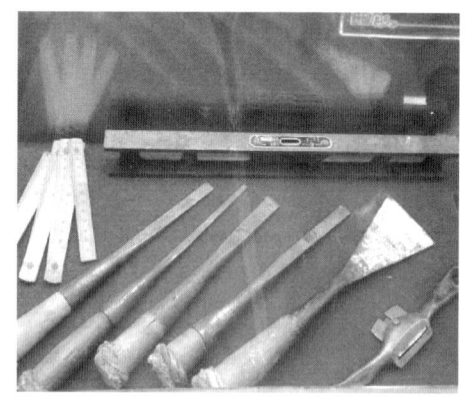
图2-5 铁凿、锯子等筑路工具

（作者摄于西藏自治区"两路"精神纪念馆）

至于筑路技术，筑路部队都是刚经历解放战争的烽火硝烟，就即刻受命开始了筑路征程，对筑路可谓毫无经验。只能边干边摸索。例如，一五八团二营在1950年春天接到了参加修路的任务。该

---

①邓郁清《回忆修筑青藏公路》，选自：纪念川藏青藏公路通车三十周年筹委会办公室文献组，西藏自治区交通厅文献组. 纪念川藏青藏公路通车三十周年文献集 第二卷筑路篇（下）[M]. 拉萨：西藏人民出版社，1984：215.

团从太行山到冀鲁豫，又从豫皖苏到长江南岸，跨过浙赣闽，再转战大西南，走过不少公路，至于他们却从未想过公路是怎么修建的。但军令就是最高指示，他们被紧急动员学习修筑公路知识后，很快便登上汽车向既定目的地出发。修筑公路对于这支步兵队伍来说，挑战是不言而喻的。

在最初施工时，很多战士缺乏专门的修路知识和技术，只以简单的"吃大苦，出大力"精神进行苦干，从早到晚，起早贪黑，弄到全身伤病，也无法达到标准工效，工程进展缓慢。1952年，部队领导机关倡导"体力与智力结合""体力与技术结合"，大力提倡用智慧和技术征服各种障碍困难。筑路部队提出开展评工效、评技术、评劳动纪律、评团结、评卫生的"五评"竞赛，促进了战士们积极学科学、创新和改进施工技术的热潮，集体的智慧被充分激发，筑路大军中呈现出生机勃勃的景象。

在爆破石岩工程中，他们根据不同的地形和地质结构，创造了"自来水打炮眼"、梅花爆破法、三角爆破法、集团爆破法、台阶式（梯级）爆破法（在斜坡处自上而下打一长列炮眼，装置连续的导火绳，在点火后使其自上而下连续地一层一层爆破）、底层爆破法等作业技术。为控制点火的时效，减少放炮时因导火绳燃烧太快而引起的伤亡事故发生率，某部战士刘墨青创造了"白捻点火法"，用棉花搓成捻子，接在导火绳上，利用棉捻燃烧速度比导火绳慢30倍的特点，给予点火人更充裕的时间跑离危险区域。这不仅大大保证了点火开炮者的安全，还为国家节约了更多的建设资金。

在铺路方面，筑路战士结合苏联级配路面的应用和实际不同地质构造的路面，总结创造了陡坡作业法、塌方作业法、稀泥作业法、边抖边铺作业法等，使工效提高了3-7倍。

"工程民主、技术创造"运动的开展，使筑路部队逐步培育了爱科学、钻技术、探求知识、虚心好学的可贵精神，培养了他们不畏艰险的革命英雄主义精神与实事求是的科学态度相结合的思想。继张福林、杨茂武采用放大炮爆破技术后，工兵营六连副连长高福印创造了山字形挖土法，把挖土工效提高了整整24倍。其他战友工人根据这一原理，根据不同地形、不同土质，创造了月牙形、八字形挖土法，都取得显著成效。

某团二营机枪连战士曹熹创造了飞燕式排土法，提高工效5倍。之后，又陆续有了铅丝滑土法，大大地提高了排运土工效。一五七团团长柴洪泉用铅心代信管、王立峰以铁镐改锛斧伐树的新方法得以采用，都收到了良好的效果。张启泰研究出的木槽排渣法，解决了上下同时作业的排渣困难。除此之外，当时使用过的鳞次挖土法、梯形挖土法、弹弓打眼、单人冲钎、双线自动排土法、丁字形运土法、空心爆破法、火具接续法、活钩和翻板倒料等操作方法，都是干部战士根据不同的地形、土质、运距、岩层形态等情况，在实践中摸索出的有效办法。

"工程民主、技术创造"运动的开展，将思想政治工作与解决施工工程问题相结合，有力地鼓舞了筑路部队的积极性和创造性，挖掘了战士们的潜力，推动了工效的提升。筑路部队的全体指战员，在物资紧张和各种自然障碍的严峻挑战下，苦干加巧干，形成了"一不怕苦、二不怕死"的革命精神和创新精神。

三、负重涉远——克服后勤补给难题

筑路过程中的后勤补给十分困难。当时，在西藏还存在一小撮反动分子，企图利用粮食问题与筑路部队较量，对筑路部队实行粮食封锁、禁卖。他们妄图用这种办法阻止筑路大军修通公路，幻想达到撕毁《关于和平解放西藏办法的协议》的目的。这使筑路部队遭遇到了巨大困难。同时，由于公路修筑沿线地广人稀、物资缺乏，筑路所需劳动力和生产生活物资，均靠后方供应。如水泥、石灰、钢材甚至锻造钢钎用的煤，都要从内地运送且需用量很大，西藏地区畜力运输极其困难，而河流又大都不能通航，在川藏公路修成之前，由成都到拉萨2000多公里路程，除了成都到雅安的部分路段外，其余全靠陈旧的驿运和行动迟缓的牦牛驮运，来回一趟常常需要1年多的时间。后勤补给的困难超乎想象。

1950年春，人民解放军踏着红军长征的足迹进军西藏。穿越大渡河时，河上只有一座仅供行人通行的铁索桥，支援前进部队所需要的大批物资只能用橡皮舟、小木船摆渡过河。汽车也只能拆卸后放在小船上分批过河。摆渡过程中还要面临风急浪高的各种危险。为了改善交通，部队决定修建钢索桥。继泸定、飞仙关大桥完成后，雅（雅安）甘（甘孜）工程组又承建了云南大桥、四川大桥、吉塘大桥3座大桥的修建任务，之后又集中力量修建怒江大桥。在川藏公路上修建桥梁，有一个特殊情况，就是临到公路通车之际，部分建桥材料才运到，当时就立刻要求桥梁通车，以解决前方筑路大军的供应问题。怒江大桥通车之后，工程组全队人马带着电台和架桥的设备工具，以数十头牦牛为主要运输工具，向波密地区的通麦进军。

据不完全统计，川藏公路施工4年多时间里，筑路料具供应数达3000余吨，主副食及生活日用物资达1.7万余吨。这些短途运输物资以吨公里计算约为1200万吨公里，平均运距约46公里。其中，畜力运输占82%，人力背运占12%，航运占6%，各种方式运输共为27万运次。1954年4月，在波密地区施工中，由于路线经过深山峡谷，穿过溪流，绕过大山，从列亚到鲁朗段几乎全靠人力挑抬背运。当时，军工、技工抽调约三分之一人力运输自用粮料，建筑工人除了担负自己的行李外，还要携带几十斤重的施工料具，这足以说明当时运输任务的繁重和困难①。筑路期间，高原汽车部队付出了巨大牺牲，遵循"公路修到哪里，汽车就开到哪里"的原则，运送了成千上万吨物资器材，保障了筑路部队的工作生活，支持进藏部队早日打通西藏与内地的通道。几年间，他们所运送的物资，相当于2000部载重汽车绕行地球赤道一周。

在艰苦的条件下，运输队员实行"人停车不停"的原则，日以继夜地抢运。载重汽车常常在路幅狭窄、坎坷不平的刚开辟出的土路上行驶，在尚未竣工的石子路上行驶，俨然成了一台台压路机。在上坡路段经常需要拉手刹、垫三角木，遇到雨雪天路面打滑，助手还得提着三角木三步、五步一垫；汽车遇陡坡或在流沙深厚处无法负重前行时，他们还要先卸下车上的物资；有的湿滑地段根本开不上去，他们又必须先挖出稀泥，填上石头再行驶通过。冬天为避免雪花在挡风玻璃上结冰挡住视线，他们干脆打开车窗，任凭风雪扑打。遇到积雪挡住车轮，他们就下车用铁锹、脸盆、修车工具铲雪除冰，忍受寒冷，在山上与冰雪搏斗。在结了冰的"玻璃路"上，汽车装上防滑链也寸步难行时，他们就把身上的皮大衣、棉大衣脱下垫在路上，让汽车驶过雪山。英勇的汽车部队指战员以对祖国的无

---

①纪念川藏青藏公路通车三十周年筹委会办公室文献组，西藏自治区交通厅文献组．纪念川藏青藏公路通车三十周年文献集 第二卷 筑路篇（下）[M]．拉萨：西藏人民出版社，1984：196-197．

限热爱、对党的事业的无限忠诚，不畏艰险，不顾疲劳，克服艰难，担负着艰巨的支援运输任务，日夜行驶在川藏公路上。

第二节 筑路英烈孕育"两路"精神

修筑川藏、青藏公路工程艰巨浩大，"两路"的建成通车，创造了世界公路修筑史上的奇迹。"两路"的通车，是筑路大军"一不怕死、二不怕苦，顽强拼搏、甘当路石，军民一家、民族团结"精神的光辉写照，是他们发挥爱国主义、革命英雄主义和革命乐观主义，无私奉献、日夜奋战、顽强拼搏的结果。

修筑公路期间，他们经历了无数意想不到的艰险。筑路大军冒着低于零下30摄氏度的严寒，战斗在海拔4000-5000米以上的山顶。面对冻土，他们从几十里以外砍伐木柴，烘烧冻土，边灼边开；面对绝壁，他们在高达数十到数百米的悬崖绝壁上悬空作业，打眼装炮，打桩固钉，开出桥桩，固定桥头，连接路面；在数百里的线路上，他们与百年难遇的山洪冰川搏斗抢险；他们集思广益，征服了顽石、流沙、地震、沼泽等数不清的重重障碍。

修建川藏公路的4年多时间里，他们在峭壁激流上架起了430多座桥梁，在顽石中凿通了3700多座涵洞，开挖了1900多万立方米的土石方。然而这期间，筑路部队和职工们却一直没有房子可住，他们白天在冰雪泥浆中劳动，晚上在寒冷潮湿的帐篷里居住。

大雪封山的日子，后勤补给跟不上，只能喝稀饭或野菜充饥，但他们仍然以高昂的斗志坚持施工作业；没有工具，就地取材，用自己的双手制作工具；缺乏经验，在队伍中广泛开展"工程民主、技术创造"运动，集中群众的智慧，改进操作方法，大大提高了工作效率。就这样,千万根钢钎在他们手上磨秃,铁锹磨得像镰刀一样薄;就这样,他们将公路修过了 14 座海拔 3000—5000 多米的人迹罕至的大山,修过了终年积雪的奇峰峻岭,修过了无数道奔腾汹涌自古被传为不可逾越的激流天险,修过了长达数百里遮天蔽日的原始森林和一望无际的草原沼泽地带,将川藏(康藏)公路向前延伸了 2255 公里,胜利地完成了党和人民交给的任务,到达了这条英雄公路的终点拉萨。这是中国人民解放军英勇顽强、艰苦奋斗的传统精神、坚韧不拔的毅力和无穷的智慧的集中表现,成为中国人民不屈意志和创造精神的旗帜。

在艰苦的筑路过程中,英雄们挥洒青春、热血,甚至献出生命。从 1951 年 10 月到 1954 年 12 月,仅五十三师和五十四师,负重伤者就有 675 名,残疾 62 名,牺牲 178 名[①]。涌现出无数的英雄人物,其中最为突出的有为打通雀儿山而光荣牺牲的模范共产党员张福林、强渡怒江英雄李文炎、千锤英雄杨海银等,他们的先进事迹,早已成为部队以及交通运输行业的生动范例。

一、视死忽如归:模范共产党员张福林

1951 年 12 月,寒冬腊月,青藏高原更是冰天雪地,张福林所在的部队在海拔 5047 米的雀儿山上,不分昼夜地冒着风雪抢修公路。在抢修雀儿山公路最紧张之际,共产党员张福林用自己的生命,写下了永垂不朽的史诗。张福林原本是一个部队中 500 米内百

---

① 纪念川藏青藏公路通车三十周年筹委会办公室文献组,西藏自治区交通厅文献组. 纪念川藏青藏公路通车三十周年文献集 第一卷 文献篇[M]. 拉萨:西藏人民出版社,1984:176.

发百中的神枪手，曾参加过太原、秦岭、成都等地的大小战斗十多次。他曾在日记中写道："祖国需要我，步兵变工兵。"在进藏部队抢修雀儿山公路中，他担任小炮班的班长，负责带领本班执行爆破任务。面对时间紧、任务重的情况，他积极向工程师和其他战友学习研究改进放大炮的技术，最终研究出改进装药方法和利用石缝放炮的有效办法。将原来一炮只能炸掉不到 2 立方米，改进提高到一炮炸掉 470 立方米和 570 立方米石头的工效，为国家修建公路节约了极大的人力、物力和财力。修路中，张福林得了疟疾，战友们劝他休息，他坚决不肯，担心影响工程进度。

1951 年 12 月，筑路大军奋战在海拔 5047 米的雀儿山上，12 月 10 日中午，当部队歇工准备集合吃饭时，班长张福林照例在工地上检查炮眼及装药情况。他逐个检查完本班战士打的炮眼深度，计算装药量，丈量导火索长度。正当他聚精会神作业时，突然，从山崖上方坠下一块 2 立方米大的巨石，猛砸在了他的右腿和腰上。当战友们闻讯赶来搬开石头时，张福林已昏死过去，鲜血染红了冰雪。当他醒转时，没有流泪也没有呻吟，只是艰难地对指导员说，请将自己口袋里的四万五千块（旧币，相当于四元五角）作为他最后一次党费。战士们围绕在他周围，忍不住地落泪，他强打起精神告诉大家，别为他耽搁工作，赶快上工，并语重心长地叮嘱大家千万要注意安全。张福林牺牲前的一席话，让战友们感动得失声痛哭。连里党支部全体党员沉痛哀悼张福林的壮烈牺牲，决心向他学习。他所在的小炮班化悲痛为力量，制订了"为纪念张班长，绝不松劲，继续学习，提高工效，坚决完成修路任务"的计划，表达了化悲痛为力量的决心。图 2-6 为张福林烈士像，图 2-7 为张福林班锦旗。

张福林生前特意从家乡带来了几包蔬菜种子，他曾经对战友们说，要在进入西藏后，好好进行生产建设，解决青菜少的问题。他牺牲后，战友们从他挂包里找到了这几包种子。他生前还写过一本日记，其中有他牺牲前为所在小炮班制订的爱国公约——"为了祖国，为了人民，我们坚决保证在今天的修建任务中，发挥我们高度的爱国主义的革命热情，按期按标准地完成修建任务。加强整体观念，诚恳互助，取长补短，多开'诸葛亮'会议，多用脑子想办法，克服困难，遵守纪律，为建设祖国边疆做出贡献。"每周他都会在班务会上念这个公约。这些遗物遗言，闪耀着张福林崇高的爱国主义和无私奉献甘当路石的精神光辉。捐躯报祖国，视死忽如归。"一不怕死、二不怕苦，顽强拼搏、甘当路石"的精神，在共产党员张福林身上体现得淋漓尽致。

图 2-6 张福林烈士

图 2-7 张福林班锦旗

（作者摄于泸定县二郎山川藏公路纪念馆）

二、志气常坚强：千锤英雄杨海银

在川藏公路修建期间还有一位顽强拼搏、甘当路石的英雄人物——身残志坚的筑路战士杨海银。1951年，已经参军7年的杨海银跟随部队来到康藏高原，担负修筑康藏公路的任务。凭着为藏族群众服务和建设祖国边疆的满腔热情，他在工作中积极思考，研究出很多先进的施工办法，被评为特等功臣。从内地到空气稀薄的高寒地带，在大家还没很好地掌握各种工具和操作技术时，他是掌握打大锤要领最快的一个。在海拔5000多米的雀儿山上，他抡起7斤多重的铁锤一口气打了1000多锤，被战友们赞誉为"千锤英雄"。

在邦达草原，杨海银帮助本班战士掌握了钢钎穿草皮的操作方法，提高工效1倍多。在怒江西岸，他学习兄弟部队的先进方法并结合实际加以改进，更加科学有效地开松石并将此方法推广到全营乃至全团。1953年11月9日晚，杨海银在10多米高的土坎上作业，被火烧化的冻土突然坍塌，眨眼间，大量冻土倾泻而下，杨海银闪避不及，被冻土掩埋。他的右小腿受伤骨折，不得不到休养所疗伤。在此期间，他仍念念不忘参加修路工作和边疆建设，冥思苦想改进施工技术方法。他在给团长柴洪泉的信里，还用图示法画出自己新发明的利用辘轳吊石头的方法，建议下期开石崖时使用。

腿部受伤，无法行动，也阻止不了他参加筑路的决心。他忍着剧痛练习走路，从靠两根拐杖走不了几步就摔倒，到丢掉一根拐杖，再到完全丢掉拐杖，坚持了3个月后，他终于获准出院。

伤愈后，杨海银右腿比左腿短了一寸多，团里要他回内地休养，他却坚持要求留在部队继续行军修路。残且益坚，强大的精神力量，压倒了一切肉体的病痛和局限，他忍着伤痛，每天像其他战友一样，在十几米的绳梯上爬上爬下，参加各种筑路工程，与战友们一起轮班，下到6米深的大炮药室抡大锤。他的坚强意志鼓舞了全连战友的劳动热情，杨海银所在的班积极学习他"顽强拼搏、甘当路石"的精神，在筑路工作中始终保持着全连工作效率最高的荣誉。

三、世上无难事：渡江英雄李文炎

在修筑川藏公路过程中，"渡江英雄"李文炎是又一个"一不怕死、二不怕苦"精神的典型。由于他奋勇当先，以身探险，横渡怒江，将架桥物资运到了怒江西岸，筑路部队才完成了川藏公路修筑中的一个壮举——架设怒江大桥，攻克怒江天险后，战士们在怒江大桥桥头留下了"英雄阵地"四个豪气干云的大字。

之前，踏勘队在踏勘怒江时，激流太险，工具不足，未能从怒江东岸跨越到西岸，只好在工程线路设计蓝图上划下了7公里的"飞线"。筑路部队来到怒江东岸，同样被流速每秒8-10米的怒江激流阻遏。当地藏族群众说，这7月的怒江是绝对渡不过去的，但筑路工程时间紧迫，绝不能停滞不前。试渡怒江，解开西岸之谜的任务，由战士李文炎和他的4个战友请命承担。

1953年7月10日，晨雾还没散尽，李文炎就和战友整队出发，做试渡的准备工作。他们唯一的渡江工具，是一只旧得连气门塞都没有的橡皮船。他们用木棒缠上布条堵住了气门，下水后，又把准备拖过江的两根电线绑在了船后的一个皮扣上，一人掌舵，四人分两边坐好，喊着口号摇着桨，冲向惊涛骇浪。破旧的小船像一片落叶随着巨浪摆荡，一会儿被抛起，一会又被打入波谷，完全无法控制方向，一路冲到下游，电线垂到江底被挂断。他们只好将船从下游连拖带拽搬回到原地。连续两次试渡失败，到第三次试渡时，船还没到江心，电线被河底的石头挂住，一个巨浪袭来，船翻线断，小舟被冲得不见了踪影。大家十分焦急，这可是他们唯一的渡江工具呀！看着那打着旋涡的江水，李文炎急中生智，想到下游肯定有回水湾，也许可以在那里找到失踪的小船，他急忙向营长报告，要求去把船追回来。

为了找到被巨浪卷走的橡皮船，李文炎翻过一座又一座山头，穿过布满荆棘的陡峭山路，手脚被划出道道血口，衬衣早已被汗水湿透，他又急又累却不肯歇一口气，心中只有一个念头：一定要把船找到。他不知自己究竟跑了多远的路，最后在一个小村庄，被一块巨大的土岩挡住了去路。幸好，一位藏族老乡带他绕过土岩到了江边，老远就看见了橡皮船在一个大回水湾里盘旋，像一条大黑鱼在江面上跃动。看见小船，他高兴地跳了起来。在藏族老乡的帮助之下，他再度下水，冒着被巨浪掀入旋涡的危险，将船捞上了岸。在赶来的队友崔锡明的帮助下，他们将船送回到最初的怒江岸边。

第二天，李文炎他们又开始第四次渡江。在总结之前的经验教训后，他们重新选择了渡口，改进了渡江的方法。为了避免电线在江中被挂断，改为由战友在对岸放电线。坡岸上的电线刚放完，船上的战友失手打掉了一支桨，本来就不稳的船立马被激流打得乱转。又要失败了吗？千钧一发之际，李文炎和崔锡明沉着冷静地指挥大家不要惊慌，步调一致，一起喊着"一二、一二"的口号，有桨的用桨，没桨的用手，齐心协力向对岸冲。终于，他们穿出激流，浑身湿淋淋地爬上了西岸。紧张刺激的强渡首战告捷，他们又赶到渡口下游，寻找对岸试图用木筏送过来的电线。可木筏没能过江，还被大浪卷着在江心打转。李文炎再次不顾生命危险，带着 2 个战友，坐着破旧的橡皮船奋力划到江心打捞木筏，筋疲力尽的他们终于冒险成功，将铅丝扯过了江。在拉扯铅丝的时候由于太过费力，上岸后所有人的手掌心都肿得像馒头，既不能张，也不能握。夜晚来临，他们携带过江的三床被子早被冰冷的江水打湿浸透了，刺骨的江风冻得他们瑟瑟发抖。第二天清早，他们拖着铅丝向上游走了三里左右的路，到了他们坐船起渡的对岸。随着他们把铅丝拉过江固定在怒江西岸的一块大石头上，奔腾咆哮的怒江再也不能阻断筑路大军的步伐了。

四、劈开生死路：探险英雄杨茂武

在修筑川藏（康藏）公路的过程中，面临着种艰难险阻。1953年11月的一天，筑路部队来到安久拉山西面山脚下的激流旁，一座70多米高的石岩，挡住了筑路大队前进的步伐。这不是绕道可以解决的问题，唯一要做的就是必须想办法搬掉这块巨大的绊脚石。如果零敲碎打，估计要到第二年2月底才能完成，这就不可能完成既定修路任务。全连同志都十分着急，杨茂武更是坐立不安。他独自坐在岩石上，面向湍急的河流，沉思着。突然有几只小鸟在河面飞来飞去，一会儿钻进岩底，一会儿浮出水面，一会儿又展翅从他头上掠过。这让他大胆猜测，岩下可能有天然岩洞，那就可以想法在岩洞中装上足够的炸药，轻松解决这个庞然大物。他向连里做了相关汇报，意见得到了采纳。

杨茂武主动请缨，只身前往探查。他用一根粗麻绳拴在自己腰上，把从前在部队登城作战时的爬城技术用在了高原探洞上。下行时，他两手用力攀住绳子，手上刚弥合的伤口被挣开，鲜血直流。冷风吹得钻心，汩汩冷汗直往外冒，奇形怪状的岩石将他的棉衣棉裤撕得支离破碎，腿上连皮带肉被岩石剜去了一大块，又冷又疼。

当他艰难地下了20多米，岩石突然向里收缩，他一脚蹬在了半空中，惊出一身冷汗。低头一看，下面就是汹涌澎湃的河水，河里的浪花一冲4-5米高。摔下去必死无疑。为了完成任务，他临危不惧，没有退缩。随着麻绳缓慢地放，他也缓慢地下降着。猛烈的冷风吹得他在空中不断打转。手也麻了，头也晕了，鲜血一滴一滴落在河里，河水在脚下疯狂咆哮，他心里只有一个念头：不能松手，死也不能松手。血粘在绳子上很滑，他腾出一只手掏出口袋里的手绢，含在嘴里，一撕两半，卷到自己的手上。

趁着意识还清醒，他一个劲儿地催促自己尽快下到底。冲破冷风，熬过无法忍受的疼痛，他最后落到了一块突出的石岩上，解开绳子，顺着岩壁爬到岩底。这时，他全身已经没有一处完好，衣服破烂，棉裤分家，全身青一块紫一块，血痕、血印一处连着一处，腿上一道道血口子，刚凝结，走几步又裂开，不住地淌血；两片小手巾红彤彤的，黏在手上，分不清是肉、是皮、还是布。等他再回头一看，兴奋地发现对面有3个又深又大的岩洞。他伤痕累累地回到岩上，队友们接替他下到那个大号岩洞，装了1200斤炸药。11月9日，震天动地的一声巨响，几十米高的绊脚石轰然倒塌，康藏公路顺利从此经过。青年英雄杨茂武只身探险，创造了"一炮轰开一万八千多石方，等于两万人忙一天"的神话般的筑路奇迹。

五、筑路英雄的革命乐观主义精神

为了帮助西藏人民建设民主和社会主义的新西藏，筑路军民发扬了高度的革命英雄主义气概和顽强不屈的革命"硬骨头"精神，喊出了"让高山低头，叫河水让路"的震撼人心的口号，发出了"用热血挡冷风,用热汗洗掉藏族同胞的痛苦;山高没有我们的意志高,石硬没有我们的骨头硬"以及"铁山也要劈两半,不通也要通""雀儿山的石头坚,没有我们的意志坚!""雀儿山的山峰高,没有我们的脚板高!""困难就是光荣,顽强就是胜利!"等豪言壮语。每天收工回到住地,大家总是有说有笑,大谈生活中的有趣感受和胸中的远大抱负,到处洋溢着欢乐的情绪。比如战士们一面烤着湿透的鞋袜,一面吟诵着自己的诗句:"火烤胸前暖,风吹背后寒,英雄不怕苦,战士何畏难……"每天吃饭,各班班长和共产党员,总是要求给自己少吃一点。共产党员吃苦在前,专拣重活脏活累活。他们不计个人得失,始终斗志昂扬,怀着高昂的革命热情奋战在筑路工作中。

在怒江西岸公路线上,有一段十分艰巨的悬崖峭壁上的石方工程,对于这段艰险劳累的工程,他们没有畏惧,反而十分乐观。他们在半山腰上用绳子拴住自己,在半空中一边打锤,一边顺着劲大声唱出自编的顺口溜:

悬空打炮眼,
赛过打秋千。
锤锤冒金花,
坚石出孔眼。
炸药紧紧装,
再来点引线。
轰隆一声响,
碎石飞山涧。
……

当他们开动脑筋,集聚大家的智慧采用漏斗式排沙法提高了工效，战胜了流沙后，他们高兴地唱起了：

> 流沙流沙，
> 软硬不怕。
> 抓住弱点，
> 十分听话。①

在与冻土搏斗的日日夜夜，他们虽然成天在冰雪泥浆中作业，腿冻硬了，红肿了，划出了一道道血口子，却依然情绪高涨地边施工边唱着自编的歌谣："雪花儿飘，甲皮拉山上逞英豪，雪山红旗分外红，雪里鲜花分外香……"在高山筑路的艰苦生活中，在征服康藏高原的战斗中，严酷的风雪冰雹不时疯狂袭击着他们。风雪打来，他们就用铁锹遮脸；冰雹袭来，他们就用铁桶土筐挡。他们始终以无畏的精神和乐观的心态，应对着艰苦环境，也让我们的战士意志更坚定。

当时，雀儿山工地还流行这样一段歌词："山顶架帐篷，睡在云雾中，树枝铺在雪地上，好像睡的钢丝床。"为在大雪封山前打通雀儿山，争取新年前实现通车，筑路连队跳到零下30至零下20摄氏度的冰水里，一边作业，一边还唱着"解放军决心大，雀儿山再硬也不怕，铁山也要劈两半，公路一定修通它"来鼓动战士们的士气。

康藏高原的供给跟不上，炊事班的同志以无比的毅力来克服困

---

① 纪念川藏青藏公路通车三十周年筹委会办公室文献组，西藏自治区交通厅文献组. 纪念川藏青藏公路通车三十周年文献集 第二卷 筑路篇（下）[M]. 拉萨：西藏人民出版社，1984：145-146.

难。他们为了全连的吃喝，常常花很多精力到野外找挖野菜，在雪山上想出办法种豆芽，单是黄豆就可以用不同办法做出豆花、豆腐、豆芽、烧豆子等几十种不同的菜品。即使在最困难的时候，也保证了全连每天两顿饭，每天菜样不重复。他们的乐观主义精神，也极大地感动和鼓舞了全连战士。战士们对此也表示："吃饭不吃饭，工效也要提高一倍半！""春撒一粒子，秋收万颗粮。多流一滴汗，换来好时光！"

六、军民一家，团结协作

川藏（康藏）、青藏公路能建成通车，也源于进藏的人民解放军严格遵守党的纪律，认真贯彻执行党和国家的民族宗教政策，爱护藏族同胞的家园，充分尊重藏族群众的宗教信仰和风俗习惯，对藏族民工、藏族群众真诚关心和帮助，和藏族人民建立了深厚情谊。亲如一家的民族团结关系，是两条进藏公路得以顺利通车的重要保证。

川藏（康藏）公路西线的修建，是由一五五团、军炮营和万名藏族民工共同完成的。来自西藏48个宗（相当于县）的1万多名民工，不仅担负着整个西线工程83%的土石方任务，也是日后撒向西藏各个地方宣传党的民族政策的积极分子。他们受解放前农奴主欺骗宣传的影响，最初对人民解放军的到来有误会、怀疑甚至对立。则拉宗民工刚到工地时，不但不让战士们帮他们烧茶，还派人把锅也看管起来，怕战士们下毒。对此，部队一方面通过地方政府官员，向民工做好统战工作，宣传修路的意义，宣传党的民族政策和人民军队的宗旨和纪律；另一方面加强对部队民族政策的教育，以实际行动帮助、感染和团结藏族群众。筑路大军表现出的严明纪律和同胞情谊，得到西藏普通民众的热烈回应。他们踊跃参加筑路和后勤运输工作，在运输途中，有时没有热茶，他们就用雪水和糌粑充饥；遇到大风大雪，就用自己的衣服或口袋来保护运输的物资；有时遇到牲口伤亡，或是草枯牛瘦，他们就自己背运粮食。背磨破了就用肩头扛，两个肩膀磨破了，就把粮包拴在腰上走。察雅宗的达瓦江村就因抢救运输物资，被突然掉下来的大石头压伤而英勇牺牲，还有的藏族群众因和洪水搏斗而牺牲。他们的英名与筑路中英勇牺牲的军工、民工弟兄一起，永远留在祖国人民的心中！

在带领藏族民工修路中，战士们首先考虑藏族民工的安全问题，一旦遇到危险，都是战士们自己先上，并且，还关心藏族群众的生活福利和身体健康，向他们传授先进技术和科学文化知识。战士们还经常帮助民工送茶送饭、搬运东西、搭建帐篷，主动背运生病的民工，使藏族群众深受感动。错拉宗民工措美，在工地转移时发起了高烧，神志昏迷。战士郑金发毫不犹豫地将她一直背到新工地，找到卫生所，直到她脱离危险才返回连队。拉索宗民工益西多吉和央宗拉姆患肠胃炎，吐泻不止，一夜出现几次休克现象。医生助理袁传兴和卫生员何国柱，日夜轮流守护，直至他们脱离危险。

人民解放军充分尊重藏族民工的宗教信仰和民风民俗。民工中有人要念晚经，战士就让他们提早收工，留出充裕的时间。转移工地，民工要先卜卦，碰到他们认为"不宜搬迁"的日子，就尊重他们意见，改日再搬。遇到重大宗教活动节日，战士们主动安排放假，工资照发。藏族群众看在眼里，感动在心里，他们用歌声由衷地唱出了他们的心声：

> 我们都是西藏生西藏长，
> 从未见过你们这样的好心肠。
> 共产党教导得好！
> 毛主席像太阳！
> 解放军的心和菩萨一模一样。
> 家乡亲友多，都没有父母亲。
> 天上星星多，都没有北斗明。
> 见过的人很多，都没有解放军好！

民工们用各种办法来表达他们对战士们的感激。曾经有一位女民工，用自己头上的红丝头绳缝补被风吹破了的战士们的帐篷。他们还经常帮战士们洗军装、织毛袜，用各种方式积极支援修路，帮助战士们克服前进路途中的困难。群众热情地称赞这支筑路军队是"毛主席的好队伍""藏族人民的知心人"；藏族群众到处传颂着"哈达不要多，只要一条洁白的就行；朋友不要多，只要结识一个解放军就好"的新民歌。

川藏（康藏）、青藏公路正式通车后，民工返乡时，战士们帮着他们扛着行李，送了一程又一程。民工们与朝夕相处的战士们难舍难分，依依惜别。修筑公路让部队与西藏人民建立了深厚的军民鱼水情，共同的劳动使党的民族政策光辉照亮了藏族群众的心灵。同心才能更好地协力，人民解放军同藏族群众感情的融洽，军民团结一家亲，为完成筑路任务乃至建设新西藏新家园创造了良好的条件，打下了坚实的基础。

历时近5年艰苦卓绝的奋战，筑路英雄们以坚定的信念、顽强的毅力，挑战生命的极限，拼搏奉献，用热血和生命，在"世界屋脊"的雪域高原筑成了川藏(康藏)、青藏公路两条通天大道,也孕育形成了"一不怕苦、二不怕死,顽强拼搏、甘当路石,军民一家、民族团结"的"两路"精神。

第三节 "两路"通车与西藏邮路的开发

西藏为国防要地,但过去入藏路线多深谷悬崖,路途困厄,历代王朝征兵转饷,动辄往返经年。交通如此艰难,邮政自然难以通畅。借着清政府对西藏控制能力的削弱,英国趁机向西藏渗透,控制西藏邮政。1908年3月签订的《藏印条约》,英国窃取了在西藏开展邮政业务的权力,而中国只有在西藏"妥立邮政"之后,才有可能真正掌握西藏的邮政主权。英印趁清政府空虚无力之际,不但在西藏非法扩充邮政,还非法架设电台,西藏"机要事件,即赖英线传递",与之相较,晚清中央政府却处于了解西藏情况时"军书文报""动致贻误"的尴尬境地[①]。

为收回邮政主权,1906年起,清政府开始设立邮传部,并在西藏筹办邮政。然而,西藏地域广大、崇山峻岭,不少地区又是人迹罕至,历经五载,才先后设立八局一所(邮政代办所)。此时,西藏邮路仅沟通了拉萨经江孜至日喀则和亚东,其他广袤之地并未通邮,与内地邮路也不衔接。从西藏发往内地的邮件,相当部分是通过拉萨到印度,经海路到内地;或由亚东、西里古里(印度)、八莫(缅甸)、腾越、昆明到达成都。而由拉萨经昌都、巴塘、康定、雅安、成都抵京的陆路线反而通邮不畅。同时,由于英印长期对西藏

---

① 联豫,《设建西藏电线请宽拨的款折》,宣统二年(1910)十一月二十四日,选自:吴丰培编,赵慎应校.清代藏事奏牍[M].北京:中国藏学出版社,1994:1568-1569.

进行经济渗透，清末西藏主要流通货币为印度卢比，清政府在西藏发行的邮票为了便利行销，不得已加盖了藏英汉3种文字，将原大清邮政的邮票币值改为了印度卢比币值，而没有中国货币面值①。由此我们可以一窥当时英国对西藏的渗透力度以及中国内地与西藏悬隔疏离的状况。其后的北洋政府、南京国民政府或因内乱频仍、或因外患侵扰、或受英印阻挠，对沟通西藏邮路皆是有心无力、鞭长莫及。在这段时期，内地到西藏的邮路基本断绝。

1951年，西藏和平解放。1952年，人民邮政在西藏创办。但因西藏与内地的交通大动脉尚未打通，川藏(康藏)、青藏公路均未通车，西藏与内地来往的邮件绝大部分仍需经非法设在江孜的印度邮局，从印度取道香港传递。这种尴尬困难的局面，到1954年底，川藏(康藏)、青藏公路的顺利通车才得以最终解决。"两路"的通车使西藏邮政权力重归中国，也使得昔日封闭的西藏迎来了现代邮政的大发展时代。

"两路"通车后，西藏与内地的邮政业务发展迅速。1957年6月5日，青藏邮路的第一辆运邮汽车自西宁开出，此后，进出西藏的信函、包裹、党报党刊、机要邮件等全部要发运到青海格尔木，依靠在青藏公路上开行的干线汽车邮路发运。绿色的邮车络绎不绝地穿行在刚刚修通的公路上，沿路的邮件交接点应运而生。流动的邮车和零星点缀分布在路上的邮局(所)，构成了一道美丽的风景线，被人们称之为"青藏邮路"。鸿雁传书、尺素传情，这看似浪漫的工作实则非常艰难。从格尔木到拉萨这条干线汽车邮路，单程全长1224公里，是世界上海拔最高、气候最恶劣、自然

---

① 刘原，叶于顺，阿旺单增. 中国西藏邮政邮票史[M]. 拉萨：西藏人民出版社，2009：37.

条件最为艰苦的一条邮路。起初，青藏邮路是土路，且路况不佳，即使一切顺利，往返也需20天左右，而大雪、雪崩、路阻等在这条路上却是司空见惯，碰上雨雪天气，往返一趟可能需要1个月左右，再加上路上饭店稀少，天寒地冻，邮政驾驶员忍饥挨饿是常有的事。

青藏邮路上的邮政驾驶员凭借着"一不怕苦、二不怕死，顽强拼搏、甘当路石"的奉献精神，风雨兼程几十年，奔驰在青藏公路上，保证邮路畅通（图2-8）。如雪域高原上的绿衣使者尼玛次仁，终年开着"东风"卡车改装的邮车，行驶在平均海拔在4000米以上的漫长邮路上，沿途经过羊八井、当雄、古露、那曲、安多、雁石坪、沱沱河等高海拔地区。伴随着他的，只有"世界屋脊"上浩瀚的戈壁、无垠的沼泽、矗立的雪峰、严寒的气候、稀薄的空气以及夜晚满天的繁星。孤独、寂寞、危险，缺氧，又冷又饿是行驶在这条路上的常态。青藏邮路上的天气变化无常，海拔5231米的唐古拉山和可可西里无人区更是苍茫无边。黑色路面常常被大雪掩埋，老"东风"也经常"罢工"，遇到困难时，尼玛次仁永远记得师傅的告诫——邮车就是生命，驾驶员必须尽最大努力保障邮件安全。1998年2月14日，藏历新年将至，尼玛次仁的邮车上满载着西藏人民寄送给亲朋好友的特产和信件。当邮车行驶到唐古拉山口附近时，发动机出现故障，无法继续前行，而此时距离前后两个住宿点都很远，附近也没有村落，来往车辆非常少。他用随身携带的纸和笔详尽记录了故障检查情况，在寒风中苦苦等待了2个小时，才在一名驾驶员的帮助下带话给邮车总站寻求救援。救急的人员经过2天，才赶到故障发生地。因为驾驶员要保护邮件安全，不能离开车辆，天寒地冻的二月天，尼玛次仁硬是在山风呼啸的唐古拉山口的车上等待着。

　　　　　a)　　　　　　　　　　　b)

图 2-8　行驶在"天路"上的邮车

(李崇宪摄)

　　川藏线上，邮车驾驶员们同样要克服重重困难。为保障邮路通畅，他们练就了高超的行车技艺。如川藏线甘孜段，是自 1954 年川藏线通车后开通的国家一级干线邮路。从四川成都至西藏昌都，途经康定、道孚、炉霍、甘孜、德格五个县，全程往返 1208 公里。在通信不发达的年代，这条邮路可能是沿线群众与外界联系的唯一通道。这条邮路由于平均海拔在 3500 米的雪线之上，也被称作"雪线邮路"，其中以康定至德格这一段公路的路况最为险峻、复杂，堪称"世界上海拔最高的高原邮路"。邮车驾驶员们经常遭遇暴风雪和泥石流，以及塌方、滑坡、路断等恶劣路况，很多路段只能单边放行。每次经过危险路段，几乎都是邮车打头阵，其他车辆才敢小心翼翼地前行驶过。如果有人想自己先行开过，其他驾驶员肯定会说："邮车都没有过，你过得去就怪了。"由于雪山道路险峻、海拔太高，邮车驾驶员们经常热心帮助社会车辆和路过的军车开过垭口。在川藏线上，邮车驾驶员的口碑是最好的。甘孜县邮政局的益登灯真说："我们的驾驶员真苦啊，没有哪个驾驶员的手指甲不是裂开的，很多人都得了雪盲症。现在的雪下得比往年少了，雪少比雪多更滑，我们的邮件越来越多，邮车越来越大、越来越重，在雀儿山上只有一条路，又窄又险，你只能往前开，不能后退！"作为一位"邮二代"，益登灯真记得父亲跟他说得最多的一句话就是"好好上班"，任何时候都要保障邮车安全，不能后退。那抹流动的邮政绿，传递着党和政府的声音，寄托着无数人间亲情！

高原邮政人员坚守、执着、奋进的精神，推动着西藏邮政的快速发展，从和平解放前西藏与内地邮路断绝，到2008年9月26日，林芝地区墨脱县正式通邮，西藏所有行政建制县全部通邮。

西藏邮路的历史，见证了近代中国百年沧桑的巨变，西藏邮路的发展，伴随着新中国川藏、青藏公路的修筑、西藏交通的发展而发展。回首历史，从清末西藏邮政业务初创，1910年6月底拉萨邮政总局成立至该年年底，全邮区收、发、转邮件共23640件。1911年，也仅为包裹900件，邮件36590件。1965年，全自治区国内包裹业务量发展到1万件，50年之后的2014年，达到16万件。速递业务从无到有，发展迅速，2014年速递邮件总量达到565.87万件。2018年，西藏邮政寄递服务达14746.43万件，快递服务企业业务量达725.80万件。其中，同城业务量累计完成58.93万件，异地业务量累计完成666.38万件。邮政快递的发展，将西藏与内地经济、文化更加紧密地融为一体。

第四节 "两路"精神薪火相传

川藏、青藏公路全线通车后，养好、管好"两路"，保证线路通畅，对西藏地区的政治、经济、文化事业等的发展尤其重要。公路沿线的道班工人传承了筑路英雄们艰苦奋斗的革命精神，继续英勇顽强地战斗在青藏高原上；汽车驾驶员们不辞辛劳，日夜奔驰在高原交通线上,把大批物资源源不断地运进西藏支援建设;运输站的职工们兢兢业业,热情地为来往旅客提供各种服务。他们在各自的岗位上,学习、传承着筑路英雄们所留下的"一不怕苦、二不怕死,顽强拼搏、甘当路石,军民一家、民族团结"的"两路"精神。

一、一条天路几代情——养路工人的"两路"情怀

川藏、青藏公路建成之后,立刻成为连接内地与西藏的交通大动脉,车流量尤其是重载交通不断增加。而"两路"沿线所经路段气候复杂多变、地质灾害频发。夏天易遭暴雨、山洪、塌方、滑坡、泥石流等地质灾害侵害;冬天则冰雪严寒,大雪阻路。确保道路不受承受荷载和自然因素的侵蚀而被破坏的任务,都由养路工人承担,他们还常常救助受困行人和车辆。

川藏、青藏公路线上的养路工人,以高原为家,以养路为业,以艰苦为荣,以助人为乐,以高度的责任感与使命感,始终坚持在工作岗位上,不断改善路况,提高公路质量(图 2-9)。在海拔 4000-5000 多米的高原上,在零下几十摄氏度的寒冷气候下清除积雪;在冰川爆发、山洪暴虐时,抢险护路;在空气稀薄、气压低、天气一天数变的高原上,以自己的毅力和智慧顽强拼搏,保障公路的通畅。在他们身上,充分体现出筑路英雄们在筑路中所孕育形成的"一不怕死、二不怕苦,顽强拼搏、甘当路石"的革命精神。

千里川藏公路线上,往往百里之遥无人烟。兵站、油站的指战员和道班、食宿站、运输站的工人、工作人员是这里的基本"居民"。他们"以站为家",扎根在川藏公路沿线,为公路畅通、为保障运输,默默无闻地战斗着、工作着,不愧为川藏线上的好后勤。

雀儿山五道班，海拔4889米，是川藏线上最高的道班。这里冰雪封冻、荒无人烟、鸟飞不过、草木不生、空气稀薄、气候寒冷，环境十分艰苦，但道班工人们以高度的革命乐观主义精神战斗在这里。多年来，他们为过路人员和车辆解忧排难，救人救车不计其数。仅1983年1-10月，就抢救军车、民车82次，接待受阻军民400多人，有记载的好人好事600多人次。川藏沿路的300多个道班，几千名工人，都和五道班一样，以高原为家，以艰苦为荣，以助人为乐，赢得了过往人员的赞美和敬意。

a)

b)

图2-9　冰雪中的护路工人

（吴德录摄，青藏公路局提供）

为确保公路畅通，一代代"两路"人默默奉献，他们中很多人是"献了青春献终生，献了终生献子孙"。全国劳动模范、原青藏公路安多养护段的党支部书记、副段长巴恰，就是"养路为业、道班为家，人在路上、路在心上，艰苦创业、勤俭养路，甘当路石、奉献终身"精神的典范。巴恰在平凡的工作中做出了不平凡的成绩，展现一个高原护路人崇高的奉献精神。

解放前，巴恰出生贫苦，当过放牛娃。1962年，他参加了青藏公路的修建，成为"世界屋脊"的唐古拉山垭口109道班的一名养路工人，历任道班班长、副工区长、工区长。他几十年如一日，始终以自己的实际行动影响和带动着全班同志一道抗严寒、斗风雪，以路为伴，常年战斗在青藏线上。

众所周知，唐古拉山垭口自然环境恶劣、工作条件艰苦。这里海拔5231米，高寒缺氧，终年积雪。如此恶劣的自然环境，巴恰却终生坚守岗位，保证了公路的畅通无阻，为西藏的建设和西南边防的巩固而努力工作。这种艰苦奋斗、无私奉献的崇高精神境界，正是"两路"精神的传承和弘扬。

1981年9月的一天，为救助一辆滑下公路的运输车，巴恰的额头和手臂被钢丝绳打得鲜血喷涌，昏倒在地。1985年冬，暴风雪连续十几天围困唐古拉山地区，他一马当先，带领全班职工冒着零下40摄氏度的严寒，营救被困的驾驶员与旅客，带着工友们踏着没膝深的厚雪赶到山顶清理路面，引导车辆通过危险地带。在紧急抢险的半个月里，他每天工作15个小时，饿了就用雪和着糌粑吃几口。深夜，他仍然坚守在积雪最深的山坳，举着小红旗为推土机引路，指挥着推雪拖车，手脚冻肿了，鼻子流血了，嘴巴裂口了，他全然不顾，心中只想着清除积雪、保证公路畅通。他以火热的心温暖着过往的驾乘人员和旅客。在那场大雪灾中，他和工友们不仅保证了公路的畅通，还积极抢救了灾区的牧民。当巴恰得知安多县扎沙乡、措龙乡的29名老人和小孩被大雪围困缺衣少食、情况十分危急时，立刻组织三个小组奔赴受灾地，成功将灾民接到了工区。他们腾出自己的住房，拿出自己的毛毯、大衣为灾民取暖，并安排食宿，直到县里的救灾队赶到。

在他的倡议下，所在道班为灾区牧民送去1车牛粪、300斤粮食、80斤糌粑、30斤酥油和衣服。这种舍己为人、助人为乐的高尚品质，受到当地政府和乡民们的高度赞扬。县政府授予巴恰所在的109道班为抗雪救灾先进集体,后来被人们亲切地称作"天下第一道班"(图2-10)。1994年,他得知扎木段一位工人的女儿达娃央宗生病但因家庭困难无法及时医治时,便拿出自己存的600元资助,并一再要求不要道出自己的姓名。

平时只要遇到车辆抛锚,巴恰就立即派人守车,帮忙卸车、装车、拖车,解决驾乘人员的食宿,为他们排忧解难,尽己所能提供方便。他常把

图2-10 青藏线"天下第一道班"

自己的毛毯、被子、皮大衣让给过往人员。遇到病号,他真诚热情地主动让床拿药、端茶送饭、熬姜汤为其驱寒。在他心里,公路养护与助人为乐都是职责所在。

巴恰的感人事迹,在青藏线上广为流传。那些他曾经帮助过人们可以作证,周围的雪山可以作证,为此他不知流下了多少汗水,倾注过多少心血。巴恰作为一位平凡的高原护路人,没有惊天动地的英雄事迹,没有震撼人心的豪言壮语,只有脚踏实地的勤奋工作、默默无闻的无私奉献、一心为公的努力进取、助人为乐的高尚情操。在他身上集中体现了养路工人以苦为荣、以苦为乐、勇于拼搏的敬业精神。正是这种以道班为家、以养路为业的奉献精神,推动着青藏公路事业更上一个新的台阶。

巴恰由于常年在高寒地区工作,患上了严重的肺病、雪盲症和关节炎等疾病。组织上两次准备为他调换工作,他都没同意,他说:"我是一名养路工人,为了养路事业,死也要死在唐古拉山

口。"在他的言行感召下，109道班的昂江木也把青春年华奉献给了公路事业。

巴达和幸布两兄弟都在109道班，你追我赶地勤奋工作。1975年，他们的父亲不幸去世，哥俩悲痛万分，但为了不影响工作，第二天他俩就照常扛着工具上工了。1987年，巴达摔断一条手臂，领导让他休息，他坚持换工种也不离开道班。109道班的很多工友，都以道班为家，在各自的岗位上将"顽强拼搏、甘当路石"的"两路"精神，内化为自己的实际行动。

在青藏公路管理分局所在地格尔木，有记者曾采访到当年跟随慕生忠将军拉着骆驼进藏修路的两位老人——杨茂生和刘光茂，一个是宁夏人，一个老家在甘肃张掖。他们凭着两条腿蹚出青藏公路后，留在了青藏高原上，成为第一代高原养路人。几十年风雨沧桑后，杨茂生的儿子、女婿、外孙和刘光茂的女儿都成了第二代、第三代养路工。当年，他们一腔热血来到祖国边疆，心中只有一个信念：扎根边疆，献身高原。护好青藏公路，保障公路畅通，成为他们的自觉行动，后辈又继承了他们的事业。杨茂生的外孙米文胜在五道梁工区上班，他说："我外祖父筑路，我父亲和我养路，我的下一辈还要养路，我相信下一辈一定会比我们这一辈更好。"养路工人朴实无华的话语，充满了对未来的无限憧憬与希望①。

在这些顽强拼搏、甘于奉献的道班工人中，女性养路工人占到了40%以上，她们的工作量和工作强度都不在男性工人之下。当雄女子道班是青藏线上远近闻名的先进集体，于1973年组建。她们舍小家、为大家，和男性工友一样风里来、雪里去，兢兢业业地践行

---

①《青藏公路五十年》编委会．青藏公路五十年[M]．西宁：青海人民出版社，2007：366-367．

着她们提出的"车行千里路,人马保平安,苦了我一个,幸福千万家"的护路誓言。当雄女子道班曾创下了连续11年12项养护指标完全达标的优异成绩,并连年被评为先进集体。

川藏、青藏公路的建成通车,是民族团结伟大胜利的标志,是各民族大团结的结晶,维护公路畅通的信念,将藏族、汉族、回族等各民族紧密地连在了一起。护路工郑玉文是维护民族团结的楷模。1981年,年仅18岁的他从河南来到西藏安多路段子承父业,成为新一代养路工人。从此,他与青藏公路结下了不解之缘。面对语言、生活习俗不同等各种困难,他主动跟藏族群众接触,学习藏文藏语,学喝酥油茶,学习用牛粪烧火做饭。由于他虚心好学、待人热情、踏实肯干,很快便与藏族群众融为一体,赢得了工友们的赞扬,工友们都亲切地称他是安多段的"少数民族"。

因长期工作生活在环境恶劣的高寒地带,郑玉文的牙齿在他36岁的时候就已全部掉光。担任副段长、段长以来,在工作中,他带领工友帮助部队修理管道、架设电线;为过往驾乘人员提供食宿,设立免费茶水站;为牧民送医送药,排忧解难。他的行动深深影响和带动了全段职工,民族团结已成为全体职工的自觉行动。

二、传承"两路"精神,开发西藏道路交通

川藏、青藏主干公路全线通车以后,筑路战士和工人继续发扬"让高山低头,叫河水让路"的革命精神,和各族群众一起,在之后的10年间,为西藏建成了70多条、总长15000多公里的公路。公路勘测设计和公路工程职工在后续处治川藏、青藏公路的病害地段中,继续坚持与自然灾害顽强斗争,改善了部分路线,改进了一些

桥梁，加宽加固了部分公路路段，使两条干线公路路况逐步改善提升。在他们的共同努力下，通车30年后，又新建了新藏、滇藏、中尼等干线公路15条，县级公路159条。2013年10月，全国最后不通公路的墨脱县也正式通车。在西藏，一个以川藏、青藏公路为骨干，以拉萨为中心的公路网基本形成。

在中尼公路的修建过程中，施工部队和民工一起英勇奋斗，顽强拼搏，战胜了喜马拉雅山上的各种艰险和冰雪风暴，创造了许多"人间奇迹"。驻藏部队继续留在西藏，哪里需要就开往哪里，哪里困难最多就奔向哪里，积极参加西藏的建设事业，坚决捍卫祖国边疆。

他们不仅传承了筑路英雄吃苦耐劳的精神，还继承了他们的创新精神。在交通战线上的科技人员，从实际出发，敢于实践，勇于创新，在治理多年冻土、泥石流、风沙等病害方面，探索和积累了丰富的经验。为了治理冻土翻浆，他们经过实地考察和认真研究，改变了过去挖取天然植被的常规办法，利用草皮护盖，保护路基，创造了适合该地区的公路保养办法，得到了冻土专家的认可。

20世纪70年代，科研单位在青藏线上尝试白改黑（铺沥青），取得了第一手材料和科学依据。之后铺设的青藏公路格尔木到拉萨1000多公里的黑色路面，大大提高了青藏公路的运输能力和紧急应变的能力。汽车运输部门的科技人员，通过不断实践，掌握了汽车在高原缺氧、严寒气候严重影响汽车动力和性能的情况下，管、用、养、修等方面的规律。在行车方面，采取提高发动机压缩比、加大进气量、减少供油量，推广使用Ω型高压比缸盖及高压化油器等办法，恢复动力，使汽车发动机功率提高20%，油耗降低24%。在汽车维修方面，根据高原特点制定了合理的维修工艺，革新了部分保修机械化设备,生产了急需的零部件,保证了车辆技术状况良好,提高了运输效率①。

1974年,青藏公路改建工程作为"六五"计划交通建设的一个重点项目正式开始。整治改建工程总体分为三大段:西宁—格尔木—唐古拉山—拉萨,其中格唐段任务最为艰巨,由基建工程兵交通部队第八五一团完成。1979年,参加援外公路建设的一〇三团和保障施工生活物资运输的二九九团调入,随后组建青藏公路指挥所。面对昆仑山、唐古拉山沿线高寒缺氧、气候多变、地质复杂、河川纵横的恶劣生态环境,部队虽常年蹲山沟、住帐篷、战风雪、斗严寒,历尽艰辛,但只要想到党的希望和西藏人民的重托,心里就充满了无比的光荣和自豪。全体指战员无一不以之前筑路英雄"一不怕苦、二不怕死"的拼搏精神鼓励自己,他们深深地懂得,今天的奋斗,正是为了明天的幸福!

有位叫姚文炳的战士,因剧烈的高原反应鼻内血管破裂,不到半个月,先后失血1000多毫升,几次昏倒在工地,但他仍不肯下火线。干部战士冒着严寒上工,不少人耳朵冻肿、手上冻裂,甚至冻伤致残,但这些都丝毫没有动摇他们坚强的意志。有一次,二九九团八连在运送施工物资时,被暴风雪围困在风火山,行车视线被挡,路基被埋,25名驾驶员与暴风雪搏斗了整整三个昼夜,只吃了一顿冷饭。在挨饿受冻的困境中,仅剩的一个馒头大家你推我让,谁也不愿先啃一口。他们以顽强的精神、团结的力量,终于突破了暴风雪的重围,安全地将施工物资送到了第一线。

---

① 纪念川藏青藏公路通车三十周年筹委会办公室文献组,西藏自治区交通厅文献组. 纪念川藏青藏公路通车三十周年文献集 第一卷 文献篇[M]. 拉萨:西藏人民出版社, 1984:222-223.

战士们还在诗歌中自豪地写道:"严寒铸我赤诚心,冰雹砸我筋骨硬。暴雨为我洗尘土,狂风催我踏征程。"他们常年奋战在冰峰雪岭间,甘愿在"人类的生活禁区"无怨无悔地战斗。他们经常回顾当年青藏公路的开拓者跋山涉水、逢河架桥、艰苦创业的情景,艰苦奋斗、顽强拼搏的精神早已在他们的心中深深地扎根。由于长期缺氧,很多战士头痛恶心,吃不下饭,睡不好觉,手指甲盖凹陷变形。面部由于长期紫外线的照射和盐碱空气的腐蚀显得特别黝黑,被亲友们取笑为"非洲人",但他们却感到无上光荣。

川藏公路邦达到林芝、竹巴笼到海通这两个地段,是病害集中区域,约有600公里长。1971年,为处治病害,保证畅通,加速西藏地区建设步伐,基建工程兵第八五二团相继开赴该地区,前后战斗了八个春秋。他们传承和发扬了筑路英雄们不怕流血牺牲、甘当路石的革命精神,改善了川藏公路路况,为造福西藏做出了巨大贡献。他们在低矮的工棚里度过了2900多个日日夜夜,经受了苦与乐的考验;在高寒缺氧、暴风骤雪地带忘我工作,顽强地拼搏,在冰川、流沙、塌方地段冒着生命危险,抢时间夺速度。8年时间,有58名干部战士英勇牺牲。副连长李开河,在怒江大桥施工时,不惧怕光滑陡峭的悬崖峭壁,不畏咆哮奔腾的滚滚江水,第一个系上安全带悬空作业。1975年10月的一天,他正在工地上组织战士修建桥墩,突然,十多块石头从岩壁上落下,有两块打在了他头上,顿时鲜血直涌。他被送到卫生所后,未等伤愈,就缠着绷带回到连队的工地提前上工了。正在这时,塌方突然发生,大小石头飞滚而下,他一边观察险情,一边指挥战士撤离。最后,战士们得救了,他却永远离开了与他并肩作战的战友们。

在整治被称为"鬼门关"的然乌沟期间,很多干部战士推迟了婚期，放弃了假期，自觉地经受着艰苦的考验；有的伤员提前出院，奔赴工地；工程技术人员亲临现场把关指导，获取第一手资料。经过艰苦奋战，最终，他们提前了半年时间，完成了该路段的整治任务，节约10100多个工日，攻下了川藏公路整治工程中的又一个重点堡垒。

如果说川藏、青藏公路的修建，是无数筑路英雄孕育形成的"一不怕苦、二不怕死，顽强拼搏、甘当路石，军民一家、民族团结"的革命精神，那么，在后期的扩建、维护、整治、改善工作中，无数的干部、战士、职工自觉地传承和发扬着这些精神，将之内化于自己的言行和日常工作中，成为自己的价值追求。

三、青藏铁路建设，诠释新时代"两路"精神

与青藏、川藏公路交相辉映的，是2006年已投入运营的青藏铁路和正在施工中的川藏铁路。青藏铁路的通车，结束了西藏没有铁路的历史，圆了中国人期待百年的西藏铁路梦。

早在清末，为了应对西藏边疆危机，邮传部就曾规划修建入藏铁路，驻藏大臣联豫还计划派遣工程人员勘察道路，为兴修进藏铁路做准备。中华民国时期，孙中山辞去大总统之职后出任中华民国铁路督办，计划修建10万公里铁路。孙中山先生将他的梦想，画在了一张地图——《建国方略图》之上。在这些铁路线路里，包括了一条穿越"世界屋脊"，直通拉萨的高原铁路！孙中山向《纽约先驱报》的记者端纳，介绍了自己宏伟的造路计划。端纳后来在给朋友的信中写道："青藏高原那个地方连牦牛都上不去，怎么可能架设铁路呢？我确信孙中山不仅是个疯子，而且比疯子还要疯。"的确，在青

藏高原修路，是对一个国家综合实力的巨大考验，所需要的科技实力和经济实力，是当时世界上任何一个国家都做不到的。尽管从清末到中华民国，许多有识之士都看到交通是稳定边疆、发展西藏的基础，呼吁修筑入藏铁路的一直不乏其人，但是修筑这条"天路"完全超越了当时国家的承载能力，只能停留在设想阶段。

青藏铁路是世界上海拔最高、线路最长的高原铁路，它要翻越昆仑山、唐古拉山，跨越长江源头水系，横穿可可西里近550公里的冻土地带，施工难度极高。美国现代火车旅行家保罗·索鲁在《游历中国》一书中写道："有昆仑山脉在，铁路就永远到不了拉萨。"的确，如果不攻克高寒缺氧、多年冻土、生态脆弱这三大技术难题，青藏铁路就永远只是一个梦想。

但是，孙中山先生这个充满着浪漫主义的梦想，百年之后，竟然成真了。梦想变成现实的道路是坎坷的，需要长期不懈的努力和艰苦的付出。

新中国成立后，基于现实需要，1954年底，刚刚修通了川藏、青藏公路，中央即委任王震将军为铁道兵司令员，将青藏铁路的修筑正式提上议事日程。王震将军立下军令状，一定要把铁路修到喜马拉雅山下。作为工程的前期准备，慕生忠将军带领铁道部西北设计分局的工程师，开始了历时3年的勘测工作，对修筑青藏铁路的可行性进行调查。勘测工作极其艰辛，他们踏过西宁和格尔木，翻越昆仑山和唐古拉山，穿过了大量从未有人涉足的地区，由于缺乏水和食物，许多人都患上了雪盲症。由于高寒缺氧，机车和人都反应迟钝，在一次翻车事故中，勘探队长庄心丹被砸伤了颈椎。3年的艰辛勘测，给青藏铁路的修筑奠定了基础，1958年，青藏铁路一期工程终于启动。和修筑川藏、青藏公路一样，这时的铁路修筑依然缺乏机械工具，主要依靠的还是钢钎、铁锹，人拉肩扛，一寸一寸地凿，一米一米地挖。凭借着"一不怕苦、二不怕死"的精神，他们硬是在海拔5000多米，素有"冰雪仓库"之称的风火山上，建成了最早的冻土实验工程。1961年，由于受三年困难时期的影响，国家已无力承担青藏铁路工程所需巨大的物资消耗，工程被迫中止。

1974年，铁道兵第七师和第十师奉中央军委命令，开始了青藏铁路西宁至格尔木段的建设。西宁至格尔木路段，平均海拔在3000米以上，高寒缺氧，干旱少雨，风沙极大，一夜醒来，帐篷就可能被风吹到十里以外。在戈壁荒漠无边的荒凉和寂寞里，铁道兵们战严寒、斗缺氧、克盐湖，20年前修筑青藏公路的大无畏英雄气概，如奔腾的号角，激昂地回荡在营房和铁路工地上。艰苦的条件，导致5年时间里有400多名战士牺牲。由于技术难度过大，高原冻土问题一直无法解决，1978年，中央经过慎重考虑，青藏铁路工程再次暂停。

筑路工作虽然暂时停顿，但研究解决青藏铁路修建的科研工作却没有停下来。在线路选择上，为了能选择一条最安全、科学的铁路线路，几代铁路设计师十次登上青藏高原，对高原上复杂多变的地质条件，水文、天气情况进行实地勘察，在230万平方公里的高原上，用脚一步一步量出了近十条不同方案的线路，最终才确定了青藏铁路的路线。

高原的多年冻土问题，是所有技术问题里最难攻克的。青藏高原的平均海拔达4300米，是地球上自然环境最严酷的地区之一。极度严寒使这里的土壤里含有大量的冰，被称作冻土。到了冬天，它们坚如磐石，体积增大，地面也会升高，但到了夏天，又会发生融化和沉降。地质的不稳定，必然会引起铁轨变形。青藏铁路要通过一个绵延550公里的冻土世界，就像在一个大冰块上修铁路。曾经的西伯利亚铁路，就因为冻土危害，不少铁轨扭曲变形。冻土问题是一个世界性难题，这个问题不解决，青藏铁路就修不通。

1974年，国家从9个部委、19个省（自治区、直辖市）抽调科技人员，开启了中国铁路史上著名的科技大会战，支援青藏铁路建设。全国各地数以千计的科技工作者，奔赴青藏高原研究冻土问题。但在4年左右的时间里，冻土研究一直没有突破性进展，1978年，随着青藏铁路工程停顿，大多数科研人员离开，但仍有部分坚守在风火山监测站。1961年，中铁西北院在可可西里海拔4000米以上的风火山上，建立了全球第一个全年值守的高原冻土观测站。几十年中，该观测站的观测从未间断，周怀珍、张鲁新等科技人员，长期坚守于此，积累了120万条冻土观测数据。为了保持气象记录不间断，哪怕是在极端天气下，他们也冒险观测。有一次，周怀珍在暴风雪中进行观测，双手被冻伤，留下了终身残疾。而张鲁新为了研究冻土，好几次与死神擦肩而过。在科考的路上，他曾经遭遇迷路、食物中毒、歹徒洗劫、车祸事故、补给不足……数次死里逃生。但所有的一切，都没有动摇他留在青藏高原进行冻土研究的意志。凭借多年的观测和大量冻土研究，张鲁新成为国内冻土研究最杰出的专家之一，填补了国内冻土研究空白，并为我国确立了冻土研究的国际领先地位。在海拔4000多米的风火山坚守20多年，其中的艰苦常人难以想象。张鲁新也曾尝试离开这里，到条件优越的济南工作，但修通青藏铁路的梦想让他去而复返，他坚信冻土问题一定会克服，青藏铁路一定会修通，无论如何一定要坚持下去！由于张鲁新等科技人员们几十年不懈的努力，冻土问题终于有了较好的解决方案，2001年6月，青藏铁路二期工程格尔木——拉萨段正式开工。

青藏铁路二期工程开启，共有 40 万建设者，在气候恶劣、高寒缺氧的环境下，奋战在雪域高原。青藏高原的含氧量，不到海平面的一半，即使空手走路，也相当于负重 25 千克，更别说高强度的体力劳动了。随着工程进展，铁路海拔越来越高，高寒缺氧问题也越来越严重。施工人员不得不背着氧气罐进行工作，不但工作进度奇慢，而且对施工人员的身体造成很大伤害。在修筑世界上最高的隧道风火山隧道时，由于海拔极高，含氧量极低，工程进度已有些难以为继。当地民谣说"过了风火山，三魂已归天"，在这种情况下进行建设施工，可能有致命的危险。最终，在科研人员的努力下，北京科技大学设计出了大型制氧机，可以对封闭施工的地点进行充足供氧，缺氧这个致命的难题终于得以解决。青藏铁路工程沿线近 20 个施工单位建立起高原供氧站，全线各工地配备了 144 个医疗站点，铁路沿线还分布着 25 个高压氧舱，用于抢救危重高原病患者。青藏铁路二期工程开工以来，数十万工人奋战在条件最为艰苦的"生命禁区"，却没有发生一起高原病死亡案例。高寒缺氧地带施工的世界难题，在这个伟大工程中被一举攻破。

铁路穿越青藏高原，却不能破坏那里脆弱的生态环境，这是建设工程中又一个重大挑战。要确保青藏铁路不会破坏完整的自然环境，不影响野生动物正常的觅食活动，不能阻断它们的繁殖迁徙，动物学专家对青藏铁路沿线野生动物分布情况进行了长期调查，根据不同高原野生动物习性，设置了符合不同野生动物习惯的通道。例如，棕熊、白唇鹿等高山山地动物善于攀援而不适宜奔跑，它们喜欢沿山坡脊梁走，铁路通过时最好打隧道，保持山坡的原貌；而藏羚羊、野牦牛、藏野驴等野生动物，机警并善于长距离快速奔跑，喜欢在宽谷和河滩活动，铁路最好架桥通过。从格尔木到拉萨，按野生动物的分布范围，规划设置了 33 处野生动物通道。按照野生动物习性，33 处通道分别有桥梁下方、隧道上方及路基缓坡三种形式。在中国铁路建设史上，开创了修建野生动物通道的先例。

2006 年 7 月，青藏铁路全线开通试运营，经济、快速、大承载力、全天候的青藏铁路，终于在全国人民的期待中全线贯通。有史以来火车第一次开上了雪域高原，从此，山不再高不可攀，路不再遥不可及。这不仅是交通人的骄傲，更是整个国家和民族的骄傲。图 2-11 为运营中的青藏铁路。

图 2-11 青藏铁路

青藏铁路的建成，使得西藏与兄弟省份的经济联系更加紧密，在更大范围、更广领域和更高层次上参与国内外经济合作与竞争，形成更具活力、更加开放的经济体系。有了青藏铁路及其延伸线的支撑，西藏跃升为"一带一路"倡议中面向南亚开放的重要通道，成为我国对南亚开放的前沿。这对西藏乃至中国的整体发展，都具有重要意义。

青藏铁路建设者挑战生命极限，不畏牺牲和奉献，依靠智慧与勇气和对祖国的热爱，在世界第三极上创造了新的奇迹。众多青藏铁路建设者，每每回溯往事，那种"一不怕死、二不怕苦，顽强拼搏、甘当路石"的精神总是跃然眉间，青藏铁路建设总指挥部首席科学家、专家咨询组组长张鲁新说："我站着，便是路标，我躺着，便是路基，一定要把青藏铁路修到拉萨去。""两路"精神薪火相传，是支撑新时代中国交通大发展的重要精神力量。

第五节　新时代"两路"精神凝练与升华

川藏、青藏两条公路的建成通车，是中国共产党领导下新中国建设取得的重大成就，对推动西藏实现社会制度历史性跨越、经济社会快速发展，对巩固西南边疆、促进民族团结进步，发挥了十分重要的作用。

60年来，国家先后投入97亿元，对川藏、青藏公路进行大规模改造，公路建设者和科研工作者攻克了多年冻土公路、桥梁建设和养护等多项技术难题，实现了川藏、青藏公路全部黑色化。西藏、四川、青海三省（自治区）和武警交通部队组建专门养护机构，保障了"两路"畅通。长期以来，国家调拨支援西藏经济建设95%的物资、支援西藏重点工程和援建项目以及抗震救灾、青藏铁路建设等重点工程的大型设备，都是通过川藏、青藏公路运进西藏的。

川藏、青藏公路留给后人的，不仅仅是两条重要的运输生命线，更有"两路"精神这一宝贵精神财富。60多年来，在改造、整治和养护过程中，一代代交通人秉承传统，以路为家，不断传承、丰富和发展"两路"精神，为西藏交通运输事业的发展注入了强大的精神动力。

2014年8月6日，习近平总书记在川藏、青藏公路建成通车60周年即将到来之际，作出重要批示，对"两路"精神的内涵进行了高度凝练。他提出：新形势下，要继续弘扬"一不怕苦、二不怕死，顽强拼搏、甘当路石，军民一家、民族团结"的"两路"精神。习总书记的重要批示从战略和全局的高度、历史和现实的维度，充分肯定了"两路"精神的时代特征和深刻内涵，给交通运输战线广大干部职工以巨大的鼓舞。

"一不怕苦、二不怕死"，体现的是不畏艰难险阻的革命英雄主义，展现的是对理想事业的坚定与忠诚，是对修筑"两路"百折不挠、自强不息精神品质的深刻解读。60多年前，11多万筑路大军正是靠"一不怕苦、二不怕死"的精神，才能在极为艰苦的条件下，成功修建当时世界上最艰苦、最复杂、最具挑战性的两条公路。

"顽强拼搏、甘当路石"，体现的是勇往直前、敢为人先的进取意识和担当精神，展现的是甘于吃苦、乐于奉献的高尚情怀，是对"两路"修筑和守护者忠诚履职、无私奉献的生动诠释。唐古拉山"天下第一道班"、四川雀儿山五道班等广大养路职工，正是在"顽强拼搏、甘当路石"的精神力量支撑下，用青春和生命保障着高原"天路"的常年畅通。

"军民一家、民族团结"，体现的是水乳交融、血肉相连的军民鱼水深情，展现的是藏汉一家、各族一家、团结互助的社会主义民族关系，是对"两路"精神传承的深度挖掘。无论是建路之初三千英烈捐躯高原，还是60多年来各族群众与人民解放军、武警交通官兵团结协作，坚守保通，无不体现"军民一家、民族团结"的力量传承。

这三个方面，既相互联系又互相影响，形成了一个有机整体，有力诠释了一代又一代西藏交通运输人修筑、守护、传承"两路"精神的内涵特质和精神底蕴。

习近平总书记强调，新形势下，要继续弘扬"两路"精神，养好"两路"，保障畅通，使川藏、青藏公路始终成为民族团结之路、西藏文明进步之路、西藏各族同胞共同富裕之路。

习近平总书记就川藏、青藏公路通车60周年作出重要批示的当日，交通运输部就向全国交通运输系统发出通知，对传达学习和贯彻落实做出部署、提出要求。交通运输部党组书记杨传堂和李小鹏部长多次发表讲话，强调要认真学习领会、坚决贯彻落实习近平总书记重要指示精神，弘扬"两路"精神，助推交通事业大发展。随后，交通运输行业掀起了弘扬"两路"精神的热潮。各地尤其是西藏交通运输部门不但在"中国西藏"官网连续以专题形式传播"两路"精神，更积极在工作中贯彻、发扬"两路"精神，以川藏、青藏公路为标杆，全面推进综合交通、智慧交通、绿色交通、平安交通建设，使"两路"精神成为推进西藏交通运输事业发展的精神之源，并涌现出其美多吉等具有全国影响力的交通运输行业先进人物。

第三章
"两路"精神理论探源

"两路"精神是在20世纪50年代和平解决西藏问题的国际、国内背景下,在修筑川藏、青藏公路的伟大实践中形成和丰富发展起来的。"两路"精神的形成,具有深厚的思想文化渊源。马克思主义科学理论、中国共产党革命精神与中华民族精神,是"两路"精神的思想理论渊源。"两路"精神是中国交通运输事业发展的强大动力,并在中国交通运输建设实践中进一步弘扬和发展。

第一节 理论溯源

马克思主义的科学理论是"两路"精神的思想理论来源。理论联系实际,一切从实际出发、实事求是、密切联系群众、与时俱进是马克思主义理论的重要品质。中国共产党将马克思主义基本原理创造性地运用于中国革命、建设和改革开放的具体实践,形成了中国化的马克思主义理论成果与历史经验。在解决西藏问题时,中国共产党和人民解放军始终坚持实事求是的原则,对筑路工程进行反复的科学考察,发扬"一不怕苦、二不怕死"的顽强斗志,在艰苦筑路的实践中形成了"两路"精神。

"两路"精神源于中国共产党的革命精神。中国共产党的革命精神是中国共产党在长期的革命实践中,在与各种困难作斗争的历程中不断丰富发展起来的。革命战争年代,中国共产党的革命精神主要有红船精神、井冈山精神、长征精神、延安精神、抗战精神、西柏坡精神等,是无数中国共产党人用生命和鲜血铸就而成的;和平建设时期,中国共产党的革命精神主要有大庆精神、红旗渠精神、"两弹一星"精神、雷锋精神、焦裕禄精神,以及小岗村精神、抗震救灾精神、载人航天精神、工匠精神等。时代不同,中国共产党革命精神的表现形式也有所不同,但这些精神都具有艰苦奋斗、百折不挠、实事求是、不怕牺牲、团结协作、勇于奉献、依靠人民、服务人民等丰厚特质和内容。"两路"精神与这些精神一脉相承,具有内在的一致性,在修筑川藏、青藏公路的艰苦岁月中,中国共产党的革命精神——"两路"精神,起着凝心聚力、鼓舞斗志的作用,保证了川藏、青藏公路的顺利建成通车。

"两路"精神是在修筑与维护川藏、青藏公路的实践中孕育形成和发展起来的。"两路"通车极大地促进了西藏地区的经济社会发展。人类文明发展的历史,从某种程度上说,也是交通运输发展的历史。马克思主义经典作家对交通运输业有许多重要论述。这些论述是中国共产党交通建设思想的重要理论源泉,是中国交通运输事业发展的精神动力——"两路"精神形成的理论渊源。

一、革命导师论交通运输业

(一)马克思主义经典作家论交通运输业

马克思认为,交通运输业是重要的物质生产部门,是社会生产力的重要组成部分,是经济发展、社会进步的先行条件和先决条件。交通运输业的发展规模和发展速度直接决定着社会经济的发展规模和速度,直接影响着一个国家的现代化进程。

人类社会的发展史,某种角度上也是交通运输发展的历史。交通运输业的存在和发展,对于社会生产的正常进行和发展,对于人们物质和文化生活的满足与提高,都有着巨大的推动作用。马克思深刻指出了交通运输业对人类社会发展的作用:"交通运输存在于文明社会的始终,随着社会生产和分工的发展,随着人类的物质生活、精神生活以及社会交往等的日益丰富和发展,它在人类社会生活中的地位就变得越来越重要。"[1]马克思高度评价了18世纪交通领域发生的革命对世界的影响,他将当时在交通领域发生的革命,与18世纪欧洲的产业革命的影响相提并论。在《资本论》中,马克思论述了交通运输业的极端重要性及其与社会发展的关系:社会的发展离不开交通运输业的发展,二者是不可分割的。交通运输业是经济社会发展的先导和基础,是社会进步的重要条件。

恩格斯高度重视交通运输与军事战争的密切关系。列宁则指出,交通运输是国家最重要的经济基础之一。为了实现社会主义工

---

[1]中共中央马克思恩格斯列宁斯大林著作编译局.马克思恩格斯全集.第23卷[M].北京:人民出版社,1995:1024.

业化，打破资本主义世界的封锁和包围，斯大林强调：重工业、机器制造业、交通运输业在大工业中起着决定性的作用，要大力发展重工业、机器制造业、交通运输业，只有这样才能摆脱对世界资本主义经济的依附，增强自身经济的独立性，增强国防力量①。

交通运输业和社会发展紧密相连、不可分割。当今全球化背景下，不仅一个国家内部各地区之间的经济联系和相互依赖程度日益密切，而且在世界范围内，不同国家和地区之间经济相互依存的程度更是达到了空前的密切。这种经济上紧密联系、高度依存的基础条件，就是现代交通运输的发展。马克思主义经典作家关于交通运输业的重要论述，是中国共产党交通建设思想的理论基础。

(二) 中国共产党人论交通运输业

中国共产党继承和发展了马克思主义经典作家关于交通运输极端重要性的思想，创造性地运用于中国革命和建设的具体实践，党的历届领导集体对发展交通运输事业做出了一系列重要论述。无论是战争年代还是现代化建设时期，党一直把发展交通放在战略地位，自觉运用交通战略实现自己的奋斗目标，在夺取政权、发展经济、维护多民族国家团结统一、推动新中国外交工作等方面，交通发挥了特殊作用，形成了具有中国特色的交通发展思想。中国共产党关于发展交通运输业的思想，是党的现代化建设理论的重要组成部分，也是马克思主义中国化理论成果的重要内容。

1. 中共第一代领导集体交通运输建设思想及其实践

新中国成立以前，交通运输业十分落后，关山阻隔，水陆不

---

①中共中央马克思恩格斯列宁斯大林著作编译局．斯大林选集．上卷[M]．北京：人民出版社，1979：461．

通。1949年，全国能通车的公路只有5.4万公里，缺少桥涵，路况极差；铁路能勉强通车的仅为1.1万公里，分布极不平衡；水运客货量也非常有限。交通的闭塞落后，是旧中国四分五裂、贫穷落后、长期不能统一的重要原因之一。中国共产党在长期的奋斗历程中，根据革命和建设的需要，自觉运用交通运输来实现自己的战略性目标。新民主主义革命时期，交通运输主要为革命战争和夺取政权服务；新中国成立至十一届三中全会前，交通运输主要为经济发展和国防战备双重任务服务。在长期的革命和建设实践中，党的第一代领导集体形成了丰富而深刻的交通运输建设思想。

（1）把发展交通运输提到战略高度，运用交通运输实现自己的战略性目标

交通运输业的发展与一个国家和民族的兴衰存亡息息相关。中国共产党继承和发展了马克思主义经典作家关于发展交通运输业的思想，将之上升到战略高度，把交通运输作为夺取政权、巩固国防、发展经济、促进社会进步的重要前提，自觉运用交通实现自己的战略性目标。

新民主主义革命时期，党就认识到交通运输的极端重要性。毛泽东提出，我们"必须尽一切可能修理和掌握铁路、公路、轮船等近代交通工具"[1]。这一时期，党的交通战略重点是为支援革命战争和夺取政权服务。1921年中国共产党成立后，其工作重点是领导工人运动尤其是交通运输领域的工人运动，第一次工人运动高潮的顶点，就是以京汉铁路工人大罢工为标志。第一次工人运动高潮中的香港海员大罢工、京汉铁路工人大罢工、省港大罢工等，都沉重打击了帝国主义和军阀的统治。

---

[1] 毛泽东. 毛泽东选集 第4卷[M]. 2版. 北京：人民出版社，1991：1347.

土地革命战争时期，为了打破国民党的军事"围剿"和经济封锁，中华苏维埃共和国临时中央政府在极端艰苦的斗争环境下，领导苏区人民修路架桥、疏河造船，为发展中央苏区交通运输事业，建立了不朽的功绩。早在1932年6月，临时中央政府的内务部就设立了交通管理局，负责苏区水陆交通运输的管理，并领导从红都瑞金到白区上海的地下秘密交通线。同时，中央革命军事委员会内，还专门设立了负责运送军需物资的军事交通机构——总兵站。1933年《苏维埃组织法（草案）》规定，中央设交通邮电部，省、县设立交通部。新中国的交通运输事业，就从红都瑞金开启。围绕"一切为了革命战争"这一中心任务，中央苏区大力开展交通建设。临时中央政府多次发布修筑道路、桥梁的训令，并对道路桥梁的工程标准、土地补偿办法、动员群众方式等作出明确规定。中央苏区开展了"造船会展"、发动群众修筑沙子岗机场，成立中华苏维埃修理河道委员会，整治河道、架设浮桥。长征时，中央红军就是在于都城外的渡口通过浮桥，踏上长征之路的。在反"围剿"期间，苏区军民积极抢修道路、架设桥梁，保证了红军作战进军的需要；担架队、运输队冒着枪林弹雨运输物资、转运伤员，为反"围剿"的胜利和打破敌人的经济封锁作出了不朽的贡献。据不完全统计，仅赣南苏区，支前参战人员就达60余万，很多人为苏区的交通运输事业献出了生命。据记载，仅赣南苏区的交通英烈就有765名[①]。

抗战时期，党中央所在的陕甘宁边区第一个施政纲领中明确提出要修筑道路。边区政府成立了交通运输局，下设4个交通运输分局，建立了义务养路队。在党的领导下，根据地修筑的道路里程发展迅速。1937年，陕甘宁边区的公路仅有211公里，到1944年大

---

① 赣州地区交通局交通志编纂委员会. 赣南交通志[C]. 内部印刷，1992：12.

道里程合计达2730公里①。边区交通的改善,有力地促进了抗日民主根据地的政治稳定和经济社会发展,为支援长期抗战提供了坚实保障。战争年代,中国共产党还组建了红色地下交通线,传递情报、运送人员和战略物资,以交通战略迷惑和打击敌人。百团大战中,八路军实施交通破袭战,炸毁桥涵、炸断铁路等,为赢得战争的胜利创造了重要条件。为坚持敌后抗战,冀鲁豫根据地军民,创造了交通道沟(也叫"抗日道沟")和地道交通等独特的作战方式。中国共产党的交通战略,对粉碎日寇的进攻、保护人民、争取抗战的胜利发挥了重要作用。淮海战役期间,500多万支前民工,用滚滚车轮保障了解放大军的后勤军需,创造了中国战争史、交通史上一个个伟大奇迹。全国胜利前夕,毛泽东作出了"解放军打到哪里,公路就修到哪里""解放军打到哪里,铁路就修到哪里"的号召。

新中国成立后,党的交通战略重点主要为经济发展和国防战备的双重任务服务。新中国领导人高度重视交通运输事业的发展,成立了交通部、铁道部负责交通运输业的发展。早在1948年,毛泽东就强调指出:"恢复和发展工业生产和农业生产……首先是解决交通运输和修理铁路、公路、河道的问题。"②强调铁路的先行官作用。时任中央财经委员会主任的副总理陈云也多次指出,运输是全国经济的杠杆,没有交通运输业的发展,"工业的大规模发展也不可能。"③1951年4月,陈云在全国组织工作会议上发言指出:我们要考虑到,两个五年计划要建设什么东西,在国防、工业、农业、水利方面,大概一年投资多少。我们要建设,在这方面就要有充分的

---

①张森.论抗日战争时期陕甘宁边区的交通建设[J].周末文汇学术导刊,2006(02):106-107.
②毛泽东.毛泽东选集 第4卷[M].2版.北京:人民出版社,1991:1348.
③金冲及,陈群.陈云传 上[M].北京:中央文献出版社,2005:663.

准备。在交通方面，也要有计划，要修多少铁路、公路，要计算出每公里花多少钱。陈云还非常重视发挥非机动的民间运输工具的作用。新中国成立之初，平抑物价的"米棉之战"之所以获得胜利，其重要原因之一是人民政府掌握了交通运输的主动权，能够迅速统一地调动全国的物资供应，确保了新生政权的巩固和稳定。

抗美援朝战争中，中国人民志愿军成立了铁道兵运输部，昼夜抢修铁路，形成"打不烂炸不毁的钢铁长城"，迫使美军承认其"铁路绞杀"计划的失败。志愿军司令员兼政治委员彭德怀在总结抗美援朝战争的经验教训时，得出"千条万条，运输第一条"的重要结论。

随着党的工作重心转移到城市，第一代领导集体愈发认识到交通运输业的极端重要性。新中国刚成立时，中国铁路里程还不及印度1914年铁路里程的一半，全国三分之一以上的县不通公路。1949年通过的具有临时宪法性质的《中国人民政治协商会议共同纲领》规定："必须迅速恢复并逐步增建铁路和公路，疏通河流，推广水道，有计划有步骤地建造各种交通工具和创办民用航空。"1953年9月，周恩来指出："交通运输是建设中的一种先行部门，不发展交通运输业，工业也无法有大的发展。当前特别是要把西南、西北和华北之间的铁路线连结起来。"[1]1954年9月，在第一届全国人民代表大会第一次会议的《政府工作报告》中，周恩来根据党中央的指示，第一次提出了要"建设起强大的现代化的工业、现代化的农业、现代化的交通运输业和现代化的国防"的宏伟目标。首次将实现交通运输的现代化列入"四个现代化"之中，这是中国共产党关于"四个现代化"的最早表述。

新中国迅速修建了青藏、康藏、海榆中线公路等重要国防公

---

[1] 中共中央文献研究室. 周恩来经济文选[M]. 北京：人民出版社，1993：142.

路，修建成渝、鹰厦、成昆等重要铁路线，充分发挥了交通运输在发展经济、巩固国防、稳定边疆、维护国家统一、促进民族团结等方面的重要作用。1952年7月，新中国第一条自行设计施工、采用国产材料修建的成渝铁路全线通车，毛泽东、周恩来等中央领导欣然题词。毛泽东、周恩来的题词不仅是为修建铁路题写，也是为整个交通运输业的发展而写，集中表达了交通运输先行的思想。

（2）大力发展交通运输是开发边疆、维护多民族国家团结统一的重要举措

交通在增进民族团结、巩固政权、维护国家统一方面起着重要的作用。我国西南、西北等边疆地区，急需依靠铁路和公路与祖国内地紧密相连，各省、自治区内也需要依靠道路交通与地、县、乡相连接。民族团结、共同繁荣发展是马克思主义处理民族关系的根本原则之一。毛泽东把促进民族地区经济社会繁荣发展、实现各民族团结平等，提到事关中国革命和建设成败的战略高度。在《论十大关系》中，毛泽东强调："我们要诚心诚意地积极帮助少数民族发展经济建设和文化建设……巩固各民族的团结，来共同努力于建设伟大的社会主义祖国。"

西藏和平解放前，交通运输原始落后，120多万平方公里的土地上，没有一条正规的公路。为促进民族地区社会经济的繁荣发展、建设边疆、巩固国防、加强西南、西北等边疆地区与内地的联系，党中央、政务院在财政经济十分困难的情况下，毅然决定集中财力、物力，修建康藏、青藏、昆洛等重要国防公路。1951年4月11日，陈云致电贺龙、邓小平等，指出：入藏军事紧迫，入藏公路修建一事可先拨款后报告，由你们全权掌握。"玉隆至昌都公路修建费，已告中财部先拨款五百亿元应用。""泸定、飞仙关两大桥经

费三百二十五亿余元,已告财政部立即拨去。"①1953 年 1 月,毛泽东在听取康藏公路昌都至拉萨段的选线方案后,亲自批准采用南线的方案,并要求 1954 年通车至拉萨。党和国家最高领导人亲自批准一项具体的建设方案,是极其特殊的事例,这充分表明了毛泽东对西藏建设发展的高度重视和亲切关怀。

(3)调动一切积极因素,依靠人民群众办交通

中国共产党领导的多党合作和政治协商制度是我国的一项基本政治制度。新中国成立伊始,百业待兴,交通建设人才奇缺。中国共产党与各民主党派爱国人士真诚合作,充分发挥他们的聪明才智,推动了交通运输事业的发展。1949 年,陈云指出:"我们党内交通运输人才很少,……要将事情搞好,就要和全国人民合作,将党外有经验的人才看作是我们国家的财产。"②陈云的讲话充分体现了我们党与各民主党派长期共存、荣辱与共,共同致力于中国社会主义建设的真诚意愿,极大地调动了各民主党派的积极性。著名爱国华侨陈嘉庚被毛泽东誉为"华侨旗帜,民族光辉",他在全国政协第一届全体会议上提出修建福建铁路的提案,最终获中央批准。鹰厦铁路的建成,使福建与全国各地紧紧连接在一起,巩固了东南海防,具有重要的国防和经济意义。

中国共产党坚持马克思主义群众观、坚持群众路线,充分相信和依靠群众、放手发动群众,坚持以服务人民、奉献社会为宗旨,提出:兴办交通运输等基础设施必须依靠人民群众的思想。毛泽东在《依靠群众办好铁路建设事业》中提出:"要修几十万公里铁路,我们主要依靠群众,就是工人、工程师等一切有用的人。"在《关于

---

① 金冲及,陈群. 陈云传 上[M]. 北京:中央文献出版社,2005:765.
② 金冲及,陈群. 陈云传 上[M]. 北京:中央文献出版社,2005,664.

正确处理人民内部矛盾的问题》的报告中，毛泽东再次强调："我们作计划、办事、想问题，都要从我国有六亿人口这一点出发，调动一切积极因素，为建设社会主义社会这个伟大的事业服务。"新中国的成立，极大地振奋了中国人民当家作主的自豪感，他们以前所未有的热情投入建设。1950年动工修筑的康藏公路，汇聚了人民解放军、工程技术人员、各族民众共计11万人，历时近5年艰苦卓绝的奋战，终于在雪域高原筑起了"天路"，结束了西藏不通公路的历史。

(4)科教兴交，培养交通人才

新中国领导人曾多次强调：科学技术这一仗，一定要打，知识分子是国家的"宝贵财富"，没有尽可能多的知识分子，就不可能建成社会主义。1949年新中国刚成立时，全国高校在校学生仅有11.5万人，远远不能适应国家建设发展的需要。毛泽东急切地提出，在"三个五年计划之内要造就一百万到一百五十万高级知识分子"的宏伟规划。新中国急需交通建设人才，党中央指示铁道部门、交通部门自己创办学校。在党中央的直接关怀下，全国各地迅速组建交通院校。1949年在北京组建成立的中国交通大学，次年更名为"北方交通大学"，毛泽东亲笔为学校题写了校名。新中国先后创办了华东交通专科学校、西南交通专科学校以及东北、云南、贵州、河北等的交通学校，几乎遍布全国，并成立了交通科学研究院。中央还抽调军事院校的干部到地方交通院校担任领导，加强指导工作。新中国交通教育事业的发展，培养了一大批又红又专的交通建设人才，为交通事业的发展，提供了强大的智力支撑和人才保障。

(5)发扬革命传统，铸就精神丰碑

思想政治工作是我们党的优良传统，也是交通事业发展的重要政治保障。马克思主义认为，物质决定意识，意识具有反作用，充分发挥人的主观能动性，能起到"物质变精神，精神变物质"的作用。长期以来，我们党坚持把思想政治工作深入到交通建设的各项工作中，结合实际加强对职工进行爱国奉献、勤奋敬业、艰苦奋斗的教育，开展精神引领、典型示范、学雷锋、树标兵等活动，逐步培养了一支具有"让高山低头、叫河水让路"的大无畏精神的职工队伍。在物质条件极端困难的情况下，交通建设者们发扬顽强拼搏精神，先后建成了川藏公路、青藏公路、中巴公路、天山公路、成昆铁路等工程艰巨的重大项目，创造了举世瞩目的奇迹。

在"世界屋脊"建成的川藏、青藏公路，是筑路先辈用智慧、意志和生命竖起的民族团结的丰碑。1974年动工兴建的天山公路全长562公里，有168名官兵献出生命，平均每3公里就留下1名筑路官兵的忠魂，他们以"碧血洒天山，为振国威军威"的誓言，铸就了悲壮的"天山精神"。天山公路连接了众多的少数民族聚居区，是一条民族团结、共同繁荣发展之路，是巩固国防建设的大动脉。建设者们用生命和拼搏精神，铸就了我国交通事业的又一个里程碑。

(6) 利用交通推进外交工作

中国共产党运用交通战略推进外交工作，取得辉煌成就。20世纪50年代的抗美援朝和60年代的援越抗美斗争时期，中国工程兵部队冒着纷飞的战火，抢修国防战备工程，为朝鲜和越南人民的解放事业做出了不可磨灭的贡献。被誉为现代"丝绸之路"的中巴公路，其修建历时13年，数以百计的中国建设者为此献出了宝贵的生命。仅巴基斯坦境内吉尔吉特的中国烈士陵园里，就有88名中国官兵长眠于此，凝聚起"巴铁血盟"的深厚情谊。被誉为"自由之路"的坦赞铁路是当年中国最大的援外成套项目，为建设这条铁路，中方有66人献出了生命，最小的年仅24岁。坦桑尼亚总统尼雷尔多次感谢中国的无私援助，称中国是"真正的朋友"。2013年3月，习近平主席访问非洲期间，专程来到援坦中国专家公墓，缅怀为中非友谊献出宝贵生命的烈士们。他在纪念簿上题词："烈士精神永励后人，中坦友谊世代传承。"他满怀深情地说，40多年前，5万多名中华儿女满怀对非洲人民的真挚情谊来到非洲，同兄弟的坦桑尼亚和赞比亚人民并肩奋斗，在茫茫非洲草原上披荆斩棘，克服千难万险，用汗水和鲜血乃至生命筑成了被誉为友谊之路、自由之路的坦赞铁路。他们中有60多人为此献出了宝贵生命，永远长眠在这片远离故乡的土地上。他们用生命诠释了伟大的国际主义精神，是铸就中坦、中非友谊丰碑的英雄，他们的名字和坦赞铁路一样，永远铭记在中国人民和坦赞两国人民心中①。新中国以交通推进外交工作，收获了友谊和信任，赢得了国际社会的高度评价。巴基斯坦等许多当年的受援国家，在"一国两制"等问题上，坚决维护中国的核心利益。

在以毛泽东为核心的第一代党中央领导下，中国人民迅速修建了川藏、青藏、昆洛、海榆中线公路等重要国防公路，修建了成渝、鹰厦、成昆铁路等2万公里的铁路线。交通的恢复和发展，有力地推进了解放战争的胜利发展，加强了内地与边疆的联系，为捍卫祖国统一和巩固边防创造了有利条件。海南岛公路通车之际，毛泽东欣然题词："加强国防，巩固海南"，充分体现了交通在国防和战备中的重要地位。

总之，新中国交通事业的发展，为解放战争的胜利推进、保障

---

①烈士精神永励后人 中坦友谊世代传承 习近平凭吊援坦中国专家公墓[N]. 人民日报，2013-03-26(01).

抗美援朝战争期间战略物资的运送、新中国成立初期调拨物资平抑物价、巩固新生的人民政权、保卫国防等方面，发挥了巨大作用。

2. 改革开放后中国共产党交通建设思想及其实践

党的十一届三中全会后，中国进入改革开放的新时期，经济建设已成为党和国家工作的重心。邓小平提出：经济建设，交通先行。1978年8月18日，邓小平在会见杨振宁教授时说："发展工业有两个先行官：电力、交通。"交通还应该先行一步。邓小平深刻认识到交通在整个经济发展中的基础性、先导性、战略性地位，做出交通优先建设、重点发展的指示。邓小平指出："多搞一些电，多搞一些铁路、公路、航运，能办很多事情。"

党的十五大和十六大报告提出，要继续加强基础设施和基础工业建设，实施西部大开发战略，加大对中西部地区的支持力度。

西气东输、西电东送、青藏铁路建设和南水北调工程，是我国"十五"计划期间四大标志性工程。党中央十分关心西藏的铁路建设问题，2000年11月，江泽民总书记在中央经济工作会议上指出："修建进藏铁路，无论从经济发展、政治稳定和国家安全着眼，还是从促进民族团结考虑，都是十分必要的，在抓紧搞好可行性研究和勘探设计的基础上，下决心开工修建。"①他在给青藏铁路开工的贺信中，希望铁路建设者团结拼搏、科学施工、加强协作、群策群力，优质高效地建成青藏铁路，为中华民族的伟大复兴做出新的贡献。

胡锦涛在青藏铁路通车庆祝大会上的讲话中指出：青藏铁路工程十分艰巨，我们仅用5年时间就建成了，这一事实充分说明：中华民族是富有创造精神的民族，我们要坚持不懈地提高自主创新能

---

① 江泽民.论"三个代表"[M].北京：中央文献出版社，2001：87-88.

力。他特别强调:"必须大力弘扬艰苦奋斗、自强不息的精神,坚韧不拔地创造历史伟业。艰苦奋斗、自强不息的精神,是几千年来中华民族生生不息、发展壮大的重要精神支撑。青藏铁路建设者表现出来的挑战极限、勇创一流的精神,就是这种伟大精神的生动体现。这一事实再一次充分说明,只要我们大力发扬艰苦奋斗、自强不息的精神,我们就一定能够战胜前进道路上的任何艰难险阻,不断开创中国特色社会主义事业新局面。"①党的十七大,首次将加快综合交通运输体系的建设,写入大会报告,标志着我国交通综合运输发展进入了新的历史阶段。

3. 新时代中国共产党交通建设思想及其实践

党的十八大以来,习近平总书记从交通运输在实现"两个一百年"奋斗目标中的战略地位的高度,对交通运输行业的发展定位、发展目的、发展重点、主要任务和发展动力等方面,做了全面而深刻的论述。习近平就交通运输先行发展、综合交通运输体系建设、交通支撑国家"三大战略"、发展成果共享、运输安全生产、交通互联互通、交通精神文化建设等作出了一系列重要论述。

党的十九大报告提出建设交通强国目标,这是新时代赋予交通运输业的历史使命,是以习近平同志为核心的党中央对交通运输事业做出的重大战略部署,具有重大而深远的意义。

1) 以人民为中心,以交通促民生

以习近平同志为核心的党中央始终高度重视农村公路的发展,大力实施交通扶贫、乡村振兴战略。他多次强调,交通基础设施建设具有很强的先导作用,特别是在一些贫困地区,改一条溜索、修一段公路就能给群众打开一扇脱贫致富的大门。新形势下,要进一

---

①胡锦涛在青藏铁路通车庆祝大会上的讲话[N]. 人民日报,2006-07-02(01).

步深化和加强农村公路发展，农村公路建设要因地制宜、以人为本，与优化村镇布局、农村经济发展和广大农民安全便捷出行相适应。要通过创新体制、完善政策，进一步把农村公路建好、管好、护好、运营好，逐步消除制约农村发展的交通瓶颈，为广大农民脱贫致富奔小康提供更好的保障①。习近平指出：要"从实施乡村振兴战略、打赢脱贫攻坚战的高度，进一步深化对建设农村公路重要意义的认识，聚焦突出问题，完善政策机制，既要把农村公路建好，更要管好、护好、运营好，为广大农民致富奔小康、为加快推进农业农村现代化提供更好保障。"② 2013年11月3日，在视察湖南吉首市矮寨特大悬索桥时，习近平指出，贫困地区要脱贫致富，改善交通等基础设施条件很重要，这方面要加大力度，继续支持③。

四川大凉山深处有一个建在峭壁悬崖的村庄，从山底到山顶村庄海拔高差近1600米。过去，"悬崖村"的村民们进出村子，需要攀爬由藤条和木棍编成的17段"天梯"。"天梯"异常险峻，从山脚下到半山腰只有4公里，却需要走上5个小时，村民们生活非常困难。在党和政府振兴乡村、精准扶贫政策的指引下，如今的"天梯"，已改造为1500根钢管打造的"钢梯"。为进一步帮助村民们脱贫奔小康，当地政府实施易地扶贫搬迁计划，在县城为他们修建新家。2020年5月12日起，"悬崖村"全村84户建档立卡贫困户共344人，将陆续搬迁至昭觉县县城的新家，乡亲们脱贫奔小康的梦想不再遥远。

---

①筑好康庄大道 共圆小康梦想 习近平总书记关心农村公路发展纪实[N].人民日报，2014-04-29(01).

②习近平总书记对"四好农村路"建设作出重要指示[N].人民日报，2017-12-26(01).

③筑好康庄大道 共圆小康梦想 习近平总书记关心农村公路发展纪实[N].人民日报，2014-04-29(01).

以习近平同志为核心的党中央,反复强调:绝不让任何一个地方因农村交通问题而在小康路上掉队。5年来,全国新建改建农村公路127.5万公里,99.24%的乡镇和98.34%的建制村通上了沥青路、水泥路,乡镇和建制村通客车率分别达到99.1%和96.5%以上,城乡运输一体化水平接近80%,农村"出行难"问题得到有效解决,交通扶贫精准化水平不断提高,农村物流网络不断完善,广大农民群众得到了实实在在的获得感、幸福感。

以习近平同志为核心的党中央关于农村公路的重要论述和成功实践,深刻揭示了农村公路发展的本质和规律,饱含着习近平总书记对脱贫攻坚、决胜全面小康社会的高度重视,体现了以人民为中心的发展思想,彰显了建设人民满意交通的为民情怀,筑牢了党的执政基础。"四好农村路"不仅成为农村经济社会发展的小康路、致富路、圆梦路,更成为密切党和群众联系的民心路、连心桥。

2)以生态文明思想为指引,坚持绿色发展

生态文明建设思想是习近平新时代中国特色社会主义思想的重要内容,在发展交通运输事业上,要坚持生态优先、绿色发展理念。一带一路、京津冀协同发展、长江经济带建设,是国家级"三大发展战略"。习近平总书记在多次对长江经济带实地调研考察基础上,明确指出,推动长江经济带发展,必须坚持生态优先、绿色发展的战略定位,提出了"共抓大保护、不搞大开发"的战略思想①。推动长江经济带绿色发展,关键要处理好绿水青山和金山银山的关系。习近平指出,要正确把握整体推进和重点突破、生态环境保护和经济发展、总体谋划和久久为功、破除旧动能和培育新动能、自

---

① 习近平在推动长江经济带发展座谈会上强调 一条心一盘棋 共建黄金经济带[N]. 人民日报,2016-01-08(01).

我发展和协同发展等五个方面的关系，并就建构我国绿色交通体系作出了一系列重要指示①。

习近平关于长江经济带发展重要战略思想的核心，是生态优先、绿色发展；总体目标是努力把长江经济带建设成为生态更优美、交通更顺畅、经济更协调、市场更统一、机制更科学的黄金经济带，以长江经济带发展推动我国经济高质量发展。这不仅为推动我国长江经济带实现高质量发展提供了根本遵循和行动指南，也为促进全球可持续发展贡献了中国智慧。

为落实和推进党中央关于长江经济带绿色发展的重大决策部署，交通运输部制订了《关于推进长江经济带绿色航运发展的指导意见》（2017），其中提出，要强化长江经济带绿色航运发展的顶层设计，把绿色发展理念融入航运发展的各方面和全过程；进一步提升绿色航道、绿色港口、绿色船舶和绿色运输组织方式等方面的建设，确保绿色发展。

习近平总书记非常关心黄河流域的建设和发展。党的十八大以来，他多次实地考察，从战略定位、治理方法、发展理念、推进机制等方面，对黄河流域的生态保护和高质量发展作出一系列指示。2019年9月，在黄河流域生态保护和高质量发展座谈会上，习近平总书记强调，"保护黄河是事关中华民族伟大复兴的千秋大计"，将黄河流域生态保护和高质量发展确定为"重大国家战略"。他提出"治理黄河，重在保护，要在治理"②的新要求。他指出：要共同抓

---

①主持深入推动长江经济带发展座谈会并发表重要讲话 习近平：共抓大保护 不搞大开发 习近平座谈会前考察大江南北 韩正出席座谈会并讲话[N]. 人民日报海外版，2018-04-21(01).

②《求是》杂志发表习近平总书记重要文章 在黄河流域生态保护和高质量发展座谈会上的讲话[N]. 人民日报，2019-10-16(01).

好大保护，协同推进大治理，强调坚决走生态优先、绿色发展之路，使绿水青山产生巨大的生态效益、经济效益和社会效益。习近平总书记关于黄河流域生态保护和高质量发展的重要指示，充分彰显了"以人民为中心"的发展思想，体现了保护黄河、治理黄河、高质量发展、造福人民的辩证思维、系统思维、历史思维和绿色发展理念。新时代中国共产党交通发展思想还体现在以智能化、综合交通一体化为前提，支撑国家重大发展战略；以深化改革为主线，自主创新为核心，引领交通运输高质量发展；以交通互联互通为基础，推动人类命运共同体建设；以交通精神文化建设、加强党的建设为保障，推动交通运输事业科学；牢固树立生命至上、安全第一的平安交通思想等各个方面。

新时代中国共产党交通强国思想，具有战略性与人民性相统一、绿色发展与创新发展相统一、更加强调交通领域党的建设等时代特点，贯穿了辩证唯物主义的世界观和方法论，充分展现了历史唯物主义的思想观点。习近平关于发展交通运输发展的重要论述，是习近平新时代中国特色社会主义思想的重要组成部分，饱含了党中央对交通运输业在实现中华民族伟大复兴征程中，发挥更大作用的殷切期望。新时代中国交通发展成就，尤其是农村交通发展模式和经验，不仅对中国全面小康社会的建成具有重大意义，也对世界减贫特别是发展中国家农村交通发展贡献了中国智慧、提供了中国方案，拓展了发展中国家走向交通现代化的途径。

在中国共产党领导下，全国交通建设取得伟大成就。这些成就的取得，离不开精神力量的支撑。

二、革命导师论革命精神

(一) 马克思主义经典作家论革命精神

精神是与物质相对的概念,精神本质上是一种意识的体现,"两路"精神是一种精神形态的价值和意识形态。马克思认为:物质决定意识,意识对物质具有反作用,这种反作用就是意识的能动作用。

意识的能动作用表现在意识主体具有选择性,确定反映什么、不反映什么,以及怎样反映,不仅仅只反映事物的外部现象;意识的能动作用更表现在以这些思想观念为指导,通过实践使之一步步变为客观现实。正如列宁所说:"世界不会满足于人,人决心以自己的行动来改变世界。"①

革命精神本质上是一种意识的体现,是对物质的反映,对于社会实践具有积极的能动作用。革命精神在不同历史时期的表现形式不同,但其精神实质具有一致性。真正的革命精神不是为少数统治阶级服务,而是站在人民的立场、探求人类自由解放的道路。正如马克思在《共产党宣言》中指出:"无产阶级的运动是绝大多数人的,是为绝大多数人谋利益的独立的运动。"马克思毕生为人类解放事业而奋斗,即使面对残酷的斗争环境也绝不退缩。这一切都源于马克思对人民的情怀、对革命的热情、对信念的笃守。

革命导师列宁一生中有近20年是在监狱、政治流亡中度过,在千锤百炼的斗争实践中,他始终怀着革命乐观主义精神。列宁认

---
① 中共中央马克思恩格斯列宁斯大林著作编译局. 列宁全集 哲学笔记 1895—1916年 第55卷[M]. 北京:人民出版社,1990:183.

为，革命精神就是指：革命思想、革命理论、革命领袖、革命政党和人民群众的决心、意志、毅力及其首创精神。他强调，要用先进的理论武装人民群众，提高人民群众的革命首创精神，将其革命精神不断地转化为进行革命和建设的强大的物质力量。他提出了"没有革命的理论也就不可能有革命的运动"的著名论断[①]。他用巴黎公社工人英勇斗争的精神来教育俄国的无产阶级，鼓舞人民斗志。正因为重视人民群众的首创精神和无穷力量，列宁提出，要坚持不懈地对群众进行宣传教育，用马克思主义的革命理论去武装群众，不断地提高他们的觉悟，把革命精神变成战胜一切敌人、一切困难的强大力量[②]。在国际形势空前复杂的第一次世界大战期间，列宁强调要把"精神力量变成物质力量"，指出了革命精神力量对革命实践的巨大指导作用。

（二）中国共产党人论革命精神

精神是灵魂，人无精神不立，党无精神不兴，国无精神不强，民族无精神不存。强大的精神力量是我们战胜一切艰难险阻、成就事业的前提和基础。在中国共产党多年的奋斗历程中，培育形成了一系列彰显党的性质、体现时代要求、凝聚各方面力量的伟大的革命精神。中国共产党的革命精神，是为民族独立解放、国家繁荣富强、团结统一而探索奋斗的献身精神；是勇于实践、勇于探索、勇于思考、奋发进取的开拓精神；是不畏艰险、坚韧不拔、艰苦奋斗的牺牲精神；是为革命和建设事业鞠躬尽瘁的爱国精神。川藏、青

---

① 中共中央马克思恩格斯列宁斯大林著作编译局. 列宁全集 第5卷[M]. 北京：人民出版社，1986：836.

② 中共中央马克思恩格斯列宁斯大林著作编译局. 列宁全集 第5卷[M]. 北京：人民出版社，1986：836.

藏"两路"精神是中国共产党革命精神宝库中的重要内容。

1. 毛泽东关于革命精神的论述

毛泽东同志强调："人是要有点精神的。"在长期的革命、建设和改革开放的历史进程中，我们党培育和传承了伟大的革命精神。众所周知，毛泽东同志一生与革命相伴，毕生为国家、为民族、为人民利益而奋斗。从精神的角度上看，毛泽东同志的革命精神主要体现在两个方面：

（1）舍弃小我的革命牺牲精神

为了中国人民的解放事业，毛泽东同志一家先后有6位亲人为革命献出了生命，正如他的诗句："为有牺牲多壮志，敢教日月换新天。"延安时期，毛泽东与美国记者埃德加·斯诺交谈中，提到自己随时准备为革命而牺牲时，只简单谈了百余字："我的妻子和妹妹，还有我两个弟弟的妻子和我自己的儿子都被逮捕了。我的妻子和妹妹被杀害。"①

毛泽东强调，党的干部要有牺牲精神②，"共产党员应该做到最有远见，最富于牺牲精神，最坚定，而又最能虚心体会情况，依靠群众的多数，得到群众的拥护。"③

1939年，毛泽东在《纪念白求恩》一文中，号召每一个共产党员，都要学习白求恩同志毫不利己专门利人的精神，学习他对工作极端的负责任、对同志对人民极端的热忱的精神，做一个高尚的、纯粹的、有道德的人，一个脱离了低级趣味、有益于人民的人。1944年，毛泽东在纪念张思德的演讲《为人民服务》中指出："'人

---

①埃德加·斯诺，翟象俊，毛泽东口述传[M]. 上海：复旦大学出版社，2003：87.
②毛泽东. 毛泽东选集 第1卷[M]. 北京：人民出版社，1991：277.
③毛泽东. 毛泽东选集 第1卷[M]. 北京：人民出版社，1991：263.

固有一死，或重于泰山，或轻于鸿毛。'为人民利益而死，就比泰山还重。"

(2) 高度自觉的革命自省精神

从学生时代"身无分文心忧天下"，到担任国家领袖，毛泽东一生严格自律，这种自律在政党建设中，就是从严治党。从中央苏区的廉政风暴，到延安整风，再到西柏坡精神、"进京赶考"，毛泽东始终以高度的自觉，加强党的纪律建设和作风建设，做到警钟长鸣、严格要求。1949年3月，党的七届二中全会上，毛泽东告诫全党：要牢记"两个务必"，务必继续保持谦虚谨慎、不骄不躁的作风，务必继续保持艰苦奋斗的作风。建设时期，他反复强调：要艰苦奋斗，密切联系群众，"要保持过去革命战争时期的那么一股劲，那么一股革命热情，那么一种拼命精神，把革命工作做到底。"①

2. 周恩来关于革命精神的论述

中国共产党革命精神的形成，是全党实践的结果，是集体智慧的结晶。周恩来是中国共产党革命精神重要的培育者和践行者。在组织发动南昌起义的实践中，周恩来直接培育了"听党指挥、坚定信念、敢为人先、百折不挠、为民奋斗"的"八一精神"。起义部队到达汕头之后，周恩来在数万人的群众集会上发表讲演，号召人民群众起来革命，争取自身的解放。

周恩来是红岩精神的直接培育和践行者。红岩精神是抗日战争和解放战争时期，在风雨如晦的国统区重庆，以周恩来为代表的中国共产党人和革命志士，把马克思主义普遍真理与党在国统区斗争的实际相结合，创造性地开展党的工作，所形成的崇高精神风范。1943年春，在国统区重庆，周恩来相继写下《我的修养要则》与《怎

---

① 中共中央献研究室. 毛泽东文集 第7卷[M]. 北京：人民出版社，1999：284-286.

样做一个好的领导者》报告提纲,集中体现了红岩精神的价值理念。他倡导:"要有确定的马列主义的世界观和革命的人生观,要有坚持原则精神,要相信群众力量,要有学习精神,要有坚韧的奋斗精神,要有高度的纪律性。"[①]为帮助大家更好地坚定信念、确立正确的世界观、人生观和价值观,他带领大家勤奋学习,创造了"三勤"(勤学、勤业、勤交友)、"三化"(社会化、职业化、合法化)的斗争形式。他教育大家不仅要学习马列主义理论,坚定立场,还要学习技术与提高能力,增强斗争的本领。

面对国统区复杂险恶的斗争环境,他特别注重信念教育、气节教育、纪律教育。皖南事变后,党在国统区的组织和人员随时可能遭到顽固派的突然袭击。出于安全考虑,中央多次致电周恩来,要求他们撤回延安。为了坚守革命阵地,周恩来电告中央,坚定地表示要战斗到最后一刻,"保证无论在任何恶劣的情况之下,我们仍以不屈不挠的精神,坚守我们岗位,为党的任务奋斗到最后一口气。""我们一切都准备好了,即他捕杀讨扣,毫无所惧。"充分展现了一个共产党人崇高的思想境界、坚定的理想信念、巨大的人格力量和浩然正气。

3. 邓小平关于革命精神的论述

中国共产党人的精神品格,是党所信奉的世界观、人生观、价值观和道德观的外化,是共产主义远大理想、中国特色社会主义坚定信念,是共产党人的品质、学识、素养、能力、人格魅力等在精神风貌上的集中展示。邓小平作为党第二代领导集体的核心,以极大的政治勇气和深厚的理论功底,进一步丰富发展了中国共产党的革命精神。

---

① 周恩来. 周恩来选集 上[M]. 北京:人民出版社,1980:128.

(1) 理想和信念是革命精神的精髓

邓小平指出:"没有革命精神,就没有革命行动。"1980年,邓小平在中央工作会议上强调:"要教育全党同志发扬大公无私、服从大局、艰苦奋斗、廉洁奉公的精神,坚持共产主义思想和共产主义道德。"革命精神"无论过去、现在和将来,这都是我们的真正优势"。

邓小平认为,理想和信念是革命精神的灵魂与核心。"我们过去几十年艰苦奋斗,就是靠用坚定的信念把人民团结起来,为人民自己的利益而奋斗。没有这样的信念,就没有凝聚力。没有这样的信念,就没有一切。"①可见,在邓小平看来,没有共产主义理想信念,中国革命就不可能成功。

(2) 革命精神是实现民族复兴的精神支柱

中国共产党领导的新民主主义革命、社会主义革命和建设,这是党为实现救国、兴国和强国而接续奋斗的历史过程,二者共同构成了中华民族伟大复兴事业的上下篇。要完成这样一项长期艰巨而又富有开创性的伟大事业,必须培育全民族统一的精神支柱,而这一支柱的灵魂就是中国共产党的革命精神。邓小平将战争年代中国共产党人的革命精神高度凝练为五种精神。这就是:"从分析实际出发,发扬革命和拼命精神,严守纪律和自我牺牲精神,大公无私和先人后己精神,压倒一切敌人、压倒一切困难的精神,坚持革命乐观主义、排除万难去争取胜利的精神……搞社会主义建设,实现四个现代化,同样要在党中央的正确领导下,大力发扬这些精神。如果一个共产党员没有这些精神,就决不能算是一个合格的共产党员。不但如此,我们还要大声疾呼和以身作则地把这些精神推广到

---

① 邓小平. 邓小平文选 第3卷[M]. 北京:人民出版社,1993:190.

全体人民、全体青少年中间去，使之成为中华人民共和国精神文明的主要支柱。"①他特别强调，要保持艰苦奋斗精神，艰苦奋斗是我们的传统，国家越发展，越要抓艰苦创业。提倡艰苦创业精神，也有助于克服腐败现象。

4. 江泽民关于革命精神的论述

伟大的事业需要伟大的精神，伟大的精神推动伟大事业的发展。江泽民从历史与现实、理论与实践相结合的层面，对我们党在长期奋斗实践中形成的一系列革命精神进行了深刻阐释。

(1) 弘扬不懈奋斗的精神，筑起民族的精神支柱

他提出，要以不懈奋斗的精神，筑起精神支柱。这种不懈奋斗精神，具体表现为：解放思想、实事求是的精神；紧跟时代、勇于创新的精神；知难而进、一往无前的精神；艰苦奋斗、务求实效的精神；淡泊名利、无私奉献的精神。要始终保持这样昂扬向上的精神状态，"要使全体人民始终保持共同理想信念和强大精神支柱，必须进行长期不懈的努力。"②

(2) 坚定理想信念，铸就精神支柱

精神力量是国家综合国力的重要组成部分，民族精神是一个民族赖以生存和发展的精神支撑。没有振奋的精神和高尚的品格，就不可能自立于世界民族之林。江泽民指出：一个民族、一个国家，如果没有自己的精神支柱，就等于没有灵魂，就会失去凝聚力和生命力。他强调："要继续发扬那么一股劲、那么一股革命热情、那么一种拼命精神，自力更生，艰苦奋斗。"③坚定理想信念，坚定不

---

① 邓小平. 邓小平文选 第 2 卷[M]. 北京：人民出版社，1993：367-368.
② 江泽民. 江泽民文选 第 3 卷[M]. 北京：人民出版社，2006：197.
③ 江泽民. 江泽民文选 第 2 卷[M]. 北京：人民出版社，2006：232.

移地走建设中国特色社会主义道路，全心全意为人民服务。

5. 胡锦涛关于革命精神的论述

在党的十七大报告中，胡锦涛提出，用中国特色社会主义共同理想凝聚力量，用以爱国主义为核心的民族精神和以改革创新为核心的时代精神鼓舞斗志，巩固全党全国各族人民团结奋斗的共同思想基础。这是在党的最高代表大会上，第一次指出要发挥"时代精神"的伟大作用。在中共中央政治局第四十二次集体学习时，胡锦涛强调："弘扬崇高革命精神和优良革命传统，就是要始终坚持崇高理想、坚定信念，始终坚持解放思想、实事求是，始终坚持依靠人民、服务人民，始终坚持艰苦奋斗、自觉奉献。我们要坚持用中国特色社会主义共同理想激励广大党员、干部和人民群众，不断巩固和发展全党全国各族人民团结奋斗的共同思想基础，不断增强建设中国特色社会主义的自信心和自豪感，毫不动摇地走中国特色社会主义道路。"①他强调，艰苦奋斗、自觉奉献，是我们党克服各种艰难困苦的重要保证，也是我们党团结带领人民不断开创事业新局面的重要保证。我们要大力发扬戒骄戒躁、艰苦奋斗的光荣传统，大力发扬一心为公、自觉奉献的优良作风。在任何时候、任何情况下，都自觉而坚定地发扬优良传统，"永远保持革命战争时期的那么一股劲、那么一股革命热情、那么一种拼命精神，确保优良传统代代传下去。"

6. 习近平关于革命精神的论述

习近平高度重视从党的历史中汲取前进的智慧和力量，他提出：要大力弘扬中国共产党的革命精神，"让红色基因代代相传"，

---

①弘扬崇高革命精神和优良革命传统 沿着中国特色社会主义道路奋勇前进[N]. 人民日报，2007-07-28(01).

深刻回答了当代中国为什么要弘扬革命精神、如何弘扬革命精神等重大问题。这对于深刻认识革命精神的时代价值，实现中华民族伟大复兴的中国梦，具有重要意义。

(1) 革命精神是宝贵的精神财富、力量源泉和精神动力

习近平总书记高度重视中国共产党革命精神资源的建设和价值。2008年，时任国家副主席的习近平考察井冈山、延安、西柏坡等革命老区时，就指出，"无数革命先烈用鲜血和生命换来的江山为我们创造美好生活奠定了坚实基础，他们留下的优良传统是永远激励我们前进的宝贵财富，任何时候都不能丢掉。"①他强调，这些精神是中国共产党人政治本色和精神特质的集中体现，展现了共产党人为主义和信仰而奋斗的高尚品格，是我们党战胜一切困难、走向胜利的力量源泉。

2017年10月31日，党的十九大刚刚闭幕，习近平总书记就率领全体中央政治局常委瞻仰上海中共一大会址和浙江嘉兴南湖红船，回顾建党历史，重温入党誓词，再次强调了"红船精神"的内涵，即"开天辟地、敢为人先的首创精神，坚定理想、百折不挠的奋斗精神，立党为公、忠诚为民的奉献精神"，要求结合时代特点大力弘扬"红船精神"。他强调："只有不忘初心、牢记使命、永远奋斗，才能让中国共产党永远年轻。"②宣示了新一届党中央领导集体坚定政治信念、不忘初心前行的定力与决心。

2017年7月，习近平在参观"铭记光辉历史 开创强军伟业"主题展览时，他强调指出："坚定理想信念、优良革命传统、顽强战

---

① 习近平在江西调研考察时强调 坚持改革创新推动农村发展 弘扬优良传统加强党的建设[N].人民日报,2008-10-16(01).
② 习近平在瞻仰中共一大会址时强调：铭记党的奋斗历程时刻不忘初心 担当党的崇高使命矢志永远奋斗[N].人民日报,2017-11-01(01).

斗作风，是我们宝贵的精神财富。我们要铭记光辉历史、传承红色基因，在新的起点上把革命先辈开创的伟大事业不断推向前进①。

(2) 党史国史是弘扬革命精神的最好教科书

习近平高度重视中国革命历史的资政育人作用，对革命历史传统的教育意义做出了深刻的阐述。他多次强调：学习党史、国史，是坚持和发展中国特色社会主义、把党和国家各项事业继续推向前进的"必修课"；历史是最好的"教科书"。对我们共产党人来说，中国革命历史是最好的"营养剂"。他要求广大党员尤其是领导干部，要有远大的理想，崇高的信仰，坚持全心全意为人民服务的根本宗旨，能够为理想而奋不顾身去拼搏奋斗，贡献自己的全部力量。

习近平关于中国共产党革命精神的理论阐述和具体实践，对于唤起人们对革命历史的记忆和珍视，增强中华儿女的民族自豪感，弘扬革命传统，汇聚民族复兴的强大精神力量，具有重要指导意义。中国共产党高度重视革命精神的传承与发扬，强调理想信念是精神之钙、精神之魂。要赓续红色基因，传承红色精神，让红色传统代代薪火相传，让革命精神照亮我们前行之路。革命导师和中国共产党关于革命精神的论述，是"两路"精神形成的理论渊源。

第二节 思想渊源

川藏公路和青藏公路的修筑，是中国共产党领导人民在实现新民主主义革命初步胜利之后，为了祖国边疆稳定，为了藏族群众的解放与发展，为了民族团结和国家统一而完成的又一伟大壮举。在

---

① 铭记光辉历史 传承红色基因 为把人民军队建设成为世界一流军队而不懈奋斗[N].人民日报，2017-07-22(01).

"两路"修筑与维护过程中,共产党人、解放军官兵和各族群众展现了"一不怕苦、二不怕死,顽强拼搏、甘当路石,军民一家、民族团结"的精神品质。中国共产党的革命精神和人民军队的光荣传统,是"两路"精神形成的思想渊源。

一、中国共产党的初心和使命

"两路"精神始终贯穿一条红线:中国共产党为中国人民谋幸福、为中华民族谋复兴的初心、使命、根本宗旨与群众路线,体现了马克思主义历史唯物主义的精髓,是马克思主义政党性质的根本体现。马克思、恩格斯在《共产党宣言》中指出:"无产阶级的运动是绝大多数人的运动,为绝大多数人谋利益的独立的运动。"作为马克思主义政党,中国共产党自成立以来,始终坚持为绝大多数人谋利益。《中国共产党章程》中将群众路线视为党在一切工作中的基本路线,"一切为了群众,一切依靠群众,从群众中来,到群众中去,把党的正确主张变为群众的自觉行动。"可见,全心全意为人民服务是党的唯一宗旨,人民群众是党事业的根基和最重要的力量源泉。我们党始终坚持全心全意为人民服务的根本宗旨,始终践行群众路线,不断为人民群众谋幸福谋利益。

习近平总书记在庆祝中国共产党成立95周年大会讲话中,要求全党做到不忘初心、继续前进。在党的十九大报告中,他再次强调:中国共产党人的初心和使命,就是为中国人民谋幸福,为中华民族谋复兴。党的十九大报告中强调要坚持以人民为中心,"人民是历史的创造者,是决定党和国家前途命运的根本力量。必须坚持人民主体地位,坚持立党为公、执政为民,践行全心全意为人民服务的根本宗旨，把党的群众路线贯彻到治国理政全部活动之中，把人民对美好生活的向往作为奋斗目标，依靠人民创造历史伟业。"

1959年西藏民主改革前，旧西藏的社会结构是明显的封建农奴制形态，政教合一、贵族和上层僧侣专政。占总人口不足5%的三大领主占据了西藏的99.7%耕地、绝大部分的草原、山林和绝大部分牲畜，残酷地剥削广大农奴。旧西藏最重要的法典《十三法典》和《十六法典》，推行了300多年，直到1959年民主改革时才得以废除。其中明确区分了人的高低贵贱，将人分为上、中、下三种等级，其中上等又分为上上、上中、上下三等；中等分为中上、中中和中下三等；下等又分为下上、下中、下下三等。上上是至高无上的，命价无法偿还；下下如流浪汉、铁匠、屠夫等，命价仅值草绳一根。为了进一步巩固这种法典的不可动摇性，统治阶级制定了各种惨无人道的刑罚，从中可以看出封建农奴主统治的残酷与冷漠①。在日常生活中，统治阶级对广大农奴的压迫也十分残酷，领主可以任意打骂、出卖、赠送、交换、监禁农奴，分属两家领主的男女农奴想要结婚时，必须经两家领主批准才能结合。1940年，国民政府特派代表吴忠信赴西藏考察后，认为当地"民生困苦"："西藏当局压迫剥削更无所不用其极，使藏民生活堕入人间地狱，其苦乃不可言，西藏当局视人民直如奴隶牛马，随意役使，随意蹂躏，不稍怜惜。政府征用人民及其牛马，照例不付代价，即伙食马干亦须由人民自备，而差徭纷繁几无宁日，人民受扰之剧可以想见。政府复可一纸命令无代价地征收人民之财产，或将此种财产赏给寺庙或者贵族中之有功者，总之，在西藏境内，人民已失去其生存与自由之保

---

① 白玛措. 民主改革与西藏历史巨变[J]. 西藏研究, 2018(03): 9-16.

障，其生活之痛苦实非言语所可形容也。"①但国民政府对此无能为力。

为了解放西藏人民，使旧西藏摆脱政治、经济落后状况，毛泽东等新中国第一代领导人不畏艰险，在各方面条件都极其困难的情况下，毅然决然做出修筑川藏（康藏）、青藏公路，打通入藏道路，解放西藏的战略决策。1959年的民主改革，开创了西藏历史发展的新纪元，彻底废除了旧西藏黑暗的封建农奴制，打破了森严的等级制度，解除了残酷的剥削压迫，特权阶层不再凌驾于人民之上，百万农奴获得了真正的人身自由和经济自由。中国共产党领导的西藏和平解放、民主改革、民族区域自治制度和社会主义改造，实现了西藏社会制度的历史性跨越。而民族区域自治制度的实行，则保障了西藏各族人民当家作主、平等参与管理国家事务的权利，西藏人民在历史上首次成为管理西藏地方社会事务、主宰自己命运的主人，成为西藏社会物质财富、精神财富的创造者和享有者。捷克斯洛伐克《新报》专栏作家卡雷尔·克鲁茨说："真正使西藏告别中世纪式残酷生产关系，并且使西藏大多数民众摆脱没有自由的农奴身份的，是上世纪50年代和平解放西藏的中国共产党。"②

而川藏、青藏公路建成通车，打通进藏的生命线，是20世纪中叶西藏能够实现历史性跨越的前提和基础。对新生的中华人民共和国而言，在立足未稳、强敌环伺、国内外各种敌对势力虎视眈眈的情况下，却始终将国家统一和西藏人民的福祉放在第一位，在各项

---

①中国第二历史档案馆，中国藏学研究中心. 黄慕松、吴忠信、赵守钰、戴传贤奉使办理藏事报告书[M]. 北京：中国藏学出版社，1993：159.
②转引自袁祥，邢宇皓. 历史的跨越：献给西藏民主改革50周年[M]. 北京：光明日报出版社，2009：222.

资金技术极为匮乏的条件下，投入了大量的人力、财力、物力修筑入藏公路。回首历史，不论是修筑"两路"的战略决策，还是筑路的艰苦历程，无不昭示着中国共产党全心全意为人民服务，不忘初心、牢记使命的光辉印迹。

二、中国共产党红色精神谱系

红色精神是指在中国共产党领导下，在实现民族解放、人民幸福以及国家强大的历史征程中，所创造与积累的历史财富与文化资源的总和，是中国共产党在革命、建设和改革过程中，形成和发展的一系列宝贵精神财富。红色精神维系着中国共产党的根和魂，承载着中国共产党的革命史、建设史、奋斗史、英雄史。如革命战争时期的红船精神、井冈山精神、长征精神、延安精神、西柏坡精神等；社会主义建设时期的大庆精神、铁人精神、"两弹一星"精神、红旗渠精神、雷锋精神、焦裕禄精神等；改革开放时期形成的小岗村精神、改革开放精神、载人航天精神、抗洪抢险精神、抗击"非典"精神、抗震救灾精神、工匠精神等。此外，中国共产党的红色精神谱系，也被形象地称为中国共产党的红色基因，与生物学意义上的基因概念的作用一样，是控制生物性状、决定生命健康的内在因素。红色基因是中国共产党区别于其他政党的鲜明标识，是在长期的中国革命和建设实践中不断形成的独特品质，体现了马克思主义理论的科学品格，蕴含着中华民族优秀的传统文化，突显了中国共产党的性质宗旨、理想信念、精神品质、光荣传统、优良作风等内容，是推动中国共产党不断奋进的内在动力。

中国共产党带领中国人民开展新民主主义革命与社会主义革命

和建设，在不同的历史时期有着不同的任务与目标，形成的革命精神也各具特色，但却有着跨越时空的共同内涵——坚定信念、艰苦奋斗、实事求是、为人民服务等精神品质，伴随着党的革命、建设事业薪火相传、绵延不绝。

"伟大的革命实践产生伟大的革命精神。"在纪念红军长征胜利80周年大会上的讲话中，习近平总书记指出："人无精神则不立，国无精神则不强。精神是一个民族赖以长久生存的灵魂，唯有精神上达到一定的高度，这个民族才能在历史的洪流中屹立不倒、奋勇向前。"①红色精神是几代中国共产党人流血牺牲凝聚而成的宝贵精神财富，红色精神的传承与发展，激励我们党始终走在时代前列，引领航向，不断取得革命、建设和改革的一个又一个胜利。

红船精神。1921年7月，中国共产党第一次全国代表大会在上海秘密召开，因遭到阻挠，会议最后一天转移到浙江嘉兴南湖游船上召开，大会宣告了中国共产党的正式成立。这艘船见证了中国共产党成立这一开天辟地的大事变，被称为"红船"。早期中国共产党人这种"开天辟地、敢为人先的首创精神，坚定理想、百折不挠的奋斗精神，立党为公、忠诚为民的奉献精神"，就是习近平总书记概括的"红船精神"。红船精神是中国红色革命精神的源头，是中华民族精神与马克思主义革命精神相结合的产物。习近平总书记说："中国共产党载着红船的意愿，以立党为公、忠诚为民的奉献精神，努力维护好、实现好、发展好最广大人民的根本利益。"②红船精神

---

① 习近平. 在纪念红军长征胜利80周年大会上的讲话[N]. 人民日报，2016-10-22(02).
② 习近平. 弘扬"红船精神"走在时代前列[N]. 人民日报，2017-12-01(02).

的本质，即是为中国人民谋幸福、为中华民族谋复兴。

井冈山精神。1927年，毛泽东率领秋收起义部队来到井冈山，开辟了井冈山革命根据地，点燃了中国革命的星星之火，走上了"工农武装割据"的农村包围城市的革命道路，这是马克思主义与中国革命实践的第一次伟大结合。井冈山的斗争，不仅开辟了中国革命的新道路，而且铸就了光耀千秋的井冈山精神。井冈山精神有着丰富的内涵，集中体现为实事求是、敢闯新路的精神，矢志不移、百折不挠的精神，艰苦奋斗、勇于奉献的精神。实事求是、敢闯新路是井冈山精神的核心，坚定信念、矢志不移是井冈山精神的灵魂，依靠群众、艰苦奋斗是井冈山精神的基石。

长征精神。长征是一部惊心动魄的英雄史诗。1934年10月至1936年10月，历时2年，跨越万水千山、历经艰难险阻，中国工农红军完成了战略大转移。长征对于中国共产党、对于中国革命都有着极其重大的意义。毛泽东说："长征是历史纪录上的第一次，长征是宣言书，长征是宣传队，长征是播种机……长征宣告了帝国主义和蒋介石围追堵截的破产。长征又是宣传队。它向十一个省内大约两万万人民宣布，只有红军的道路，才是解放他们的道路……长征又是播种机。它散布了许多种子在十一个省内，发芽、长叶、开花、结果，将来是会有收获的。"①习近平总书记在纪念红军长征胜利80周年大会上的讲话中指出："伟大长征精神，就是把全国人民和中华民族的根本利益看得高于一切，坚定革命的理想和信念，坚信正义事业必然胜利的精神；就是为了救国救民，不怕任何艰难险阻，不惜付出一切牺牲的精神；就是坚持独立自主、实事求是，一切从实际出发的精神；就是顾全大局、严守纪律、紧密团结的精

---

①毛泽东. 毛泽东著作选读[M]. 北京：人民出版社，1986：65.

神；就是紧紧依靠人民群众，同人民群众生死相依、患难与共、艰苦奋斗的精神。"他提出："每一代人都有每一代人的长征路，每一代人都要走好自己的长征路。""长征永远在路上。"①

延安精神。 1935年中央红军到达陕北，直至1947年主动撤离延安，在长达13年的时间里，中国共产党以陕北为中心，领导了抗日战争的敌后抗战和解放战争的战略防御，为新民主主义革命的胜利奠定了重要基础。在这里，形成了中国共产党的延安精神，主要包括：为崇高理想而英勇奋斗的抗大精神，艰苦奋斗的南泥湾精神，实事求是的延安整风精神，全心全意为人民服务的张思德精神，毫不利己、专门利人的白求恩精神，坚韧不拔的愚公移山精神等。学界对延安精神的内涵进行了概括，崇高的革命理想是延安精神的灵魂；全心全意为人民服务是延安精神的核心；实事求是、理论联系实际是延安精神的基础，也是延安精神科学性的表现；独立自主、自力更生、艰苦奋斗是延安精神的特色；民主、团结是延安精神的生命；批评与自我批评是延安精神的支柱。延安精神体现了党始终坚持坚定正确的政治方向和崇高的理想信念，坚持为人民服务的宗旨，坚持实事求是的思想路线，坚持自力更生、艰苦奋斗的光荣传统。

西柏坡精神。 1948年5月，中共中央书记处转移到河北省平山县西柏坡村，这里是中共中央最后一个农村指挥所。1949年3月，中共七届二中全会在西柏坡召开，毛泽东在会上提出了"两个转移"的方针和"两个务必"的要求。西柏坡精神包括敢于斗争、敢于胜利的彻底革命精神，一切为了人民、一切依靠人民的民本

---

① 习近平. 在纪念红军长征胜利80周年大会上的讲话[N]. 人民日报，2016-10-22 (02).

精神，严守纪律、军民一致的团结精神，实事求是、立国兴邦的创业精神，谦虚谨慎、艰苦奋斗的自律精神，居安思危、永不懈怠的奋斗精神。

这些革命精神，由于不同的时代背景，有着各自鲜明的特点，但更有着共同的红色基因。红色精神继承、丰富和发展了中华民族精神，它以爱国主义为主线，构建了忠诚爱国的民族情怀；以勤劳勇敢为基石，培育了不畏艰险、不怕牺牲的英雄气概；以自强不息为动力，铸就了刚健有为的进取精神；以全心全意为人民服务为宗旨，体现了共产主义的核心观念。

总结来说，中国共产党红色精神主要包括以下六个方面的内涵。一是坚定理想信念。建党之初，中国共产党人就树立了对马克思主义的坚定信仰和为共产主义事业奋斗的崇高理想。正如邓小平所说，共产主义的理想是我们的精神支柱，多少人牺牲就是为了实现这个理想①。二是从实际出发。实事求是，是党根本的思想路线。中国共产党将马克思主义与中国实际相结合，探索了符合中国国情的革命和建设道路。井冈山精神就是实事求是精神最突出的体现。三是坚持群众路线。群众路线是党领导革命和建设成功的重要法宝之一。四是自强不息，为了国家民族利益奋发图强。爱国主义，是推动共产党人不懈努力前进的根本动力。五是坚持自力更生、艰苦奋斗。六是甘于奉献牺牲。

在艰难的革命环境之下，无数共产党员怀着坚定的信念，无惧敌人的子弹与刺刀，在严刑拷打之下依然对党忠诚。为了理想与信仰奉献青春，甚至牺牲生命，他们以巨大的牺牲换来革命的胜利。革命战争年代，仅大别山区就有200多万人民投身革命，近100万

---

① 邓小平. 邓小平文选 第三卷[M]. 北京：人民出版社，1993：137.

人为国捐躯。据民政部门公布的数据显示：至全国解放时，牺牲的共产党员有名可查的烈士有370万余名①。中国共产党人传承红色基因，始终坚持和发扬勇于牺牲、甘于奉献的精神，为人民的幸福、为祖国的繁荣昌盛而不懈奋斗。

中国共产党丰厚的革命精神文化，是"两路"精神形成的重要思想渊源。"两路"精神与中国共产党所有红色精神一样，都源于中华民族优秀传统文化，都是中国共产党在长期的斗争实践中积淀而来的精神力量，都蕴含着坚定理想信念、艰苦奋斗、无畏流血牺牲、爱国主义等精神内涵。

"两路"精神就是对中国共产党革命战争时期的红色精神的传承与发扬，与战争年代的红船精神、井冈山精神、长征精神、延安精神、红岩精神、西柏坡精神等革命精神一脉相承。"两路"精神所体现出的攻坚克难、奋勇牺牲、无私奉献、民族团结等精神，成为中国共产党社会主义建设时期红色精神的重要源头和起点，不仅为建设交通强国注入强大的精神动力，也是中华民族的宝贵精神财富。在建设社会主义现代化强国和实现中华民族伟大复兴的新时代，"两路"精神以其强大的精神感召力，推动和激励每一个中国人奋力前行。

三、党的优良传统作风

党的优良传统作风是中国共产党在长期的斗争实践中自觉培植起来的，集中反映着党的整体风貌。1945年在中共七大上，毛泽东指出，中国共产党区别于其他任何政党的显著标志之一是"三大作

---

① 梅黎明：中国共产党精神概说[M]. 北京：中国发展出版社，2014：180.

风",即理论与实践相结合的作风、和人民群众紧密联系在一起的作风、自我批评的作风。

正是凭借对优良传统作风的坚持,中国共产党才得以领导新民主主义革命取得胜利。在川藏、青藏公路的修筑和维护过程中,广大军民也是在这样优良传统作风的指导下,创造出这样的旷世奇迹。

(一)理论与实践相结合

理论与实践相结合是一切从客观实际出发,强调马克思主义理论与中国实际的结合,也就是实现马克思主义的中国化。1927年大革命失败,面对一系列以城市为中心的起义失败,以毛泽东为代表的共产党人,创造性地开辟了农村包围城市的革命道路,开始了将马克思主义与中国实际相结合的实践。1930年,毛泽东同志撰写《反对本本主义》,明确提出"马克思主义的'本本'是要学的,但是必须同我国的实际情况相结合",强调中国革命必须与中国实际相结合,共产党人必须了解中国的国情。在1938年召开的中共六届六中全会上,毛泽东正式提出"使马克思主义在中国具体化"的科学命题。一切从实际出发,理论与实践相结合,是中国革命和建设走向成功的一大法宝。

川藏、青藏公路的修建同样离不开理论与实践相结合。领导修建青藏公路的慕生忠将军,就是在工作中理论与实践相结合的杰出代表。他的部下齐天然曾修筑过从敦煌到格尔木的公路,途中被中国最大的盐湖察尔汗盐湖所阻挡。当地牧民告诉他们,自古以来就没听说过有人能从盐湖上走过去。但齐天然还是竭尽全力带领筑路队伍,一边在厚厚的盐盖上修整道路,一边把挖出来的盐水浇到平整好的路面上，等盐水干了就试着把车开过去。就这样，他们在盐湖上开出了一条平整坚硬、长30多公里的路面，人称"万丈盐桥"。后来，有人质疑盐桥算不上公路，不能长久利用，理由是教科书上规定，修筑公路时土壤的含盐量超过7%，就要考虑改线。慕生忠听后，对他们说："你说7%不行，那17%行不行？70%行不行呢？100%行不行呢？你都没有试过，怎么就能断定说这盐桥不算路呢？量多了可以引起质变，盐不够的地方拿盐来解决。科学不是静止的，科学是在不断前进的啊。"①

青藏公路的破土动工，也与慕生忠将军的实事求是、理论联系实际的精神有关。川藏公路1950年就已开工，而青藏公路格尔木至拉萨段则迟至1954才开始修筑。之前，一直认为青藏公路海拔太高，不具备施工可能。但慕生忠亲自考察后认为，在青藏线修路，表面上看是位于高寒、高海拔的"生命禁区"，但是地势平缓，终年干燥少雨，公路的修筑和养护都比康藏线有利得多。他的建议最终被中央认可，也在实践当中得到证实。青藏公路建成后长期承担着入藏物资运输量的70%以上。就是凭借对党的优良作风的继承和发扬，曾经的亘古荒原、"生命禁区"，披上了人间春色，成为支撑起西藏快速发展的强健有力的臂膀。

（二）和人民群众紧密联系在一起

和人民群众紧密联系在一起是指一切从人民群众的利益出发，重视人民群众的力量，从群众中来，到群众中去，一切为了群众，一切依靠群众。1934年，毛泽东在《关心群众生活，注意工作方法》

---

① 辛元戎，李文宁，王生霞. 慕生忠将军——修筑青藏公路背后的哲学故事[N]. 中国纪检监察报，2018-11-02(08).

中明确指出，不依靠群众，不关心群众生活，是什么任务也不能完成的。抗日战争中，中国共产党开辟敌后战场，领导人民进行敌后抗战，在抗日战争中发挥了中流砥柱的作用。解放战争中，中国共产党更得到广大人民群众的支持，民众踊跃参军参战，送衣送粮支援解放军。淮海战役中，支前民众达到五百多万人。陈毅元帅感叹道："淮海战役是老百姓用小车推出来的！"正因为中国共产党始终坚持群众路线，为中国人民谋利益，为中华民族求解放、谋复兴，才赢得人民群众的衷心拥护和支持，凝聚了广大民心和民力，这是中国共产党领导革命取得胜利的根本力量所在。正如毛泽东所说："真正的铜墙铁壁是什么？是群众，是千百万真心实意地拥护革命的群众。这是真正的铜墙铁壁，什么力量也打不破的，完全打不破的。"①

"两路"的修建，再一次印证了和人民群众密切联系在一起这一颠扑不破的真理。中华民国时期，由于政府无力直接有效管理西藏，再加上英帝国主义侵扰西藏，制造事端，西藏与中央的关系渐趋疏离，从1912年到1938年，西藏地方武装曾先后三次在川康边界与内地军队产生武装冲突，并在英国人的一手策划下，于1912年和1949年两次发生"驱汉"事件。在这种情况下，新生的人民政权要得到西藏人民的支持和拥护并不容易，必须有切实代表西藏人民利益的纲领政策和政治实践。

中央政府自1951年西藏和平解放后，为了改变西藏落后的政治、经济制度，一方面安排西藏僧俗代表人物前往内地参加各种政治和考察活动，推动西藏社会内部改革意识的觉醒，让他们感受到社会主义制度的先进性、优越性，认识到西藏必须现代化以及实现

---

①毛泽东. 毛泽东选集 第一卷[M]. 北京：人民出版社，1991：139.

现代化的制度途径；另一方面又修建川藏、青藏公路，大力援助西藏经济发展，让西藏普通民众深刻感受到国家统一对西藏发展的积极作用和内地人民对西藏肝胆相照的兄弟情谊。

"两路"修建的过程，就是密切联系群众的过程，十八军筑路将士是中国共产党的民族政策和群众路线的模范传播者与执行者。解放军的爱民、护民的作风，彻底转变了西藏人民对入藏军队的传统印象，他们将解放军称为"金珠玛米"（藏语"解放军"，原意为打开锁链的兵）。自1953年起，川藏公路都到拉萨段分东西"两路"同时施工，东段由昌都向西修，西段由拉萨向东修。大量的藏族群众积极投身修路大业，就是中国共产党坚持不懈地实行群众路线的重要成果。

（三）批评和自我批评

批评和自我批评是共产党人对待自己和他人的态度，是解决党内矛盾、保持党的先进性与纯洁性、保证党的战斗力的有效方法。"两路"修建过程中，筑路大军严格执行纪律，时刻自我审视，通过不断批评与自我批评纠正错误，获得了沿途藏族群众的衷心爱戴与热烈拥护，为道路修筑和西藏民主改革奠定了坚实的群众基础。十八军老战士徐明亮回忆："记得在一个县境内雇了马，值班的战士晚上没看好马，马跑了，3天都没有找回来。最后战士就将这种情况反映到指导员那儿，指导员当时就决定要给农民赔偿。我们的纪律很严格，损害了老百姓的财物，就要赔偿而且要去道歉。指导员亲自带着几个人和银元，折返回去，找到马的主人，向他说明情况并要支付赔款，而那匹丢失的马已经跑回了主人的家里。面对这种情况，老百姓很是感动，马的主人甚为惊讶。连队里指导员去了老百姓家里，对西藏人民来说，就相当于当官的在给老百姓道歉，这在以前是不可能的。因为马回到家了，解放军也道歉了，马的主人就没让赔钱。通过这件事，老百姓就用藏语说，解放军万岁。"①

"两路"精神是在中国共产党领导下，在社会主义建设初期的"两路"筑路实践中形成的精神财富。"两路"精神是马克思主义、中国共产党的路线、方针、政策与西藏的革命、建设实践相结合的产物，是党的宗旨在西藏工作中的具体体现，是对党的光荣传统的继承和发展。"两路"精神体现了中国共产党的理论与实践相结合、和人民群众紧密联系在一起、自我批评、艰苦奋斗、纪律严明等优良传统作风，在解放西藏、建设西藏、发展西藏交通实践中，体现了共产党人的世界观、人生观和价值观。

四、人民军队的光荣传统

人民军队的光荣传统和优良作风，是一代代官兵在战火的洗礼和自身建设过程中，用鲜血和生命、忠诚和坚守铸就的宝贵精神财富，体现着中国共产党对人民军队建设规律的深刻洞察与智慧结晶，反映着人民军队的性质、宗旨和本色特征。人民军队的光荣传统和优良作风，其底蕴深厚，内涵丰富。其中，对党忠诚的坚定信仰是其"活的灵魂"，敢打善战的英雄气概是其鲜明体现，纪律严明的铁律意识是其显著标志，勇于担当的意志品格是其根本价值取向，锐意进取的开拓精神是其重要内涵。人民军队的光荣传统，是人民军队能够由小到大、由弱到强，逐步发展壮大，披荆斩棘无往

---

① 孔夏.【风雪征程忆当年】十八军进藏"铁"一般的纪律[EB/OL].(2019-04-23)[2019-06-18].http://www.tibet.cn/cn/index/rediscovery/201904/t20190424_6562291.html.

不胜的重要法宝。

第一,人民军队的光荣传统的核心,是坚持党对军队的绝对领导,这是人民军队建设发展的根本原则。习近平总书记指出:"坚决听党指挥是强军之魂,必须毫不动摇坚持党对军队的绝对领导,任何时候任何情况下都坚决听党的话、跟党走。"[1]1927年三湾改编之时,毛泽东开始将支部建在连上,确立了党指挥枪的原则。1929年古田会议又进一步从思想上、组织上加强了党对军队绝对领导的原则。听党指挥成为人民军队和广大官兵的共同认识。历史早已证明,正是在中国共产党的领导下,人民军队才得以发展和壮大,并最终赢得新民主主义革命的胜利。新中国成立后,为了粉碎敌对势力分裂西藏的图谋,党中央发出"一面进军、一面修路"的号召。人民解放军第十八军毅然开赴西藏,坚决贯彻执行党中央的命令,仅仅四年多时间,就修通了跨越"世界屋脊"的"金桥"——川藏公路和青藏公路。

第二,敢打必胜是人民军队的光荣传统,是人民军队无往不胜、压倒一切敌人的制胜法宝。在革命战争年代,无论是土地革命战争、抗日战争,还是解放战争,人民军队之所以能在敌我力量异常悬殊、物质条件极度匮乏的条件下,不屈不挠、浴血奋战,宁可前进一步死、绝不后退半步生,就是因为用鲜血和生命铸就的光荣传统已经深深地融入每一个官兵的血液和骨髓之中。在社会主义革命和建设时期,广大官兵继续发扬压倒一切困难的光荣传统,奔赴工程建设第一线,在冰封雪裹的"世界屋脊"架桥修路,以"铁山也要劈两半,不通也要通"的英雄气概,逢山开路、遇水架桥,提前实现"两路"通车,创造了世界交通史上的奇迹。

---

[1]习近平. 弘扬"两路"精神 献身强军实践[N]. 人民日报,2014-12-14(05).

第三，以为人民服务为唯一宗旨。从建军之初，党就确立了人民军队的宗旨是为了解放广大劳动人民，是为了赢得民族独立和国家富强。中国人民解放军是人民的军队，全心全意地为中国人民服务，就是这个军队唯一的宗旨。川藏、青藏公路修筑期间，全体官兵为了各族人民的解放和发展，奉献牺牲，顽强拼搏，甘当路石。战士们与筑路民工携手奋战，团结协作，战胜一切艰难险阻。

第四，作风优良。首先，纪律严明。一支优良的军队必然有着严格的纪律。从井冈山到延安，从延安到北京，人民军队一直保持高度纪律性。在长期的革命战争中，人民军队形成了"三大纪律八项注意"，不拿群众一针一线，成为保障人民军队战斗力的重要法宝。其次，团结奋进。战争是集体行为，再优秀的战士也不可能在战场上单打独斗。一支优秀的军队，必然富有凝聚力和团结精神。再次，艰苦奋斗。创建人民军队以来，革命形势严峻，斗争环境险恶，人民军队正是发扬艰苦奋斗的精神，才能逐步发展壮大，取得革命的胜利。

当年第十八军进军西藏，所到之处，纪律严明，秋毫无犯，老百姓从来没见过这样好的军队。入藏部队纪律严明的良好作风，今天还广为流传。吃糌粑、喝酥油茶、烹饪"团结包子"，现在已经是四川省甘孜藏族自治州巴塘县当地百姓的日常生活习惯。巴塘"团结包子"是当地的一道特色小吃，与传统意义上的包子区别甚远，包子做得特别大，可供十多人食用，一个蒸笼才能装下。它的由来就是当年为了表达对"金珠玛米"的深情厚谊。巴塘县工委、县军事代表办事处，曾组织东藏民主青年同盟的盟员、小学生、人民群众、寺庙僧侣等数百人夹道欢迎解放军，并按照巴塘人爱吃蒸肉和用蒸肉包子来宴请尊贵客人的习俗，特制了巨大的包子，为第十八军将士接风洗尘。为了表达军民团结和各民族大团结的情意，当地百姓还把这种大包子称为"团结包子"。当年第十八军经过巴塘时，正值端午节前后。此后，每年端午节，巴塘城区家家户户都要吃"团结包子"，以纪念第十八军进藏，也寓意全家团团圆圆、和睦美满。从此，巴塘的"团结包子"不仅成了特色名小吃，还成了家家户户逢年过节、宴请宾客的美味佳肴。

承袭人民军队的优良传统，在川藏、青藏公路的建设和保通过程中，一代代部队官兵坚持不懈，在西藏地区扶贫帮困、捐资助学、送医巡诊，把党的温暖传递到了藏区每一寸土地上。在高原极端恶劣的自然条件下，在建设、养护、抢险任务面前，将士们怀着对党的无限忠诚和对人民群众的无限热爱，把汗水、青春、热血甚至宝贵的生命洒在了雪域边疆，用实际行动践行着人民军队的光荣传统。为维护西藏稳定、推动西藏地区经济社会发展、改善西藏地区的民生、促进民族团结等做出了重要贡献。通过进藏部队的努力和实际行动，藏族群众明白了只有中国共产党才是真心实意为人民服务的政党，从而感党恩、听党话、跟党走。通过修筑"两路"，筑路部队与藏族民工建立起了"鱼水深情"，加强了军民之间、汉藏民族之间的感情和民族团结。

第三节 文化起源

著名历史学家钱穆先生指出："无文化便无历史，无历史便无民族，无民族便无力量，无力量便无存在。所谓民族争存，底里便是一种文化争存。所谓民族力量，底里便是一种文化力量。"文化是一种精神价值和生活方式。它通过积累和引导，对群体产生影响，塑造集体人格，文化中积极、优秀的部分逐渐积淀成为民族精神，凝聚成了民族的灵魂。中华民族之所以能够历经坎坷几千年，自立自强于世界民族之林，同中华民族的民族精神有着密不可分的关系。在艰难中奋发、在困苦中高歌、在曲折中勇进，这种优秀素质品格，就是中华民族精神，就是中华民族之魂。

民族精神除了有传统性之外，还具有与之相对应的时代性。任何民族精神都存在于特定的时空条件下，与一定时代的政治、经济、文化紧密相连，也与时代精神密切相关，都具有深刻的时代烙印。例如，中华民族精神中的爱国主义，在不同时代就有不同的表现形式。旧时代的爱国主义常常表现为改革弊政的忘我牺牲精神、抵抗外来侵略的英勇献身精神，新时代亦即社会主义时代的爱国主义则表现为振兴中华、建设社会主义现代化强国的团结奋斗精神。这不同的表现形式，就是民族精神具有时代性的例证。

"两路"精神即是对中华民族民族精神的继承，又是中华民族民族精神在新时代的发展，使中华民族的民族精神在新的时代具有了更为丰富的内涵和崭新的时代特征。

图 3-1　川藏、青藏公路纪念碑

位于拉萨的川藏、青藏公路纪念碑（图 3-1）碑文这样写道：建国之初，为实现祖国统一大业，增进民族团结，建设西南边疆，中央授命解放西藏，修筑川藏、青藏公路。川藏公路东自成都，始建于 1950 年 4 月；青藏公路北起西宁，动工于 1950 年 6 月。"两路"全长 4360 余公里，1954 年 12 月 25 日同时通车拉萨。世界屋脊，地域辽阔，高寒缺氧，雪山阻隔。川藏、青藏"两路"，跨怒江，攀横断，渡通天，越昆仑，江河湍急，峰岳险峻。十一万藏汉军民筑路员工，含辛茹苦，餐风卧雪，齐心协力，征服重重天险。挖填土石3000多万立方，造桥400余座。五易寒暑，艰苦卓绝。三千志士英勇捐躯，一代业绩永垂青史。30年来，国家投以巨资，"两路"几经改建。青藏公路建成沥青路面。高原公路，亘古奇迹。四海闻名，五洲赞叹。巍巍高原，"两路"贯通。北京拉萨，紧密相连。兄弟情谊，亲密无间。全藏公路四通八达，经济文化繁盛，城乡面貌改观。藏汉同胞，歌舞翩跹，颂之为"彩虹"，誉之为"金桥"。新西藏前程似锦，各族人民携手向前。

寥寥数百字，阐明了修筑川藏、青藏公路的初衷、艰难过程和重大意义，体现了"两路"精神的文化渊源，即中华民族数千年优秀文化中凝结的民族精神。

一、历久弥新的爱国主义精神

爱国主义是基于对国家和民族的认同而形成的一种深厚情感，是对祖国山河的热爱，是对民族传统的继承，是对民族文化的热爱，是对民族同胞的热爱，是对国家未来的期待向往。正如列宁指出，爱国主义是由于千百年巩固起来的对自己祖国的一种最深厚的感情。人除了追求自我潜能的实现，解释自我存在的目的的个人情感需要外，还具有团体的情感需要，而且这是一种更高级的精神需求。团体情感通常体现为对祖国、对民族的认同和热切的爱，这就构成了爱国主义的基本前提。

爱国主义对一个民族起着重要的凝聚功能，保障着国家的完整与统一。比如，南宋著名诗人陆游脍炙人口的诗句"王师北定中原日，家祭无忘告乃翁"，他临终还念念不忘收复北方失地。但陆游生于宋徽宗宣和七年（1125 年），小时候北宋就已经灭亡，全家逃到南方。中国北部、西部早已失陷。他的诗句"僵卧孤村不自哀，尚思为国戍轮台""更呼斗酒作长歌，要遣天山健儿唱""雪上急追奔马迹，官军夜半入辽阳""此生谁料，心在天山，身老沧州"，诗里提到的天山、轮台、辽阳、沧州等，有的早在"安史之乱"时就已丢失，到陆游生活的时期，已经将近 400 年了。这些地方陆游从未去过，除了文字记载，对它们没有任何真实的感受和印象，但这并不影响陆游对统一的中国的认识和追求。同样，被抽调修筑川藏、青藏公路的筑路部队和工作人员，之前都从未去过西藏，西藏对他们而言，本来只是一个遥远的地理概念，但是基于祖国统一的需要，基于建设边疆的需要，基于帮助民族同胞的需要，他们义无反顾地踏上了征途。从平原来到高原，从中原来到边疆，在"躺着都是作贡献的青藏高原"负重行军、高强度施工、帮助西藏人民生产建设……一路上用激昂的斗志与辛劳、病痛、死亡相抗衡，川藏公路平均每修一公里，就要牺牲一位战士，如果没有强烈的爱国主义驱使，则是完全无法想象的。追求祖国统一的爱国主义精神，在历史与现实中交相辉映，共同推动着中国的发展。

　　爱国主义既是一种政治符号，起着凝聚中华民族的重要作用，又对国家发展起着重要的激励作用。一个民族在生存与发展的过程中，爱国主义是极为重要的精神支柱和发展动力，可以有效激励民族成员奋发向上，为民族团结与国家兴亡而努力。尤其是中国近现代史上，民族危机深重，国家贫困落后，爱国主义成为激励一代代中国人为国家崛起和民族振兴而奋发图强的最重要的精神动力，也曾成为一种生动的集体责任感。读史可知，中国历史上也曾有四分五裂之时，但终能混一华夏、融合南北；也曾有沦于异族外敌之手，而终能奋发有为、复兴国家；也曾有危急存亡之秋，然终能逢凶化吉、绝处逢生……毁家纾难之事史不绝书，舍身为国之士代不乏人。从"长太息以掩涕兮，哀民生之多艰"的屈原，到"先天下之忧而忧，后天下之乐而乐"的范仲淹；从"人生自古谁无死，留取丹心照汗青"的文天祥，到"苟利国家生死以，岂因祸福避趋之"的林则徐，中华民族在漫长历史发展进程中始终保持生机与活力，都是与深厚持久的爱国主义传统密不可分。爱国主义精神是中华民族精神的核心。

"两路"修建，适逢新中国百废待兴之时，正如毛泽东所说："现在我们能造什么？能造桌子椅子，能造茶碗茶壶，能种粮食，还能磨成面粉，还能造纸。但是，一辆汽车、一架飞机、一辆坦克、一辆拖拉机都不能造。"①中国人民百年以来期待的现代化中国，在当时似乎还是遥不可及，在这样的历史时刻，"两路"修筑者怀着对祖国建设的满腔热情，不惜付出代价和牺牲，要将自己的国家改造成一个雄踞于世界东方的自由、富强、先进的现代化国家。为了这个强国梦，他们心甘情愿地将青春、热血挥洒在雪域高原，将西藏当成自己的第二故乡，在这里无怨无悔地奉献终身。在这里，"两路"的修筑者、守护者既承袭了传统中国的爱国主义精神，又在其中注入了新的时代特质，使爱国主义迸发出时代的光辉。

---

① 毛泽东. 毛泽东著作选读 下册[M]. 北京：人民出版社，1986：712.

二、传之久远的自强不息精神

自强不息、艰苦奋斗体现了中华民族优秀传统文化的奋斗基因，是中华民族经久不衰的精神支柱。自强不息，源自《周易》。《周易·乾·象传》中称："天行健，君子以自强不息。"要求人们时刻保持积极进取、奋发有为的人生态度。几千年来，自强不息始终是中华民族传承沿袭的重要民族精神，成为中华民族五千年来经久不衰的重要精神支柱。孔子说："不怨天，不尤人。""仁者先难而后获，可谓仁矣。""知其不可而为之。"《荀子·天论》曰："制天命而用之。"中华民族始终以行动践行这一精神，中国神话传说中的盘古开天地、女娲补天、夸父逐日、后羿射日、愚公移山、精卫填海等，都反映了我们的祖先与恶劣自然环境进行顽强拼搏的自强不息精神。

任何民族的发展，都不能缺少自强不息、拼搏进取的精神。在中华民族、中华文明历史长河中，自强不息、顽强拼搏精神发挥着重要作用。近代中国，国家民族危亡之际，一代代先进的中国人在困境中为民族独立与国家富强，进行了艰难的探索。洋务派以"自强"为口号，学习西方器物，发展近代工业，兴办近代教育，建立新式海陆军，增强国力，他们深知，"我能自强，则彼族尚不至妄生觊觎，否则后患不可思议也。"资产阶级维新派"取日新以图自强，去因循以厉天下"，效法日本变革维新，以求国家民族的新出路。康有为说："苟能自强不息，则积少成多，为士可至圣人；苟废于半涂，则前功尽废。""自强为天下健，志刚为大君之道。"近代以来，先进的中国人开始睁眼看世界，从学习技术到引进思想，步履维艰，曲折前行。中国共产党成立后，领导人民艰难探索，最终建立独立自主的新中国；带领各族人民自力更生，顽强奋斗，建设社会主义国家、坚持和发展中国特色社会主义，让中华民族实现从站起来、富起来到强起来的历史性飞跃，书写了波澜壮阔的中华民族自强不息的奋斗史，将中华民族自强不息的民族精神发展到新阶段。正如毛泽东说，我们中华民族有"在自力更生的基础上光复旧物的决心，有自立于世界民族之林的能力"。修筑川藏、青藏公路实践中孕育的"两路"精神，就是中国共产党在社会主义建设时期，将中华民族自强不息精神发展到新阶段的有力诠释。

川藏、青藏公路的建成，新中国的交通发展成就，就是一部自强不息、顽强拼搏的奋斗史。与以往时代不同，"两路"的修筑是为了实现新中国的社会主义建设目标。社会主义制度昭示着一种崭新的文明形态的诞生，追求公平、正义，实现人类的彻底解放，实现人的自由而全面的发展。中国共产党从建立之时，就为这个目标而奋斗。新中国的成立和新的社会制度的建立所带来的个体解放、主人翁地位的确立，极大地焕发出人们的建设热情。较之历史上曾有过的自强不息精神，"两路"建设者所迸发出来的主体意识、主动意识和创造精神更为耀眼夺目，他们以前所未有的主动参与到祖国的建设中来。

对于筑路大军来说，虽然新中国刚刚成立，一穷二白，但是未来可期，因为他们自己就是这个国家的主人。他们的使命就是不惜代价，尽最大的努力去建设好这个新的国家。川藏公路沿线多高山、激流、沼泽与翻浆，且多发泥石流、地震、雪崩等自然地质灾害；青藏公路高寒缺氧、气候瞬息万变、多年冻土；筑路大军还常常风餐露宿、食不果腹、爬冰卧雪。但是，寒冷、缺氧、物资匮乏、高原病、伤残、死亡等等，都没有吓倒他们。在这样的困境中，战士们站在青藏高原湍急的冰河边上畅想：在这里将修建像老大哥苏联的第聂伯河水力发电站式的堰堤；站在广袤的大草原上他们畅想：在这里将盖一座斯大林格勒拖拉机工厂式的工厂！这样的自强奋斗和主人翁意识，是之前任何时代都不曾有过。他们知道自己前进的每一步，都有助于新中国的建设，不论多么艰难，都要为祖国做出最大的努力。最终，他们完成了当时世界上最艰苦、最复杂、最具挑战性的筑路任务，创造了世界筑路史上的奇迹。

这是一部自强不息、顽强拼搏的筑路史。60多年来，一代代筑路官兵和养路工人，自强不息、甘当路石，以路为家、尽忠职守，牺牲青春、奉献生命，保证这两条进藏"天路"的畅通，他们是中华民族自强不息精神的光辉典范和时代先锋。

三、永不褪色的艰苦奋斗精神

艰苦奋斗是中华民族精神的重要组成部分。艰苦奋斗，是指在艰苦困难的环境之下，依靠自身力量顽强拼搏、积极进取的精神面貌，是为了实现目标而进行长期不懈的努力斗争。古代典籍中并未有艰苦奋斗这一四字组合，《诗经》称"其心孔艰"，《易经》说"雷出地奋"，《周易集解》解释说，"奋，动也"。

艰苦奋斗精神，包括物质层面的勤俭节约和精神层面的顽强拼搏。《左传》中说："俭，德之共也；侈，恶之大也。"勤俭节约是中华民族的传统美德，中国传统文化历来主张在物质方面要勤劳节俭，反对奢侈浪费；在精神层面要不畏艰难险阻，顽强拼搏，奋发图强。《孟子·告子下》："天将降大任于斯人也，必先苦其心志，劳其筋骨，饿其体肤，空乏其身，行拂乱其所为，所以动心忍性，曾益其所不能。"《荀子·劝学》说："故不积跬步，无以至千里；不积小流，无以成江海。骐骥一跃，不能十步；驽马十驾，功在不舍。锲而舍之，朽木不折；锲而不舍，金石可镂。"北宋理学家张载说："贫贱忧戚，庸玉汝于成也。"从中国古代"卧薪尝胆"到"悬梁刺股"的励志故事，再到近现代中华民族艰难的奋斗历程，充分体现了中华民族精神中的艰苦奋斗精神。

中国共产党成立以来，面对复杂艰难的国内、国际局势，一直以艰苦奋斗作为党发展壮大的重要精神。"艰苦奋斗精神作为共产党人的根本价值观，是为实现自己的理想和奋斗目标所表现出来的一种敢于斗争、敢于胜利的非常勇气；一种百折不挠、顽强拼搏的坚韧斗志；一种自强不息、勇往直前的进取精神；一种不怕牺牲、不懈奋进的坚强毅力；一种埋头苦干、勤勤恳恳的务实作风；一种常怀忧患、居安思危的清醒态度；一种富贵不淫、贫贱不移的高尚情操。这种精神就是时代精神的体现，有了这种勇气和毅力，就没有克服不了的困难。"[1]

1936年，毛泽东同志在《中国革命战争的战略问题》中写道："中国共产党以自己艰苦奋斗的经历，以几十万英勇党员和几万英勇干部的流血牺牲，在全民族几万万人中间起了伟大的教育作用……没有中国共产党在过去十五年间的艰苦奋斗，挽救新的亡国危险是不可能的。"这是艰苦奋斗精神被首次提出，在革命战争的艰苦岁月里，艰苦奋斗就是用坚强的意志和毅力去战胜环境的恶劣、

---

[1] 柳礼泉.论坚持艰苦奋斗与实现远大理想的统一[J].科学社会主义,2008(01)：88-91.

物质的贫乏和敌人的凶顽，表现出敢于斗争、敢于牺牲的精神。毛泽东多次强调要发扬艰苦奋斗精神，在中共七届二中全会上，他告诫全党"务必使同志们继续地保持艰苦奋斗的作风"，将艰苦奋斗称为"我们的政治本色"。邓小平同志指出："艰苦奋斗是我们的传统……我们的国家越发展，越要抓艰苦创业。"江泽民同志强调："发扬党的优良传统，使勤俭建国、勤俭办一切事业在全党全社会蔚然成风。"①要奋斗就会有困难有风险，胡锦涛指出："历史和现实都表明，一个没有艰苦奋斗精神作支撑的民族，是难以自立自强的；一个没有艰苦奋斗精神作支撑的国家，是难以发展进步的；一个没有艰苦奋斗精神作支撑的政党，是难以兴旺发达的。"②习近平总书记在的新时代进一步指出："奋斗是艰辛的，艰难困苦、玉汝于成，没有艰辛就不是真正的奋斗，我们要勇于在艰苦奋斗中净化灵魂、磨砺意志、坚定信念。"③艰苦奋斗是党的优良传统，是中华民族的传统美德。党以艰苦奋斗而兴，国以艰苦奋斗而强，人以艰苦奋斗而立。

中国共产党成立以来的历史，就是把马克思主义普遍真理同中国实践相结合而不断追求真理、开拓创新的历史，是为民族解放、国家富强和人民幸福而不断艰苦奋斗、奋发图强的历史，是为完成历史使命而不断经受考验、发展壮大的历史。革命烈士方志敏曾说："为着阶级和民族的解放，为着党的事业的成功，我毫不稀罕那华丽的大厦，却宁愿居住在卑陋潮湿的茅棚；不稀罕美味的西餐大菜，宁愿吞嚼刺口的苞粟和菜根；不稀罕舒服柔软的钢丝床，宁

---

①中共中央文献研究室.江泽民论有中国特色社会主义[M].北京：中央文献出版社，2002：399.

②胡锦涛.坚持发扬艰苦奋斗的优良作风 努力实现全面建设小康社会的宏伟目标[N].人民日报，2003-01-03(01).

③习近平.在2018年春节团拜会上的讲话[N].人民日报，2018-02-15(02).

愿睡在猪栏狗窠似的住所！……一切难于忍受的生活，我都能忍受下去！这些都不能丝毫动摇我的决心，相反地，是更加磨练我的意志！"从红船精神开始，到井冈山精神、长征精神、延安精神、西柏坡精神，中国共产党始终以艰苦奋斗精神为传承和发展的重要价值核心。井冈山时期，红军战士中流行一首歌谣："红米饭，南瓜汤，挖野菜，也当粮，毛委员和我们在一起，天天打胜仗。"我们的党员干部、将官士兵和普通百姓一起，在艰苦的环境中同甘共苦、共同奋进。面对敌人的封锁堵截、极端恶劣的自然环境、生存物资的极度匮乏，红军战士挖野菜、吃树皮，爬雪山、过草地，以惊人的毅力和艰苦奋斗的精神，完成了伟大的征程。延安时期，三五九旅屯垦南泥湾，环境艰苦，任务繁重，为了人民的幸福和解放，官兵们以苦为荣、以苦为乐，为后世树立了艰苦奋斗价值取向的光辉榜样，形成了"南泥湾精神"。

和平解放西藏、修筑"两路"时期，中国共产党人传承和升华了艰苦奋斗的内涵，催生了伟大的"两路"精神。筑路先辈们硬是凭借着顽强的意志和艰苦奋斗的精神，用铁锹、镐头、钢钎甚至双手，在雪域高原、悬崖峭壁和深谷激流中，凿开了一条条通道。直至今天，修筑川藏、青藏公路时铸就的"两路"精神，仍然激励和鼓舞着我们，为实现中华民族伟大复兴中国梦的宏伟目标而不懈奋斗。

艰苦奋斗精神的动力源于远大的理想，来自克服困难的坚定决心和信念。正是一代代"两路"建设者的艰苦奋斗、顽强拼搏，才保证了"两路"的建成通车和畅通，谱写出中国革命与建设的辉煌乐章。

艰苦奋斗精神来源于中华民族的传统美德和中国共产党的优良传统，在"两路"修筑和护路实践中生动展现，成为"两路"精神的核心内涵之一。

四、薪火相传的奉献牺牲精神

奉献牺牲是中华民族的崇高美德。奉献牺牲,即指为了维护集体利益或他人利益,心甘情愿付出,不求回报,舍弃自身利益乃至生命。奉献牺牲精神强调自觉性,即一切行为并非出于外在力量的迫使,而是行动主体绝对的自觉自愿的选择。奉献牺牲精神是一种价值取向,展示了人的世界观、人生观、价值观和崇高的精神境界与精神风貌。

中华民族自古以来就是一个崇尚奉献精神的民族,如盘古开天辟地,死后身化万物的神话故事,体现出了中国"创世神",为了造福人类而无私奉献与牺牲的伟大精神;大禹治水,三过家门而不入,体现了恪尽职守、舍小家为大家的奉献精神。纵观中国历史,无数仁人志士为民族奉献,为国家尽忠,牺牲自己宝贵的生命。在近代中国,有民族英雄林则徐"苟利国家生死以,岂因祸福避趋之"的千古绝唱,有维新志士谭嗣同"我自横刀向天笑,去留肝胆两昆仑"的大义凛然;在新民主主义革命时期,有共产党人夏明翰"杀了我一个,自有后来人"的壮怀激烈……这些无不体现了中华民族为了国家和民族利益而奉献牺牲的精神。

在社会主义建设时期,与以往不同,工人阶级和劳动者第一次成为国家的主人,也第一次成为民族精神培育和弘扬的主体,他们的主人翁意识前所未有地增强。对国家富强的责任感、民族振兴的使命感和作为有着光明前景的新中国成员的荣誉感喷薄而出,为这一时期的奉献牺牲精神注入了前所未有的主动性、自豪感。

筑路施工的过程中,战士们处处以身作则,争抢重活累活。一等劳动模范、63岁的老工人游永田,每天打炮眼的深度比年轻工人还多1米,生了病也不愿休息。他说:"现在是给我们自己干活,我有一分力气,就要干一分活。"为了筑路施工,战士们不顾自身安危,为推动施工进程,为抢救国家财产,他们往往将生死置之度外。1950年8月,川藏线上,为了在道孚县西边的一条大河上抢修桥梁,必须在河的上游砍伐大树,让木料顺河水漂流到架桥地点。然而,有些木料在激流中遇到障碍,相互碰撞、阻塞河道,无法继续下放,造成工地停工待料。战士们便不顾个人安危,英勇地下到河里,站在漂流的木料上,使用长钩、撬棍拆散阻塞的木垛。有一次,木垛猛然溃散,横冲直撞,11名战士被冲撞落水,英勇牺牲。后来,该桥被命名为"忠烈桥",桥头修建起了烈士纪念碑亭,镌刻着11位英雄的名字和事迹。

川藏、青藏公路的修筑,历经千难万险,没有足够的奉献牺牲精神,难以坚持下来。解放军某师的筑路英雄们说:"川藏公路每前进一步,都印着我们的汗和血迹,每前进一程,都是我们的光荣和幸福!"在修筑川藏、青藏公路过程中,3000多名烈士英勇献身,仅雀儿山路段就牺牲了300人。驻守青藏高原的武警官兵,远离亲人,在千里川藏线上守护着道路的畅通、维护着祖国边疆的稳定;唐古拉山"天下第一道班"、雀儿山道班等养路楷模道班,他们以高度的责任感与使命感,坚守岗位、无私奉献。从"两路"先辈们以及"两路"精神传承者身上体现的奉献和牺牲精神中,我们真切地感受到"两路"精神的崇高与伟大。

五、民族团结是走向复兴的强大精神力量

民族团结是中华民族精神的重要内容,是中华民族在漫长的历

史长河中生生不息、薪火相传，抵御外侮、争取独立，加快发展、走向复兴的强大精神力量。在历史长河中，每到民族分裂混战时，国家就分崩离析，社会难以发展进步；只有在民族大团结时期，天下一统，民族同心，国家才能不断强大，社会才能快速发展。因此，民族团结是社会和谐稳定、国家长治久安的重要保证。

中华优秀传统文化蕴含着丰厚的团结统一的精神内涵，张骞出使西域、昭君出塞、文成公主进西藏、郑成功收复台湾等历史典故，生动地体现了民族团结精神。在长时期的民族交往与民族融合中，我们形成了多民族的大家庭。中国是一个多民族国家，一部中华民族奋斗、发展史，就是各族人民团结、统一、共同努力拼搏奋进的历史。其间，虽然各民族之间有分有合，但团结统一始终是主流。各民族自强不息、团结一心、同舟共济，让5000年的中华文明延绵不绝、大放异彩。

近代以来，面对外国列强入侵这一空前的民族危机，中华儿女前所未有地团结起来，同舟共济，共赴国难。中国共产党成立后，为了争取民族独立和人民解放，带领各族人民浴血奋战，最终建立了新中国，中华民族实现了高度统一和各民族空前团结，形成了各具特色又相互交融的中华民族大家庭。新中国成立以来，我国各族人民团结一致，克服种种困难、经历各种考验，共同推进我国社会主义建设和改革开放伟大事业，实现了综合国力的历史性跨越。正如习近平总书记指出："在几千年历史长河中，中国人民始终团结一心、同舟共济，建立了统一的多民族国家，发展了56个民族多元一体、交织交融的融洽民族关系，形成了守望相助的中华民族大家庭。"①

---

①习近平. 在第十三届全国人民代表大会第一次会议上的讲话[N]. 人民日报，2018-03-20(02).

民族团结是国家统一、各民族繁荣发展的重要保证。历史和现实都表明：国家统一、民族团结，则政通人和、百业兴旺；国家分裂、民族纷争，则丧权辱国、人民遭殃。我国是统一的多民族国家，少数民族人口有1亿多，民族区域自治地方的面积占全国总面积的64%。这一现实决定了民族问题始终是我们国家的一个重大问题，民族团结是我国社会主义民族关系的基本特征和核心内容之一，推动各民族共同繁荣发展，是党和国家的重要任务。中国共产党始终高度重视民族团结问题，1949年中国人民政治协商会议第一届全体会议上，就制定了推动民族团结和融合发展的民族区域自治制度，确立了平等、团结、互助、和谐的民族关系。

这种新型的民族关系超越了历史上任何时期构建的民族关系，它不但将西藏人民视为中华民族大家庭中平等而不可或缺的重要成员，而且体现出前所未有的各民族之间血浓于水的血脉亲情。十八军军长张国华探望进藏先头部队时一再强调："我们到西藏不是去做官，是做藏族同胞的工人，替他们工作，做他们的先生，又做他们的学生。"进军西藏是为了解放西藏、建设西藏，是为了西藏人民的幸福而努力奋斗。筑路部队的战士们对西藏人民有着兄弟般的真挚感情，他们对藏族群众的苦难感同身受，一路上看见藏族群众受压迫，就越对他们好，那些吃不上饭、穿不上衣服的农奴"，总会让他们想起自己过去的苦日子，每当这时战士们心中就会涌现一份责任感[1]。为了这浓浓的同胞情谊，10余万解放军官兵、工程师、技术员、工人、医护人员等参加到规模浩大的筑路工程中来，筚路蓝缕、艰苦卓绝。在修路的过程中，还尽可能地帮藏族群众做好事，帮他们挑水、背柴、看病、开荒、积肥、打场、修房，为他们

---

[1] 林田. 藏行记实[M]. 北京：中国藏学出版社，1997：153.

放电影、造用具、调解纠纷、教授汉语。

这种新型的民族关系,在藏族群众里也获得了热烈的回应和肯定,他们把解放军比作最亲的亲人,将通往西藏的公路称作"金桥",包括藏族、苗族、回族、彝族等10多个民族的上万名民工,积极参加了筑路工作并做出杰出贡献。刘少奇指出:"凡是在少数民族地区的工业,无论是中央国营工业或者是地方工业,都必须注意帮助少数民族形成自己的工人阶级,培养自己的科学技术干部和企业管理干部。"因此,在修筑川藏、青藏公路的过程中,大批的藏族干部和藏族工人得到培养。筑路战士帮助藏族民工学会了开山、爆破和修架桥涵的筑路技术。当"两路"修通,藏族民工返回家乡时,他们与战士们依依不舍,这些足以见证"两路"精神中的军民和各民族之间的深厚情谊。

不仅如此,川藏、青藏公路的修建,得到全国人民的广泛支持。在绵亘几百里的公路施工线上,浩大的筑路队伍,每天需要几百吨物资供应,全国人民和藏族人民进行了热情的支援。西南地区的大米,西北出产加工的面粉,天津、上海工人制造的帐篷,东北、内蒙古地区的皮帽、皮衣和华东地区的药品,源源不断地运到高原,满足了筑路人员的需要。鞍钢、大冶和重庆支援了大批钢材,机械工人制造了各种机械,人民空军、铁路员工和海员都为公路转运过物资和工具。

在中国共产党的领导下,为了建设康藏高原,为了藏族人民的幸福,筑路英雄们克服了重重困难,完成了这项伟大的壮举。"两路"的通车是筑路部队和汉族、藏族、苗族、回族、彝族等10多个民族群众共同努力的成果,也是对中华民族团结精神的继续和发展。

第四章
"两路"精神的内涵特质

"两路"精神诞生于20世纪50年代初修筑川藏、青藏公路艰苦卓绝的奋斗历程中,在60多年筑路、护路实践中进一步传承发展,在促进西藏交通发展、推动西藏社会繁荣进步的实践中得以完美展现。

无数解放军官兵和民众投入西藏交通建设,不畏严寒,艰苦卓绝,体现出无私奉献的品格。无论是修路时期三千英烈捐躯高原,还是60多年以来各族群众与解放军、武警交通官兵团结协作、坚守保通,无不体现了"一不怕苦、二不怕死,顽强拼搏、甘当路石,军民一家、民族团结"的精神传承。

80多年前,毛泽东同志在谈到长征的意义时说:"长征是宣言书,长征是宣传队,长征是播种机。……长征宣告了帝国主义和蒋介石围追堵截的破产。长征又是宣传队。它向十一个省内大约两万万人民宣布,只有红军的道路,才是解放他们的道路。……长征又是播种机。它散布了许多种子在十一个省内,发芽、长叶、开花、结果,将来是会有收获的。"①我们也可以说"两路"的修筑及"两路"精神是宣言书,宣告中国共产党捍卫国家统一、实现各民族共同繁荣发展的坚强决心,体现了中国共产党人为中国人民谋幸福、为中华民族谋复兴的初心和使命;"两路"的修筑者是宣传队和工作队,广泛宣传党的路线方针和政策,模范地执行党的民族和宗教政策;"两路"的修筑者又是播种机,播撒"革命理想高于天"的坚定信念,传递着民族团结、军民一家的血脉亲情。

2014年8月6日,习近平总书记为"两路"通车60周年做出重要批示。他强调,新形势下,要继续弘扬"一不怕苦、二不怕死,顽强拼搏、甘当路石,军民一家、民族团结"的"两路"精神②。这是对"两路"建设者所做出的历史性功绩的充分肯定,科学阐释了"两路"精神的深刻内涵和时代价值。深刻把握"两路"精神的内涵特质,对于新时代大力弘扬和践行"两路"精神,实现中华民族伟大复兴的中国梦,具有极其重要的现实意义。

第一节 "两路"精神的内涵

"两路"精神是在特定时代、特殊的国内外环境下形成的,在60多年来的筑路、护路实践中进一步传承发展,在促进西藏交通发展、推动西藏社会繁荣进步的实践中得以完美展现。十八军将士的牺牲奉献,张国华、陈明义、穰明德等人的勇于担当,勘探队的攻

---

① 毛泽东. 毛泽东著作选读[M]. 北京:人民出版社,1986:65.
② 习近平就川藏青藏公路建成通车60周年作出重要批示[N]. 人民日报,2014-08-07(01).

坚克难，慕生忠将军修筑青藏公路的英勇气概，武警交通部队官兵的顽强拼搏，护路员工的默默奉献与坚守，一代代"两路"人用热血和生命，保障着高原"天路"的畅通，不忘初心、勇往直前，"两路"精神在一代代交通人心中传承。

一、"一不怕苦、二不怕死"的革命英雄主义精神

20世纪50年代初，十八军官兵在进军西藏、修建川藏公路的艰苦斗争中，首次喊出"一不怕苦、二不怕死"的口号。"一不怕苦、二不怕死"的精神，彰显了川藏、青藏公路修筑者在极为艰难的条件下，修建当时世界上最艰苦、最复杂、最具挑战性的两条公路时所表现出的不畏艰难、不怕牺牲的大无畏精神，蕴含着百折不挠、自强不息的革命英雄主义品质，是爱国主义、集体主义和革命英雄主义精神的集中展示，充分彰显了"两路"修建者对理想的矢志不渝和对事业的勇往直前。

"一不怕苦、二不怕死"精神的核心，是革命加拼命的精神。是无论遇到多大的困难，都能迎难而上、知难而进，无论遇到多强的敌人和危险，都能压倒一切、攻坚克难的英勇气概，关键时刻，毫不退缩，不惜牺牲个人生命。这种勇于向一切敌人和困难顽强不屈斗争的精神，是革命人生观、价值观的体现。具有这种精神的人，对革命事业具有高度的责任心和使命感，一切为了人民的利益，在斗争中舍己为公，冲锋陷阵，不怕牺牲，为捍卫真理而奋斗到底。

川藏公路堪称"地质灾害的博物馆"，沿线高山峡谷、激流险滩，地震、滑坡、泥石流、雪崩等灾害频发。青藏公路平均海拔在

4000米以上，要翻越海拔5000多米的唐古拉山、高寒缺氧、气候瞬息万变、多年冻土不化。

图4-1　简陋的工具　艰苦的施工
（作者摄于西藏自治区
"两路"精神纪念馆）

面对复杂恶劣的自然环境，筑路大军怀着"为了巩固国防、维护国家统一""为了帮助各兄弟民族"的崇高理想，挑战生理极限，风餐露宿、卧冰爬雪，甚至忍饥挨饿，用铁锤、钢钎、铁锹等简陋工具顽强筑路（图4-1）。同时，还要与分裂势力、敌对势力作斗争，取得昌都战役胜利、平息西藏分裂主义势力叛乱以及助推中印边境自卫反击作战胜利等。他们以"让高山低头，叫河水让路"的英雄气势，创造了世界公路交通史上海拔最高、环境最险、工程量最大等多项世界奇迹。

筑路英雄们挥洒热血与汗水，奉献青春与激情，4年多艰苦卓绝的奋斗，平均1公里牺牲1位筑路战士，三千英烈长眠雪域高原。"两路"沿线，有1300多座烈士墓和300多座无名烈士墓。他们用实际行动诠释和践行了"一不怕苦、二不怕死"的革命英雄主义精神。

在海拔5047米的雀儿山上，筑路英雄张福林用生命践行了"一不怕苦、二不怕死"的誓言。弥留之际，张福林艰难对指导员说："我不能再为人民服务了，口袋里的四万五千块（旧币，合现在四元五角），作为最后一次党费吧！"

张福林的精神，鼓舞着筑路部队，他们以张福林为榜样，战冰川、斗恶水，将公路不断地向前延伸。《人民日报》为此发表《学习张福林忘我精神》①的短评。张福林牺牲18天后，雀儿山段公路修通了！通车前夕，司令员陈明义来到雀儿山张福林的墓前，向烈士深深三鞠躬后说："我们有了这样的英雄战士，没有战胜不了的艰难困苦！"他生前所在的炮班被命名为"张福林班"，他被追记一等功，并被授予"模范共产党员"称号。

筑路部队中，像张福林这样的英雄还有很多。一个大雨的夜里，眼看河水就要浸过某队战士们修的拦水坝。紧急情况下，监视洪水的副排长王富臣和战士王国亮立刻搬石头加固拦水坝。急浪把拦水坝冲开了一个缺口，他们就用身体去堵，全然不顾自身安危。泥水劈头盖脸地打过来，水势越来越猛，他们用手紧紧地抠住大石头，一直坚持到连长带战士们扛着沙袋赶来，才堵住缺口加固了拦水坝。

为了筑路施工，战士们不顾自身安危，为加快施工进度，为抢救国家财产，往往置生死于度外。战士牛武孝，为了打捞掉入大渡河的一桶汽油，在10月的深夜跳入冰冷的河水中，搏斗半小时，游程几百米，终于把汽油桶打捞上来。

1953年夏天，在强渡怒江的战斗中，"渡江英雄"李文炎面对奔腾咆哮的怒江激流，以坚强的毅力和自我牺牲的精神战胜巨浪，强渡过江，架起了钢丝溜索。在野山羊也难以立足的悬崖峭壁上，英雄排长崔锡明，不顾个人安危，攀登绝壁，找到了怒江"未勘察区"的秘密，让修路大军进入工地施工。部队以顽强的毅力战胜了天险，架设怒江桥，在桥头怒江岩壁上留下"英雄阵地"四个大字。英雄的筑路大军，劈开了奇峰峭壁，战胜了奔腾喧嚣的激流，挡住了

---

①党的生活简评 学习张福林的忘我精神[N]. 人民日报，1952-05-18(03).

排山倒海的流沙，越过了席卷而下的冰川，穿越了不见天日的原始森林，填实了举步维艰的泥沼，把公路修到了拉萨。

英雄们的事迹激励着川藏、青藏公路修建大军，修筑者们义无反顾、舍生忘死，用青春、热血和生命筑路，那一座座墓碑（图4-2、图4-3），正是"一不怕苦、二不怕死"革命英雄主义品质精神的确证。

图4-2　二郎山烈士墓　　　　图4-3　"两路"乡烈士墓碑

（作者摄于二郎山老路）

高寒缺氧、饥饿严寒、劳累寂寞、条件艰苦、远离亲人……西藏工作15年以上的官兵，因长期遭受高原低压缺氧恶劣气候损伤，高原病患病率达95.2%，平均寿命缩短7~8岁。自20世纪50年代进藏以来，在藏牺牲、病故的军区官兵达1.1万余人。60多年来，英雄们以钢铁般的意志，战胜身体和精神上的痛苦，完成了肩负的使命。

2016年被中央军委授予"高原戍边模范营"的岗巴营，驻地的平均海拔4810米，查果拉哨所驻地海拔5300米，最低气温零下40摄氏度，每年八级以上大风有200多天。官兵们常年与雪山相伴，坚守岗位默默奉献,在"世界屋脊"书写人生的壮丽篇章。当年随筑路大军进驻西藏的高平,创作了长诗《川藏公路之歌》,他在开篇的序中写道:"每当我登上西藏的高山,就觉得周围都是诗篇。无数的鹰群四散飞腾,像是诗里的标点。川藏公路的诞生,是这些诗中最长的一行。每个字,每个音节,都喷射着英雄的光焰。"

正是有这种"一不怕苦、二不怕死"敢于奉献牺牲的精神,才能结束西藏没有现代公路的历史,西藏顺利实现民主改革,从而废除了黑暗的封建农奴制跨越到实行社会主义制度的新社会。60多年来,在"两路"的建设与养护过程中,武警官兵、道路养护工人、援藏干部中,也有许多人献出宝贵的生命,他们牺牲时的平均年龄还不到42岁。正是有了川藏、青藏公路筑路先烈及其守护者不畏牺牲、甘于奉献的精神,才能实现川藏、青藏公路的顺利通车,使"两路"始终成为民族团结之路、西藏文明进步之路、西藏各族群众共同富裕之路。

"一不怕苦、二不怕死"的精神,早已成为中国共产党革命精神和中华民族精神的重要组成部分,成为宝贵的精神财富。1963年,西藏军区司令员张国华(原十八军军长,率军进军西藏并修路)到北京,向党中央汇报中国边防部队奉命被迫对印度军队的武装进攻进行自卫反击作战胜利的经验时谈道,我们的胜利靠的是"一不怕苦、二不怕死"的精神,毛泽东对此高度赞扬并予以充分肯定。1965年11月6日,总政治部在下发向王杰同志学习的指示中,正式向全军提出了发扬"一不怕苦、二不怕死"革命精神的要求。1969年4月28日,毛泽东同志再次强调:"我赞成这样的口号,叫作'一不怕苦、二不怕死'。"从此,"一不怕苦、二不怕死"的精神成为激励全国各族人民攻坚克难、夺取一个又一个胜利的强大精神力量。

二、"顽强拼搏、甘当路石"的奋斗奉献和忠诚尽责精神

"顽强拼搏、甘当路石"的精神，彰显了川藏、青藏公路建设者和守护者在"世界屋脊"极为艰难的环境和条件下，建设、保卫和养护世界上海拔最高、难度最大的两条公路所表现出的不懈奋斗、乐于奉献的崇高精神，蕴含着敢为人先的进取意识和勇于担当的无私品格，充分展现了"两路"人对人生价值的深刻认识和模范践行。

（一）坚韧不拔的品格

二郎山是修筑川藏公路要翻越的第一座大山。施工时正值雨季，山洪、塌方、泥石流随时发生，阴雨连绵、病虫肆虐，工程极为艰苦，工作环境极其险恶，一时间部队患病者竟达三分之一。为了保证前方物资供应，官兵们不惧艰难、顽强拼搏，他们边施工通车边整治。雨季的二郎山，各路段都有深达膝盖甚至及腰的烂稀泥，汽车陷进去就开不走。战士们砍来树枝，甚至用被子垫上，前拉后推，才能让汽车过去。在清除稀泥的过程中，锹甩筐抬，箕挑板推，人人成了"大花脸"，军装成了"泥子"服。二郎山塌方地段多，一垮就是几里地，战士们不分昼夜地抢救塌方，筐子自己编，扁担自己砍，工具赶不上就奋力用手扒，直到抢通为止。经过50天的顽强拼搏，二郎山上山、下山的80里路面，实现了完全畅通。据不完全统计，这一路段共参工43655个，砸碎石3051立方米，采集路面石12万多立方米，排除塌方石5700多立方米，加宽排土9500多立方米，采取片石3400多立方米，挑河沙370立方米，铺路面2.29

万多立方米。工程人员惊叹说："在这样困难的条件下，只有人民军队，才能在短短的时间内，创造出这样的奇迹！"①英雄们似"铁打汉"，以"坚如钢"的毅力，平均每公里牺牲7位筑路战士，征服了二郎山天险。一曲《歌唱二郎山》传遍全国，感动、鼓舞和激励了无数新中国的建设者。图4-4为修筑二郎山时的艰苦场景。

图4-4 艰苦的施工

（作者摄于泸定县二郎山川藏公路纪念馆）

海拔5047米的雀儿山，是康藏公路的第一道险关，上下60公里。这里空气稀薄、乱石纵横、悬崖峥嵘、滑坡遍野、气候恶劣，冬季气温在零下20至零下30摄氏度；夏季，时而狂风乱舞、飞沙走石；时而雨雪冰雹。修路正值严冬季节，山上积雪2-3米，冻土层达1米多厚，生活和施工条件非常艰苦。党委号召部队发扬"吃大苦，出大力，耐大劳"的精神，领导干部和党员带头，以身作则，上工在前，收工在后；重活在前，轻活在后。官兵们集中精力挥动铁锤打炮眼，有的双手虎口被震裂却毫无察觉；有的战士手握钢钎时间太久，手和冰冷的钢钎冻在一起，休息时一松手，便被撕扯下一块皮。尽管条件如此艰苦，但没有人叫苦退缩。

修路部队中，涌现出许多英雄。有一口气打了1200锤，凿了1.7米深炮眼的"千锤英雄"杨海银；有特等功臣青年英雄杨茂武，

---

①纪念川藏青藏公路通车三十周年筹委会办公室文献组，西藏自治区交通厅文献组. 纪念川藏青藏公路通车三十周年文献集 第二卷 筑路篇（下）[M]. 拉萨：西藏人民出版社，1984：100-102.

他提出"冰天雪地干起工，热血挡冷风"的口号，带头爬上陡峭的石岩，悬空打眼放炮；有模范青年团员李学文，他以"不扫清路上积雪不下山"的坚强决心，在风雪交加中与冰雪搏斗，保证车辆畅通。筑路英雄以"铁山也要劈个半"的豪迈气魄，打通了雀儿山。随后的甲皮拉、达马拉、米拉、色季拉等十几座大山，都被英雄们逐一攻克。

英雄们劈开然乌沟石峡，奋战波密泥石流。当咆哮的洪水卷着巨浪伴着泥石流呼啸而来冲毁路基时，战士们毫无畏惧。副排长邬贵相陷落崖下，在生命危急时刻，他还奋力跳入洪水抢救战友，不幸壮烈牺牲。年仅18岁的战士梁兴邦坠落石崖，腿臂伤折，刚从昏迷中苏醒过来的他，又冒着不断下滚的飞石，挣扎着到急流边，去救护被大石压在水中的战友。为把被洪水吞没的时间夺回来，第五十三师指战员不惧困难、不怕牺牲，提出"让高山低头，叫河水让路"的口号，很快成为整个筑路部队的号角，体现了筑路官兵大无畏的英雄气概。4年之后，在中共八大二次会议上，毛泽东同志说："'让高山低头，叫河水让路'这句话很好。高山嘛，我们要你低头，你还敢不低头！河水嘛，我们要你让路，你还敢不让路！"从此，"让高山低头，叫河水让路"传遍全国，成为鼓舞人们战胜困难的强大动力。

"让高山低头，叫河水让路"的口号，在修筑"两路"时提出，充分展现了筑路战士们不畏艰险、不怕牺牲、战天斗地的雄心壮志。在"生命禁区"的青藏高原，筑路官兵们挑战生理极限，以顽强的意志、坚韧不拔的品格与恶劣的自然环境相抗衡，与复杂的社会环境作斗争，他们用智慧和毅力、鲜血和生命，谱写了一首首英勇悲壮的英雄赞歌。川藏、青藏公路的建成通车，彻底粉碎了国内外反动势力分裂西藏的图谋，迎来了和平民主、繁荣发展的新西藏。贺龙元帅曾为"两路"工程题字"让高山低头河水让路"。

（二）无私奉献的精神

奉献精神，作为一种信念和价值追求，不仅是支撑"两路"建设者的精神动力，更是今天我们立足新时代，实现中华民族伟大复兴中国梦新征程中应大力传承与弘扬的优秀品质。

筑路难，护路、养路亦难。以青藏线海拔5231米唐古拉山垭口的"天下第一道班"、川藏线雀儿山路段"雪山铁人"陈德华为代表，一代代高原交通人，以"人在路上，路在心上"的忠诚、使命与担当，护卫着"高原天路"的畅通。"献了青春献终身，献了终身献子孙"，这是川藏、青藏线道班工人的真实写照。为了养护川藏和青藏公路，道班工人数年如一日，终年坚守岗位，日夜巡视和保护这两条公路。图4-5为2018年作者与道班工人的合影。

a)　　　　　　　　　　　　b)

图4-5　与道班工人合影

（作者摄于2018年8月）

位于西藏那曲地区安多县内海拔5231米的"天下第一道班"，守护着109国道唐古拉山垭口40公里长的公路。这里气候严寒，冬天最低气温达到零下40摄氏度，空气中含氧量仅为海平面的40%，每年八级以上大风 120 天,道路常因雨雪结冰。保证道路畅通是道班工人的第一要务。自 1954 年公路建成之后,109 道班坚守在被称为"生命禁区"的唐古拉山垭口,一代代艰苦奋斗,奉献着他们的青春乃至生命。道班工人说:"唐古拉山的路总是要人来养的,我们在这里多做一些奉献,就能换来更多人的幸福和欢乐。"这个道班的工人已经发展到了第三代,其中不少是夫妻、父子。道班的工人们常年工作和生活在高寒缺氧的环境中,部分工人患有不同程度的高原病,还有工人牺牲在工作岗位上。"

青藏公路局提供了一个数字:由于这里生存环境恶劣,凡是长期在青藏公路上工作过的人,人体免疫力相对脆弱,容易患各种疾病;长期严重缺氧,使这里的道班工人 30 多岁就开始须发脱落;1980-1996 年死亡的 218 名工人,平均寿命只有 52.5 岁,比目前全区人均寿命低 12.5 岁。扎郎是青藏公路的一位普通的工区长,去世时年仅 50 岁。他工作 35 年,没有休过一次假,只请过 5 天事假。他至少有 3 次调动工作或改变工种的机会,均被他主动放弃了。他将自己的青春和生命,都奉献给了唐古拉山上的公路养护事业①。

在养护川藏公路雀儿山路段的艰难岁月中,"雪山铁人"陈德华立下誓言:"我就是死了,也要化成一个路标,戳在这山上!"他以自己的实际行动坚定地践行誓言,真正成为雀儿山上的"活路标"。由于特殊的地理环境,雀儿山路段经常出现暴风雪。每当遇到暴风雪,车子不敢前进的时候,陈德华就会出现在汽车前,挥着手,大声招呼:"跟我来!"他用自己的身躯作路标,引导车辆过山。

---

① 本书编写组. 奉献在唐古拉之巅[M]. 拉萨:西藏人民出版社,2000:12,16.

60多年来,"两路"守护者始终以高度的使命感与责任感,默默坚守岗位,无私地奉献青春乃至生命,确保"两路"常年畅通。唐古拉山垭口路段"天下第一道班"和"雪山铁人"养路工陈德华的典型事迹,就是许多"两路"守护者"顽强拼搏、甘当路石"奋斗奉献精神的缩影。

笔者于 2018 年 8 月在改秋老人的家中采访,79 岁的改秋老人精神矍铄,汉语讲得很流利。改秋告诉我们,他 16 岁参加工作,在 318 国道色齐山山口 112 道班一干就是近 40 年,55 岁退休。改秋的老伴也是道班工,老阿妈今年 83 岁,身体很好。改秋说:"当年工作条件艰苦,没有机械,养护道路全靠人工背石头修路,一天工作 10 个小时,每天走路上山上班、住工棚,原来的工棚如今已拆掉了。中印边界自卫反击作战期间,为确保军车通过,我们加班加点、日夜奋战养护道路,要保证前线战事嘛,苦点累点算什么。现在国家对我们好,退休工资有 7000 多。"老人和阿妈非常淳朴,一再表示:"感谢毛主席,是党培养教育了我,给了我工作,就要好好干、好好工作。"改秋老人的孩子们也在交通系统工作,他们为西藏交通事业发展默默奉献,献了青春献终生,献了终生献子孙。在采访中我们遇到很多路一代、路二代、路三代的家庭,他们是"两路"守护者"顽强拼搏、甘当路石"奋斗奉献精神的缩影。图 4-6 为与受访藏族道班工老人的合影。

图 4-6 在西藏林芝采访藏族道班工

（三）勇于担当的品格

恪尽职守、勇于担当，是中华民族宝贵的精神财富，是中华民族始终屹立于世界民族之林的根本保证。

图 4-7　陈明义

1951 年 5 月，康藏公路修建司令部成立，十八军后方部队司令员陈明义（图 4-7）兼司令员，西南军政委员会交通部副部长穰明德兼政治委员。周恩来总理电示中共西南局："决定穰明德同志为党中央、毛主席派到西藏负责修路的全权代表。"穰明德临危受命，为了公路的建设，他经历了常人难以想象的艰苦，也完成了常人难以完成的壮举。

在川藏公路修建中，穰明德与战士们同吃同住，有时一天只能喝上一碗稀汤。1952 年秋，为了勘探昌都到拉萨的线路，穰明德率人实地踏勘，最终确定康藏公路走南线。勘探队员们步行万里，忍受着刺骨的寒风和高原反应，坚守信念、不断探索，为川藏公路的走向积累了大量的第一手资料。穰明德十分重视施工规范和技术标准，刻苦钻研，在实践中成长为公路专家。他还创建了西南交通专科学校（重庆交通大学前身），并亲自担任校长。他曾说过的那句"把修好的路留给别人，把没有路的地方留给自己"，逐渐积淀为重庆交通大学"明德行远，交通天下"的校训和"实干奉献，开拓进取"的"铺路石"精神。图 4-8 为穰明德在筑路工地与战士一同筑路，图 4-9 为穰明德所著书籍。

图 4-8 穰明德在筑路工地

图 4-9 穰明德所著书籍

(作者摄于重庆交通大学校史馆)

被誉为"青藏公路之父"的慕生忠将军(图 4-10)主持修建青藏公路。作为一位身经百战的军人,他带领由 19 名干部和 1200 多名民工组成的筑路大军,来到柴达木盆地格尔木河畔的荒原上,开始了艰难的筑路工程。筑路大军每人配备一把铁锹、一把十字镐,开始从格尔木向"世界屋脊"进发。慕生忠指挥大家边修路边通车,以英雄的气势和勇士的豪情征服了昆仑天险。在公路修进昆仑山的时候,慕生忠登上山口,对身边的同志说:"假如我死在青藏线上,就把我埋在这里!"战争年代,慕将军浴血奋战,九死一生,身上共计负伤 22 处。他说:"人生都免不了一死,但人生的死大致有三种,无非是老死、病死、战死。我不愿意躺在床上慢慢老死、病死,而愿意死在战斗的岗位上。"[①]为此,慕生忠专门在一把铁镐上刻上了"慕生忠之墓"五个字,坚定地表示,死也要死在青藏线上。图 4-11 为慕生忠将军筑路复原场景雕塑。

[①]中共西藏自治区党委会党史研究室. 高路入云端 雪域铸忠魂——纪念慕生忠将军[N]. 西藏日报,2015-07-26(03).

图 4-10　慕生忠将军　　　　图 4-11　慕生忠将军筑路复原场景雕塑

(作者摄于格尔木慕生忠将军纪念馆)

在青藏公路的勘探和修筑期间，慕生忠写下大量诗文，记载了修筑进藏公路的艰辛与豪情壮志。他在诗文中写道："月夜渡昆仑，风吹雪转移，野狼双眼照，疑是有人烟。（1954 年 12 月）""打破人间神秘，戳穿探险家的胡言乱语！开辟布尔汗布，战斗天涯桥边！工作在空气稀薄的高原，劳动在冰雪交加的雪线！开辟昆仑山，战胜唐古拉！踏破千里雪，走尽长江水！通过怒江上游的黑河，炸开冈底斯山的石峡……为了祖国的建设，把公路修到拉萨。（1954 年 12 月）""头枕昆仑巅，脚踏怒江头，零下三十度，夜宿陶儿久。上盖冰雪被，下铺永冻层，熊鹿是近邻，仰面朝星斗。（1955 年 1 月）"①

正是有张国华、陈明义、穰明德、慕生忠、张福林、陈德华等无数恪尽职守、勇于担当的筑路、护路人，有一代代为交通建设默默付出、甘当路石、忘我工作、勇于奉献的筑路大军，才有了"两

---

①中共甘肃省委党史研究室. 慕生忠纪念文集[M]. 北京：中共党史出版社，2016：312-314.

路"的建成和畅通。他们代表着共产党人高尚的精神境界,代表着一个时代的精神风貌和崇高品格。

从 1950 年初到 1954 年底,进军和筑路是战士们在西藏的两大中心任务,完成这两大中心任务的关键就是运输。在没有现代化运输方式的情况下,粮食的运送很大程度上要靠人力。筑路部队于 1954 年进入波密地区施工,背粮部队以连为单位,开始了自己背粮、集体往返之路。波密地区一年四季林密路滑,道路崎岖。战士们每天天未亮就出发,在黑暗的道路上打着手电筒前行,稍有不慎就会掉下悬崖。波密地区雨水旺盛,给背粮带来了更大的困难。战士们都将自己的雨衣盖在粮包上,宁愿自己浑身湿透,也要保住粮包。战士们深知,他们身上背着的大米是筑路大军的救命粮草,十万筑路大军的口粮掌握在他们的手里。他们无惧狂风暴雨、道路崎岖,一路艰辛地负重前行。

川藏、青藏公路通车后,筑路官兵、驻西藏的武警交通部队指战员,长年驻扎在路途遥远、空气稀薄的高寒地带。他们秉持着"缺氧不缺精神,艰苦不怕吃苦"的奉献精神,为了国防巩固、民族团结、经济发展、人民安康,将满腔热血与无悔青春奉献在雪域高原茫茫的边防线上。2018 年 8 月,我们调研采访了西藏武警交通部队,官兵们常年驻守高原、守卫川藏线。他们舍小家为大家,"宁愿生命透支,不让使命欠账"的誓言和奉献担当,让我们深受感动和震撼。2015 年 8 月,习近平总书记在中央第六次西藏工作座谈会上指出,在高原上工作,最稀缺的是氧气,最宝贵的是精神[1]。官兵们以"不畏艰难险阻,不怕流血牺牲,保通川藏天堑,锻造救援

---

[1]习近平在中央第六次西藏工作座谈会上发表重要讲话[N].人民日报,2015-08-26(01).

尖兵"的战斗精神，践行"忠诚如磐石，抢险作柱石，奉献当路石，意志胜金石"的责任担当，这是以大局为重的奉献精神和恪尽职守、勇于担当的品格的深刻体现。图4-12为作者于2018年在西藏武警某部交通三支队调研图片。

a)

b)

图4-12　在西藏武警某部交通三支队调研

(作者摄于2018年8月)

60多年来，一代又一代高原交通人，秉承传统，以路为家，以"人在路上，路在心上"的高度责任感和使命感，用忠诚、热血和汗水筑就"高原天路"，建设养护公路，保障畅通，为西藏的发展不懈奋斗、他们的事迹和精神彪炳千秋，永载史册。

（四）敢为人先的进取精神

顽强拼搏的精神还体现在筑路先辈勇往直前、敢为人先的进取精神上。

筑路建设者不断总结经验，攻克技术难题。筑路将士大多是从硝烟战火中走过来的，在筑路工程技术上，大都是经历了从不懂到懂，从初步了解到熟练掌握的艰难探索过程。高福印参军前从未上过学，连土方、石方等是什么都不知道，但是，他在筑路过程中虚心学习，研究出了"山字形挖土法""集团穿孔法""梅花形穿孔法"等，使得挖土工效和石方作业工效得到了提高；抢修矮拉山路段时，建设者采取在岩石的裂缝上用十字镐和撬棍等工具撬开的方法，从而使得工程的效率得到提高，还节省了大量的炸药。

西藏交通处（后改厅）副总工程师徐松荣，毕业于上海交通大学道路和桥梁专业，他不仅对川藏公路的勘察、选线、测量、设计做出了重要贡献，也对青藏公路改善工程与病害整治做出了巨大贡献。在青藏公路沿线多年冻土问题的研究上，他首先对青藏公路的地质、地貌、地形和气象等查阅了大量的资料，预测了青藏公路沿线有多年冻土的存在。此后，为了解决冻土问题，徐总工程师展开了多年研究，取得了丰富的研究成果，对冻土工程学和理论冻土学做出了十分可贵的贡献。此外，他虚心向工人学习改进盐湖筑路方法和处理溶洞问题，实地考察川藏公路病害，仔细研究防治措施。这一切都反映了他严谨求实、周密细致的工作作风，敢于改革创新、不断探索高原筑路科学方法的研究精神。

康藏公路修建司令部政委穰明德，老红军出身。早年长期在硝烟弥漫的战场上担任政委，没有任何筑路经验。在筑路实践中，他刻苦钻研，成长为公路专家，草拟了《测量设计规程》和《施工规范》等公路建设文件，出版了《西南公路建设中的若干问题》等专著。他率领专家和筑路者们攻克了一个个工程难题，在缺乏经验的情况下，群策群力、集思广益，架设起钢桥，成功解决橡皮路等技术难题。康藏公路勘探队在没有地图和经验的条件下，攻坚克难，步行万里获取了第一手资料；"两路"建设者和科研人员不惧困难，攻克了多年冻土、桥梁养护等技术难题，实现了"两路"全部黑色化和常年畅通。这一切无不体现了"两路"筑路先辈及其守护者勇往直前、坚韧不拔、敢为人先的进取精神。

三、"军民一家、民族团结"的优良传统和互助精神

"军民一家、民族团结"的精神，彰显了川藏、青藏公路建设者和守护者，在战胜艰难险阻过程中所形成的水乳交融、血肉相连的军民鱼水深情和藏汉一家、各民族一家、团结互助的社会主义民族关系，蕴含着人民军队的优良传统、军队与人民融洽亲和的深厚情感，充分展现了军民团结如一人和民族团结如磐石的力量传承。

修筑"两路"的目的，不仅是为了巩固西南边防、维护国家统一，更是为了推动西藏地区经济社会繁荣发展、促进各民族文化交流、加强民族团结。

(一)"军民一家、民族团结"是党的优良传统

在长期的革命和建设的伟大历程中，党不断增进"军民一家、民族团结"的紧密关系。1929年的《古田会议决议》，明确规定红军的三大任务是打仗、筹款、做群众工作；抗战时期，毛泽东同志提出"兵民是胜利之本""战争的伟力之最深厚的基础根源，存在于民众之中"的著名论断。人民群众的大力支援，是人民军队获得胜利的不竭源泉，使人民战争的胜利有了人力、物力和财力的坚强保障。正如《天下乡亲》的歌词唱到："最后一尺布，用来缝军装；最后一碗米，用来做军粮；最后的老棉袄，盖在了担架上；最后的亲骨肉，送他到战场。"淮海战役时，国民党军80万，人民解放军只有60万，敌强我弱情况下进行战略决战是兵家大忌，但我们敢于进行战略决战，底气从何而来？就是有人民群众的支持！500万支前

民工随军出征，车轮滚滚的支前大军，推出了一个新时代。我们的军队是人民的子弟兵，来自于人民，服务于人民，全心全意为人民服务是中国共产党的唯一宗旨，也是人民军队的唯一宗旨。无论是战争年代，还是建设时期，人民军队与人民群众始终保持着同心协力的紧密关系，形成了"军民团结如一人，试看天下谁能敌"的巨大力量。

民族平等、民族团结、各民族共同繁荣发展是中国共产党的民族政策。党高度重视民族团结工作，中华人民共和国成立之时，就宣布各民族一律平等，国内的民族关系发生了根本的变化。中国共产党和中央人民政府始终高度关注由于长期的历史原因所造成的各民族间经济、文化等方面发展不平衡的问题，始终致力于帮助各少数民族发展政治、经济、文化、教育和民生等建设事业。

毛泽东同志在和平解放西藏的协议达成时就指出，这种团结是兄弟般的团结，不是一方压迫另一方。这种团结是各方面共同努力的结果。今后，在这一团结基础上，我们各民族之间，将在各方面，将在政治、经济、文化等一切方面，得到发展和进步。川藏（康藏）公路和青藏公路的成功建设，就是民族团结进步和发展的重要里程碑。毛泽东同志给筑路部队的题词是"为了帮助各兄弟民族，不怕困难，努力筑路！"朱德总司令给进藏部队的题词是："军民一致，战胜天险。克服困难打通康藏交通，为完成巩固国防繁荣经济的光荣任务而奋斗！"军民一家、民族团结是我国建设新型社会主义民族关系的基本特征和核心内容之一。在西藏，军民关系是同民族关系联系在一起的，因此其内容更加丰富，感情更加深厚，意义更加重大。藏族群众，正是通过修筑川藏、青藏公路，才认识到解放军是"亲人"，是"金珠玛米"。西藏各族群众提起筑路大军，至今还连连称赞,充满了怀念之情。他们说:"解放军带来的好处,就像春天草原上长出来的草一样多。"他们把川藏、青藏公路称为"幸福路""金桥""彩虹"。

战士们在进军、修路过程中,尽可能为西藏各族群众做好事。第十届全国人大常委会副委员长热地对军民一家的鱼水深情有着亲身感受,他深切回忆说:"当年解放军和工作组进藏时经常路过我家乡,从解放军那里我感受到从没有过的温暖。解放军纪律严明,秋毫无犯,既是战斗队、工作队,又是宣传队、生产队,许许多多事情让我非常震撼,给我留下了深刻印象,至今记忆犹新。"

在川藏、青藏公路建设和守护的历程中,军民一家、民族团结的事迹感人至深,对此,筑路功臣华振和有着切身体会。华振和带领两个藏族民工班修路,他与藏族民工一起把"木轨滑运法"运用到施工中,极大地提高了工作效率,仅用五天半时间就完成了15天的任务。施工中,脏活、苦活、重活、难活、险活,华振和抢着干;开山炸石等危险活,他让民工站在安全区。藏族群众看到"金珠玛米"帮自己修路,干的是重活,吃的是野菜豆子,还不发银元,只发几块钱的津贴,不禁深受感动。民工们领到工资后,凑了60银元来感谢带领他们修路的华振和,被华振和坚定地拒绝,他反复给藏族群众讲党的政策、讲人民军队的纪律。

(二)"两路"的通车是军民团结共同奋斗的成果

"两路"的通车是筑路部队和各族民众共同奋斗的成果。先后有2万藏族民工参加筑路,他们与解放军战士携手修路架桥,结下了深厚的友谊,有2000多人立功,200个班和26个宗荣立集体功。藏族群众将筑路当成天大的事,尽力贡献力量。他们组织成千上万的牦牛和骡马,参加运输。在解放军指战员、汉族工人技术人员的帮助下,他们克服困难学会筑路技术,军民之间、民族之间结下深厚的友谊。图4-13为藏族群众慰问筑路战士,图4-14为修建川藏(康藏)公路西线的藏族群众。

图4-13　藏族群众慰问筑路战士　　图4-14　1953年,在修建康藏公路西线的藏族群众

(作者摄于西藏自治区"两路"精神纪念馆)

在修筑川藏、青藏公路的伟绩中,藏族人民的贡献不可磨灭,他们克服重重困难支援筑路大军。在西线,他们与解放军一起施工;在东线,他们在泥沼冰河、陡坡悬崖、风雪深山、灌木丛中,披星戴月、受饿挨冻,夜以继日地奔走运送物资,有的甚至献出了年轻的生命,他们的名字,与日月同辉,与川藏、青藏公路永存。藏族群众运输模范曲梅巴珍,星夜兼程地赶着牦牛,往来于乱石纵横的冰川峡谷,冒着狂风暴雨和纷飞的大雪,为筑路大军运送粮食。有一次,牦牛背上的粮食驮子被山崖撞翻,掉到深不见底的峡谷,她毅然冒着生命危险,把粮食驮子找回来,背运到工地。支援运输的许多藏族群众都像曲梅巴珍一样,十分爱惜军粮。他们说:"保护一粒粮食,就能保证筑路的'金珠玛米'向前多走一步,早日把公路修到拉萨。"

川藏公路的东线以东线部队和内地的筑路工人为主力；西线由一五五团、军炮营和来自西藏48个宗的藏族民工共同修筑。这些藏族民工承担了83%的土石方任务，并积极宣传中国共产党的民族政策。筑路官兵带领藏族民工筑路架桥，增进了民族之间的感情，是顺利完成"两路"筑路任务的关键所在。其后，不论是公路建设者在雪域高原攻克多年的冻土难题、桥梁建设问题，还是武警交通部队驻扎高原全面保护道路畅通，抑或是内地各类技术人员进藏支援修路和建设，军民团结一致、齐心协力、互帮互助，征服道道天险、战胜重重难关，用实际行动消解了历史上造成的民族隔阂，加深了军民之间、民族之间的深厚情谊。

1984年12月25日，川藏、青藏公路通车30周年之际，西藏自治区在川藏、青藏公路的会合处建立了一座纪念碑。上面写着"十一万汉藏军民筑路员工，含辛茹苦，餐风卧雪，齐心协力，征服重重天险。""巍巍高原，'两路'贯通。北京拉萨，紧密相连。兄弟情义，亲密无间。"

（三）军民鱼水深情和民族团结互助

筑路部队模范执行党的民族政策和全心全意为人民服务的宗旨，宣讲人民军队的性质和筑路的深远意义，对藏族民工生活上关心，技术上指导，尊重藏族群众风俗和宗教信仰。藏族群众说："解放军和我们藏族的心是相同的。"汉藏军民之间建立起了鱼水深情，加强了民族团结，扩大了中国共产党、中国人民解放军在西藏人民中的影响，为建设新西藏、巩固国防创造了条件。

藏族民工过去大都是旧西藏上层土司、贵族的农奴，饱受剥削压迫之苦。由于西藏反动统治阶级和西方帝国主义的长期统治和造谣欺骗,刚开始,藏族对筑路部队有误会,甚至产生怀疑和对立情绪。面对这种情况,筑路部队一方面请来西藏地方政府官员给藏族群众讲解修筑川藏、青藏公路对于西藏发展和西藏人民的意义,宣传中国共产党的藏汉一家亲、民族一家亲、团结互助的民族政策和人民军队全心全意为人民服务的宗旨和纪律;另一方面,战士们用实际行动认真践行党的民族政策和宗教政策。

过去,西藏有一种差乌拉制度,即农奴无偿地向官方支差服役。解放军进藏以后,立即废除了这项制度,给参加筑路劳动的藏族民工发放报酬。平均下来,每人每月可得80(银)元左右。民工们拿到如此多的工资,都不敢相信,他们双手颤抖、热泪盈眶,有的竟然跪了下去。他们祖祖辈辈给三大领主(政府、寺院、贵族)支差服役,何曾领到过半文报酬啊。

战士们尊重藏族群众的风俗和信仰,把藏族民工当成自己的兄弟姐妹,在生活上无微不至地关心他们,为他们送医送药、解除疾病痛苦;技术上手把手地指导、帮助,藏族群众过去普遍没有修过路,不懂筑路技术,也不会使用筑路工具,战士们就细心地教他们学会各项技术。战士们还把筑路挖土方、填土方的劳动成果,全计在藏族民工份上,自己不计报酬,这让藏族民工很感动。

战士们时刻关心着藏族民工的安全问题。施工中,干部战士以身作则,亲自带头,关心和爱护民工,遇到比较危险的施工,战士们就让藏族民工到安全地带,自己前去排险。1954年7月10日晚,河水突然暴涨,曲水宗60多名民工被洪水困在一个小沙洲上,民工扎西郎还不慎跌落在洪水中,情势危急。这时,不识水性的副班长殷相饶和一名战士毫不犹豫地跳入激流,在齐胸的洪水中往返近百趟,奋战6个多小时,救起了落水民工扎西郎,并成功解救被困在岛上的60多名藏族民工。

部队非常关心参与筑路的藏族民工。得知民工的劳动报酬被带队头人勒索去后,指挥部决定转为发放衣帽鞋袜、茶叶、糌粑和酥油等实物。藏族民工唱道:"来参加修路的人们,已经来到了米拉山。我们啊,吃的是香喷喷的糌粑,喝的是黄油油的酥油茶,住的是新崭崭的帐篷,唱的是最优美的山歌。还有穿的呀,是冬暖夏凉的氆氇衫。这是因为解放军,发给了我们工钱。"藏族民工们称筑路部队指战员为"亲兄弟""菩萨兵"。他们进山伐木,主动为筑路部队打来柴火;每逢转移工地,民工们争着用牦牛为战士们驮运帐篷和工具,帮助背运行李。女民工看到战士们的衣服和鞋子破了,就抢去帮助缝补。民工离开工地返回家乡时,部队会组织文艺晚会欢送。藏族民工们依依不舍,把一条条哈达挂在战士的脖子上。筑路部队与藏族民工之间建立起了深厚的情谊。

一位团政治处的战士后来回忆说,他们曾经亲身感受到一位藏族阿妈的深情。当时,一部分战士住在这位阿妈家里。他们翻山越岭去砍来树木,为她盖房子,帮她背水、拾牛粪。阿妈对他们就像对自己的亲儿子一样。要是有谁她几天没见着,就问长问短,非常想念。谁病了,她就如母亲般关怀照顾,战士们都很感动。公路通车的那一天,他们全家像遇到大喜事一般欢呼着。可当知道战士们要走的时候,她抱着战士们号啕大哭。阿妈烙了两大口袋的烙饼,酿了一桶酒,跟着部队一起出发。一路上,她主动向老乡们宣传解放军的好处。临别时,大家都依依不舍。半个月后,阿妈竟然在一名技工的带领下,找到了战士们新的筑路地点。她说:"全家人都想你们,可是他们都很忙,只能我一个人来。"

藏族民工们说:"解放军和我们藏族的心是相同的。"当看到战士们忍饥挨饿还同他们一起劳动时，许多藏族民工纷纷把自己的粮食节约下来送给战士们。战士们婉言谢绝后，他们还偷偷地把饼干放到战士们的挂包里；当因为运输困难，银元不能及时运送到工地，工资不能按时发放时，藏族民工们也能体谅，没有一句埋怨的话。藏族民工还理解地说："解放军帮助我们修路，修到大门口来了，再大的艰难也得忍耐。"

川藏、青藏公路通车，藏族群众载歌载舞，欢庆这一胜利。藏族群众将鲜花和哈达献给筑路部队，献给毛主席像和彩车，把一封封慰问信和一包包慰问品从车窗扔进车内。他们写道："亲爱的筑路英雄们！你们是毛主席的好儿女，你们完成了前人不能完成的艰巨事业。你们鼓舞着祖国各地的男女青年，特别是我们藏族青年。我们要向你们学习，为建设新西藏而奋斗。"

通过筑路，藏族民工不仅学习和提高了技术，而且提高了思想政治觉悟，懂得了祖国的含义，明白了修路的深刻意义。通过修筑"两路"，筑路部队与藏族群众建立起了鱼水深情，消除了民族之间的隔阂，增进了民族团结。在技术上，许多人成长为筑路模范，成为第一代西藏筑路工人。筑路模范旺堆·阿都让玛后来9次进京，受到毛泽东主席等中央领导亲切接见。在政治上，许多民工回家后，积极宣传党的民族政策、宗教政策和人民军队的优良作风，扩大了中国共产党、中国人民解放军在西藏人民中的影响，使党和人民解放军的美好形象深入藏族群众的心底，增进了军民鱼水深情和各民族团结互助，为建设西藏、巩固国防创造了条件。

（四）军民同心筑路护路保畅通

川藏、青藏公路通车以来，驻藏部队、武警官兵与西藏各族人民为"两路"畅通继续共同努力。无论是在川藏、青藏公路修建的极其艰难的4年多时间里,还是在60多年的公路养护、改造期间,"两路"建设者和守护者都始终坚持着"军民一家、民族团结"的宝贵精神。道班工人们这样唱道:"战风雪,斗严寒,常年战斗在青藏线,各族兄弟团结紧,我们是高原护路人。采砂石,补油路,挖冰雪,护桥梁,风餐露宿把路养,日晒雨淋保畅通。养路为业、道班为家,人在路上,路在心上,甘当路石,奉献终生,为的是建设社会主义新西藏,为的是巩固祖国西南边防。"

在"两路"的修筑和养护中,汉藏兄弟民族结下了更加深厚的感情,进一步加强了民族团结。有这样一个事例:1961年的夏天,在安多县扎达乡,一个衣衫褴褛、蓬头垢面的藏族牧民孩子,好奇地看着正在这一带修路的汉族道班工人。一位姓张的道班班长从包里拿出唯一的一块馒头给他吃,孩子转眼工夫将馒头吃下。当时正是我国三年困难时期,工人们的粮食也不够吃,张班长将自己的衣服重新剪裁,给孩子做了一套合身的新衣。从此,这个藏族牧民孩子与汉族道班工人相依为命,白天帮工人们捡牛粪、烧开水,晚上识字读书。1962年,他被吸收为正式道班工人,开始了他30年的养路生涯。这个藏族小牧民就是巴恰,后担任安多养护段党支部书记、中共十四大代表、全国劳动模范。巴恰在回忆这段不寻常的往事时说:"在青藏线上五六十年代参加工作的藏族养路工人,几乎都是穷苦农牧民出身,每个人都有和我一样的经历。我们深深体会到,没有共产党,没有汉族老大哥的帮助,就没有我们的今天,也就没有今天的西藏。"这正是民族感情融洽亲和的生动体现。

60多年来,驻藏解放军、武警官兵与西藏各族民众为确保"两路"的畅通,开展了军民共建文明运输线、军民共养高原路等各项活动，继续传承着"军民一家、民族团结"的"两路"精神，续写着新时代藏汉一家亲、军民一家亲、团结互助的社会主义民族关系的新篇章。

在川藏、青藏公路沿线，到处都能感受到广大军民"热爱祖国，热爱高原""弘扬创业精神，建功雪域高原""汉族和少数民族谁也离不开谁"等口号的精神熏陶，从而使"军民一家亲、各族团结紧、交通秩序好、沿途无纠纷、服务质量高、人人树新风"的建设目标，深深地进入到沿线军民、汉藏各族人民的心里，激发军民之间、汉藏各民族之间齐心协力保障公路畅通的激情。通过军民共建的活动，让长期生活、工作和战斗在"两路"线上的汉藏军民互帮互助，关系更加和谐融洽，结下了深厚感情，川藏、青藏"两路"始终是沟通军民之间、汉藏民族之间的"心桥"。从修筑到养护"两路"的过程中，深刻体现了"军民一家、民族团结"的"两路"精神。

"两路"精神是中华优秀传统文化、革命文化和社会主义先进文化在交通运输行业的折射，是中国共产党革命精神、民族精神的重要组成部分。"两路"精神是在特定的时代产生的，其表现形式是历史的、具体的，但其内涵实质则是永恒的，并随时代的发展而不断丰富，历久弥新。"一不怕苦、二不怕死，顽强拼搏、甘当路石，军民一家、民族团结"，始终是"两路"精神最重要、最核心的内容，这也是中国交通建设者的精神底蕴。

四、服务人民的根本宗旨和人民利益至上的执政理念

"两路"修筑及西藏交通发展，是对立党为公、执政为民、全心

全意为人民服务宗旨的深刻体现，彰显了人民利益至上、为民执政的理念。相信谁、依靠谁、为了谁，是否始终站在最广大人民的立场上，是区分唯物史观和唯心史观的分水岭，也是判断马克思主义政党的试金石。

（一）全心全意为人民服务是中国共产党的根本宗旨

全心全意为人民服务是中国共产党的根本宗旨。崇尚人民群众主体地位，把人民群众满意作为根本价值取向，是马克思主义的基本原则。马克思和恩格斯曾深刻指出，共产党的活动必须依靠人民群众、服务人民群众，因为"历史活动是群众的活动"。列宁也曾深刻指出，建设社会主义应当把满足人民群众的需要作为根本方针，因为"决定历史结局的却是广大群众"。

中国共产党丰富和发展了马克思主义的人民群众主体理论，强调坚持为人民服务的根本宗旨，把以人为本、执政为民作为检验党一切执政活动的最高标准。

1944年9月，毛泽东同志在纪念张思德的演讲《为人民服务》中，第一次公开提出"为人民服务"的概念，他明确提出，中国共产党是彻底地为人民的利益工作的。他反复强调，我们的一切工作干部，不论职位高低，都是人民的勤务员，我们所做的一切都是为人民服务。1945年《论联合政府》的政治报告，毛泽东同志第一次把全心全意为人民服务，提到"唯一宗旨"的高度。党的七大将全心全意为人民服务这一宗旨，第一次明确地写入党章，规定："中国共产党人必须具有全心全意为中国人民服务的精神，必须与工人群众、农民群众及其他革命人民建立广泛的联系。"

全心全意为人民服务是中国共产党的唯一宗旨，是党一切工作的出发点和落脚点。毛泽东同志曾指出:"为什么人的问题,是一个根本的问题,原则的问题。"中国共产党是中国工人阶级的先锋队,是中国人民和中华民族的先锋队,我们党所代表的阶级利益、肩负的历史使命,决定了中国共产党必须把全心全意为人民服务作为自己的根本宗旨。全心全意为人民服务,一刻也不脱离群众,一切从人民的利益出发,而不是从个人或小集团的利益出发。共产党人言行的最高标准,就是合乎最广大人民群众的最大利益,为最广大人民群众所拥护。充分相信人民、依靠人民、为了人民,坚决地相信人民群众的创造力是无穷无尽的,是我们克服任何困难、战胜任何敌人的根本保证。

为人民服务体现马克思主义历史唯物主义精髓,具有强大的感染力。1957年,毛泽东同志在《坚持艰苦奋斗,密切联系群众》的讲话中指出:"要全心全意为人民服务,不要半心半意或三分之二的心三分之二的意为人民服务。"①1963年,毛泽东发出"向雷锋同志学习"的号召,而雷锋精神的核心就是:"人生是有限的,可是为人民服务则是无限的,我要把有限的生命,投入到无限的'为人民服务'中去。"周恩来将全心全意为人民服务作为自己工作的出发点和归宿点,把"为人民服务"的徽章佩戴在胸前,时刻警示着自己。

全心全意为人民服务是中国共产党的根本宗旨,是共产党区别于其他任何政党的显著标志,是衡量每一个共产党员一切言行的最高标准,具有鲜明的政治性。全心全意为人民服务是无产阶级政党先进性的集中体现,并为一代代真正的共产党人忠实地遵从和践行。张思德、雷锋、焦裕禄、孔繁森就是千百万中国共产党人的优秀代表,他们以对党和人民的全部忠诚,以全心全意为人民服务的

---

①毛泽东.毛泽东选集 第五卷[M].北京:人民出版社,1991:420.

毕生追求和模范践行，揭示了为人民服务的真谛，展现了理想人格的光辉。

习近平总书记强调指出："全党同志要把人民放在心中最高位置，坚持全心全意为人民服务的根本宗旨，实现好、维护好、发展好最广大人民根本利益，把人民拥护不拥护、赞成不赞成、高兴不高兴、答应不答应作为衡量一切工作得失的根本标准，使我们党始终拥有不竭的力量源泉。"①他深刻指出，人民拥护和支持是党执政的最牢固根基，提出以人民为中心的发展思想。这充分表明，中国共产党坚持人民主体地位、人民利益至上、实现人民利益的最大化的根本原则和价值追求，凸显了执政为民理念的新境界。

(二)把为人民服务宗旨落实到"两路"修筑各项工作中

在川藏、青藏公路建设中，党高度重视西藏地区的建设与发展，把全心全意为人民服务的宗旨和人民利益至上的执政理念落实到各项工作中，严格要求进藏部队始终以人民群众的利益为主；高度重视军民之间、各民族之间的团结，坚决贯彻执行党的民族政策和宗教政策；提出"生产与修路并重"的方针，开展生产自救。

首先，严格要求进藏部队始终以人民群众的利益为重，始终做到进藏部队"不吃地方"和"决不侵扰老百姓"。毛主席对西藏问题曾明确指出，进军西藏"不吃地方"。1950年12月，他进一步明确指出："人民解放军入藏部队都由中央人民政府供给，决不侵扰老百姓。"②这些政策和纪律充分体现了党以人民群众的利益为重的执政

---

①习近平.在庆祝中国共产党成立95周年大会上的讲话[N].人民日报，2016-07-02(02).

②中共中央文献研究室，中共西藏自治区委员会，中国藏学研究中心.毛泽东西藏工作文选[M].北京：中国藏学出版社，2001：36.

理念，体现了我们党全心全意为人民服务的宗旨和人民军队忠于祖国、忠于人民、忠于党，有严格的组织和铁的纪律的特性。

在修筑川藏、青藏公路的艰难历程中，进藏部队始终牢记并遵守"不吃地方"和"决不侵扰老百姓"的训诫，即使断炊断粮、挖野菜、捉地老鼠，也绝不拿藏族群众的粮食。战士们的这些做法，深深感动了藏族群众。正是有这样一支有组织、有纪律的人民军队，赢得了藏族群众的信任、支持与爱戴，为川藏、青藏公路的顺利通车做了重要保障。作家高平在《亲历川藏线》中写道，进藏先遣部队，曾经在进军路上，在甘孜、在昌都、在拉萨，度过了一次次的粮荒。在川藏公路修建过程中，有很多可歌可泣、感人至深的故事。汽(车)十七团的蒋庆岳是"荣誉号"车的驾驶员，在9个月的抢运期间，他没有休息过一天，共安全行驶了35.17万公里，创造了在川藏高原上安全行车的最高纪录。他说："深更半夜里，藏族同胞端着饭冒着风雪拦着车让咱吃，怎不教人感动呢！"

其次，发扬优良传统，高度重视军民之间和各民族之间的团结，坚决贯彻执行党的民族政策和宗教政策，军民鱼水情深和藏汉团结互助。修筑川藏、青藏公路是一项浩大的工程，需要大量的人力、物力和财力才能完成。此外，西藏战略位置重要，解放前的西藏民族宗教问题突出，内有封建农奴制度的桎梏，外有帝国主义的挑拨，各种矛盾错综复杂。因此，"两路"修筑进程中极为重要的工作，就是要解决和处理好民族问题，积极争取各族人民的信任与支持，维护和巩固筑路军民之间以及汉藏民族之间的团结。

1951年5月23日，和平解放西藏的《十七条协议》签订的当天下午，毛泽东听取签字情况的汇报。他向十八军军长张国华仔细询问了进藏部队适应高原、思想和生活的情况，语重心长地叮嘱，在西藏考虑任何问题，首先要想到民族和宗教问题这两件事，一切工作必须慎重稳进。3天后，毛泽东在修改《人民日报》社论时，加进了如下一段话："一切进入西藏地区的部队人员和地方工作人员必须恪守民族政策和宗教政策，必须恪守和平解放西藏办法的协议，必须严守纪律，必须实行公平的即完全按照等价交换原则去进行的贸易，防止和纠正大民族主义倾向，而以自己的衷心尊重西藏民族和为西藏人民服务的实践，来消除这个历史上留下来的很大的民族隔阂，取得西藏地方政府和西藏人民的衷心信任。"一口气提出五个"必须"，可见党中央对民族政策和宗教政策执行要求之严格。

西南军政委员会和西南军区联合发出《进军西藏各政策的布告》，在进藏部队全体官兵中普遍进行了民族政策、宗教政策的学习教育。担任进藏部队主力的十八军，每个官兵人手一册《进军守则》，总共34条，对尊重民族习惯、尊重宗教信仰自由作了严格的规定。诸如不得有对宗教不满言论；保护喇嘛寺庙，不住寺庙，不住经堂，甚至连不得随意抚摸佛像，不得在寺庙附近捕鱼、打猎、打鹰，藏族群众赠送哈达时，要回敬哈达等，都一一详列，考虑之细，令人叹服。

进藏筑路部队坚决贯彻执行党中央的民族政策和宗教政策，尊重藏族群众习俗信仰，如修路中遇到"神山""神树""神石"等，都要先征求藏族民工和藏族官员们的意见之后才进行施工。遇到藏族重大宗教节日时，筑路部队会主动安排放假，并照常给藏族民工们发工资。在修路中，遇到山崩桥塌等危险时刻，战士们首先想到的是各族民工以及人民群众的生命安危，而把自身的生死置之度外；在条件恶劣、物资极度匮乏之时，主动地把食物、衣服、药品等物资让给广大群众；筑路部队还积极开展帮助贫困群众、捐钱办学、耐心传授施工技能、开展免费医疗、发放无息贷款等各种为民服务活动。始终做到进驻一方就保一方平安、促一方发展富裕，始终坚持将人民群众的利益放在首位，有效地促进了军民团结和民族团结，赢得了沿线群众的充分赞扬和大力支持，树立了人民军队的良好形象，为增强党在西藏地区的影响奠定了广泛的群众基础。

再次，提出"生产与修路并重"的方针，开展生产自救，积极带动当地群众发展生产。由于修建川藏、青藏公路极为艰难，耗费时间长，物资补给困难，毛泽东曾指示筑路部队要"生产与筑路并重"。进藏部队认真落实这一方针，不仅解决了部队的补给问题，而且给川藏、青藏公路沿线人民带来了幸福，改善了当地落后的经济社会面貌。

自20世纪50年代初，"两路"筑路大军在高原上一边筑路，一边自己动手生产实现自给。慕生忠将军带领战士们克服重重困难，在荒滩中开辟出大片良田，建起了著名的"七一"农场。在农场基础上发展出来的自治区农科所，已经成为西藏农业产品的科研基地，成为西藏各族人民的"菜篮子"。川藏、青藏公路运输管理局成立以后，"两路"交通人继续发扬艰苦创业、自力更生的精神，在修路、养路、办好交通运输事业的同时，进行多种经营、综合开发。格尔木这个昔日昆仑山下的荒凉小镇，因青藏公路的修筑，如今已发展成为现代化的西北边防重镇、青藏线上一颗璀璨的明珠。

"两路"修筑及西藏交通的发展，结束了西藏没有公路的历史，开启了西藏交通运输事业的新篇章，促进西藏经济社会发展，改善西藏人民生活。因此，修筑川藏、青藏公路，是全心全意为人民服务宗旨的深刻体现，彰显了人民利益至上的执政理念。

（三）筑路部队和西藏建设者践行全心全意为人民服务的宗旨

筑路部队秉承"为了帮助各兄弟民族，不怕困难努力筑路"的号召，在党中央坚强领导、全国人民大力支援下，战胜千难万险，建成了川藏、青藏公路。在西藏建设发展中，筑路部队和西藏建设者牢记全心全意为人民服务的宗旨，弘扬"两路"精神，正确地执行党的民族政策和宗教政策，同西藏人民亲密团结，辛勤工作，帮助西藏人民进行社会主义建设，取得了西藏各阶层僧俗人民的爱戴和信任，使藏族群众真正相信中国共产党是全心全意为他们的福祉而奋斗，增强了他们对共产党和人民政府的信任，增强了民族团结。

川藏、青藏公路的建成和通车，是西藏人民政治、经济生活中的大喜事。它改变了西藏交通闭塞的落后面貌，缩短了西藏和祖国内地的距离，密切了西藏人民与祖国内地各族人民的联系，促进了西藏地区政治、经济、文化、社会等各项建设事业的发展。川藏、青藏公路通车后，大量的生活物资由此运输到西藏，极大地缓解了西藏地区物资短缺的状况，从而加快了西藏对外开放和经济发展的脚步。国家派遣了一批批技术人才赶赴西藏，带去先进的科学技术，他们为西藏的繁荣发展贡献力量，甚至献出了生命。

60多年来，在"两路"精神的鼓舞下，西藏公安边防总队设立"爱心基金"，帮助品学兼优的藏族农民工子女继续求学之路。武警西藏总医院医疗组多次组织义诊，为西藏各族群众带来安康，数十年如一日地坚持"送科技、送文化、送教育、送法律、送健康"。各族人民支援西藏建设，数以万计的各族群众以满腔热情投身西藏建设。中央第三、第四次西藏工作座谈会后，在交通部倡导下，全国

550万交通职工开展了向西藏养路职工送温暖活动。交通部及全国29个省、自治区、直辖市，以及计划单列市于1995年和1996两年投资3190.4万元，为西藏养路工人援建了156座道班房。交通部还专项投资775万元，为道班配套安装了电视卫星地面接收装置和柴油发电机，极大地改善了西藏养路工人的工作和生活条件。2001年5月，交通部再次动员全国交通系统，开展"援助西藏公路机械活动"。《援助西藏公路养护机械倡议书》发出后，全国交通系统各单位积极响应，踊跃参与。短短三个月时间，共计捐赠公路养护保通所急需的装载机、挖掘机、推土机等75台(套)，交通图书3万余册，笔记本电脑10台，总金额3100万元，增强了西藏公路抢险保通能力，促进了西藏公路养护机械化的发展步伐，改善了养护职工的工作条件，充分体现了"全国交通一家人"的优良传统。

"两路"精神激励着一代又一代建设者扎根西藏、保卫西藏、建设西藏、献身西藏，为西藏的建设发展挥洒青春、奉献终生。在西藏工作的座谈会上，中央提出要全面贯彻习近平总书记提出的"两路"精神，加大援藏力度，到2020年，基本形成铁路、公路、民航布局合理、优势互补、衔接顺畅、功能健全的综合交通运输体系，为西藏与全国一起全面建成小康社会提供坚实的交通运输保障。

伟大的时代需要伟大的精神。中国共产党成立98年来，经历了中心任务由革命到建设的转变、从革命党到执政党角色的转变，而始终坚守、代代相传的，是"为人民服务"的宗旨和信念，始终牢记自己的初心和使命。"两路"修筑及西藏交通发展，是中国共产党立党为公、执政为民、全心全意为人民服务宗旨的深刻体现，彰显了人民利益至上、为民执政的理念。

五、巩固边防的爱国情怀、祖国利益高于一切的理想信念

爱国精神是"两路"精神的核心,展示了筑路官兵巩固边防的爱国情怀和祖国利益高于一切的理想信念。在筑路与护路的千难万险中,一代代交通人怀着对西藏人民的无限深情和建设边疆的宏图壮志,顽强拼搏、甘于奉献,奉献青春。他们用行动诠释和践行了爱国主义精神。

(一)爱国主义是民族精神的核心

爱国精神体现了人民群众对祖国的深厚情感,反映了个人对祖国的依存关系,是人们对自己故土家园、种族和文化的归属感、认同感和荣誉感的统一。爱国主义是民族精神的核心,体现了人民群众对祖国的深厚情感。

习近平总书记在不同场合多次谈到"爱国",提出爱国主义是中华民族精神的核心。爱国是人世间最深层、最持久的情感,是一个人立德之源、立功之本。她扎根在亿万群众的血肉里,深藏在中华民族伟大复兴的理想里,爱国不是一句口号,而是一种情怀和担当。习近平总书记指出:"实现中国梦必须弘扬中国精神。这就是以爱国主义为核心的民族精神,以改革创新为核心的时代精神。这种精神是凝心聚力的兴国之魂、强国之魂。爱国主义始终是把中华民族坚强团结在一起的精神力量,改革创新始终是鞭策我们在改革

开放中与时俱进的精神力量。"①

习近平总书记指出："在中华民族几千年绵延发展的历史长河中，爱国主义始终是激昂的主旋律，始终是激励我国各族人民自强不息的强大力量。"②"爱国主义是中华民族民族精神的核心。"③"在社会主义核心价值观中，最深层、最根本、最永恒的是爱国主义。"④

（二）"两路"建设者的爱国情怀

川藏、青藏公路的修筑与全线通车，是发生在"世界屋脊"上的奇迹。艰苦创业的年代，是英雄辈出的年代，是爱国热情燃烧、爱国精神涌现的年代。修筑川藏、青藏公路，正是源于对祖国深切的热爱。近百年来，由于西藏与祖国内地关山阻隔、交通不便，导致中央政府对西藏地区的管理控制渐趋薄弱、边防松弛，西藏地区发展滞后，为了巩固国防，促进西藏地区繁荣发展，必须修筑一条畅通的道路，加强西藏与祖国内地的联系。

"人生自古谁无死，留取丹心照汗青。"将士们刚从硝烟战火中走出，来不及享受片刻胜利的和平与安宁，征尘未洗又立刻投入新的筑路战场。十八军军长张国华在进藏的誓师大会上坚定地表示："不管进军西藏有多大艰难险阻，我们都要完成进军的任务！"政委谭冠三说："为了祖国的统一和共产主义事业，不惜献出自己的一切，甚至生命！"全体将士庄严宣誓："坚决把五星红旗插上喜马拉

---

①习近平. 在第十二届全国人民代表大会第一次会议上的讲话[N]. 人民日报，2013-03-18(01).

②习近平. 在欧美同学会成立100周年庆祝大会上的讲话[N]. 人民日报，2013-10-22(02).

③习近平. 在纪念中国人民抗日战争暨世界反法西斯战争胜利69周年座谈会上的讲话[N]. 人民日报，2014-09-04(02).

④习近平. 在文艺工作座谈会上的讲话[N]. 人民日报，2015-10-15(02).

雅山，让幸福的花朵开遍全西藏！"

脚踩着"世界屋脊"，面对着艰难困苦，战士们视死如归，不怕流血牺牲。陈明义司令员说："运输是保证部队完成筑路任务的关键。"高原汽车兵（图4-15）与筑路大军并肩奋战，经受高寒缺氧、气候恶劣的自然条件，面对悬崖峭壁、冰峰雪岭、急流险滩、高原冻土，他们的口号是"拿出同敌人拼刺刀的精神和冰雪打仗"！他们逢山开路、遇水架桥，以严谨的科学态度和求实精神，克服难以想象的困难，创造了世界公路建设史上的奇迹。公路通车后，部队又迅速投入到巩固边防、建设边疆的任务中，经历剿匪平叛、自卫作战、稳固边防的战火洗礼，始终表现出"不怕艰难险阻、不怕流血牺牲"的革命英雄主义精神。1967年8月，川藏公路迫龙段山体塌方，道路被阻，为了按时完成任务，汽车十七团某连10位官兵，在副政治指导员李显文的带领下，冒着滚滚飞石，以"山崩地裂无所惧，越是艰险越向前"的英雄气概，深入险区排石探路，不幸被特大山崩吞噬，献出了宝贵的生命。中央军委授予他们"川藏运输线上十英雄"的荣誉称号（图4-16）。高原汽车兵在川藏、青藏线上，锻造成为一支听党指挥、忠诚使命、善打硬仗、作风优良、技术过硬的钢铁劲旅。

图4-15　高原汽车兵

图4-16　川藏线上十英雄纪念碑

（作者摄于西藏自治区"两路"精神纪念馆）

爱国精神是"两路"精神的核心。海拔5300米的查果拉哨所，气温零下40摄氏度，官兵们与雪山相伴，坚守岗位默默奉献。英雄们用热血和生命，写下了保卫边疆、建设边疆的创业史、奋斗史。在"世界屋脊"，他们用忠诚、热血和生命，勾画祖国的边境线，在"地球之巅"书写忠诚，在"生命禁区"创造奇迹，充分展示了他们巩固边防、建设边疆、报效祖国的爱国情怀、祖国利益高于一切的理想信念和献身使命、无私奉献的价值追求。

川藏、青藏公路通车，留给我们的不仅是"世界屋脊"和雪域高原上逶迤向前伸展的两条公路，更是一笔宝贵的精神财富。60多年来，几代西藏交通人继承和弘扬"两路"精神，以青春、热血和生命保障着高原"天路"的畅通，不断丰富和发展着"两路"精神的时代内涵，培育造就出"热爱祖国、坚守国土"的奋发向上精神、"一不怕苦、二不怕死"的顽强拼搏精神、"血肉相连、苦乐同享"的军民团结精神、"自力更生、艰苦奋斗"的开拓创业精神和"关心他人、奉献社会"的无私奉献精神。

第二节 "两路"精神的特质

一、"两路"精神是民族精神与革命精神的统一

在物质、地理、气候等条件极其艰苦的环境下，筑路英雄发扬爱国、奋斗、奉献的精神，自强不息、顽强拼搏，战胜各种艰难险阻。他们的英勇事迹，既体现了以爱国主义为核心的民族精神，又彰显了中国共产党的革命精神品质，是民族精神与革命精神的有机

统一。

"两路"精神是民族精神的重要组成部分。中华民族的自强不息、勤劳勇敢、奉献牺牲、团结友爱等精神品质，是"两路"精神的思想文化渊源。在川藏、青藏公路修筑过程中，筑路将士与各族民众团结一致，不怕困难，不怕牺牲，努力筑路，正是传承了伟大的民族精神。

"两路"精神也是中国共产党革命精神的重要组成部分。中国共产党在领导革命和建设的伟大历程中，把践行"一不怕苦、二不怕死"的革命英雄主义品质，作为战胜艰难险阻的巨大精神力量。毛泽东在中共七大的闭幕词中提出："下定决心，不怕牺牲，排除万难，去争取胜利。"从此，这句话就成为人们勇于奋斗、敢于战胜一切困难的革命精神动员令。建设时期，全国人民发扬这种革命英雄主义精神，不怕牺牲、排除万难地投入到建设国家的事业中。川藏、青藏公路修建者和守护者彰显的"一不怕苦、二不怕死，顽强拼搏、甘当路石"的大无畏精神，正是弘扬不惧艰苦、不惜牺牲、百折不挠的革命英雄主义品质的生动写照。

在川藏、青藏公路建设中，中国共产党的革命精神与民族精神，激励着筑路军民团结一心、共同奋斗。"两路"精神与民族精神、中国共产党革命精神一脉相承，是民族精神与革命精神的统一。

图 4-17、图 4-18 分别为筑路中十八军后方部队打通怒江天险和在怒江上架设铁索吊桥。

图 4-17　十八军后方部队打通怒江天险，1953 年　　图 4-18　在怒江上架设铁索吊桥，1954 年

（作者摄于西藏自治区"两路"精神纪念馆）

二、"两路"精神是拼搏精神与科学精神的统一

"两路"建设者艰苦奋斗、不畏流血牺牲，养护工人默默坚守岗位，集中体现了不怕牺牲、顽强拼搏、甘当路石的精神品质。同时，"两路"精神还包含了科学精神和实事求是的态度。从早期的勘察选定线路，到"两路"的维护、技术创新，无不体现"两路"精神注重科学、与时俱进的创新精神。

"两路"建设者为了祖国和人民的利益，奉献青春、热血和生命，修建了世界上最具挑战性的川藏、青藏公路，这是鲜血和生命铸就的英雄之路，"两路"精神就是建设者顽强拼搏精神的深刻凝练。十八军将士们牢记"进军西藏，一面进军，一面修路"的伟大号令，义无反顾，用热血和生命谱写不朽壮歌。军长张国华（图 4-19）在主持研究进藏事宜的大会上，几次收到"女儿病危"的通知，也没有放下繁重的工作，等他晚上安排完工作，女儿已经永远地离开了。政委谭冠三（图 4-20）曾留下诗句："男儿壮志当报国，藏汉团结重如山；高原有幸埋忠骨，何须马革裹尸还。"他生前唯一的要求是：把他的骨灰埋在西藏。慕生忠将军在修筑青藏公路时，与民工一起抡铁锤凿顽石，跳进水里打桥桩。穿越沱沱河时，洪水把修好的路面冲毁，慕生忠率先跳入冰冷刺骨的河水里搬石砌路，他一直在河水最深、水流最急的地方抢修道路。在他的带领下，大家齐心协力，奋力抢修，整整干了10个小时，路抢修好了，可他的双腿却肿胀得穿不进鞋了。他说："我受点苦，可是价值大。今天200人干了500人的活，数学是1+1=2，哲学上1+1就可能大于3，等于4，甚至更多。在最困难的时刻，领导站在前头，一个人就可能顶几个人用。这就是生活中的辩证法。"①1957年12月，慕生忠将军在中南海向毛泽东主席汇报修筑青藏公路的情况时，毛泽东称赞他"把哲学运用到工程上了"。

图4-19 十八军张国华军长

图4-20 谭冠三政委

（作者摄于西藏自治区"两路"精神纪念馆）

为了西藏的解放、进藏道路的修筑、为了西藏的建设和发展，无数先辈将忠骨永远埋在了高原。慕生忠将军的遗愿，就是将骨灰埋在他修筑的青藏公路旁。这种崇高的精神境界，是英雄们拼搏奉

---

①中共甘肃省委党史研究室. 慕生忠纪念文集[M]. 北京：中共党史出版社，2016：5.

献精神的缩影。

同时,"两路"精神是拼搏精神与科学精神的统一。科学精神主要表现在:第一,早期踏勘和测绘路线时没有任何参考资料,但是"两路"筑路者始终坚持实地踏勘和调查的科学求实筑路态度。川藏公路全长2000多公里,但为了找到合适的线路,勘探队员们翻越了200多座大山,徒步1万多公里。为了确定昌都至拉萨段公路的走向,康藏公路筑路政委穰明德派出踏勘队,在人迹罕至的地方踏勘调查,徒步万里,最后选择南线。第二,坚持科学筑路方法,及时总结经验教训,建立了以总工程师为首的技术责任制,充分调动技术人员的积极性,统一领导、分工明确。为了克服困难,提高工程质量,多次召开会议,研究解决施工筑路事项①。第三,发扬工程民主、坚持科学精神。在筑路过程中,部队经常召开民主讨论会,集思广益,开展合理化建议;尊重技术人员意见,严格按照施工规范操作,坚持科学筑路,不断改进技术施工方法。表4-1为川藏(康藏)公路重要修建会议。

川藏(康藏)公路重要修建会议　　　表4-1

时　间	会议名称	主　要　内　容
1950年8月	天全会议	明确雅安到马尼干戈段修筑重点工程
1951年11月	甘孜第一次会议	研究如何在1951年打通雀儿山
1952年6月	岗拖会议	总结施工经验,明确职权范围和施工方针
1952年8月	昌都第一次会议	选定南线为昌都至拉萨的路线,介绍苏联先进经验
1952年10月	甘孜第二次会议	明确1953年任务、施工标准、劳动组织

①纪念川藏青藏公路通车三十周年筹委会办公室文献组,西藏自治区交通厅文献组.纪念川藏青藏公路通车三十周年文献集 第二卷 筑路篇(下)[M].拉萨:西藏人民出版社,1984:192.

续上表

时 间	会议名称	主 要 内 容
1953年7月	昌都第二次会议	布置全年修筑任务，明确施工原则
1953年8月	东久修建会议	总结修筑经验，明确南线的正确性，加强政治工作
1953年9月	同宜会议	明确1954年准备工作和施工计划
1953年11月	然纳会议	布置1953年第五期工程任务，研究1954年施工计划草案
1954年7月	加龙坝会议	总结严重水毁问题的原因，制定解决方案
1954年9月	通德会议	研究建设速度与质量匹配问题，保障顺利完成公路建设

注意先进技术的引进和应用，苏联、波兰、民主德国、匈牙利等国家也在技术上和物资上给予筑路部队很大援助，派出一些专家投身于"两路"建设。苏联专家别路·包罗多夫等亲赴高原，指导建设(表4-2)，川藏公路见证了新中国初期中苏友谊[①]。"两路"的建设，是军民团结、汉藏团结、社会主义国家国际主义精神的生动体现，对"一带一路"的建设也有很大的借鉴意义。

苏联专家别路·包罗多夫指导川藏公路建设　　表4-2

工 程 技 术	工 程 效 果
草拟了《测量设计规程》和《施工规范》	对后来公路施工意义重大
反复讲解级配路面并亲自动手示范	提高了公路的质量且节省了巨额资金
用木结构钉板梁桥替代建筑桥墩	安装简便，造价低，节省大批短缺材料
用先进理论解决木桥大跨径问题	减短桥的长度，节省大量建桥资金
在冲刷线下两米的卵石基础上可建桥墩	实现革命性的突破
修筑木桥时用圆木替代方木	省工且断面面积增大

---

① 康藏公路修建司令部，修路史料编辑委员会. 康藏公路修建史料汇编[C]. 内部印刷，1955：310.

续上表

工 程 技 术	工 程 效 果
将木桥进行防腐处理	木桥可延长寿命 10-25 年
指出过去塌方的症结所在	提高昌都以西地段之前路段的标准

川藏、青藏公路是一项艰巨浩大的旷世工程，修筑时需要顽强拼搏的精神意志，同时还必须结合科学技术，遵循科学精神，不断改进技术施工方法。因此，"两路"精神是拼搏精神与科学精神的统一。

三、"两路"精神是国防安全与民族团结的统一

川藏、青藏公路是维护国家领土主权完整的国防要道。"两路"的通车，保障了进藏部队的后勤物资补给，为人民解放军驻守西藏、巩固西南边防、捍卫祖国统一、维护多民族国家的团结统一，创造了极为有利的条件。各族人民和部队官兵团结一致，战胜分裂主义势力和国外敌对势力，为维护国防安全和祖国统一，做出了重要贡献。进藏部队和筑路先辈满怀报国之情、卫国之志，不怕艰难险阻，不怕流血牺牲，展现出对革命事业无比的坚定与忠诚。

修筑进藏公路，将西藏与祖国内地紧紧相连，是中共中央和平解放西藏战略布局的重要组成部分，具有重大的战略意义。川藏、青藏公路的修建，不仅是为了巩固国防安全，也是为了打破西藏千百年来落后的封建农奴制度，推动西藏社会各方面的进步发展。川藏（康藏）公路1953年的昌都会议纪要，明确了选线的原则是以巩固国防和发展国民经济为主。彭德怀同志对川藏（康藏）公路通车昌都后的路线走向，是选择走南线还是北线时，明确表示："我举双手

赞成走南线来修这条国防公路。"毛泽东在听取有关川藏（康藏）公路线路走线的汇报后说："采取南线为宜……这是有国防观点的表现。"川藏（康藏）公路南线的线路选择，与巩固西南边陲国防有着直接关系。川藏、青藏公路在1962年的中国边防部队被迫进行的自卫反击作战中发挥了重要作用，保障了兵员和军需物资的运送；20世纪80年代中后期，西藏极少数分裂分子与境外"藏独"势力勾结，出现了叛乱"逆流"，多次制造"打砸抢烧"等暴行，川藏、青藏公路在部队入藏平叛中发挥了巨大作用，确保了西藏社会的和平安宁和民族团结。

西藏和平解放前，民族关系、宗教问题渊源错综复杂，由于交通闭塞，反动统治阶级和帝国主义的长期统治和挑拨分离，造成藏汉民族间产生隔阂和民族内部出现不和。刚开始修路时，藏族群众对解放军很不了解，加之语言又不通，有的甚至把解放军当成旧军队一样看待，产生误会甚至是怀疑和对立情绪。

筑路官兵及一代代"两路"人，模范执行党的民族宗教政策，尊重藏族群众的风俗习惯和宗教信仰，尊重他们的民族情感和民族尊严。战士们语言不通就用事实说话，粮食不够就用野菜充饥。正如朱德总司令的题词："军民一致，战胜天险。克服困难打通康藏交通，为完成巩固国防繁荣经济的光荣任务而奋斗！"筑路部队学习藏语，对藏族民工生活上关心，技术上耐心指导，为藏族群众送医送药、做好事。民工们说："我们都是西藏生西藏长，从未见过你们这样的好心肠。解放军的心和菩萨一模一样。家乡亲友多，都没有父母亲。天上星星多，都没有北斗明。见过的人很多，都没有解放军好！"战士们用实际行动，消除了民族隔阂。

随着"两路"的顺利通车，藏族与汉族、其他各族人民的感情交流、物资往来日益频繁，内地各级各类人员进藏支援建设，西藏各族青年到内地学习文化知识和专业技术，深刻了解了党的民族政策，有力促进了西藏与祖国内地政治、经济、文化上的交流，军民之间、汉藏之间结下深厚情谊，增进了各族人民之间的团结。"西藏民族和汉族人民及祖国其他民族的团结，从来没有像今天这样巩固；西藏地方和祖国内地在政治上、经济上、文化上的联系，从来没有像今天这样密切。"他们把川藏（康藏）公路、青藏公路比喻为"彩虹""金桥"，将拉萨与北京、西藏与祖国内地紧紧联结在一起。藏族群众由衷地歌唱新生活、歌颂解放军，"是谁帮咱们修公路，是谁帮咱们架桥梁……"的歌谣传唱不衰。

川藏、青藏公路不仅是巩固国防安全之路，更是民族团结之路、西藏文明进步之路、西藏各族人民共同富裕之路。"两路"精神是国防安全与民族团结的统一。

四、"两路"精神是革命英雄主义与革命乐观主义的统一

红色传统、红色血脉、红色精神和革命英雄主义，是人民军队特有的精神标记。

也许有人认为，在和平年代不那么需要革命英雄主义，不用再弘扬战争年代的英雄。但是，请别忘记：我们今天的和平，正是战争年代的英雄抛头颅、洒热血争取来的；今天的世界并不太平，我们有幸生活在和平的国家。我们今天享受的和平与安宁，正是因为有无数的英雄替我们负重前行、奉献奋斗。对英雄故事的传颂、对英雄的敬仰，是享受和平与安宁的我们表达敬意的方式，也是对革命英雄主义精神的传承。一个没有英雄的民族是可悲可怜的民族，

而一个有英雄却不知珍惜的民族是无可救药的民族。不管时代怎样变迁,革命英雄主义精神永远是构建我们民族信仰的精神内核,激励我们在民族复兴的大道上奋勇前行。

革命英雄主义是指革命者为了革命利益和崇高理想,不畏艰难险阻、不怕流血牺牲,英勇战斗、忘我工作的品德和行为。中华民族自古以来就崇尚英雄,形成了自己独有的英雄观。正如鲁迅所言:"我们自古以来,就有埋头苦干的人,有拼命硬干的人,有为民请命的人,有舍身求法的人,……这就是中国的脊梁。"从大禹治水、后羿射日、女娲补天、精卫填海的上古传说,到"富贵不能淫,贫贱不能移,威武不能屈"的儒家理想人格;从"壮志饥餐胡虏肉"的岳飞、"留取丹心照汗青"的文天祥等民族英雄,到"去留肝胆两昆仑"的谭嗣同、"须把乾坤力挽回"的秋瑾等爱国志士,中华民族的历史充盈着英雄主义气息,书写着为国赴死的慷慨悲壮。

1921年中国共产党成立后,李大钊、夏明翰、邓中夏、杨靖宇、江竹筠……无数优秀的共产党人,为民族解放展开气壮山河的斗争,使古老的英雄主义绽放出前所未有的光芒。"一不怕苦、二不怕死,战天斗地、百折不回"的革命英雄主义,彪炳中国革命史册。

战争年代,革命英雄主义体现在大渡河十八勇士、狼牙山五壮士、董存瑞、黄继光等革命先辈奋不顾身的英雄气概中;和平时期,革命英雄主义体现在日常工作中,是为建立和巩固社会主义新中国而表现出的最深沉、最持久、最顽强的英勇精神。从"宁肯少活二十年,拼命也要拿下大油田"的铁人精神,到戈壁滩升起的蘑菇云、"神舟""嫦娥"遨游太空九天揽月,"蛟龙号"载人深潜五洋捉鳖……在战火的硝烟中、在建设的风雨中、在改革的洪流中，革命英雄主义不断得到传承和发扬。

毛泽东对革命英雄主义有过明确的论述，他说："这个军队有一往无前的精神，它要压倒一切敌人而决不被敌人所屈服。不论在任何艰难困苦的场合，只要还有一个人，这个人就要继续战斗下去。"朱德也指出："革命英雄主义是视革命的利益高于一切，对革命事业有高度的责任心和积极性，以革命之忧而忧，以革命之乐而乐，赤胆忠心，终身为革命战争事业奋斗，而不斤斤于作个人打算，为了革命的利益和需要，不仅可以牺牲自己的某些利益，而且可以毫不犹豫地贡献出自己的生命。"毛泽东、朱德的论述是对革命英雄主义的高度科学的概括。

2017年12月13日，习近平总书记来到舍己救人英雄王杰生前所在的部队，和官兵一起重温王杰的英雄事迹。他动情地说："一不怕苦、二不怕死是血性胆魄的生动写照，要成为革命军人的座右铭。"①

在"生命禁区"的世界屋脊、雪域高原，川藏、青藏公路的修筑工程艰巨浩大，施工极其艰难，环境极其艰险，交通极其落后，生活极其艰苦。刘伯承说："进军西藏，是我军历史上的第二次长征。"面对高寒缺氧、雪山草地、悬崖绝壁、激流险滩、地震泥石流频发等恶劣艰险的环境，人民解放军与各族群众发扬一不怕苦、二不怕死的精神，顽强拼搏、甘当路石，用青春、热血和生命，铺就了高原"天路"，充分彰显了"两路"建设者的革命英雄主义精神。十八军政委谭冠三在怒江桥头留下对联——深山峡谷显好汉，怒江两

---

① 深入贯彻学习党的十九大精神 全力推进新时代练兵备战工作[N]. 人民日报，2017-12-15(01).

岸出英雄。

建设者们坚守初心，牢记使命，牢记"为了帮助各兄弟民族，不怕困难，努力筑路"的神圣使命，面对筑路中的千难万险，表现出异乎寻常的革命乐观主义精神。革命乐观主义是指革命者对生活、对事业和对社会发展前途充满坚定信念和积极进取的精神面貌，是无产阶级世界观的表现之一。革命乐观主义是建立在对社会发展规律的科学认识和对人民群众力量以及新生事物必胜的基础上，因而始终具有坚定的革命意志、乐观开朗和朝气蓬勃的精神状态。川藏、青藏公路的建设者发扬革命乐观主义精神，以苦为荣、以苦为乐，用歌声、诗句等方式藐视一切困难。

"青藏公路之父"的慕生忠将军留下诗句："日月山啊，日月山，海拔三千三。回头看，有人烟。向前看，青草滩，一望无边！文成到此曾留难，我今进藏从此过，进入草原第一关！（1951年7月15日）""万里江山从头越，人间神秘被戳穿，虽然号称世界脊，今日通过也无奇。（1954年10月20日）"在川藏路雀儿山段施工时，一六〇团一营的筑路战士们说："我们住的是5000米高度，睡的是斜坡30度，开水是沸点70度，气温是零下30度，可我们的筑路热情却沸腾到了100度！"他们营长补充道："还有重要的1度——在党的领导和人民的支援下，我们的智慧和力量没有限度，任何困难都能克服。"

在进军和修路途中，战士们创作了大量优美的诗文，抒发他们歌唱祖国、建设边疆、保卫边疆的豪情壮志。"人民战士英雄汉，一路欢笑一路歌。雪山草地任我走，冰川大河任我过。越是艰苦越顽强，越是困难越快活！""筑路大军工程队，看山架桥镇虎威，一声吆喝震长空，群山响春雷。铁锤叮当响，串串往后退，高矮深浅都让路，乖乖听咱来指挥。谁说高原道路险？新图美景咱们绘，五星红旗迎风展，边疆的风光多明媚！"

由于运输困难，筑路部队有时出现断炊断粮的情况，但困难难不倒筑路英雄。"断了粮难不倒，一日三餐照样搞。野菜汤野菜包，野菜饺子野菜糕，野菜笋片野菜炒，野菜丸子野菜烧，野生蘑菇野生杏，野生木耳野生桃，野葱野蒜野辣椒……随军粮仓到处有，漫山遍野都能找。"

虽然筑路工作极度辛劳和危险，但战士们心里依然充满对美好生活的追求，饱含革命乐观主义精神。1950年6月，记者林田在部队筑路要翻越折多山时下到了营地，他惊奇地发现，在雨水纷纷、粮食都很难到位的情况下，战士们一边搭帐篷，一边布置他们的营地"花园"。一个帐篷前修了"战士之家"，在不到两公尺见方的地方建起了"新村"，在小甬道两边栽种了从山上采来的各种花草，正中是一个小广场，栽了细细的小草，广场周围用小石子砌了字："保卫世界和平""建设新中国"。另一座帐篷前修了一个"战士小乐园"，这是一个月形小花园，中间用石子堆了一座小假山，插了几枝青树梢当大树，铺了从山石上铲下来的绿苔藓作草坪，周围也做了一些字，不是用石子摆，而是用苔藓栽成的。此外还有一些别的小建筑，各具特色①。

林田记者敬佩战士们在艰苦繁杂的训练和劳动之余，还有这样的精力和兴致来美化临时的生活环境，这表现了多么旺盛的生命力、多么丰沛的乐观精神和创造才能！这种对美好生活的追求，即使在最艰苦的时刻也没有被消磨掉。

1954年，筑路部队进入昌都后，筑路战士仍然在忙碌、艰苦的

---

① 林田.藏行记实[M].北京：中国藏学出版社，1997：9.

工作之余，装饰、点缀自己的"工地之家"。夏季，他们在"帐篷村"的外面，围上了用松枝和野花编的篱笆，村外新开辟的小菜园里，生长着各种嫩绿的菜蔬。村里修了露天舞台、篮球场和搭着遮棚的饭堂。用松枝搭起来的绿色的俱乐部里面，放置着各种图书、画报和文娱器具。经过一天紧张劳动的人们，就在这里度过他们的傍晚。雨过天晴的周末的夜晚，筑路战士们就在这些灯火明亮的"帐篷村"里，演奏着各种乐器、举行露天舞会或演唱歌颂筑路英雄、模范的新节目。

而当他们征服川藏公路上最后一座高山——色季拉山峰的时候，所处之地是山上遮天蔽日的原始森林，是长满苔藓的崖石，是水深及膝的泥沼。战士们会在这里完成以下工作：筑路战士在山坡上的原始森林里，伐掘几万株树木；在山顶施工的战士们，冒雪昼夜工作，劈开了几十公尺高的石崖；在施工中，还遇到几公里的泥沼草地，筑路战士和工人们掀掉草皮，挖除了一两公尺深的稀泥，填上石头，然后用树干铺好了木排路基。在修筑山西麓的一段泥沼地的路基时，在下雪的清早或刮大风的傍晚，筑路战士们不顾寒冷，在腿上涂上防冻油膏，下到结了薄冰的泥沼里。但就在这与恶劣的环境里，记者沈石看到的依然是"白色的帐篷，一层一层地，顺着山的坡度，点缀在松林间。缕缕炊烟，透过树梢，凝成了天蓝色的长带；走进工兵某营的营房，那回廊、拱门、俱乐部和宿舍的四围，都是用松枝编成的。"①如此温馨的画面，与这样严酷的环境奇异地结合在一起，令人惊叹。这是怎样的革命乐观主义精神才能创造的奇景！

筑路工地上，战士们自办家乡晚会和文艺晚会。他们用随手采

---

①沈石. 最后一座山——康藏公路通讯[N]. 人民日报，1954-11-01(02).

摘的树叶,吹奏出悠扬的山歌和悦耳的民谣,节目有舞蹈、花灯、快板、说唱等形式。说唱节目中,一个嘴上粘满棉花的小老人笑哈哈地走进会场,旁人问:"老汉,你姓什么呀?"小老人唱道:"老汉本姓萧,手拿一把刀,杀尽侵略鬼,此恨才能消。"旁人又问道:"老汉,你到底姓什么呀?"小老人又唱道:"老汉本姓高,手拿十字镐,来修康藏路,决心把国保。"一唱一答的形式,充分反映了战士们的筑路热情。在高原筑路,"两路"修筑者们只能在冰雪上搭帐篷,条件极其艰苦。但战士们却说"帐篷架在冰山上,夜晚睡的玻璃床。玻璃床下流水声,咱们说的是音乐响。""天寒地冻心里热,热血可以化冰雪,战胜冻土修公路,保证年前通汽车。""要叫汽车开上山,我们就得能上天。"……工地处处洋溢着高昂的建设热情,他们生机勃勃、热爱生活又富于奉献精神和创造精神(图 4-21)。"两路"修筑者正是以这样的革命英雄主义气概与革命乐观主义精神笑对困难,战胜困难,筑路成"两路"。因此,"两路"精神是革命英雄主义与革命乐观主义的统一。

图 4-21　康藏公路建设东线筑路部队的文艺生活

(作者摄于西藏自治区"两路"精神纪念馆)

第五章
"两路"精神的历史地位

"两路"精神,是中国共产党从革命向建设转型时期形成的精神文化,是在特定时代、特殊环境下形成的,是中国共产党社会主义建设时期先进精神的源头。"两路"精神与其后涌现出的先进精神、先进事迹,如工业方面的大庆精神、铁人精神、工匠精神,农业方面的红旗渠精神、小岗村精神,航天事业方面的载人航天精神、"两弹一星"精神,军队方面的雷锋精神、好八连精神,党的优秀干部的焦裕禄精神、孔繁森精神等,共同凝聚成了中国现代化建设的强大精神动力,支撑着中华民族在复兴之路上坚实前行。

第一节 "两路"精神是新中国建设时期先进精神的源头

"两路"精神是新中国建设时期先进精神的重要源头。

从时间上看:"两路"精神是在新中国成立之初进军西藏和建设西

藏的第一项超级工程——川藏、青藏公路修筑的实践中孕育诞生的。

从内涵上看："两路"精神是新中国社会主义建设时期先进精神丰富发展的精神之源。"两路"精神始终贯穿着党的根本宗旨，体现了党为中国人民谋幸福、为中华民族谋复兴的初心与使命。"两路"精神是中国共产党的革命精神、中华民族的民族精神在西藏交通建设实践中的集中体现。"两路"精神所蕴含的爱国主义、艰苦奋斗、顽强拼搏、奉献牺牲、实事求是、开拓进取、团结友爱等精神内涵，在此后建设时期涌现的各种先进精神中得以体现。虽然这些先进精神产生的时代背景不同，各有其精神特点，但它们都具有相同的精神内核，在内涵本质上具有内在的统一性。

从功能上看："两路"精神是新中国社会主义建设时期先进精神形成和实现中华民族伟大复兴的动力源头。在高寒缺氧、艰苦卓绝、危险重重的雪域高原筑路实践中，铸就的"一不怕苦、二不怕死，顽强拼搏、甘当路石，军民一家、民族团结"的"两路"精神，具有强大的感召力与吸引力，对社会主义建设时期各种先进精神的形成产生了深远的影响。可以说"两路"精神是新中国建设时期先进精神的重要源头，并与其他先进精神一起成为中华民族伟大复兴中国梦的不竭动力。

一、"两路"精神形成于新中国第一项超级工程中

川藏、青藏公路的修筑是新中国第一项超级工程，是伴随着西藏解放的进程而展开的，在"一五"计划大规模工业化建设之前就已开始。当毛泽东高瞻远瞩地提出"一面进军，一面修路"作出"为了帮助各兄弟民族，不怕困难，努力筑路"的指示时，就意味着这两条路不但是进军之路、解放之路，同时也是西藏建设之路、发展之

路。毛泽东关注的不仅是解放西藏、稳定边疆,更是要改变旧西藏贫穷落后的面貌,促进民族地区的繁荣发展和中华民族的整体复兴。"两路"的修筑,具有捍卫国家主权、维护祖国统一、促进民族地区发展、改善民生、增进民族团结等重大战略意义。

川藏、青藏公路的建设,开启了中国共产党以执政党身份进行大规模基础建设的先河。两条进藏公路的修建以其工程难度巨大、战略意义深远而受到举国上下的广泛关注。筑路过程中所涌现出的感人事迹和"一不怕苦、二不怕死,顽强拼搏、甘当路石,军民一家、民族团结"的精神,随着媒体的深入报道,迅速辐射四方,影响深远。

当年,国内影响力最大、覆盖面最广、体现时代最强音的权威媒体《人民日报》对"两路"修筑给予了极大的关注,进行了大量报道。报道重点集中在两个方面,其一为"两路"的施工进程,川藏公路的康定到成都段、昌都到拉萨段[1]、川藏公路中段[2]、东段[3],尤其是拉萨到太昭段[4]的工程进展,一级公路对沿线人民生活的积极影响[5];青藏公路的查拉坪、红土山两段重点工程[6]、沮洳地段[7]、青海大草原到黑河段工程[8]等。报道聚焦的另一个方面

---

[1]康藏公路昌都到拉萨段动工修筑 太昭到拉萨段筑路工程在施工前作了充分准备[N].人民日报,1953-08-08(01).
[2]康藏公路中段工程修到昌都以西四百公里处[N].人民日报,1954-01-10(01).
[3]康藏公路东段即将开始修筑[N].人民日报,1954-03-31(01).
康藏公路东段提前六天全段通车 青藏公路筑路人员争取年底通车到拉萨[N].人民日报,1954-11-29(01).
[4]康藏公路昌都到拉萨段动工修筑 太昭到拉萨段筑路工程在施工前作了充分准备[N].人民日报,1953-08-08(01).
康藏公路拉萨至太昭段修筑工程全面开工[N].人民日报,1954-03-27(01).
[5]康藏、宜塘等公路通车后 沿线人民的经济生活日益繁荣[N].人民日报,1953-12-25(02).
[6]青藏公路查拉坪红土山两段重点工程完工[N].人民日报,1954-08-13(02).
[7]青藏公路越过沮洳地段[N].人民日报,1954-10-27(02).
[8]青藏公路越过青海大草原通车到黑河[N].人民日报,1954-11-20(02).

则是筑路中涌现的模范人物、英雄事迹。《人民日报》1952年5月刊登了《为建设祖国边疆而牺牲的共产党员张福林》①。1954年8月3日刊载了陈家璀的文章《修筑康藏公路的英雄部队》②，1954年12月28日刊载了《英雄战胜了"冰桥"——青藏公路通讯》③等。

川藏、青藏公路修筑的技术难度之大，在世界筑路史上是空前的，对一些特别艰巨的、具有突破性的工程任务或有历史性的重要工程建筑，《人民日报》即时跟进进行现场报道，如跨越色季拉山④、架设怒江桥⑤、拉萨河大桥⑥等。

新华通讯社同样详细追踪"两路"建设进度，而且对"两路"修建工程中筑路军人的工作日程、工人的精神面貌、涌现的英雄事迹投入了更多关注。如《康藏公路桥梁工地一昼夜》⑦《康藏公路工地一角》⑧《修筑康藏公路的战士和工人过着丰富多样的文化生活》⑨《康藏公路的全体人员向全国人民代表大会保证今年把公路修到拉萨》⑩，《康藏公路的战士们纷纷表示决心》⑪；专题报道了《勘测康藏公路的人们》⑫《修筑康藏公路的英雄部队》⑬《修筑康藏公路中的

---

①赵慎应.为建设祖国边疆而牺牲的共产党员张福林[N].人民日报，1952-05-18(03).
②陈家璀.修筑康藏公路的英雄部队.人民日报，1954-08-03(03).
③英雄战胜了"冰桥"——青藏公路通讯[N].人民日报，1954-12-28(02).
④康藏公路跨过最后一座大山——色齐拉山[N].人民日报，1954-11-13(02).
⑤苏策《在怒江激流上——康藏公路通讯》[N].人民日报，1954-12-18(02).
⑥拉萨筹备迎接康藏青藏公路通车 康藏公路最后一座桥——拉萨河大桥正在架设[N].人民日报，1954-12-06(02).
⑦康藏公路桥梁工地一昼夜[J].新华社新闻稿，1954(1574)：26.
⑧康藏公路工地一角[J].新华社新闻稿，1954(1560)：10-11.
⑨修筑康藏公路的战士和工人过着丰富多样的文化生活[J].新华社新闻稿，1954(1580)：6.
⑩康藏公路的全体人员向全国人民代表大会保证今年把公路修到拉萨[J].新华社新闻稿，1954(1580)：10.
⑪康藏公路的战士们纷纷表决心[J].新华社新闻稿，1954(1414)：3-4.
⑫测绘康藏公路的人们[J].新华社新闻稿，1952(925-955)：33-34.
⑬修筑康藏公路的英雄部队[J].新华社新闻稿，1954(1526)：5-6.

模范党员邓子修》①《康藏公路筑路人员克服雨季困难紧张修路》②《康藏公路运输汽车部队为国家节约大量财富》③《康藏公路东段的道班工人》等等④。

从1952年到1954年"两路"通车,《人民日报》《新华社新闻稿》对"两路"修建的报道十分密集,并在1954年达到高潮,这期间,没有任何其他工程的报道最能够与之比肩。"两路"建设的艰苦过程和筑路人员的无畏豪情随着报纸、电台和广播被传递到祖国的每一个角落。筑路英雄们对党和国家的无限忠诚、对祖国发展和美好未来的期待,深深感动着、感染着每一个中国人。可以说,从来没有一条公路的修建如此激动人心,也从来没有一条公路的修建这样举国瞩目。修路过程中所体现出的精神风貌和精神力量,逐渐升华、凝结,在中国人民心中,创造性地转化为社会主义建设时期不竭的精神动力。

二、"两路"精神成为建设时期各种先进精神的源头

"一不怕苦、二不怕死,顽强拼搏、甘当路石,军民一家、民族团结"的精神,是中国共产党由革命向建设转型时期形成的先进精神文化,成为中国共产党在建设时期各种先进精神的源头。这种有条件要上,没有条件创造条件也要上的忘我奋斗精神和无穷的创造力,在其后的社会主义建设中涌现出的无数英雄人物和先进精神中不断地重复再现。

---

①修筑康藏公路中的模范党员邓子修[J]. 新华社新闻稿,1954(1677):6.
②康藏公路筑路人员克服雨季困难紧张修路[J]. 新华社新闻稿,1954(1565):8.
③康藏公路运输汽车部队为国家节约大量财富[J]. 新华社新闻稿,1954(1567):5.
④康藏公路东段的道班工人[J]. 新华社新闻稿,1954(1670):30.

例如，工业战线上的大庆精神、铁人精神，是为国分忧、为民族争气的爱国主义精神，是时刻牢记国家利益至上、国家需求至上、国家荣誉至上，时刻想着国家振兴、民族崛起的精神，是万众一心、众志成城、排除万难的拼搏精神，是讲究科学、实事求是的求实精神，是埋头苦干、不求回报的奉献精神。以铁人王进喜为代表的中国石油工人，以"宁肯少活二十年，拼命也要拿下大油田"的英雄气概，仅用3年时间完成大庆油田的建设，使中国终于在1963年甩掉"贫油"的帽子。

在修筑和养护川藏、青藏公路中形成的"两路"精神，可以说是大庆精神、铁人精神的提前预演：为国分忧、为民族争气的爱国主义精神；宁肯少活二十年，拼命也要建成川藏、青藏公路的忘我精神；有条件要上，没有条件创造条件也要上的艰苦奋斗、顽强拼搏精神；不计名利、埋头苦干的无私奉献精神。千万个钢铁筑路者，经过一千多个惊心动魄的日日夜夜，付出了巨大的艰辛、汗水、热血甚至生命的代价，凝聚成无穷伟力，完成了在当时几乎不可能完成的筑路任务。

战士们奋斗的动力源泉在哪里呢？正如修筑川藏(康藏)公路的战士吴海舟所言："我们越往前看，就越觉得高兴，就越觉得生活的有意义。今天在这儿建设好了，明天我们就往前走了，明天在那儿建设好了，后天我们就更往前走了。一步一个脚印，一步一个脚印，这样留下的每个脚印，都是我们的光荣，人民的幸福。"一位副连长陈家才也说："没有我们今天的住帐篷，哪会有康藏人民明天的住洋楼呢？"①

每个筑路战士都深深知道，川藏(康藏)公路的修筑，会改变历

---

①光荣的脚印[N].人民日报，1952-09-21(04).

史上康藏地区交通阻塞的情况，成为藏族人民发展生产、繁荣经济的主要交通动脉，更有利于各族人民的经济发展与文化交流，使民族团结更加巩固和亲密。在艰苦的筑路过程中，在征服险川激流、攻克雪山峻岭的战斗中，筑路大军表现出了极为崇高的英雄气概与乐观主义精神。有人看见一位青年战士冒雨在泥地里工作，向他问道："同志，你觉得苦吗？"这个青年战士看了他一眼，冷静地回答道："同志！苦与不苦，谁也很难给我们作一个很好的解释。我们在这里夜以继日地干，苦！当然有一点。但我们这个苦里却有很多的甜！你知道，当我们修建成功的时候，祖国又增加了多大一份力量啊！只要有这个甜在，我们的苦就算不得什么了！"①这位战士的话，充满了理想主义的精神气质，新中国成立后，中国共产党提出了建设强大的工业化、现代化社会主义新中国的远景目标。这个共同远景，集中了全国人民的利益和愿望。很明显，筑路战士们把祖国富强、民族团结、边疆建设都看成自己的历史使命，他们所从事的一切工作都是为实现这一共同远景的实践活动。对祖国的热爱、对未来富强中国的期许，使得全体人民在政治上、道义上和精神上团结一致，激发出巨大的聚合效应，使战士们能豪情万丈地克服一切困难："困难就是光荣，顽强就是胜利！""雀儿山的石头坚，没有我们的意志坚！""雀儿山的山峰高，没有我们的脚板高！"他们要用自己的血肉躯体，支撑起未来的美丽新世界。

在其后热火朝天、规模巨大的社会主义建设时期，在不同建设领域又先后形成了不同的先进精神。虽然各种先进精神各有其特质，但在个性之中仍然表现出跨越时空的共同内涵，如"两路"精神所体现出的坚定不移的理想信念，艰苦奋斗、爱国奉献、求实奋进

---

①让公路跨越"世界屋脊"[N]. 人民日报，1954-06-09(02).

等精神。这些精神力量是社会主义建设时期攻坚克难夺取胜利的重要法宝，是国家充满生机、快速发展的根本动力。

回想著名的红旗渠精神。1960年，勤劳勇敢的十万林县人民，在极其困难的条件下，苦战十个春秋，仅仅靠着一锤、一铲、一双手、一副铁肩，逢山凿洞，遇沟架桥，在太行山的悬崖峭壁上修成了全长1500公里举世闻名的"人工天河"，结束了当地十年九旱、水贵如油的苦难历史。为了这一创世纪的伟大工程，林县人民踏平了1250座山头，钻透了211个隧洞，架起了152座渡槽，挖砌土石方1818万立方米，相当于修了一道从哈尔滨到广州的高3米、宽2米的"万里长城"，创造了人间奇迹。而创造这一奇迹工程的基础，是共产党人一切为了人民的宗旨和信念。如果不是为了解决当地群众极端缺水的现实困境，就不会产生修建红旗渠的设想；如果没有党员干部和广大群众的苦干精神，也不可能建成红旗渠。在艰苦卓绝的伟大实践中，孕育形成了自力更生、战天斗地、百折不挠、艰苦创业、团结协作、不怕牺牲、无私奉献的红旗渠精神。工程修筑中，有189位英雄儿女献出了生命，红旗渠精神是我们党和民族的宝贵精神财富。红旗渠精神体现了对革命理想和未来坚定不移的信心，彰显了藐视困难、自力更生、发愤图强、永远向前的豪情壮志和共产主义的人生观、价值观。几十年后，神舟飞船首任总设计师戚发轫在谈到航天精神时提及，以"热爱祖国、无私奉献，自力更生、艰苦奋斗，大力协同、勇于登攀"为基本内涵的航天精神，其核心是爱国。"一个人只有有了爱，才会把最宝贵的东西奉献出来；而最大的爱，就是爱国家、爱团队、爱岗位。"

红旗渠精神、载人航天精神与"两路"精神一脉相承。修筑川藏、青藏公路的过程中，筑路人员把自己最真诚、最深切的爱奉献给了祖国和人民。为了祖国统一、边疆稳定、人民幸福,战士们凭着双手开出一条条道路来。大树挡住了路,砍掉它;崖石挡住了路,炸掉它。泥沼挡住了路,挖出一条沟槽,用树干和块石填平它;在缺少铁锹、钢钎的连队里,有时他们想办法用木料来代替。有了决心和毅力,再高的山,也能开辟出路来。战斗在川藏(康藏)公路上的人们,在零下二三十摄氏度、寒风凛冽、空气稀薄的雪山上,一锹一锹地铲开白雪,挖掉泥土,用绳子挂在腰间,在无法立脚的悬崖绝壁,悬空打眼炸方。在伸不起腰、站不稳脚的地方,工人们就跪下工作,膝盖磨破了,血湿透了裤子,仍然坚持到底。在海拔5000多米的雀儿山上,"千锤英雄"杨海银抡起7斤多重的铁锤凿石头,一气打了1000多锤①。筑路几年中,工人们、战士们,已经和铁锹、钢钎、铁锤、钢镐,结成了亲密的伙伴,光是他们在1952年和1953年挖的土方、石方,如果用到治淮工程上,可以给淮河再增加一道高5米、宽5米、长100多公里的拦水坝。

  战士们的钢铁意志,使拦路的一座座海拔4000米以上的大山向他们低下了头,使无数条湍湍急流在脚下驯服。在1954年10月我国自制的打桩机和钻探机开始在康藏公路工地上使用之前,康藏公路的桥梁工程全是用人力打桩②。筑路过程中的绝大部分时间里,没有任何现代化机械设备。一路走来,一路探索,凭借的是筑路部队和工作人员苦干实干、自强不息、群策群力,依靠的是战士们坚韧不拔的毅力和建设川藏(康藏)、造福西藏人民的决心。热爱祖国、服务人民是一切红色精神的基石,也是"两路"精神最本质的内

---

  ①林田. 坚强的筑路战士杨海银[N]. 人民日报,1954-11-04(03).
  ②康藏公路筑路人员正在打通最后一座大山 我国自制的打桩机和钻探机开始在康藏公路工地上使用[N]. 人民日报,1954-10-23(02).

核,"两路"精神承载、体现并深化了这种对国家、民族和人民的热爱。

一切为了人民,全心全意为人民服务,是社会主义建设时期所有巨大成就和伟大精神的核心和灵魂。"两路"精神不仅充分彰显了这一核心和灵魂,而且以新中国一号工程的历史地位,成为建设时期各种先进精神的源头,为其后的大规模社会主义建设提供了永恒的榜样和无穷的动力。

三、"两路"精神体现了建设时期先进精神实事求是的共同特质

实事求是党的思想路线,也是社会主义建设时期先进精神的共同内涵。川藏、青藏公路在修建过程中,从决策、勘察到修建,无不体现了解放思想、实事求是的思想路线。没有这两者的辩证统一,"两路"是建不成的。"两路"修建最初决策时,毛泽东考虑到西北结束战争较早,且由青海入藏的道路相对平坦好走,同时一行又驻留青海,积极响应中国共产党解放西藏的号召。因此,建议先修筑青藏公路,由西北局负主责。1949年11月23日,毛泽东致电彭德怀提出:"西藏问题的解决应争取于明年秋季或冬季完成之。就现在情况看来,应责成西北局担负主要的责任,西南局则担任第二位的责任。"彭德怀接电后迅速派遣野战军对西藏情况和入藏路线进行调查。调查结果显示,由青海、新疆入藏困难甚大,难以克服。而由打箭炉(雅安)分"两路":一路经理塘、科麦,一路经甘孜、昌都,"两路"入藏,较为现实。毛泽东得知调查结果后,依据实际情况及时调整了进军西藏的战略部署,将进军西藏的主要战略方向由

西北转向西南，命令西南局担任进军入藏的主要任务。一场举世瞩目的工程建设，由此拉开了序幕。

修筑入藏公路的难度在公路修建史上是空前的，而历史上遗留下来的关于西藏的资料少得可怜，公路要横贯高原，却没有详尽的地图，水文、地震、气温的记录和地形、地质资料，一切都得从头做起。它将走什么样的线路，越过多少山，跨过多少河，全都心中无数。完全没有高原筑路的经验，怎样开凿悬崖绝壁，怎样拔掉冻土，怎样征服流沙……这些都要在实践中探索进行。筑路工作就是在这样的情况下开启的。凭借着脚踏实地、实事求是、不断探索的精神，这条通往"世界屋脊"上的"天路"，以极快的速度向前推进着。在道路勘测方面，勘探人员被人誉为"高原上的开路先锋"，他们是走在筑路队最前面的人，也是吃苦最多的人，其工作之艰苦常人难以想象。十八军先后有十多个踏勘队，共600余人。1950年冬，派了一个踏勘队由甘孜出发，开始勘察马尼干戈至昌都的路线。1951年春，西南军政委员会交通部组织了余炯率领的踏勘队，勘探昌都至拉萨的线路。他们往返于北路、中路、小北路和拉萨之间，历时1年4个月，来回走了1万多里，翻过72座山，涉过600多条大小河流，勘测出3200多公里的比较线。在路上，他们曾经有3个月和队部失掉过联系。当他们终于归来时，已是衣衫褴褛，须发满面。

1952年，又有4个踏勘队踏勘南线，1个踏勘队复勘中线，同样历尽艰险。这些踏勘队长征万里，足迹遍于西藏，终于找出7条比较线，初步揭开了康藏地理的真面目。在怒江的支流——冷曲河南岸，有一段路属于"未测量区"，上有悬崖，下临深渊，可公路必须通过这段悬崖，才能向西前进。工程师张天翔、部队参谋张继良、藏族干部聪翁丁增等 5 人，几经探寻，终于在当地民众的帮助下寻到一条人迹罕至的野径，打通了这条道路。这一路，真可谓步步艰辛，踏石留印，抓铁有痕，没有丝毫侥幸。"一不怕苦、二不怕死"正是对他们艰苦工作最为形象的概括。

青藏公路虽然 1954 年才开始动工，但是在 1951 年，由北路出发的中国人民解放军进藏时，就配备了工程技术人员，随军踏勘青藏公路的线路。当时，他们走过青海中部广大的泥沼地带，没能找出一条理想的线路。从 1952 年到 1953 年，有好几支巨大的骆驼队接连不断地把数百万斤面粉，从青海运到西藏的黑河和拉萨。这件事，引起了西藏运输总队领导的关注。几支巨大的骆驼队从青海过来了，这样多的骆驼，自然不可能排成一线前进；只要骆驼是三五成行地从青海走来，为什么不能在它们行走的路上开辟出一条公路，让汽车通行呢？运输总队先后组织了 2 个大车勘探队，用和汽车一样宽的胶轮大车和木轮大车，各载 1000-2000 多斤物资，沿着骆驼队行走的道路探测线路。大车勘探队拍回的电报，对这条线路的结论是令人兴奋地八个字：远看是山，近走是川。原来，青藏一带虽是群山叠嶂，但起伏不大，海拔高而落差小。这时，大家才深深体会到，为什么历来人们只说"青藏高原"，而不说"青藏高山"的原因。

凭着这样科学、严谨、实事求是的态度和精神，踏勘队和筑路人员获取了大量准确的沿途地理、人文资料，让"两路"工程的修筑迈出了坚实的步伐。

筑路的过程就更是如此，艰险的环境容不得半点弄虚作假，从来没有筑路经验的他们，随时要克服塌方、流沙、冰川等各种困难，挑战极大。这要求每位领导干部、每位战士都必须以严谨的态度对待他们所面临的每一次任务。

"解放思想，实事求是"是他们战胜一切困难的不二法宝。在实践中学习、磨炼，并克服重重困难，部队迅速由战斗队转型为筑路部队。由于以前是作战部队，刚开始时战士们根本不会筑路。指导员孟庆尧说："那时候，他们初次踏进康藏高原的大门，在二郎山修路。高原上，炊事员煮不熟饭。战士们不会铺路面，不会砌涵洞和护坡。挖水沟，不是太宽，就是太窄。经过雀儿山、矮拉、甲皮拉、怒江西岸等艰巨工程，实践出真知，大家迅速学会了筑路方法，探索出了提高开凿石方进度的办法，而炊事员，即使在严寒的雪线上，也能千方百计想法儿发出又白又嫩的豆芽来。"

施工支队二工区第十四中队指导员叶春生的事例很有代表性。他参加过淮海战役，但毫无筑路经验，当他刚到施工支队担任指导员时，参加了一次工程技术会议并讲了话。会后有人对他说："你刚到这里，不懂什么工程，还是少说点话吧！"实在令人尴尬和窘迫。但叶春生很冷静地审视了自己的情况——确实是个工程技术门外汉。从此，他少说多学，虚心求教，用心思考，很快就提出了有价值的专业意见。

当叶春生的施工队在波密段施工时，由于冰川崩溃而屡次冲毁桥基是道路施工中的大难题，为了保证道路通畅，筑路人员甚至不得不在河沟两岸的山岗上设置了警戒哨，一旦泥浆岩石冲下来，白天摇旗报警，晚上则鸣枪示警。当泥浆岩石停止流动，工人们就利用间隙，抢修便道，架设便桥。有时，载重汽车刚刚通过，山岗上的红旗又在摇动，便道和便桥立刻又被冲毁了，毁了又修，修了又毁，往复多少次，是一个无法解决的难题。最终，叶春生找到了解决难题的方法，他自己用行动成为一个有专业素养的指导员。

从某种程度上说，"两路"的修建是边学边建。这群刻苦自励的人们，逢山开路、遇水搭桥，在与自然的斗争中不断成长，雪山、石峡、激流和荒漠都在他们面前低下了头。修筑川藏（青藏）公路过程中，海拔4700多米的昆仑山首先横在面前。筑路大军在这里，劈开了两道被雪水冲刷成几十米深的大沟两岸坚硬的陡崖，登上了空气稀薄的昆仑山顶。前进的路上有通天河的上游支流楚玛尔河、沱沱河、乌兰木伦河及其他许多河流挡住去路。修筑公路，必须在这些河流上架起桥梁。可是，这里既没有钢材，也没有混凝土，草地数百里连一根木材都没有，怎能架桥？终于，筑路的战士们摸索出把石块从河底垒起，垒起过水路面。没有工具，搭帐篷用的钉子都捐献出来了，没有修理工具的炭炉，就用牛粪烧火来代替。铁锹、铁镐不知磨秃了多少次，不知重新锤打了多少回，就这样，他们把公路修到了拉萨。

在筑路过程中，不论遇到任何困难都必须直面它、攻克它，这一路走来，解决了数不清的难题，一群最初完全不会筑路的人，创造了令人仰视的高原筑路成绩，成就了人间筑路奇迹。有了他们作为社会主义建设的先锋和榜样，还有什么困难是不能克服的呢？还有什么能阻挡住中国人民建设新中国的步伐呢？在他们身后，新中国社会主义建设成就捷报频传，正是意料之中的事！

第二节 "两路"精神成为时代精神坐标

一、筑路英雄战天斗地的精神足为后世表率

"两路"修筑异常艰难，筑路人员战天斗地的精神足为后世表率。由于川藏、青藏地区地理环境险恶，"两路"的建设难度非比寻

常。川藏公路必须跨过许多高原激流，穿过横断山脉和常年不见天日的原始森林，还需要挖开十多里到几十里的积雪、坚冰和冻土，炸开无数坚硬的岩石。青藏公路则穿翻越唐古拉山脉和大量的无人区，工程条件之艰苦、工程难度之大可以说是空前的，而施工过程中筑路人员表现出的勇气、毅力和创造力也是前所未有的，足为后世表率。

新中国成立伊始，修筑"通天之路"的历史性任务就摆在了眼前，这是一个巨大的考验，征服它的过程，也意味着新中国将会克服所有困难，在创造新世界的道路上一往无前。而修筑"两路"进程中留下的精神和物质遗产，将绵延不绝地推动着新中国的建设和发展。

川藏公路康定到昌都段的施工，其中马尼干戈到昌都这一段，共长460公里，中间经过6座海拔4500—5000米的大雪山，最低线路也在海拔3300米以上。这一段，有80公里的路段爬行在云层里和雪线上，不是一望无际的石山，就是潮湿的沼泽地带，土质松软，开山筑路十分艰难。其中最难的当数打通雀儿山。川藏公路要修通康定至昌都段，就必须攻克雀儿山的阻滞，这是通车昌都的前提。图5-1为战士们在悬崖上艰难地施工。

a)

b)

图5-1 艰难施工

(作者摄于西藏自治区"两路"精神纪念馆)

雀儿山地区峰峦叠嶂,《西藏公路交通史》里记载了川藏公路东段的 5 处最险要工程,雀儿山工程位列第一。当地人俗语"雀儿山五千三,飞鸟也难飞过山"。由于海拔高缺氧,许多战士不得不拉着牦牛尾巴才能爬上山。平均海拔 5000 多米的工地,时值寒冬,气温常在零下 20—30 摄氏度,山上积起深达 2—3 米的冻土,十分坚硬。1951 年初冬,十八军后方筑路部队在司令员陈明义和西南交通部副部长穰明德政委的带领下,顽强突击,经过近 20 个月的艰苦奋战,终于在 1952 年 11 月 20 日通车至昌都。

施工中,筑路人员凭借顽强的意志力和勇敢的战斗精神克服了大量难以想象的困难。进藏部队在海拔 5000 米的雀儿山上,夜以继日地冒着风雪,抢修公路。由于没有现代化机械设备,在对冻土层施工时只能采取火攻,将树枝和木材放在地上烧烤,烤化一层,挖掘一层,最终攻克了 20 多公里的冻土地带;开凿岩石全靠工人用钢钎和铁锤。陡峭的石崖上站不住脚,战士们就在石崖上打下钢钎,拴上绳子,另一头系在腰上,在半空中开山凿石。艰苦的筑路过程中,模范共产党员张福林烈士以自己的鲜血,写下了永垂不朽的史诗。筑路人员与险山恶水奋勇搏斗,为了祖国建设奋不顾身,"背着公路前进"的英雄主义精神,在当时极大地鼓舞和激励着祖国各行各业的建设者,成为社会主义建设道路上一只催人奋进的号角。

川藏公路康定至昌都段通车的时候,《人民日报》给予了极大的赞扬,刊登了毛泽东主席、朱德总司令对筑路军工和民工嘉勉题词,以及西南军政委员会主席刘伯承、军区司令员贺龙等的贺电[①]。全国广为传颂的毛主席题词——"为了帮助各兄弟民族,不怕困难,

---

① 康藏公路康定至昌都段提前通车 毛主席朱总司令题词嘉勉筑路军工和民工 西南军政委员会主席刘伯承军区司令员贺龙等致电祝贺[N]. 人民日报,1952-11-27(01).

努力筑路",就是对这种精神的充分肯定和高度赞扬。最高领导人的关怀和鼓舞,更激发了筑路人员不可动摇的信心和勇气。

康定至昌都段通车后,下一段就是昌都到拉萨。这条线需要穿过横断山脉,横断山区内不到60公里的宽度,容纳了金沙江、澜沧江、怒江三条近乎南北平行而不交汇的河流。想要筑路必须经过沿金沙江、澜沧江和怒江三江而下的峡谷地带,这是川藏(康藏)线上又一大惊险曲折之处,架设怒江桥是其中的关键步骤。昌都八宿的怒江桥,在两山拦腰处跨拱而过,钻山而入,即使在今天看来,仍是惊险异常。当脚下的怒江奔腾而过时,走在桥上,仿佛感觉头顶的山石都在耸动。

征服怒江又是一次伟大的工程。在怒江两岸施工时,因为工地陡险,人力无法全部展开,夜里战士们点着树枝,一连几十昼夜地轮班工作。有些工地上,陡得连燃火照明的地方都没有,他们就在钢钎上拴一块白布作为记号,或者用手电筒照亮。有一处工地是一处高40多米高的陡崖,爬到崖顶拴保险绳都很困难。战士们就采用"叠罗汉"的办法,人驮着人开出了立脚点。突击手们艰难地爬上崖顶,吊下了第一根绳子。大风雪降临时,铁锤如不及时打到钢钎上,钢钎就会冻结在炮眼里。一天夜里,狂风卷着大雪扑下来,天气极度寒冷,滴水成冰,但是在悬崖上工作的战士们却充满奋斗的热情。他们在风雪里唱着:"雪花飘,汗水淌,我们把荒山变了样。"在雨季施工时,战士们身上天天沾满了泥水,这时他们最喜欢唱这样一首快板:"雨点子,黄豆大,打得树叶哗啦啦。大山我们能炸倒,下点小雨算个啥!"在征服大自然的进军中,部队中涌现了一大批英雄人物,截至1954年8月,已有6083人被评为各级人民功臣。如探险英雄崔锡明、一等功臣罗绍洲和山字形挖土法的创造者、特等功臣高福印等，他们的英雄事迹闻名全国。

筑路部队中，还有成百上千的模范后勤和机关工作者。在"一切为了修好康藏公路"的号召下，他们夜以继日地工作着，创造了各种工作上的奇迹。炊事人员能用黄豆做出几十种花样的菜来，就是在冬天寒冷的高山上，也能生出豆芽。油印员、一等功臣郑奎荣，一年内曾印出400多万份文件，刻写了200多万字。郑奎荣经常熬夜刻写文件，两只眼睛熬红了，有时手冻得铁笔都拿不住。这时候他就鼓励自己："在祖国建设的时候，这点苦就不能吃吗？"①

时隔多年，十八军的战士已从风华正茂到皓首白发，回首往昔仍历历在目。原十八军巴塘方面先遣支队翻译朗杰回忆："为了做饭，我们一大早要上山去打柴火，当时没有砍刀也没有绳子，我们就用自己的'绑腿'捆柴火，用石头砸枝条、木材等。""那个时候，哪里需要去哪里。""那个时候一不怕苦、二不怕死。"

筑路战士们群策群力，高歌猛进，捷报频传，同时他们也在透支着他们的健康乃至生命，用精神的力量与地理的海拔高度进行着殊死的较量。那种使命担当、拼搏奉献的崇高精神，足以让全世界敬仰。在这条"天路"上，流淌着建设者的青春史诗和人生壮举。

二、英雄事迹和创造才能足以鼓舞一个时代

筑路战士的英勇果敢、史诗般的事迹，被以各种艺术题材的形式展现。1952年，"八一"建军节文艺竞赛演出中，西南舞蹈工作者

---

①陈家琏. 修筑康藏公路的英雄部队[N]. 人民日报，1954-08-03(03).

编排了反映康藏公路建设的"筑路舞"①，反响热烈。在此之前，人民解放军一面进军西藏，一面以战天斗地的英雄气概，在极为险峻的二郎山上修筑了盘山公路。1950年，词曲作家洛水、时乐濛先生据此创作了歌曲《歌唱二郎山》："二呀么二郎山，哪怕你高万丈，解放军铁打的汉，下决心坚如刚，誓把那公路修到那西藏，不怕那风来吹不怕那雪花飘，起早晚睡呀忍饥饿，各个情绪高，开山挑土架桥梁，筑路英雄立功劳立功劳……"这首歌迅速传遍全国，二郎山筑路勇士们战天斗地的革命精神，至今仍被传颂不息。

1954年4月4日，时值清华大学43周年校庆纪念日，各产业部门以及其他单位2万人、北京市49所中学的3000多名中学生，应邀到清华大学参观。为了接待校友和来宾参观，各系筹备展览，开放系馆、实验室和资料室。作为新中国成立之初的经典工程，清华大学土木系展览馆实验室特地布置了占地10平方米的川藏（康藏）公路二郎山区模型，将川藏公路建设的成绩以实景模型的方式展示②。

崔锡明、罗绍洲和高福印等人的事迹，被文艺工作者编成剧本，多次在筑路部队中演出。在《战胜怒江天险》的影片里，摄影师用特写镜头拍摄了他们的英雄形象，把他们的英雄事迹用图片定格在历史中。在风雪交加的色齐拉山顶，在怒江波涛汹涌的江水中，摄影师将筑路部队生存的艰苦环境和"让高山低头，叫河水让路"的奋勇搏斗精神，用优美的摄影语言表现出来，这些经典照片广为流传。

---

①从"八一"建军节文艺竞赛演出看新舞蹈艺术在部队中的发展[N]. 人民日报, 1952-8-20(03).

②清华大学师生热烈迎接校庆[N]. 人民日报, 1954-04-03(03).

当年这些筑路英雄的英勇事迹和高大形象，感染和激励了无数青年投身于祖国建设事业，鼓舞着更多的人继承和发扬筑路者的精神，为建设新中国做出新的杰出贡献。

筑路英雄们表现出来的旺盛的生命力和丰沛的乐观精神、创造才能足以鼓舞一个时代。《人民日报》专栏文章《光荣的脚印》中记述道："连长用手摊开一份远路寄来的苏联画报说：'我们这里的同志们都爱争先读到它，因为这会使我们站在湍急的冰流边上幻想：这里将来也要修起第聂伯河水力发电站式的堰堤；这会使我们走在一片平广的大草原上幻想：这里将来也要盖起一座斯大林格勒拖拉机工厂式的工厂！'"[1]这不仅仅是美好的畅想，事实上，千千万万的建设者追随着筑路大军艰苦奋斗、勇于创造的精神，前仆后继地奋斗，在不久的将来，将这一切变成了现实。

为了在最短时间内完成筑路任务，战士们群策群力、集思广益，创造性地提出许多新方法解决筑路困难。许多战士都有属于自己的了不起的故事。1950年6月，部队正在修筑折多山公路，六月里的折多山上，正是当地人形容的要"淋破头"的时候。每天早晨太阳微微露出些憔悴的颜色，便被云雾吞没。片刻，便是暴雨夹杂着小卵石似的冰雹，狠命地泼打下来。这时，有堆5米高的塌方，横梗在已经全部修好的折多山的公路上。工程师计算，这堆塌方的土块和碎石共有1700多立方米，要把这塌方移开，需要工时1个月。指导员下令20天完成，全连指战员立刻在拌着泥浆的石块中忙碌起来。有个战士把一块200多斤的山石放在背上，驮着把它扔进深涧。有个战士在山巅的稀泥上劳动，不小心滑下，一直滑到山腰，才被一棵树藤挂住。他爬上来，摸着被磨破的皮肤风趣地说"算是坐了

---

[1] 光荣的脚印[N]. 人民日报, 1952-09-21(04).

一次康藏的电梯",随后又立刻拿起钢钎去撬石块。战士们这样忘我地劳动了一整天,晚上连长统计战果的时候,只完成了70多立方米。怎么办?黎明时,连长召集了全连指战员,研究出了一个奇妙的办法:从大山上挖一道深壕,汇聚雨水用来冲平小山。战士们顺利地挖成了壕沟,果然,不出3天,雨水便温驯地汇聚在深壕里,奋力地冲向小山,小山石的泥浆刷清了,小石子冲跑了,大石块也很快地被搬光了。不到7天,这里已成为平整的大路。在汽车轮子辗上这条大路时,连长向教导员报告:"按照您的命令,提前13天完成,按照工程师的计算,提前23天多。"①这就是战士们的智慧。

  在最艰巨的爆破石崖工程中,战士们也创造了一系列的办法。开始爆破时由于不善于组织力量,工作效率不高。后来,他们逐渐体会出火药爆炸的实际作用,根据不同地形,创造了梅花爆破法、集团爆破法和梯级爆破法(即在斜坡处从上至下打一长列炮眼,装置连续的导火线,在点火后使其自上而下连续地一层一层爆炸),大大发挥了爆破的威力。他们刚开始只会放小炮,一炮只炸1—2立方米,后来逐渐学会放大炮,一炮要炸数十方、数百方。在牛踏沟曾创造一炮炸掉4000多立方米的记录。在放炮时,最大的危险是飞石伤人。开始放炮时由于导火绳燃烧太快,难于控制,常常引起伤亡。为了控制点火的时效,刘墨青创造了"白捻点火法"。他用棉花搓成捻子,接在导火绳上,因棉捻燃烧速度缓慢,比导火绳要慢30倍,这样使点火的人能够有充裕的时间离开危险区。这不仅大大保证了工作的安全,而且由于导火绳的缩短,还节约了物资②。

  粗略统计,在川藏(康藏)公路的筑路部队中,出现了二三十种

---

① 光荣的脚印[N]. 人民日报,1952-09-21(04).
② 贺笠. 让公路跨越"世界屋脊"[N]. 人民日报,1954-06-09(02).

新发明和新创造。战士曹熹创造的"飞燕式"排土法，能使工作效率提高十几倍。此外，还有月牙形挖土法、八字形挖土法、铅丝滑土法、底层爆破法等。在筑路过程中，军工们的实际工作效率（按实际参加工作的人数来算）平均提高3倍，民工们的实际工作效率也提高50%①。表5-1为开展"工程民主，技术创造"活动的成果展示。

开展"工程民主，技术创造"活动的成果　　　表5-1

技术创造人	技术成果
张福林、杨茂武	石缝爆破法
高福印	山字形挖土法、集团穿孔法、梅花形穿孔法
关叔伯	自来水打眼法
喻春龙	一人排土法
李国栋	水冲间隔土法
曹熹	"飞燕式"排土法
柴洪泉	用铅心代替信管
王立峰	以铁镐改锛斧伐树
张启泰	木槽排渣法
刘墨青	白捻点火法

经过近5年的奋勇拼搏，终于迎来了"两路"的筑成通车，这是新中国经济建设的重大成就。毛泽东主席派遣张经武将军授予康藏青藏两公路筑路人员锦旗以示表彰②，全国政协向筑路部队、工程人员和民工们发送慰问电③。交通部和交通部政治部作为主管部门，最早发去贺电④。西藏地方代表班禅额尔德尼、喜饶嘉措等纷纷著

---

①赵慎应，袁传方.把公路修上"世界屋脊"——记康藏公路康定至昌都段通车[N].人民日报，1952-12-01(02).

②毛主席授予康藏青藏两公路筑路人员锦旗[N].人民日报，1955-02-04(01).

③政协第二届全国委员会第一次全体会议致修筑康藏、青藏公路的全体人民解放军、工程人员和民工同志们的慰问电[J].新华社新闻稿，1954(1672)：7-8.

④交通部和交通部政治部 电贺康藏青藏公路全体筑路人员[N].人民日报，1954-12-25(01).

文祝贺康藏、青藏公路通车①,并把这看作未来促进西藏大发展的历史性举措。国内各大媒体发表社论热烈庆祝"两路"通车②,高度赞扬进藏部队指战员、工程技术人员和广大藏族人民为"两路"建设所做出的巨大贡献。

以"两路"建设为背景,1956年3月30日,我国发行了第一套公路建设邮票——《康藏、青藏公路》特种邮票,共3枚(图5-2)。邮票第一枚图案是一支汽车运输队行驶在青藏公路上,右上方标有川藏(康藏)、青藏公路示意图;第二枚图案是川藏(康藏)公路上的大渡河钢索吊桥,第三枚图案是1954年12月25日拉萨人民庆祝川藏(康藏)、青藏公路胜利通车的热烈场面。

图5-2 《康藏、青藏公路》特种邮票,1956年发行

川藏、青藏公路的通车是人类历史上艰苦卓绝的伟大壮举,是世界高原公路建设史的空前绝唱,是中国人民在"世界屋脊"上顽强征服自然的辉煌成就,是中国五千年文明史上的英雄史诗。川藏、青藏公路的建成通车,充分彰显了新中国无限蓬勃的斗志和新中国无穷的创造智慧。

---

①达赖喇嘛、班禅额尔德尼、喜饶嘉措著文祝贺康藏、青藏公路通车[J]. 新华社新闻稿,1954(1673):11-12.

②光明日报、工人日报、中国青年报发表社论庆祝康藏、青藏公路通车[J]. 新华社新闻稿,1954(1673):12-13.

中华民族的优秀儿女在"生命禁区"用忠诚、智慧和生命铸就的"一不怕苦、二不怕死,顽强拼搏、甘当路石,军民一家、民族团结"的"两路"精神,成为时代的精神坐标。它既是社会主义建设时期先进精神的源头,又是中华民族迈向未来、建设现代化强国的宝贵精神财富。

第三节 "两路"精神是中国共产党人的初心、使命和根本宗旨的集中体现

为中国人民谋幸福,为中华民族谋复兴是中国共产党人的初心和使命。中国共产党人充分认识到交通运输事业对实现自己的初心和使命的极端重要性。

交通运输与一个国家和民族的兴衰存亡息息相关。中国历史上有"石牛粪金、五丁开道"的故事;抗战时期卢作孚先生成功组织宜昌抗战物资大抢运,创造了中国实业界的"敦刻尔克大撤退"的奇迹;抗美援朝期间,我军英勇的铁道兵冒着敌人的狂轰滥炸昼夜抢修道路,铸造了打不烂炸不垮的"钢铁长城"。彭德怀在总结志愿军胜利的经验时说:"千条万条,运输是第一条!"抗美援朝的胜利,铁道兵功不可没。交通运输是兴国之器、强国之基,是"统一国家赖以生存的首要组织",具有重要的政治、经济、社会和国防意义。交通是完成政治统治的工具,是国民经济的先行官,是经济发展的基础,是巩固国家政治统一和加强国防建设的重要保障,是促进社会经济发展进步、民族团结和加强文化交流的重要载体。叶恭绰在《交通救国论》中提出:"国之于交通,犹鱼之

于水也。民之需要，当与衣食住并而为四。"交通运输的发展为中国共产党人实现"为中国人民谋幸福，为中华民族谋复兴"提供重要保障。

新中国成立前的旧西藏生产方式极为落后，人民生活困苦不堪。为了推动西藏地区社会经济发展，谋求人民群众的幸福安康，中国共产党人在新中国成立之初物质极为匮乏的情况下，动用11万筑路大军修筑连通西藏与中国内地的川藏公路和青藏公路，意义重大而深远。

川藏公路和青藏公路的修筑，体现了中国共产党全心全意为人民服务的根本宗旨，形成了具有丰厚意蕴的重民、爱民、惠民、富民的新思想，高度体现了人民利益至上的价值取向和执政为民的理念。

一、修筑"两路"目的是为实现初心和使命

全心全意为人民服务是中国共产党的根本宗旨。习近平总书记在十九大报告中指出："人民是历史的创造者，是决定党和国家前途命运的根本力量。必须坚持人民主体地位，坚持立党为公、执政为民，践行全心全意为人民服务的根本宗旨，把党的群众路线贯彻到治国理政全部活动之中，把人民对美好生活的向往作为奋斗目标，依靠人民创造历史伟业。"[1]中国共产党修筑川藏、青藏公路，提高各族人民的生活水平，积极发展西藏交通运输事业，就是全心全意为人民服务宗旨的具体体现。

---

[1] 习近平. 决胜全面建成小康社会 夺取新时代中国特色社会主义伟大胜利[N]. 人民日报, 2017-10-28(01).

新中国成立之初，西藏还未实现解放，仍然处在政教各一的封建农奴制度之下，藏族群众受尽农奴主的压榨和迫害，生活在水深火热之中。由于自然环境和历史因素等影响，西藏地区的交通运输极其闭塞和落后，这严重地阻隔了西藏与中国内地的联系和交流，阻碍了西藏的社会经济发展，西藏地区的民众生活极度困苦，人民群众的利益无法得到根本保障。为了改变西藏地区交通运输落后闭塞的状况，提高人民群众的生活水平，党中央做出了修筑川藏（康藏）、青藏公路的重大战略决策。

二、筑路实践体现为民执政理念

在修筑川藏（康藏）、青藏公路过程中，中国共产党制定了一系列战略方针和政策，把全心全意为人民服务的宗旨落实到工作的各个方面。在修路之初，党中央就确定了"一面进军，一面修路"的战略决策，做出了"人民解放军入藏部队都由中央人民政府供给，决不侵扰老百姓""不因我军入藏而使藏族人民生活水平稍有下降，并争取使他们在生活上有所改善"的要求。毛泽东明确指出进藏部队"决不侵扰老百姓"，邓小平也明确提出"进军西藏，不吃地方"。进藏部队自觉遵守"不吃地方"政策，坚决执行"决不侵扰老百姓"的纪律，充分体现了中国共产党人民利益至上的价值取向，极大地彰显了急为西藏人民所急、想为西藏人民所想、情为西藏人民所系的亲民精神，是把全心全意为人民服务宗旨作为战略决策和根本出发点的具体体现。这些政策赢得了西藏人民的衷心拥护，获得了他们的信任、理解和积极支持。

在修筑川藏（康藏）公路和青藏公路的过程中，党中央高度重视、大力促进西藏地区社会经济各方面的建设和发展，让执政为民的理念落实到位。由于环境险恶、条件有限，筑路工期较长，中共中央提出了"生产与修路并重"的方针，开展生产自救。毛泽东曾电告邓小平："可以定为生产与筑路并重"，他在《中共中央关于西藏工作方针的指示》中再次指出："精打细算，生产自给，并以此影响群众，这是最基本的环节。"在中央的指示下，筑路军民发扬南泥湾精神，既当"战斗队"又当"生产队"。前方部队全力投入开荒生产，他们修渠、灌溉、播种，发展生产。据统计，到1952年6月底，拉萨驻军共开垦荒地2800亩（约186.7万平方米）、积肥250万斤、播种2500亩（约166.7万平方米）、修渠2070米、挖土43106立方米、筑防水堤1886米。

部队和地方机关从事农业生产活动，吸引了很多藏族群众到农场去参观，农场为他们免费提供种子，并派人指导种植。一位家住农场附近年已花甲的老人，在收获的季节，每天坐在田边，双手捧着青稞、摸着几十斤重的大萝卜，眼含热泪对战士说："我们祖祖辈辈没见过这样好的庄稼。"生产与筑路并重方针的实施，不仅可以解决筑路军民的补给问题，平抑了物价，还让西藏民众看到解放军和西藏人民共同建设新西藏的美好前景，有力地带动了当地人民群众的生产发展，真正体现中国共产党全心全意为人民服务的宗旨。

进藏部队和筑路官兵把党的群众路线落到实处。"一切为了群众，一切依靠群众，从群众中来，到群众中去"的群众路线，是中国共产党根本的组织路线、政治路线和工作方法。毛泽东明确指示进藏部队：一定要积极"争取群众"。部队指战员和政府工作人员积极为当地群众办好事，把群众路线落到实处。青藏公路通车到格尔木以后，党和政府通过这条公路给当地民众带来了救济物资，帮助他们发展生产和改善生活,逐步发展起了畜牧业生产,提高了牧民群众的生活质量。国家在牧区兴办起蒙古族、藏族和哈萨克族小学,让牧民的孩子有学可上,同时,政府经常组织电影队深入毡房为群众免费放映电影。各区、乡都设有卫生所,对贫困牧民实行免费医疗,他们还助民劳动、打扫卫生、表演节目、发放布施、发放无息贷款等,贯彻和落实了党的群众路线。

新时代,交通建设者们牢记为中国人民谋幸福、为中华民族谋复兴的初心与使命,传承和践行"两路"精神,积极热情、不怕艰苦地投入到我国新时代的交通建设事业中。他们有的扎根高原,守护着"两路"的畅通,守卫着西南边陲的国防安全;有的攻克技术难题,实现川藏、青藏"两路"的高速化和最优化;有的致力于新时代交通扶贫脱贫攻坚战,做好贫困地区的交通运输建设,办好人民群众满意的交通;有的拼搏进取,用中国高铁、中国高速、港珠澳大桥等举世瞩目的成就来打造当代中国新的世界名片。"两路"精神鼓舞下的中国交通运输发展成就,既不断地满足了人民群众对美好生活向往的交通需要,又对实现中华民族的伟大复兴提供了重要的交通支撑与保障。

总之,"两路"精神是中国共产党为中国人民谋幸福、为中华民族谋复兴的初心与使命的重要体现。"两路"建设者无论是在修筑川藏、青藏公路之初,还是在新时代的交通运输建设中,始终以人民群众的利益和民族复兴为行业发展的理想信念和奋斗目标。"两路"精神始终贯穿一条红线:中国共产党人的初心与使命、根本宗旨和群众路线,体现了马克思主义历史唯物主义的精髓,是马克思主义政党性质的根本体现。"两路"的修筑给四川、青海、西藏地区带来了巨大变革,"两路"精神成为推助西藏长治久安的强大动力,极大地推动了该地区的经济社会发展,体现了以人民为中心的发展理念。

第四节 "两路"精神是中国共产党红色精神在交通运输行业的集中体现

建设时期，中国共产党红色精神在不同行业各有具体体现，如工业战线的大庆精神、铁人精神、工匠精神，农业方面的红旗渠精神、小岗村精神，航天事业方面的航天精神、"两弹一星"精神，军队方面的雷锋精神、好八连精神，党的优秀干部的焦裕禄精神、孔繁森精神等。习近平总书记提出的"两路"精神，是新中国交通运输行业精神的起源，是中国共产党红色精神在交通运输行业的集中体现。

"两路"精神的实践主体是中国人民解放军官兵以及汉藏民工、工程技术专家，其中，中国人民解放军官兵是修筑川藏、青藏公路的主要力量，他们是中国共产党红色精神的主要实践者与传播者。"两路"精神继承了中国共产党红色精神的优秀传统，在公路的建设养护改造实践中赋予中国共产党红色精神以新的内涵与表现形式。

在"两路"修筑时期，"两路"建设者秉承了中国共产党红色精神中坚定的革命理想和信念，无论是面对艰苦险恶的自然地理环境，还是面对西藏少数分裂主义分子的挑衅，"两路"建设者始终坚定修通"两路"的信念；"两路"建设者秉承了中国共产党红色精神中不怕牺牲的英雄气概和百折不挠的革命意志，面对高寒缺氧、险山激流，"两路"建设者义无反顾、勇往直前、顽强拼搏；"两路"建设者秉承了中国共产党红色精神中实事求是的思想路线和敢为人先的创新精神，面对筑路工具简陋、技术落后，甚至有的地方没有一张完整地图的情况下,他们坚持实事求是的思想路线与严谨求实的科学精神,多次实地调研勘探路线,积极探索科学的筑路方法,改进施工技术;"两路"建设者秉承了中国共产党红色精神中忠诚为民的宗旨意识和艰苦奋斗的优良传统,始终坚守"为了帮助各兄弟民族,不怕困难,努力筑路"的初心,在筑路过程中始终体现关心人民群众的宗旨,生动展现了"军民一家、民族团结"的军民鱼水情深和民族团结友爱的感人画面。

在"两路"养护和改造时期,"两路"建设者们传承与发扬了"两路"精神,丰富了"两路"精神的内涵,这也是中国共产党红色精神在交通运输行业的集中体现和传承发扬。如"人在路上,路在心上;养路为业,道班为家;艰苦创业,无私奉献;甘当路石,奉献终身"的"养路工人"精神,"不畏艰险、为民奉献、忠诚担当、团结友善"的"其美多吉雪线邮路"精神,"坚守高原、挑战极限、穿越巅峰、拼搏争先"的"雀儿山"精神,"挑战极限、勇创一流"的"青藏铁路"精神,"听党指挥、不畏艰险、坚韧不拔、无私奉献"的"二郎山精神",以及唐古拉山"天下第一道班"精神等具有鲜明交通运输行业特征的精神。这些精神不仅是对"两路"精神的传承与发扬,更是对中国共产党红色精神的传承与发展,是中国共产党红色精神在交通运输行业的生动体现。

"两路"精神是中国共产党宝贵的精神财富,更是交通运输行业极其宝贵且影响深远的精神财富,是新中国交通运输行业精神的起源和核心价值观,是推动中国交通事业发展的强大动力。

此后,中国交通运输建设者在西藏乃至全国交通运输事业建设中继续传承和发扬"两路"精神,自强不息、艰苦奋斗,不断发展和完善西藏综合交通运输体系、中国综合交通运输体系,创造着一个又一个令世界瞩目的成绩。例如，川藏、青藏公路研究科研工作者与建设者，历时多年，自强不息，攻克了多年冻土、地质灾害、高寒缺氧、生态脆弱等多项世界级技术难题，极大地提高了公路的通行量，创造了川藏、青藏公路建设史上一个又一个奇迹，对西藏的社会经济发展做出了重要贡献。

"两路"精神是交通运输行业的重要精神财富，对推动整个交通运输事业发展具有重要作用。世界最长的跨海大桥港珠澳大桥、首条热带环岛高铁海南环岛高铁、首条高寒高铁哈大高铁、世界最长穿越沙漠高速公路京新高速公路、世界海拔最高的高速公路隧道"雪山一号"隧道、世界最高的大桥北盘江大桥、最大跨峡谷悬索桥矮寨特大悬索桥等，展示了中国交通运输领域取得的巨大成就，成为中国一张张崭新的世界名片。这是中华民族自信和自豪重要力量的展现。这些伟大成就凝聚着自强不息、艰苦奋斗、勇于创新、顽强拼搏的精神，这是交通建设者和科研工作者对"两路"精神的传承与发扬，也是对中国共产党红色精神的传承与发扬。

第五节 "两路"精神促西藏地区实现跨越式发展

川藏公路和青藏公路具有重要的政治、经济和军事国防价值。曾任西藏自治区党委副书记、西藏自治区政府主席的洛桑江村指出，川藏、青藏公路胜利建成通车，把西藏与祖国内地紧密地连在一起，开创了西藏现代交通事业的新纪元，树立了社会主义新西藏建设事业的伟大历史丰碑，谱写了民族团结的壮丽篇章，是人类公路建设史上的伟大创举，是西藏从封闭走向开放的重大标志。

"两路"精神是"两路"建设者修筑、养护和建设"两路"的精神支柱，是促进民族团结的强大力量，是助推西藏社会经济发展的强大精神动力。政治上，"两路"精神对驻藏部队稳定西藏、巩固国防、维护祖国统一，实现西藏社会制度历史性变革提供了重要保证；经济上，蕴含着艰苦奋斗、拼搏进取、开拓创新等精神品质的"两路"精神，是西藏经济社会发展的重要精神支柱。在"两路"精神鼓舞下，一批批技术人才奔赴西藏支援建设，续写着民族团结、共同繁荣发展的专业篇章。

川藏、青藏公路的顺利通车，是中国共产党领导下新中国取得的重大标志性成就，充分显示了社会主义制度的巨大优越性，充分证明了勤劳勇敢的中国人民没有战胜不了的困难。川藏、青藏公路像两条有力的臂膀，将西藏与祖国内地紧紧相连，推动西藏实现社会制度的历史性跨越，推动西藏政治、经济、文化等各方面实现跨越式发展。"两路"精神引领一代代交通人继续为西部腾飞、民族振兴铸就新的辉煌。

一、捍卫国家统一、维护国防安全

修筑川藏、青藏公路的目的之一就是为了和平实现中国大陆全部解放西藏。"两路"修筑之时，正值新中国刚刚成立，中国大陆还没实现完全统一，内部面临民族分裂势力和敌特分子的破坏，外部面临敌对势力的封锁和分裂。他们怂恿并支持西藏地方政府"独立"，英国人黎吉生为西藏地方政府阻止人民解放军进藏献策，企图把西藏正式变为他们的附庸或者"缓冲国"，中国的国防安全面临极大的考验。

毛泽东指出："西藏人口虽不多，但战略地位极重要。"为了维护民族团结、粉碎敌人的分裂阴谋、实现国家统一，党中央做出了"进军西藏，宜早不宜迟"的决断。由于交通困难，虽然人民解放军进藏部队先遣支队已于1951年9月先行进入拉萨，但当时的西藏既不通车，又不通航，部队供给陷入极其困难的境地，康藏公路修建司令部司令员陈明义多次说："公路不通，前方的部队等于被流放。我们就站不稳脚跟。"西藏军区司令员张国华说："没有公路就没有国防。"1954年川藏、青藏公路的通车，终于打通了内地和西藏联系的大动脉。"两路"的建成通车，保障了人民解放军顺利进藏、驻藏、保藏、稳藏，捍卫了国家的统一，巩固了我国的西部边防。

尽管中央对西藏的民主改革表现出了很大的耐心，希望旧西藏地方政府能够认清楚我国社会主义的国家性质，认清楚世界政治发展中自由、民主、法治的大趋势，"自动进行改革"。但西藏上层反动集团幻想"永远不改革"，1959年公然策动武装叛乱，妄图实现"西藏独立"，试图阻遏民主改革。面对这样的情况，党中央果断决定增调部队进藏平叛。之前，为了不刺激西藏达赖集团，中央尽量以和平方式完成西藏民主改革，对西藏地区的党政机关和驻军实行"大收缩"裁减，西藏军区仅剩下几个团的作战部队，西藏军区暂不成立警备区和军分区①。叛乱发生，中央调派54军130师沿川藏线入藏。平叛的同时，西藏的民主改革轰轰烈烈地开展起来，人民解放军不但是平息叛乱的主力，也是西藏民主改革的积极参与者。仅在1959年到1961年的3年中，部队先后抽调5700多名指战员作为民主改革工作队成员，转业880多名干部到地方各级机构工作。

1959年平定西藏叛乱，全面推动西藏民主改革，是攸关国家统一、西藏未来的重大历史事件。全国政协副主席阿沛·阿旺晋美曾

---

①魏碧海. 雄狮搏鸡 阴法唐将军访谈录[J]. 军事历史，2005(02)：6-13.

回忆道:"记得20世纪40—50年代,我同一些知心朋友曾多次交谈过西藏旧社会的危机,大家均认为照老样子下去,用不了多久,农奴死光了,贵族也活不成,整个社会就得毁灭。因此,民主改革不仅解放了农奴,解放了生产力,同时也挽救了整个西藏。"①贺熙成所在的54军130师,1959年即通过川藏公路入藏平定叛乱,并积极参加西藏民主改革,帮助翻身藏族民众发展生产,深得藏族民众拥护②。川藏、青藏公路作为最重要的交通补给线和运输线,对顺利平定叛乱、迅速推动西藏民主改革起到了重要作用。

捍卫祖国统一、维护边疆稳定是长期的工作。近代以来,英国、俄国、美国、印度等国势力不断向西藏渗透,煽动西藏"独立",企图把"西藏问题"作为与新中国对抗的筹码。新中国成立后,印度又数次假借"麦克马洪线"觊觎西藏领土。为捍卫国家领土主权,新中国不得不于1962年进行了自卫反击作战。1962年中印边界冲突时,贺熙成所在的130师再度奉命沿川藏公路入藏,由于之前1959年入藏时深得当地藏族民众拥护,当部队1962年再度入藏时,身后竟有2万多藏民帮助修公路、运军粮、送弹药。此外,驻守西宁的步兵55师奉命沿青藏公路入藏参战。有了各族人民的万众一心、同仇敌忾,在党中央正确的战略指挥下,这场战事几乎毫无悬念的以中方获胜结束。

每一次边界冲突,边防部队都通过交通线得到了迅速支援;每一次保卫西藏安全的关键时刻,川藏、青藏公路都发挥了重要作用。中国方面快速、有力的反击,有效遏制了国际上分裂西藏的阴

---

①阿沛·阿旺晋美. 西藏历史发展的伟大转折——纪念《关于和平解放西藏办法的协议》签订四十周年[J]. 中国藏学,1991(01):20-28.
②贺熙成. 我参加了中印边界自卫反击战[J]. 四川统一战线,2013(06):41-42.

谋，打破了一些国家企图染指西藏的不切实际的幻想。历史反复印证：川藏、青藏公路的修筑是高瞻远瞩之举，治国必治边，治边先稳藏，稳藏必修路。"两路"的修筑，有效地阻止了敌对分裂势力的破坏，为捍卫国家统一、巩固国防安全提供了有力保障。

二、维护边疆稳定、民族团结

"一不怕苦、二不怕死，顽强拼搏、甘当路石，军民一家、民族团结"的"两路"精神，除了其他红色文化、红色精神中所具有的牺牲、奉献精神之外，在维护边疆稳定、民族团结方面具有特殊意义。当年，10多万军民团结一致，不畏牺牲修筑川藏、青藏公路的精神动力，很大程度来自对中国共产党领导下统一的中华民族的深刻认同，源于对工业化、现代化的新中国的期待与向往。这种认同和向往，激励他们在艰苦的高原，拼搏奉献，毫不畏惧；这种认同和向往，使他们无怨无悔地为西藏各族群众的幸福安康而奋勇牺牲。川藏、青藏公路不仅是入藏的交通大动脉，更是祖国统一之路、民族团结互助之路。

众所周知，西藏虽然很早就是中国的一部分，但由于地理阻隔，历史上元明清三代对西藏的统治都侧重政治羁縻，彼此之间缺乏民间经济沟通和情感连接，难以达到中原地区各区域间那种稳定、持久的联系。新中国成立后，党中央通过川藏、青藏公路的修筑，不断向全国人民传输着一个信念：我们是一个统一的民族国家、中国各兄弟民族为了西藏、西藏人民的解放和发展愿意付出最大的牺牲。筑路的过程就是对这个信念的有力诠释。随着川藏、青藏公路的推进，西藏是中国领土不可分割的一部分、藏族群众是中华民族大家庭中平等、重要、无可替代的成员的观念,各兄弟民族血肉交融、血脉相连的信念,深深融入并打动了西藏人民,各兄弟民族和西藏人民之间前所未有地建立起一种真实、充沛的情感联系,真正将西藏和中国内地连接在一起,奠定了国家统一、边疆稳定的坚实基础。原十八军五十三师158团一营机关连藏文干事杜琳说:"我们十八军老战士,都把自己当成西藏人。"而原出身四川巴塘的十八军女战士益西卓玛,随部队留在了西藏,一待就是近40年。回首往昔,她说:"我觉得我的选择很正确,西藏是我的第二故乡。"原十八军文工团战士李俊琛回忆:"我们唱藏族歌,跳藏族舞,宣传党的政策,宣传修路的意义。渐渐地,藏族群众打消了恐惧感,他们说自己从来没见过这样好的军队,绝对不是那些反动分子说的'是杀人的魔鬼''会吃小孩子'。我们待在那里的时候,村里生的第一个孩子是个男孩,我们给他取名叫'希望',因为希望西藏尽早解放,希望祖国安定和平。"

藏族群众深感中央、民众和筑路部队的深情厚谊、巨大付出,拉萨市爱国青年文化联谊会在给筑路部队的的信中说:"你们在冰天雪地、高山峻岭中正为我们开辟平坦的大道,你们用自己的血汗,为我们世世代代创造了幸福。因为这条大道,不仅把藏汉族紧密地团结起来,而且沟通了边疆和祖国内地间经济、文化的联系。"西藏75岁的老诗人阿瓦擦珠给修路部队的战士们写了一首祝贺春节的诗,诗里说:"康藏公路一天天向前进,给西藏带来了幸福光明的远景,新中国辉煌灿烂的建设,使老年人们也变年青。"[1]

修筑"两路"得到西藏僧俗各界踊跃的支持。班禅额尔德尼说:

---

[1] 拉萨市藏族各阶层人士和爱国团体在春节前夕写信慰问康藏公路筑路战士[N].人民日报,1954-02-05(01).

"康藏公路的修筑，对发展西藏农、牧、工商业将起极大的作用，将带给西藏人民无限的幸福。"①西藏地方政府曾下令所属各宗和溪卡的僧俗官员鼎力支援川藏(康藏)公路的修筑，号召藏族人民积极参加筑路工作。西藏地方政府并指派噶伦索康·旺钦格来、堪穷藤巴、代本夏江苏巴、罗如朗杰、科仲马雅等僧俗官员，参加各级施工领导机构，各宗和溪卡也派出了带领修路民工的官员和头人②。一路上来自金沙江、澜沧江、怒江、雅鲁藏布江流域的藏族群众，赶着成千上万的牦牛和骡马，驮运着物资，翻过高山，渡过急流，将物资送到了工地。千里的运输线上，藏族群众对运送的物资无微不至地爱护。下雨了，将自己的衣服脱下来，盖在粮食上。宿营的时候，将粮食放在帐篷的中央，自己睡在旁边，帐篷太小，脚经常伸到露天地方。麻袋破了，没带麻线，他们将马尾薅下来，当作麻线③。

　　川藏、青藏公路通车后，藏族群众欢呼着迎接"毛主席的牦牛"。藏族群众对解放军的高度赞扬，就是对国家的高度认同。公路所至之处，迅速促进沿线各地的经济繁荣，对沿线的经济发展和民众生活改善的功效即时彰显出来。康定至昌都段公路通车后，协助藏族人民建设新昌都的技师、工人陆续赶来，建造起许多石厂和砖瓦厂以及建筑物。昌都大规模的建设随即展开。1953年修建的建筑物中，包括了250张床位的设备齐全的医院、具有相当规模的兽医院和人民礼堂等。一位藏族大学生敏锐地观察到这段公路对西藏地区经济和人民生活的影响。他看到，百货公司的汽车满载着物资

---

①达赖喇嘛班禅额尔德尼写信慰问筑路人员[N].人民日报，1953-08-08(01).
②康藏公路昌都到拉萨段动工修筑 太昭到拉萨段筑路工程在施工前作了充分准备[N].人民日报，1953-08-08(01).
③沈石.普普拉达——康藏公路通讯[N].人民日报，1954-11-22(02).

向康藏高原上奔驰,给藏族人民供应了生活必需品。从前甘孜的藏族人民,卖土产,换日用品,都非常困难,现在在当地即可卖出土产,买回自己所喜爱的茶叶,也可以换下老羊皮袄,穿上新制的布衣。现在,康藏公路又修到了昌都,进一步奠定了今后建设新康藏交通事业的基础,对于藏族人民发展生产,繁荣经济是有更重大的作用①。

川藏、青藏公路对维护民族团结、捍卫祖国统一和巩固国防安全具有重要作用。60多年来,各族一家亲,共筑民族情。"两路"架起民族团结的"金桥",一批批专业技术人员、援藏干部支援西藏建设,西藏各族群众到内地学习与生活。历史的发展,见证了"两路"的修建与保障畅通对西藏发展和边疆稳定的巨大作用,川藏、青藏公路无愧为民族团结之路、西藏文明进步之路、西藏各族人民共同富裕之路。

三、开创西藏交通运输的新纪元

解放前,西藏120多万平方公里的广袤土地上,没有一条现代公路。多年以来雅安与拉萨两地的交通一直不畅通,甚至西藏地区的县与县之间、宗与宗之间以及本民族之间也是常年不通往来。川藏、青藏公路通车前,从德格县玉隆骑马到康定要花22天时间,通车后坐车只要2天。从昌都到雅安这一段路程,骑马得走45天,通车后只要7-8天就可以到。过去,由雅安、西宁到拉萨,骑马或乘骆驼,要走好几个月,雅安到拉萨,全靠行动迟缓的牦牛行走在陈旧的驿道,每天只能前行30-40里路,来回一趟需要近1年时间,

①庆贺康定至昌都段公路通车[N].人民日报,1952-12-16(02).

通车后只需 10 多天。

青海省交通厅关于《"二五"计划基本经验总结》里提到，1954年青藏公路通车后，交通基本建设完成投资总额 11626 万元，较第一个五年计划实际完成增长 1 倍多。其中，公路方面完成 8140 万元，占总投资的 70%，新建和改建公路 11551 公里，净增公路里程 7188 公里。1962 年末，全省公路通车里程已达 302 条 15447 公里。在总里程中，有 90% 即 13695 公里是通往少数民族地区的。

交通运输事业的发展除了畅通的公路，还需要有运输工具、人员、与运输相关的各个机构、设施的配备和建设。随着川藏、青藏公路的修筑，各个路段成立了养护队，养护力度也得到加强；通车后相继组建了运输公司、汽车运输队以及运输工作站。

根据《青海省公路养护里程及养护方法统计表》数据显示：青藏公路的养护里程从 1950 年的 506 公里到 1954 年的 808 公里，到 1960 年省负责道班养护的公路 5237 公里，养护方法有道工养护、群众养护、道群养护、机动养护。1950 年只有群众养护 94 起和机动养护 412 起；1951 年到 1953 年道群养护分别为 94 起和 412 起；到了 1954 年，首次有了正规的道工养护 10 起，同时保有道群养护 94 起和机动养护 704 起。养路费用除了自收养路费和大区补贴、民工勤建外，从 1954 年开始得到了中央财政的大力支持(1954 年中央补贴 20 亿元)。养路段从 1951 年的 1 个增加到 1954 年的 3 个，1960 年增加到 43 个；养路段工区职工由 1950 年的 55 人增加到 1954 年的 335 人，短短 4 年养路职工人数增加了 5 倍。到 1960 年，养路职工达 4834 人，其中道工 3863 人，共配备汽车 108 辆，畜力车 18 辆，人力架子车 837 辆。全省养护公路里程已达到全省公路总里程的 40%，优良里程占养护里程的 73%。管理站、养路科、道工都逐年增加，机构建制也在不断完善①。交通运输相关的人员、经费、机构的不断增加和完善，充分说明了西藏的交通运输事业正蒸蒸日上。

"两路"通车后，"世界屋脊"上的汽车运输业从无到有，从小到大，迅速发展，把西藏这样一个地广人稀、山河阻隔的地方连成了一个整体。各地区之间、农业区与牧区之间、中心地带与边远地区之间互通有无，来往便利，联系日益紧密，交往越加频繁。通车10年后，西藏地区又已修通了联系祖国腹地的第三条纽带——新藏公路（被称为川藏、青藏公路的姐妹公路），修筑了70多条区内公路，全区90%以上的县通了汽车，从昌都到阿里、从那曲到亚东都通上了汽车，形成了以拉萨为中心的公路网，极大地改变了西藏地区交通闭塞的落后面貌，方便了物资集散和人民来往。

以甘孜为例，川藏公路通车时，甘孜藏族自治州仅有7个县通汽车；川藏公路通车10年时就已经有16个县可以通汽车了；川藏公路通车30年时，西藏地区不仅有通向内地的川藏、青藏、新藏和滇藏公路，还有了通向国外的中尼公路，自治区内的交通网也基本形成，总长达到21611公里。其中，部队还修筑了60多条边防公路，通车里程约3000公里，这对巩固边防，建设安定、繁荣的边境创造了极为有利的条件。此外，部队还参加修建了拉萨贡嘎机场和其他机场，开辟了内地通向边疆的空中航道，架设了川藏、青藏及自治区内各主要通信线路，铺设了输油管道，修建了拉萨纳金水电站和其他一些水电站。

从川藏公路修建开始，中国人民解放军汽车部队就奔驰在千里高原上。修路过程中，车队运送各种筑路物资；在中印边界自卫反

---

① 青海省交通厅1949-1954年历史资料统计报告[R]. 青海省档案馆，159-99-14.

击作战及执行边防物资运输、抗震、抗旱救灾运输任务中，汽车部队承担了运送大批战备、救灾物资和人员的紧急任务。据不完全统计，从1967年到1983年，汽车运输部队共运送物资52万多吨，保证了部队训练和建设的各方面需要。通车几十年来，汽车运输部队的战士们发扬了"以川藏线为家，以艰苦奋斗为荣，惜油如血，爱车如命"的光荣传统和"一不怕苦、二不怕死"的革命精神，栉风沐雨、风餐露宿，睡车厢、住驾驶室，辛勤地战斗在川藏线上，出色地完成了运输任务，并涌现出许多的英雄集体和模范个人。

在中国共产党的领导下，西藏人民发扬"两路"精神，实现了西藏交通运输的跨越式发展。2013年，墨脱公路通车，摘掉中国"高原孤岛"的帽子，结束了全国最后一个县不通公路的历史。拉萨机场的建成，为西藏与内地架起了"空中金桥"。青藏铁路1958年开始修建，1984年修到格尔木；格尔木到拉萨段2001年动工，2006年青藏铁路建成通车，雪域"天路"为藏家儿女送来吉祥与安康。

据西藏自治区统计局和国家统计局西藏调查总队发布的《2018年西藏自治区国民经济和社会发展统计公报》显示，截至2018年末，西藏公路总通车里程97387公里，比上年增加8044公里，其中，有铺装路面总里程27079.83公里。全年完成货运周转量151.79亿吨公里，比上年增长10.0%。其中，公路运输116.84亿吨公里，增长10.4%；铁路运输33.22亿吨公里，增长9.0%；民航运输0.55亿吨公里，增长33.5%；管道1.18亿吨公里。全年客运周转量125.10亿人公里，增长17.1%，其中，公路运输27.97万人公里，增长4.9%；铁路运输18.86亿人公里，增长4.2%；民航运输78.28亿人公里，增长26.2%。

邮政业也得到长足发展，乡镇邮政网点实现全覆盖。2018年，西藏自治区邮政业务总量4.21亿元，增长22.4%。快递业务总量725.8万件，快递业务收入2.42亿元，增长18.1%。电信业务总量111.97亿元，增长142.9%。移动电话交换机容量达到2820万户，建设通信光缆总长度达19.4万公里。年末电话用户总数372.5万户，其中，固定电话用户60.2万户；移动电话用户312.3万户，本年新增22万户，移动电话普及率上升至94.48部/百人。固定互联网宽带接入用户78.2万户，比上年增加17.0万户，其中，固定互联网光纤宽带接入用户73.7万户，比上年增加18.3万户；移动宽带用户275.5万户，增加68万户。移动互联网接入流量1.07亿GB，比上年增长342.1%。固定宽带家庭普及率达87.53%，其中，农村地区宽带用户12.1万户，比上年增加6.2万户。全区行政村宽带覆盖率达98.0%。

国家援藏建设的物资，其中包括支援西藏的"四十三项"重点工程、"六十二项"援建项目以及抗震救灾、青藏铁路建设、藏区各大机场建设等重点工程大型设备的运输，以及西藏地区人民生活的必需品，95%都是通过这两条"天路"源源不断地运进雪域高原，极大地推动了川青藏地区的社会经济发展。图5-3为"两路"建成后，车队第一次开到拉萨时的场景。

目前，西藏已形成以公路、航空和铁路为主，管道运输为辅的综合交通运输体系。截至2013年底，以拉萨为中心，青藏铁路、5个机场以及20条国省道干线公路、74条专用公路和众多农村公路，让"进藏难"成为历史。交通运输事业的发展，成为西藏社会经济发展的强大动力，极大地提高了西藏人民群众的生活质量，人民群众的利益得以实现。

图 5-3　车队第一次开到拉萨

(作者摄于西藏自治区"两路"精神纪念馆)

"两路"精神成为推进西藏长治久安的强大动力,有力地支持了西藏的社会经济实现跨越式发展。在中国共产党的领导下,西藏人民继承和发扬"两路"精神,开创西藏交通运输事业新纪元。

四、促进西藏地区社会经济跨越式发展

"两路"的建成通车,不仅实现了西藏各族群众世世代代的企盼,更是中国共产党巩固民族团结,促进民族地区政治、经济、文化发展进步的重要里程碑。

(一)推动民主改革,实现社会制度历史性跨越

旧西藏生产力水平低下、社会事业落后,社会制度还停留在封建农奴制。川藏、青藏公路建成通车,为西藏实行民主改革提供了交通、物资等方面的强有力支持。旧西藏数百年政教合一的封建农奴制度被铲除,实现了社会制度历史性跨越。百万农奴翻身解放,从此不再受封建农奴主的压迫和剥削,扬眉吐气地成为社会主义新

中国的一员，成为国家和社会的主人。正因如此，解放了的藏族群众才全身心地、满怀激情地投入到社会主义新中国的各项建设事业中去。

（二）推动西藏地区经济快速发展

西藏自和平解放之后，经济获得了长足发展。2018年，西藏生产总值达1477.63亿元，同比增长9.1%，增速位居全国第一。相当于1951年1.29亿元的1145.45倍。令人瞩目的是，这已经是西藏连续26年实现两位数增长。

西藏经济的快速发展与西藏交通运输事业的迅猛发展息息相关。西藏地区自然资源丰富，工矿资源种类繁多，具有丰富的工业原材料、充裕的劳动力、广阔的工业品市场。但长期以来，由于道路险阻，交通一直是制约西藏发展的瓶颈，使西藏的资源优势无法转化为经济优势。

川藏、青藏公路的通车，是西藏发展史上具有里程碑意义的事件。"两路"通车初步打通了西藏与其他经济区的连接瓶颈，极大地促进了西藏与外部的经济交流，促进了西藏经济发展。

1. 促进西藏地区农牧业快速发展

川藏、青藏公路通车后，中央支援西藏地区的近30万件铁质农具等经过公路陆续运到西藏各地，并无偿发到西藏各宗农牧民手中，解决了农牧业生产缺少工具的困难，拖拉机等也经过公路源源不断地运了进来。仅1959年到1964年的5年时间，就从内地运进各种新农具10万多件，制造农具的钢材95吨，西藏还相应发展起了农具修造业。各种先进生产工具被引进并运用到生产的各个领域，减轻了农牧民的劳动强度，解放了生产力，大大提高了生产效率和生产水平。随着农具改革，新式步犁、条播机、场上作业机械等快速推广使用，提高了劳动效率和作业质量；机耕机播面积逐年增加，提高了播种质量，增强了抵抗自然灾害的能力。

通车后，大批科技人员、大量先进生产资料和科研实验仪器源源不断地运进西藏，专家学者、科技人员对西藏地区农牧业提供帮助与指导，同时西藏各族群众也纷纷到内地深入学习，这些都推动和加快了西藏地区农牧业经济的发展。表5-2为西藏地区1956年和1983年农牧业主要产品的比较表。

1956年和1983年农牧业主要产品比较　　　　表5-2

时间	种类							
	粮食				牲畜		农业总产值	
	总产量（亿斤）	增产情况	单产量（斤）	增长率	存栏数（万头）	增长情况	总产值（亿元）	增量
1956年	3.35	1	167		1104.1	1	1.54	1
1983年	7.38	2.2	256	53%	2307.2	2	5.73	2.72

西藏农林牧渔业增加值（含农林牧渔服务业）由1959年的1.28亿元增加到2018年的134.14亿元。粮食产量由1959年的18.29万吨增加到2018年的104.9万吨；粮食单产由1959年的1370公斤/公顷提高到2018年的5688公斤/公顷[①]。随着交通运输的发展，大豆、玉米、花生、水稻等品种先后从内地引入西藏，从中驯化筛选出优选的冬春小麦、青稞等，其中青稞"昆仑一号"在西藏地区备受欢迎。精选后的种子，农作物产量会大幅度增加。1979年，西藏自治区农业科学研究所试验种植油菜（奥罗），亩产411.14公斤，创

[①] 中华人民共和国国务院新闻办公室. 伟大的跨越：西藏民主改革60年[M]. 北京：人民出版社，2019.

国内高产纪录。1982年，日喀则地区农业科研所种植青稞"喜马拉雅6号"，创国内高产纪录。

尽管如此，相当长的时期内西藏还是需要大幅从外省调运粮食，到1992年，西藏年平均从外省调入粮食1亿多公斤，仅运费一项就高达4000万元，若再加上补贴费用，已超过8000余万元。西藏粮食从内地调运、周转的平均费用为每公斤0.7元，是当地粮食零售价格的1.5倍，消耗巨大。为了解决这个问题，许多扎根西藏的援藏干部、科研人员和西藏本地农科技术人员秉持"顽强拼搏、甘当路石"的精神，无私奉献，极大地推动了西藏的农业技术革新。

西藏自治区山南乃东县农业技术推广中心主任常瑛，为了试验、推广新型农业技术，长期蹲点乡间，晴天一身土，雨天一身泥，忍受常人难以忍受的寂寞、曲折与艰辛。在推广农业新技术时，为了取得当地农户信任，她甚至向群众郑重承诺，如果新技术推广不成功，让群众蒙受损失，她愿意拿出全部积蓄赔偿种子给群众。虽然推广工作遇到了许多困难，但她从未退缩。西藏自治区动物疫病预防控制中心的高级畜牧师边巴次仁，跋山涉水，深入一线，进村、进户调查动物疫情，组织各项疫情的预防及治疗，帮助牧民改良畜种，对西藏的畜禽良种化和高产奶牛发展起到了很大作用。在千千万万个常瑛、边巴次仁的默默付出中，2015年西藏粮食再创历史新高，产量首次突破100万吨[1]。

2. 促进西藏地区工业的发展

川藏、青藏公路及后来修建的新藏、滇藏公路和区内其他公路的相继建成通车，为西藏的工业发展创造了重要的有利条件。

---

[1] 张京品. 西藏2015年粮食产量首次突破100万吨[EB/OL]. 2015-12-14. http://xz.people.com.cn/n/2015/1214/c138901-27311171.html.

解放前，西藏基本上没有现代工业企业。和平解放后，1955年前后先后建成了拉萨、昌都、格尔木汽车修配厂和拉萨木材厂、石灰厂、地毯厂、血清厂等。1956年，日喀则建成第一个火力发电厂，1957年，黑河班戈湖建起了硼砂厂，1956年10月，拉萨新夺底水电站建成投产。在此期间，西藏军区还办了被服厂、皮毛加工厂、铁木加工厂等。工业总产值从无到有，1958年达到4500万元。从1965年到1978年，西藏中小企业数量发展到213家，职工总数达到2万多人，工业总产值近1.5亿元。

工业的发展离不开能源，西藏的能源产业在通车后从无到有、从少到多，逐步发展起来。到1984年，全区共建小型电站673座，装机容量为10.16万千瓦。西藏第一代电力职工队伍由"两路"通车前的40多人增加到3500多人，其中各类专业技术人才500多人。随着交通运输事业的发展，西藏丰富的能源资源、水力资源、太阳能、地热能、风能等逐渐得到合理的开发利用。到1983年底，昌都地区已建成111座农村小水电站，拉萨建成133座，山南地区建成157座。1982年，羊八井地热电站建成投产，电力资源源源不断地输送到拉萨，为西藏的城市建设、工农业生产，为改善西藏人民生活提供了更多的新能源①。

3. 促进西藏地区商业贸易繁荣

通车以来，西藏商业贸易从无到有，逐渐壮大，从保证军供到兼顾民用，再到"发展经济，保障供给"。日渐繁荣的商业贸易沟通了各民族、各地区间的经济联系，对增强民族团结、巩固边防、建

---

① 纪念川藏青藏公路通车三十周年筹委员会办公室文献组，西藏自治区交通厅文献组. 纪念川藏青藏公路通车三十周年文献集-文献篇 第一卷[M]. 拉萨：西藏人民出版社，1984：262-273.

设边疆，把西藏建成团结、富裕、文明的社会主义新西藏发挥了重要的作用。以昌都为例，其城区比过去扩大了，市场一天比一天繁荣，藏族百姓在市场可以买到来自全国各地的各种价廉物美的工业品。同时，西藏地区农牧民生产的各种土特产——羊毛、虫草、兽皮等销往各地的数量也呈现逐年上升的趋势，甚至成几倍几十倍地增加。1953 年，羊毛销量比 1952 年增加了 7 倍左右，价格也是越卖越好。通车前，100 斤羊毛只能换 50 斤茶叶；通车后，由于运输费用大大降低，100 斤羊毛可以换到 99 斤茶叶。1953 年，仅昌都茶叶的销量就等于和平解放前 2 年或 3 年的消费量。1961—1963 年，运进西藏的茶叶多达 3120 多万斤。各地的大批物资也运送到西藏各地，1963 年运到西藏的机械设备、钢铁器材是 1956 年的 2 倍多，1964 年运进西藏的藏犁头、新式步犁、农药、种畜，是 1959 年的 5 倍多。

"两路"的通车，促使商业贸易的发展有了充裕的商品货源，保障了供给。通车之初，西藏地区国营商业机构就发展到 28 个，职工 869 人。仅 1955 年，供应给西藏人民的商品总值就达 1553 万元。其中主要有茶叶 3.81 万担、布匹 129 万米、各种食糖 172 吨。之后，西藏商业机构快速发展，城镇、农村和牧区商业网点基本形成。到 1960 年，国营商业机构有 84 个，职工 1344 人；供销社有 215 个，社干部 418 人。到 1983 年底，全区已有国营商业机构 320 个，集体商业机构 2218 个，个体商业发展到 4352 户，农垦、交通、工业等系统还自办商业服务业。1983 年，日用工业品销售额达 27122 万元，比 1955 年增长了 16.5 倍。除茶叶等少数品种外，其他商品已能基本满足需求，群众已经由排队抢购变为持币待购、持币选购了。

交通的不断完善，使商品品类日益增多，商业网点遍布城乡，对外贸易欣欣向荣。2004年，西藏贸易出口额达2.24亿美元，进出口市场扩展到泰国、日本、德国、俄罗斯等20多个国家和地区。2018全年，西藏自治区与80个国家和地区开展了双边贸易，第三产业成为西藏经济的"半壁江山"。市场提供了越来越多的商品，繁华的拉萨街头丝毫不逊色于其他任何一个省会城市，这是西藏现代化的缩影。

4. 加快西藏地区城市化进程

川藏、青藏公路的通车，极大地推动了沿线地区的经济发展和城市化进程。"两路"通车后，公路沿线兴起了不少新的城镇。汽车修配厂、面粉加工厂、毛纺厂、火柴厂、木材加工厂、水电站等现代工业企业不断建立。昆仑山下的格尔木原本是芦苇丛生、黄羊出没、罕无人迹之地，现在已是工厂林立，成为物资进出西藏的重要集散地，大型工厂、企业、医院、剧院等现代设施拔地而起，通车后种植的几十万棵柳树早已蔚然成林，装扮着这个因路而兴的繁华城市。

就西藏而言，解放前，西藏的城镇主要是围绕着寺院而发展起来的，基础设施建设很不完善，城镇不仅数量少，而且规模很小。1949年，拉萨有1万多人，日喀则有9000余人，昌都有4000余人，其他城镇不足4000人①。

截至1952年，西藏城镇人口也仅有7.5万人，占西藏总人口的6.5%；其中，拉萨人口仅3万人，城镇用地不足3平方公里，街道狭窄、房屋简陋，基本没有公共设施，城镇化水平很低。

在国家投入巨大的人力和物力修通了川藏、青藏公路之后，交

---

① 王小彬. 西藏城镇发展研究[J]. 小城镇建设, 2002(06)：66-70.

通发展极大地带动了沿线的城市化发展。在公路沿线的中共西藏工委及各分工委所在的城镇和驻藏部队驻地，进行了小型的基本建设，重点修建了一批机关住房、学校、医院、银行、邮电所、交通运输站、气象站、电站等设施。在各条公路沿线相继扩建了一批原有的居民村落，出现了江达镇、扎木镇、八一镇、当雄镇、羊八井镇等一批新兴城镇。八一镇运输站因公路运输的需要而设立，设立之初只有十来户人家，到1966年，此地相继建起了毛纺厂、水电站、工人文化宫、百货商店和新华书店，又修建了八一大桥和西藏农牧学院，成为当时西藏的第四大城镇。

西藏原有的城市也随着交通运输的发展和西藏民主改革而焕发新的生机。藏东名城昌都从解放前的断垣残壁、一片荒芜，逐渐发展成为西藏东部重要的政治、经济、文化中心，成为西藏的第三大城镇。川藏公路上的林芝，也由一个荒无人烟之地发展成为国人眼中美丽富饶的"西藏江南"。

解放后，西藏的城镇是随着交通运输业的发展而发展起来的。据统计，沿公路分布的城镇占全区城镇的79%，主要分布在川藏、青藏、中尼、新藏、滇藏、拉萨—日喀则—江孜—亚东和拉萨—泽当以及黑昌等干线公路附近[1]。由此可见，交通发展对西藏城镇的巨大影响，交通运输成为西藏城镇发展的主要推动因素之一。

五、促西藏地区科学文化教育事业长足进步

西藏在解放以前，教育被作为一种特权，由寺院和贵族垄断。在三大领主和封建农奴制度的残酷统治下，农奴根本没有学习文化

---

[1]王小彬.西藏城镇发展研究[J].小城镇建设，2002(06)：66-70.

知识的权利。即使是拉萨，也仅有地方政府开办的学校6所、回民开办的小学1所、地方大员开办的零星私塾学馆。这些教育场所不仅教学内容单调陈旧，与现代教育根本无法相提并论，而且只有少数上层家庭子弟才有资格就读。和平解放前夕，全区儿童入学率不足2%，青壮年文盲率高达95%。"两路"通车后，大批教师、教学设备和校舍建筑材料通过两条公路源源不断地从全国各地运进西藏，从根本上改变了西藏教育落后的旧面貌。

到1959年底，西藏已有小学462所（公办13所，民办449所），教职工580多名（公办教师100多名，民办教师480多名），在校学生16300多名（公办小学生3300多名，民办小学生13000多名）；普通中学从没有到有了2所，在校学生340多名，教职工40多名。到1965年，自治区内小学发展到1822所（公办80所，民办1742所），教职工2480多名（公办530多名，民办1950多名），在校学生66700多名（公办小学生10000名，民办小学生56700多名）。有了6所普通中学，在校学生1050多名，教职工120多名。1961年，中等师范学校在拉萨得以新建，在校学生450多名，教职工110多名。1965年，西藏民族学院创办。

通车后，每年有大量的书籍报刊、文化用品等物资通过这两条公路被不断运到西藏，提高了人们的文化生活质量。"两路"的通车，不仅促进了西藏地区交通运输业、经济的发展，还使西藏地区的学校、医院、报纸、广播事业等都获得极大的发展。许多偏远地区的群众由于通车也有机会看到书报和电影了。藏东的昌都、藏北的黑河和日喀则等都有了新华书店，呈现出一片欣欣向荣的繁荣景象。

随着交通的日渐便捷，成千上万的藏族群众到内地学习、参观和访问，他们学成回到家乡后成为西藏革命和建设事业各个行业的新生力量。通车10年，去内地的参观团、访问团和观礼团就达20多个2000多人次。仅交通运输行业就有5000多名藏族群众成为有一定政治觉悟和技术水平的工人，其中有600多人成为驾驶员、保修工、桥梁技工等。川藏、青藏公路通车后，由于交通的便捷，中央民族访问团、全国各地的文艺工作团体也纷纷进入西藏进行各种形式的慰问，带去了丰富多彩的文艺作品和精神食粮，以生动形式丰富西藏人民的精神文化生活，达到寓教于乐的效果，使藏族群众的心和祖国、和党、和各族人民靠得更近。

中共十一届三中全会以后，中央制定了一系列帮助西藏发展的政策，并决定从1985年起，在内地16个省（直辖市）举办西藏班和筹建西藏中学。随着国家的大力扶持，西藏教育事业走上了持续健康发展的轨道。到1983年底，西藏共有高等学校3所，本科学生1300多名，预科学生120多名，干训班460名，共有在校生1800多名，教职工1560多名；中等专业学校13所，在校学生1400多名，教职工750多名；普通中学55所，在校学生18150多名，教职工1900多名；小学2540多所，在校学生124600多名，教职工9620多名。与1959年相比，中学增长了26.5倍，中学在校学生增长了约52倍，小学增长了约4.5倍，小学生增长了约6.6倍。[①]

1994年7月，中央第三次西藏工作座谈会确定了"对口支援、定期轮换、分片负责"的援藏方针，由内地15个省（直辖市）对口支援西藏的7个地区，由国家有关部委和省（直辖市）援建西藏62项工程，其中教育项目5项，投资6900万元。

---

① 纪念川藏青藏公路通车三十周年文献集．第一卷［M］．拉萨：西藏人民出版社，1984：276-278．

"十一五"期间，西藏自治区教育经费支出达 70 亿元，共有专任教师 37081 人，小学适龄儿童入学率为 99.2%；初中在校生 138992 人，初中入学率为 98.2%；高中在校生 40728 人；中职在校生 22613 人；本专科在校生 31109 人①。2010 年，西藏全区青壮年文盲率为 1.2%，较 2000 年下降了 37.8%②。如今，西藏还率先在全国实现省域内 15 年免费教育。

自从西藏和平解放，中央就陆续通过大力发展西藏本地教育事业、派出援藏教师和教育行政干部、举办内地西藏班、培训西藏教师和教育行政干部等多种方式对西藏进行智力支持，推进西藏教育发展，取得了令人瞩目的成果。

2018 年末，西藏共有高等教育院校 7 所，在校生 37833 人，其中研究生 2116 人；中等专业学校 11 所，在校生 22817 人；中学 133 所，在校生 191107 人；小学 809 所，在校生 326334 人；幼儿园 1477 所，在园幼儿 123333 人。西藏自治区全区小学学龄儿童入学率达 99.5%。

医疗卫生方面，和平解放前，西藏只有 3 所设备简陋、规模很小的官办藏医机构和少量私人诊所，医务人员不足 100 人。"两路"通车后，西藏医疗卫生状况有了极大改善。到 2018 年年末，全区共有卫生机构 1548 个，其中，医院 157 所，卫生院 678 个，疾病预防控制中心(卫生防治机构)82 个，妇幼保健院(所、站)57 个。实有病床床位 16787 张，其中医院 12604 张。卫生技术人员 19035 人，其中执业(助理)医师 8283 人。每千人病床数和卫生技术人员数分别达到了 4.88 张和 5.54 人(以 2018 年全自治区人口数为 343.82 万

---

①西藏年鉴编委会. 西藏年鉴 2011[M]. 拉萨：西藏人民出版社, 2012：145, 148.
②李玉华. 和平解放以来教育援藏政策研究[D]. 昆明：云南师范大学, 2013.

人计算)。

这些成就的取得,高效的交通后勤保障功不可没。

六、改善西藏地区人民生活,增强藏族群众幸福感

(一)幸福感之一——生活成本大幅降低的如释重负感

川藏、青藏公路通车后,物流运输成本大幅度降低,西藏地区人民的生活成本也大幅降低。过去在山南地区,一盒火柴要2元钱,通车后,国营商业和供销社只要2—3分钱。黑河地区一块砖茶原来要卖4—5元银元,"两路"通车后,只要人民币2.1元。而对于西藏的各种土特产,国营商业按照合理价格收购。通车后的商贸发展在增加藏族群众收入的同时又大大降低了他们的生活成本,极大地改善了西藏地区人民的生活。正因如此,西藏人民才发自内心地把川藏、青藏公路比喻为通向幸福生活的"金桥"。如那曲地区,解放前一块小砖茶要4.5元银元,或者以一只羊交换,通车后一块砖茶仅需人民币2.1元,比解放前便宜了2倍多;一市斤青稞原来要1元银元,折合人民币1.5元,通车后只需要0.2元,比解放前便宜了7倍多。而在格尔木,解放前那里的哈萨克族人民忍受着私商的高利盘剥,用一只羊才能换到一盒火柴,一包茯茶要用几只羊才能换到,牧民的生活困苦不堪。但青藏公路通车后,党和政府给他们运来了大量的救济物资,帮助发展他们生产,他们从此过上了安定的生活,逐步发展了畜牧业生产,生活水平得到有效提高。

60多年的实践充分证明,川藏、青藏公路是民族团结之路、西藏文明进步之路、西藏各族群众共同富裕之路。

(二)幸福感之二——社会发展、收入逐年增加的自豪感

川藏、青藏公路的修筑虽然备尝艰辛，但参加筑路的藏族民工从中受益匪浅。最现实的好处就是他们大多从农奴身份变成了新中国的主人，从农奴主的沉重剥削和残酷奴役之下被解放了出来。他们作为独立的个体参加筑路工程，凭借自己的辛勤劳动获取应有的报酬，改善了生活。他们发自内心地编出一首首歌谣：

> 解放军没有来的时候，
> 我们从来没有拿到过银元，
> 我们去问我们的父母，
> 父母也说："从来没有看见。"
> 解放军来到这里以后，
> 我们从劳动中拿到了银元，
> 我们不但看见了很多很多，
> 并且还亲手花过几百几千。

> 明亮的铲子啊！
> 能够铲出幸福的花朵。
> 坚硬的镐头啊！
> 能够锄出美丽的田园。
> 要是我们今天不织帐篷，
> 明天就没有住的地方；
> 要是我们今天不修公路，
> 明天就会尝不到好的果实。

彩虹搭起来了,

搭起来了,彩虹!

藏族汉族更加靠紧了,

更加靠紧了,汉藏弟兄!

提起我们的彩虹,

它的名字就是幸福与繁荣。

从此西藏这块土地,

随着祖国伟大建设的脉搏一起跳动。①

"两路"通车后,部分藏族群众靠继续修路、护路等工作养家,更多的藏族群众凭着他们勤劳的双手发展种植、采摘业,养殖西藏地区的地方特产,增加了收入,提高了生活水平。特别是1980年各项农牧区政策放宽后,全自治区多种经营收入从1975年的939.4万元增加到1983年的11700万元,8年提高了约11.4倍。通过"两路",西藏给内地建设源源不断地送去大量物资,畜产品、鹿茸、虫草、贝母等中药材远销全国各地,矿产、木材等资源也不断被送到祖国各地,支援国家建设。

(三)幸福感之三——生活物资丰富多彩的满足感

解放前,波密地区的藏族群众吃盐、喝茶非常困难,他们祖祖辈辈以兽皮为衣。可以说,盐、茶、布是波密人的三大生活必需品。

但在旧社会,波密1万多农奴常常吃不到盐,因为三大领主残

---

①纪念川藏、青藏公路通车三十周年筹委会办公室文献组,西藏自治区交通厅文献组. 纪念川藏青藏公路通车三十周年文献集 英烈篇·艺文篇·第三卷[M]. 拉萨:西藏人民出版社,1984:222.

酷地剥夺了他们吃盐的权利。波密地区本身不出产盐，恶劣的气候和地形导致交通困难，农奴主和官家运到波密的盐贵如珠宝，贫穷家庭根本购买不起。在波密，官家、农奴主和一些活佛、大喇嘛作为盐商趁机极度压榨老百姓。农奴要买盐，要么干上六天重活可以换取半个蛋壳的盐，要么就要用6-10多倍的粮食换取，甚至要拿出他们身上的宝刀换盐。有的波密百姓不堪受此盘剥，悄悄背上粮食到产盐的藏北换取湖盐。这条路往返需要10多天，且充满各种危险，官家还在波密内外设卡收取沉重的税赋甚至没收湖盐。旧时的波密百姓真是苦不堪言。食盐对他们来说非常珍贵，有的把装过盐的口袋煮了又煮，甚至还有的家庭会把一小袋盐作为嫁女儿出嫁的陪嫁。很多波密人因缺食盐而患大脖子病，波密农村每个村都有这样的大脖子病病人，严重影响他们的身体健康。

"两路"通车后，大量食盐运进波密，特别是民主改革后，波密人的食盐问题得以彻底解决。1964年，波密14000多人，购买了15万斤多的食盐，平均每人用盐10斤以上，而且价格要比以前低很多，1克粮食(28斤)能买40斤盐。全县9个区和部分乡都有了供销社，三大领主靠盐盘剥贫苦农奴的历史不再重演。

过去，波密老百姓吃盐困难，而喝茶就更加困难了，甚至许多七十几岁的老人们也只是见过茶，但从来没喝过，他们喝的"茶"是用树叶熬的水。茶叶在过去也是农奴主剥削压榨贫苦农奴的手段之一。他们要给农奴主干上八到十天重活才能换到拇指大一块茶，或者要用6克粮食(168斤)换得一块1斤重的茶。"两路"通车后，大批茶叶被运进波密，各大供销社里，货架上摆满了从四川运来的砖茶，以及从云南和其他地方运来的沱茶和花茶。1克粮可以买上5-6斤茶叶。1964年，全县平均每人每月至少买了1斤茶叶。茶再也不是波密人见得到喝不起的珍品了。

关于穿衣问题，过去波密的贫苦百姓穿的都是兽皮或破烂不堪的氆氇衣。三大领主运到波密的布匹，价格非常昂贵。1米布要57元银元。贫苦百姓别说是买布，就连伸手摸摸也会遭到农奴主的责骂。

川藏公路通车后，仅波密民众的生活发生了翻天覆地的变化。他们普遍穿上了布料衣服。仅1964年1年，波密9个区供销社就向当地群众销售了30多万米布，可以平均使每个波密人新添置1件衣服。运进来的绒衣绒裤也能满足平均每人1件，每3个人可以买1件棉毛衫或棉毛裤，过去光脚的波密人普遍穿上了球鞋。盐、茶、布问题的解决，从一个侧面反映了波密人生活的巨变。

"两路"的通车，不仅让内地的各种物资送进西藏满足了藏族群众的各种需求，西藏人民生产的物品也运往祖国各地，藏族老乡的腰包不再"羞涩"。公路修到哪里，哪里的经济就繁荣起来，人民的生活也逐渐得到改善。随着公路的畅通，人们的穿着也日渐光彩亮丽，穿上了绸缎、卡其布，偏僻山沟的农牧民也穿上了上海和天津生产的胶鞋、绒衣。过去富人家才有的水果糖现在每家每户都拥有了。过去如果谁家有个瓷碗都不舍得拿出来用，现在很多人家里都能用上江西生产的细瓷碗了，西藏人民的生活发生了根本的改变。无论是北京、天津，还是上海、南京生产的产品，在偏僻的牧区都能买到。西藏地区的土特产也远销到北京、上海等各大城市。1963年运进的生活用品及民众特需品，为1956年的6.5倍。羊毛刷子、八磅暖水瓶、铝制酥油壶、高压锅、玻璃制品、棉布、棉毯、绵绸、礼帽以及各种文化用品等的流入，大大改善了藏族群众的物质生活条件。

对藏族群众而言，最本质、最重要的改变是百万农奴翻身解放，成为国家和社会的主人。他们从此不再受封建农奴主的压迫和剥削，而是扬眉吐气地成为社会主义新中国的一员。正因如此，解放了的藏族群众才能全身心地、满怀激情地投入到社会主义新中国的各项建设事业中去。

在中国共产党的领导下，西藏人民的幸福感、获得感不断增强，生活水平大幅提高，收入不断增加。2018年，西藏全年全区居民人均可支配收入达到17286元，增长11.8%。按常住地分，城镇居民人均可支配收入33797元，比上年增长10.2%；农村居民人均可支配收入11450元，增长10.8%。

实践证明，交通运输建设对西藏的城市化水平提升、农牧民的收入水平、收入结构、生活方式、观念变革都起到了非常重要的促进作用。在西藏的发展中，以交通运输发展推动社会发展、经济发展的趋势非常明显。因此，和平解放后，西藏历年交通投资绝对数一直持续上升，2018年交通运输投资额占GDP总值的44.12%，达到了历史高峰。

总之，"两路"的修筑及"两路"精神，有力地捍卫了国家统一，维护了边疆稳定，促进了民族团结，实现了西藏社会制度历史性变革，推动了西藏社会经济文化全面进步、跨越式发展。"两路"通车65年来，西藏生产总值增长了1000倍，2018年西藏人口达到343.83万人，在国家统计局和中央电视台等联合举办的"CCTV经济生活大调查"中，拉萨市连续五年被评为"中国幸福指数最高的城市"[1]。党的十八大以来，5年时间里，西藏减少贫困人口53万人。到2020年，

---

[1] 中华人民共和国国务院新闻办公室. 伟大的跨越：西藏民主改革60年[M]. 北京：人民出版社，2009：34.

西藏将与全国人民一道,迈入建成全面小康社会的新的发展阶段。

西藏用几十年的时间走过了人类历史几百年甚至上千年的发展历程,这其中也包括了交通运输事业为西藏发展提供的有力保障。正如2019年6月14日,习近平总书记致"2019·中国西藏发展论坛"的贺信所指出:60年来,在党的领导下,在中央政府和全国人民大力支持下,在"两路"精神鼓舞下,"西藏人民团结奋斗,把贫穷落后的旧西藏建设成了经济文化繁荣、社会全面进步、生态环境良好、人民生活幸福的新西藏。"①习总书记的贺信充分肯定60年来西藏的发展成就。

---

① 习近平向"2019·中国西藏发展论坛"致贺信[N]. 人民日报,2019-06-15(03).

第六章
"两路"精神的时代价值

一代人有一代人的责任,一代人有一代人的奋斗。"两路"精神产生于特定时代、特定背景,其表现形式是历史的,但其内涵特质、深远价值则是永恒的,是我们党和民族巨大而宝贵的精神财富。

第一节 "两路"精神是习近平关于交通运输工作重要指示精神的重要组成部分

党的十八大以来,习近平总书记就发展交通运输、建设交通强国做出一系列重要指示。党的十九大提出"交通强国"战略。近日,中共中央、国务院印发了《交通强国建设纲要》,提出:到2020年,完成决胜全面建成小康社会交通建设任务和"十三五"现代综合交通运输体系发展规划各项任务,为交通强国建设奠定坚实基础。到2035年,基本建成交通强国;到21世纪中叶,全面建成人民满意、保障有力、世界前列的交通强国。要完成这一系列战略任务,需要大力弘扬"两路"精神。"两路"精神是习近平总书记关于交通运输工作重要指示精神的重要组成部分,是习近平新时代中国特色社会主义思想在交通运输行业成功实践的灵魂,是马克思主义理论中国化的重要成果。

一、"两路"精神与党的交通强国战略思想的统一性

党的十八大以来,习近平总书记就建设交通强国、实现"两个一百年"的奋斗目标,对我国交通运输事业做出了一系列重要论述。他多次强调,要想富先修路,没有过时①;"'十三五'是交通运输基础设施发展、服务水平提高和转型发展的黄金时期,要抓住这一时期,加快发展,不辱使命,为实现中华民族伟大复兴的中国梦发挥更大的作用。"②

党的十九大上,习近平总书记在建设现代化经济体系的战略部署中,明确提出了建设交通强国的目标。他强调,要加强水利、铁路、公路、水运、航空、管道、电网、信息、物流等基础设施网络建设。习近平总书记关于建设交通强国的目标包括两层重要内涵,即"自身强"和"强国家"。"自身强"是指交通运输综合实力能在世界位居前列;"强国家"是指交通运输事业能够高效支撑我国现代化

---

①中共交通运输部党组. 加快建设"四好农村路"助力新时代乡村振兴[N]. 人民日报,2018-02-26(10).

②石宝林. 抓住黄金期 当好先行官(新论)[N]. 人民日报,2017-01-03(05).

强国建设。习近平总书记关于交通运输发展的一系列重要论述，为我们描绘出交通运输发展的宏图美景，为建设交通强国指明了方向。

"两路"精神与习近平总书记做出的关于交通运输工作重要指示精神、关于建设交通强国战略的重要论述，两者在根本宗旨、理论渊源、本质内涵、行业背景方面具有内在的统一性和一致性。"两路"精神始终贯穿一条红线：中国共产党人的初心与使命、根本宗旨和群众路线，体现了马克思主义历史唯物主义的精髓，是马克思主义政党性质的根本体现；建设交通强国的根本目的也是实现中华民族的伟大复兴，不断满足人民对美好幸福生活的向往，体现了以人民为中心的发展思想。

"两路"精神与习近平总书记关于交通运输工作重要指示精神在理论渊源上具有内在的统一性。"两路"精神源于马克思主义科学理论的精神品质、中华优秀文化的民族精神和中国共产党的革命精神，"两路"精神是在中国共产党领导下，在修筑和维护川藏、青藏公路的伟大实践中形成的宝贵精神财富。习近平总书记关于交通运输工作重要指示精神也源于对马克思恩格斯交通运输思想的深刻理解，源于当代中国交通建设的伟大实践，是对历届中共领导集体关于交通建设思想的继承和发展，是习近平新时代中国特色社会主义思想的重要组成部分。

"两路"精神与习近平总书记关于交通运输工作重要指示精神、关于建设交通强国战略的重要论述在本质内涵上紧密联系。修筑川藏、青藏公路是党中央在解决西藏问题时做出的重要战略决策。习近平总书记将"两路"精神概括为"一不怕苦、二不怕死，顽强拼搏、甘当路石，军民一家、民族团结"，体现了爱国主义、实事求是、艰苦奋斗、奉献牺牲、拼搏进取、团结友爱等崇高精神品质。习近平总书记关于交通运输工作重要指示精神、关于建设交通强国战略的重要论述，其内涵博大精深。建设交通强国，需要强大的精神支柱和精神动力，"两路"精神是实现交通强国战略目标的强大精神动力。

"两路"精神与习近平总书记关于交通运输工作重要指示精神、关于建设交通强国战略的重要论述，从行业背景上看，两者都是具有鲜明交通运输行业特色的精神和思想，是引领交通运输行业科学发展的精神动力和思想指导。"两路"精神是在新中国一号工程——修筑川藏、青藏公路的伟大实践中形成的，是中国共产党革命精神在建设时期在交通运输行业的集中体现，是习近平总书记强调的新形势下要继续弘扬的宝贵精神财富。习近平总书记关于交通运输工作重要指示精神、关于建设交通强国战略的重要论述，深刻阐明了建设交通强国为民族复兴提供强大的交通基础设施支撑的重要性；同时，以开放和宽广的国际视野，大力推进"一带一路"建设，使我国由交通大国向交通强国迈进，从而提升中国国际影响力，提高中国国际地位和增强中国在世界舞台的话语权。

二、"两路"精神是书写交通强国的不竭动力

党的十九大报告提出建设交通强国，这是新时代赋予交通运输业的历史使命，是以习近平同志为核心的党中央对交通运输事业做出的重大战略部署。在修筑川藏、青藏公路实践中形成和发展的"两路"精神，是助推中国交通发展，书写交通强国的不竭动力。习近平总书记多次强调要弘扬"两路"精神。2018

年10月,在中央财经委员会第三次会议上习近平总书记又一次强调,要发扬"两路"精神和青藏铁路精神,高起点高标准高质量推进川藏铁路规划建设①。2019年9月中共中央、国务院印发的《交通强国建设纲要》中,再次提出要弘扬以"两路"精神、青藏铁路精神、民航英雄机组等为代表的交通精神,增强行业凝聚力和战斗力②。弘扬"两路"精神,建设交通强国,对内助推交通扶贫、乡村振兴战略、决胜全面建成小康社会;对外有助于"一带一路"倡议、以交通助推外交发展、构建人类命运共同体等。

(一)新时代开启建设交通强国新征程

党的十九大明确提出了建设交通强国的宏伟目标,开启了建设交通强国的新征程。建设交通强国,是以习近平同志为核心的党中央,立足国情、着眼全局、面向未来做出的重大战略决策,是对新时代交通运输事业发展特点和规律的深刻把握,是党中央对交通运输工作的高度重视和殷切期盼,赋予了交通运输业在新时代的新使命。建设交通强国,是建设中国特色社会主义现代化强国的重要组成部分,也为社会主义现代化建设提供重要的战略支撑。"加快建设交通强国,打造现代化综合交通运输体系,能有效地支撑制造强国、贸易强国、海洋强国、科技强国等具体强国目标实现,为全面建成社会主义现代化强国提供有力支撑。"③

党的十八大以来,我国交通运输事业取得了重大成就。十九大

---

①大力提高我国自然灾害防治能力 全面启动川藏铁路规划建设[N]. 人民日报,2018-10-11(01).
②中共中央国务院印发《交通强国建设纲要》[N]. 人民日报,2019-09-20(04).
③杨传堂,李小鹏. 奋力开启建设交通强国的新征程[J]. 求是,2018,第4期.

报告指出:"高铁、公路、桥梁、港口、机场等基础设施建设快速推进。"沪昆高铁、港珠澳大桥、上海洋山深水港区、北京大兴国际机场等一批交通超级工程震撼着世界。2019年6月在北京召开的2019世界交通运输大会正式对外发布,目前我国高速铁路运营里程已突破2.9万公里,超过世界高铁总里程的三分之二;具有完全自主知识产权、达到世界先进水平的动车组列车"复兴号"已经成为中国速度的代表;高速公路里程突破14万公里,位居世界第一;内河航道通航里程达12.7万公里,航道网络进一步完善。C919大型客机、北斗导航系统、"村村通"工程、交通扶贫攻坚、"一带一路"建设等,中国交通的靓丽名片越来越多。我国交通运输规模总量已经位居世界前列,成为名副其实的交通大国。

正是依靠一代代交通人,秉承"一不怕苦、二不怕死,顽强拼搏、甘当路石,军民一家、民族团结"的"两路"精神,逢山开路、遇水架桥,艰苦奋斗、勇于创新、不惧艰险、默默奉献,我们才能在短时期内建成世界最大的高速铁路网和高速公路网,取得举世瞩目的成就,成为世界交通大国。

(二)新任务、新挑战需要精神的引领和支撑

今天的中国,已开启建设交通强国的历史新征程。中国的交通运输事业,正由交通大国向交通强国转变、由高速增长到高质量发展、由国内发展向国际拓展的时代。人民群众的出行需求越来越多样化、高端化、个性化,希望得到更加优质的服务,从过去的"走得了"到"走得好",从过去"运得了"到现在"运得畅"的发展变化。要实现由交通大国向交通强国的转变,将会面临一系列艰巨复杂的新任务、新困难、新挑战,更需要伟大精神的引领和支撑。习近平

总书记在川藏、青藏公路建成通车 60 周年之际提出的"两路"精神，已成为全国交通运输行业凝聚共识、凝聚人心的强大精神力量，是交通运输行业的核心价值观，是助推中国交通发展、书写交通强国的精神源泉和不竭动力。

建设交通强国，需要"一不怕苦、二不怕死"的战斗精神和牺牲精神。要建成世界领先、人民满意、有效支撑我国社会主义现代化建设、具有世界眼光和中国特色的交通强国，需要战天斗地、不怕牺牲的精神，创造更多的人间奇迹。2013 年西藏墨脱公路的建成，结束了我国最后一个不通公路县的历史，而当年修筑墨脱公路的建设者们，继承和发扬老一辈"两路"人的战斗精神和牺牲精神，每一位建设者都是写好遗书才出发的。

建设交通强国，需要"顽强拼搏、甘当路石"的奋斗精神和奉献精神。建设交通强国会面临新的困难、新的挑战，更需要逢山开路、遇水架桥的奋斗精神，应对挑战、抵御风险、攻坚克难；需要忠于职守、爱岗敬业、无私奉献的奉献精神。川藏线的"雪山铁人"陈德华、青藏线的"天下第一道班"，他们坚守雪域高原，立足本职岗位、争创一流，为交通运输的发展默默奉献。

建设交通强国，需要大力弘扬开拓进取、敢为人先的创新精神。党的十九大报告指出，创新是引领发展的第一动力，是建设现代化经济体系的战略支撑。没有当年筑路先辈们的开拓进取、敢为人先的创新精神，就没有"两路"的筑成通车和安全畅通。今天，在建设交通强国的征程上，要大力弘扬开拓进取、敢为人先的创新精神，坚定自主创新的信心和骨气，增强核心竞争力。在关键领域、核心技术上大胆创新、奋力突围，不断破解发展难题，为交通运输事业科学发展提供支撑和引领。

我国是地域辽阔的多民族国家，建设交通强国，一个重要的任务就是发展偏远地区、少数民族地区的交通事业。我国的交通运输在城乡间、区域间、运输方式间、新旧业态间、软硬实力间、建管养运间还存在发展不平衡、不充分等问题。解决这些问题，更需要"一不怕苦、二不怕死，顽强拼搏、甘当路石，军民一家、民族团结"的"两路"精神的引领。

三、"两路"精神助推交通扶贫、决胜全面建成小康社会

建设交通强国，将为全面建成小康社会、建成社会主义现代化强国提供重要的战略支撑。"要紧紧围绕民富国强目标，使交通运输基础性、先导性、战略性、服务性功能得到充分发挥，全面适应并引领经济社会发展，为全体人民实现共同富裕。"[①]

（一）"两路"及"两路"精神为全面建成小康社会提供重要基础

川藏公路和青藏公路将西藏与祖国内地紧紧相连。随着交通运输事业的发展，西藏人民告别了几千年来仅靠栈道、溜索和人背畜驮的原始运输方式，社会经济不断发展，民生幸福得以保障，居民消费水平不断提高。截至2018年3月，西藏的机动车保有量达到47万余辆，更多的车辆进入百姓家中。据西藏自治区统计局和国家统计局西藏调查总队发布的《2018年西藏自治区国民经济和社会发

[①] 杨传堂，李小鹏．奋力开启建设交通强国的新征程[J]．求是，2018(04)．

展统计公报》显示：2018年全区生产总值1477.63亿元，按可比价格计算，比上年增长9.1%；人均地区生产总值43397元，增长7.0%，按年平均美元汇率折算，人均地区生产总值6558.0美元。2018年，西藏居民人均可支配收入17286元，增长11.8%。其中，城镇居民人均可支配收入33797元，比上年增长10.2%；农村居民人均可支配收入11450元，增长10.8%。在"两路"精神的引领下，西藏地区交通运输实现了跨越式发展，为扶贫开发、乡村振兴战略、决胜全面建成小康社会提供良好基础。表6-1为2013—2018年西藏自治区居民人均可支配收入增长表。

2013—2018年西藏自治区居民人均可支配收入增长表　　表6-1

年份(年)	全区生产总值(亿元)/增长速度	人均地区生产总值(元)/增长速度	人均可支配收入(元)/增长速度
2013	816.57/12.1%	26355/11.6%	6553/15.0%
2014	921.73/10.8%	29280/9.0%	7359/12.3%
2015	1027.43/11.0%	32031/8.9%	8244/12.0%
2016	1151.41/10.1%	35184/7.9%	9094/10.3%
2017	1310.92/10.0%	39267/7.9%	10330/13.6%
2018	1477.63/9.1%	43397/7.0%	11450/10.8%

（二）"两路"精神助推扶贫开发、乡村振兴战略

一直以来，"两路"精神激励着新时代交通人在交通战线上奋力拼搏、勇攀高峰。我国交通建设取得骄人成就的同时，也存在着城乡交通发展不平衡、部分乡村出行困难、1600万贫困人口亟需脱贫等难题。

党的十九大报告指出："让贫困人口和贫困地区同全国一道进入全面小康社会是我们党的庄严承诺。要动员全党全国全社会力量，坚持精准扶贫、精准脱贫……重点攻克深度贫困地区脱贫任

务，确保到2020年我国现行标准下农村贫困人口实现脱贫，贫困县全部摘帽，解决区域性整体贫困，做到脱真贫、真脱贫。"为此，要坚决打赢脱贫攻坚战。

要确保到2020年我国现行标准下农村贫困人口实现脱贫，贫困县全部摘帽，解决区域性整体贫困，重点难点在偏远农村和民族地区。《中国农村扶贫开发纲要（2011—2020年）》指出，西藏、四省藏区、新疆南疆三地州是扶贫攻坚主战场。贫困问题是影响民族地区经济发展、社会稳定、民族团结的重要问题，如何让民族地区脱贫是我国实现全面建成小康社会的关键所在。

上述贫困地区多分布于气候条件恶劣、地理位置偏远的地区，交通相对落后、与外界沟通困难，教育落后、社会资源分布不均衡。要破除种种不均衡，依赖于交通运输的发展和"两路"精神的引领。

"要想富，先修路。"交通运输的发展，为脱贫致富、实施乡村振兴战略，加快边疆发展，确保边疆稳定、实现全面建成小康社会提供重要的战略支撑。2014年，习近平总书记在关于农村公路发展的报告中指出，交通基础设施具有很强的先导作用，特别是在一些贫困地区，改一条溜索、修一段公路就能给群众打开一扇脱贫致富的大门。他强调指出，要进一步把农村公路建好、管好、护好、运营好，逐步消除制约农村发展的瓶颈，为广大农民脱贫致富奔小康提供更好的保障①。这充分体现了以习近平同志为核心的党中央，对交通运输在精准扶贫中极端重要性的深刻认识，对农村公路建设的高度重视。习近平总书记把交通运输摆在扶贫开发、兴边富民的重点领域和优先位置，充分体现了以人民为中心的发展思想，合乎

---

① 杨传堂. 推进农村公路建设 更好保障民生[N]. 人民日报, 2014-05-19(15).

历史发展规律和人民群众期待，有利于筑牢党的执政基础，具有很强的实践性和科学性。

经济社会要发展，交通需先行。交通运输是社会经济发展的重要基础，同样，交通基础设施是贫困地区脱贫致富的基础性和先导性条件。要大力发展贫困地区的交通运输业，实施交通扶贫战略，加强道路交通、水电、通信等基础设施的建设。只要打破这些贫困地区在地域空间上的限制，改变其地理位置偏远、交通闭塞的劣势，就打通了乡村振兴的快车道。实现物资、人才、资金的流动，实现贫困地区与发达地区的开放互通，让他们能"走出去"，也能"引进来"。不仅可以解决贫困地区群众出行难的问题，还可以通过交通运输建设带动当地经济社会发展，带动旅游业，发展特色产业，增加就业机会，增加贫困人口收入，从而改善贫困地区群众的生产生活条件，加快脱贫进程。

实施交通扶贫开发、乡村振兴战略和全面建成小康社会，需要精神的引领。作为世界上最大的发展中国家，要在2020年实现现有的全国1660万农村贫困人口全部脱贫，时间紧迫，任务繁重而艰巨。习近平总书记指出："脱贫攻坚战的冲锋号已经吹响。我们要立下愚公移山志，咬定目标、苦干实干，坚决打赢脱贫攻坚战，确保到2020年所有贫困地区和贫困人口一道迈入全面小康社会。"①"两路"精神是交通行业的核心价值观，在交通扶贫、乡村振兴战略、全面建成小康社会的决胜阶段，大力弘扬以艰苦奋斗、拼搏奉献、团结互助为主要内容的"两路"精神，能更好地激励交通人以更加昂扬自信的姿态投身建设，发扬"两路"人"让高山低头，叫河水让路"的气魄，艰苦奋斗，

---

①脱贫攻坚战冲锋号已经吹响 全党全国咬定目标苦干实干[N]. 人民日报. 2015-11-29(01).

无私奉献，开拓创新，为乡村振兴、全面建成小康社会目标的实现提供坚实的交通基础设施保障。

四、"两路"精神助推"一带一路"建设

"一带一路"倡议是习近平总书记治国理政思想的重要内容，是中国同世界各国人民一道构建人类命运共同体、实现共赢共享的重要战略部署。"一带一路"倡议是自鸦片战争以来首次以中国为主导的大型战略步骤，是中国发展的世纪大战略，将大大增强中国在世界舞台的影响力和话语权。习近平总书记指出，互联互通是贯穿"一带一路"的血脉。"一带一路"追求的是沿线各国政策沟通、设施联通、贸易畅通、资金融通、民心相通，而此目标的实现依赖于交通的互联互通。加快建设交通强国，将为推动形成陆上、海上、天上、网上四位一体的设施联通，更好地促进沿线各国政治、经济、文化的交流实现民心的相通，为构建人类命运共同体提供坚强的交通运输保障。

"一带一路"倡议，是以交通基础设施互联互通建设为先导，通过基础设施的互联互通，进一步促进沿线国家和地区在政治、经济、文化等方面的交流，从而让"一带一路"倡议真正得到众多国家真心支持和积极响应，扩大中国国际影响力，为建设中国特色社会主义现代化强国奠定坚实的基础。截至 2019 年 4 月，已有 150 多个国家、国际组织与我国签订了"一带一路"合作文件。

推进"一带一路"建设，需要大力弘扬"两路"精神。一方面，"两路"精神是交通运输行业的宝贵精神财富，以"两路"精神来助推"一带一路"建设更具针对性。另一方面，"一带一路"沿线还有很多

发展中国家，交通基础设施相对落后，生产和生活条件比较艰苦，面对新的建设环境，许多技术难题需要突破；一些国家的政局不稳定、存在宗教纷争、民族冲突、文化差异等问题。中国交通建设者在承担建设重任的同时，也面临种种困难和挑战。"两路"精神为实施"一带一路"倡议、以交通助推外交战略、构建人类命运共同体提供重要的精神力量。中国交通人要充分发扬"一不怕苦、二不怕死，顽强拼搏，甘当路石，军民一家、民族团结"的"两路"精神，迎难而上、敢于担当、艰苦奋斗、勇于拼搏，为实施"一带一路"倡议、打造人类命运共同体而努力奋斗。

总之，"两路"精神是习近平总书记关于交通运输工作重要指示精神的重要组成部分，体现了中国共产党人的初心与使命、根本宗旨和群众路线，体现了以人民为中心的发展理念。弘扬"两路"精神，对内助推交通扶贫、乡村振兴战略、决胜全面建成小康社会；对外有助于"一带一路"建设、以交通助推外交发展、构建人类命运共同体。"两路"精神是助推中国交通发展、书写交通强国的不竭动力。

第二节 "两路"精神是实现中华民族伟大复兴的强大动力

"两路"精神是中国特色社会主义建设史上一座不朽的丰碑。"一不怕苦、二不怕死"的战斗精神，"顽强拼搏、甘当路石"的无私奉献精神，"军民一家、民族团结"的军民同心、各民族团结互助精神，是实现中华民族伟大复兴中国梦的强大动力。

党的十八大以来,以习近平为总书记的中国共产党人,顺应新时代要求,提出实现中华民族伟大复兴中国梦的宏伟目标。他指出:"实现中华民族伟大复兴,就是中华民族近代以来最伟大的梦想。"①中国梦成为激励中华儿女团结奋进、开辟未来的精神旗帜,是全党和全国各族人民共同奋斗的宏伟目标。实现中华民族的伟大复兴需要精神的引领和支撑,正如习近平总书记所指出的,实现中国梦,必须走中国道路、弘扬中国精神、凝聚中国力量。"两路"精神是中国精神的重要组成部分,是中华民族宝贵的精神财富,是新时代我国实现中华民族伟大复兴中国梦的强大精神力量。

一、是中国共产党优良传统的继承和发扬

"两路"精神是中华民族精神和中国共产党革命精神的重要组成部分,是中国精神、中国价值、中国力量的生动诠释。"两路"精神传承了中华民族精神和中国共产党革命精神的红色基因,在艰苦卓绝的川藏、青藏公路筑路实践中形成和发展。

在长期的中国革命和建设的伟大历程中,中国共产党积极倡导和践行"一不怕苦、二不怕死"的战斗精神、"顽强拼搏、甘当路石"的无私奉献精神和"军民一家、民族团结"的军民同心、各民族团结互助精神,这是中国共产党革命精神的体现,是党的优良传统,是取得革命胜利和建设伟大成就的重要精神源泉。毛泽东同志曾说:"我赞成这样的口号,叫作'一不怕苦,二不怕死'。"中国共产党领导革命和建设的历史,就是一部拼搏奋斗、无私奉献的历史,是军

---

①承前启后 继往开来 继续朝着中华民族伟大复兴目标奋勇前进[N]. 人民日报,2012-11-30(01).

民同心、民族团结的历史。无数中华民族的优秀儿女,为了国家独立、民族解放和人民幸福安康,不懈奋斗、无私奉献,他们是"顽强拼搏、甘当路石"的示范榜样。

中国共产党始终促进人民军队与人民的同心协力,始终促进各族人民同心协力,发扬"军民一家、民族团结"的军民同心、各民族团结互助精神。早在井冈山革命斗争时期,毛泽东同志就指出:"军队的党帮助地方党的发展,军队的武装帮助地方武装的发展。"邓小平曾在1938年2月担任八路军政治部副主任时,就强调积极发动群众、军民团结抗战的重要性。无论是在革命战争年代还是和平建设时期,人民军队与人民群众形成了"军民团结如一人,试看天下谁能敌"的巨大伟力。中国共产党高度重视做好民族团结工作,反对一切民族歧视、对立的错误言行,促进了各族人民相亲相爱、团结互助。

川藏、青藏公路的修建者和养护者彰显的"一不怕苦、二不怕死"的战斗精神,"顽强拼搏、甘当路石"的无私奉献精神,"军民一家、民族团结"的军民同心、各族人民团结互助精神,既相互联系、相互依存,又互相影响、互相促进,形成了一个高度统一的有机整体,是对无畏险阻、无私奉献的崇高品质和军民同心、各民族人民同心的有力诠释,是对中国共产党革命和建设优良传统的继承和发扬。

二、是实现中华民族伟大复兴中国梦的巨大精神力量

"两路"精神是中华民族精神和中国共产党革命精神的重要组

成部分，是实现中华民族伟大复兴中国梦的永恒的精神推动力量。一个国家要实现民族复兴，需要激发民族感情、增强民族自信和民族认同、凝聚民族的向心力和创造力。民族精神是一个民族赖以生存和发展的精神纽带、力量支撑和发展动力。新时代，我们要继续弘扬"两路"精神，为中华民族的伟大复兴提供强大的精神动力。

（一）大力弘扬"一不怕苦、二不怕死"的战斗精神

"一不怕苦、二不怕死"的"两路"精神，为中华民族的复兴凝聚起坚定的理想信念、百折不挠的奋斗精神和战斗精神。实现中华民族伟大复兴，是宏伟而艰巨的事业，会遇到各种困难和挑战，必须具备坚定的理想信念，需要各行各业艰苦奋斗、顽强拼搏。习近平总书记指出，理想信念是共产党人精神上的"钙"，没有理想信念，理想信念不坚定，精神上就会"缺钙"，就会得"软骨病"[1]。理想信念对个人的发展、对行业的发展、对国家的发展都有重要的意义。人民有信仰，国家有力量，民族才有希望。我们要把个人理想融入国家和民族的伟大梦想之中。

当年"两路"人为了实现高原筑路的梦想，发扬"一不怕苦、二不怕死，顽强拼搏、甘当路石"的精神，最终成就梦想，筑成"天路"。65年来，一代代"两路"人正是因为有了坚定的理想信念，他们才义无反顾奔赴"世界屋脊"，挑战极限、无怨无悔，把青春和热血挥洒在"两路"建设上，挥洒在建设社会主义新中国的伟大征程上，以"一不怕苦、二不怕死"的战斗精神成就了众多人间奇迹。他们以"人在路上，路在心上"的信念，战胜了崇山峻岭、悬崖峭壁，战胜了风霜雪雨、泥沼冰河，战胜了饥饿寒冷、千难万险，把公路

---

[1] 袁纯清. 领导干部必须增强政治定力[N]. 人民日报，2013-09-24(07).

修上"世界屋脊",保障了"天路"常年畅通。在高寒极地练就的战斗精神,是实现中华民族伟大复兴的重要精神力量。

新时代是奋斗者的时代。在实现中华民族伟大复兴的征程上,我们要始终坚定理想信念,继承和弘扬"一不怕苦、二不怕死"战斗精神、奋斗精神。正如习近平总书记指出的:"无论什么时候,一不怕苦、二不怕死的战斗精神千万不能丢。"①今天的中国正在和平崛起,经济快速增长,综合国力显著增强、人民生活日益改善、国际地位和国际影响力空前提升,我们比历史上任何时候都更接近中华民族伟大复兴的目标,比历史上任何时期都更有信心、有能力去实现这个目标。我们要继续弘扬"一不怕苦、二不怕死"的战斗精神,为实现民族复兴而努力奋斗。

(二)大力弘扬"顽强拼搏、甘当路石"的无私奉献精神

"甘当路石"的精神为中华民族的复兴奠定了立党为公、忠诚为民的奉献敬业的价值追求。"两路"精神彰显了中国共产党人对革命理想信念的无比忠诚和无比坚定,凝聚了中国各族人民深沉的爱国情怀和团结力量,蕴含了中国共产党"立党为公、执政为民"的宗旨与初心。在近5年艰苦卓绝的筑路实践中,有3000多名筑路英雄英勇献身,他们以对革命事业的无比坚定和赤诚,无私奉献于西藏公路交通建设中。时至今日,他们依然是我们学习敬仰的英雄楷模。

我们要继续弘扬"顽强拼搏、甘当路石"的无私奉献精神,牢记"立党为公、执政为民"的宗旨,更好地肩负起新时代的历史使命。川藏、青藏公路的筑路英雄们,以大无畏的英雄气魄,依靠铁锤、铁锹和镐头等简单筑路工具,战胜了高山峡谷、激流险滩、高寒缺

---

①生命线在强军兴军伟大征程中闪耀[N].人民日报,2014-11-04(01).

氧、冻土塌方等无数艰难险阻。川藏、青藏公路的修筑是顽强拼搏、无私奉献精神的写照。一代又一代中华儿女顽强拼搏、自强不息的无私奉献精神，是我们党和国家事业兴旺发达的力量之源，是实现中华民族伟大复兴的强大动力。

（三）大力弘扬"军民一家、民族团结"的军民同心、各民族团结互助精神

我们要大力弘扬"军民一家、民族团结"的"两路"精神，为实现中华民族的伟大复兴凝心聚力。民族团结是实现中华民族复兴的必要前提，没有民族团结就不可能有民族复兴。

川藏、青藏公路的修筑是为了加强民族团结。当年，毛泽东发出了"为了帮助各兄弟民族，不怕困难，努力筑路"的号召。1954年12月，川藏（康藏）公路和青藏公路全线通车之际，毛泽东欣然写下了"庆贺康藏、青藏两公路的通车，巩固各民族人民的团结，建设祖国！"的贺词。川藏、青藏公路建设者和养护者充分彰显了"军民一家、民族团结"精神。在艰难的筑路岁月里，军民之间、各民族之间团结友爱、互帮互助；在此后的"两路"养护与改建过程中，"两路"建设者始终致力于助推汉藏各民族的共同进步，军民共建文明运输线。养路职工们汉藏团结、互不分离，维护公路畅通的信念把大家紧紧连在一起，无论哪个民族，无论哪个道班，无论哪个家庭，都是一个集体，都是同志，都是亲人。公路排险，大家出动；一家有难，大家帮忙。民族团结，全路一心，互爱互助，展现了各民族之间浓浓的血脉亲情。正是这种民族团结互助的精神和优良传统，书写了中国交通史上乃至世界交通史上浓墨重彩的华章，铸就了令人敬仰的精神丰碑。这种精神，是成就中华民族伟大复兴中国

梦的巨大力量。

在新时代，反对民族分裂、维护民族团结仍然是历史与时代赋予我们的重要任务。正如习近平总书记强调，军地合力，军民同心，我们就一定能实现"两个一百年"奋斗目标、实现中华民族伟大复兴的中国梦，共同创造更加美好的未来①。"两路"精神在实现中华民族伟大复兴的征程中，汇聚起新时代中华民族团结奋进的磅礴力量。

总之，在川藏、青藏公路的修建和养护过程中，形成和彰显的"一不怕苦、二不怕死"的战斗精神，"顽强拼搏、甘当路石"的无私奉献精神，"军民一家、民族团结"的军民同心、各族人民团结互助精神，充分体现了中华民族不畏艰险、自力更生、艰苦奋斗、无私奉献、民族团结的优秀品质，不仅在筑路、护路过程中发挥了巨大的凝聚人心、振奋精神的作用，也为中华民族的伟大复兴提供了强大的精神动力。

习近平总书记在党的十九大报告中指出："中华民族伟大复兴，绝不是轻轻松松、敲锣打鼓就能实现的。全党必须准备付出更为艰巨、更为艰苦的努力。"当前，我国正处于全面深化改革、攻坚克难、决胜全面建成小康社会的关键阶段，更需要精神的引领。我们要牢牢把握"两路"精神的内涵，自觉将"两路"精神内化为实现中华民族伟大复兴的强大动力，攻坚克难、敢于担当、勇于创新、开拓进取、团结奋斗、齐心协力，为实现中华民族伟大复兴的中国梦而努力奋斗。

---

①坚持军地合力军民同心 全面提高双拥工作水平[N]. 人民日报，2016-07-30(01).

第三节 "两路"精神是培育新时代交通精神的不竭源泉

新时代呼唤新精神。新时代交通运输发展需要艰苦奋斗、勇于创新、不畏艰险、默默奉献的交通精神。2019年9月，中共中央、国务院印发了《交通强国建设纲要》，其中强调：培育交通文明。推进优秀交通文化传承创新，加强重要交通遗迹遗存、现代交通重大工程的保护利用和精神挖掘，讲好中国交通故事。弘扬以"两路"精神、青藏铁路精神、民航英雄机组等为代表的交通精神，增强行业凝聚力和战斗力。全方位提升交通参与者文明素养，引导文明出行，营造文明交通环境，推动全社会交通文明程度大幅提升。

交通精神是民族精神和时代精神在交通运输实践中的生动体现，是中国交通人共同创造的精神财富，代表了交通人的思想意志和精神风貌。培育和建设新时代交通精神，既是建设交通强国目标的重要内容，也是推动交通运输行业跨越式发展的强大动力，是交通运输行业核心价值观的重要体现。"两路"精神是中华优秀传统文化、革命文化和社会主义先进文化在交通运输行业的集中展示，是中国精神、中国价值、中国力量的重要组成部分，是培育新时代交通精神的不竭源泉。"两路"建设者用忠诚、热血和生命铸就"两路"精神，他们视死如归、不畏艰险的崇高品质，为当代中国交通精神和交通文化的建设发展奠定了坚实的思想基础。

一、艰苦奋斗精神

艰苦奋斗是中国共产党的优良传统。1949年3月党的七届二中全会上,毛泽东提出两个"务必",谆谆告诫全党:夺取全国胜利,仅是万里长征走完第一步,务必使同志们继续地保持谦虚谨慎、不骄不躁的作风,务必继续地保持艰苦奋斗的作风。在"两路"的勘探、修筑和养护过程中,无不体现着艰苦奋斗的精神。新时代交通人要继承和弘扬"两路"建设者艰苦奋斗的优秀品质。

慕生忠将军在修筑青藏公路的动员大会上说:"不平常的事业,就是我们平常人干出来的。我们要修一条青藏公路,这是历史上没人干过的一项伟大事业。"在波涛汹涌的迫龙藏布江边,先遣队工程技术员要为筑路准备施工数据,但悬崖绝壁根本没有落脚点,他们就用一根粗绳子,把自己悬吊在几十米高的绝壁上,对便道和公路进行施工测量、放样,在泥石流中标杆、绘图,在灌木丛和荆棘中探测路基走向。"两路"建设者正是依靠艰苦奋斗的精神完成了不平常的伟业,建成了当时世界上最高、最险、工程量最大的公路。

"两路"的养护更是一曲艰苦奋斗的赞歌,是奋斗不息的英雄历程(图6-1)。青藏公路通车以后,成立了8个养护段,建立道班对公路进行养护。在当时,所谓道班就是用3根杆子、几个木楔子搭一顶小帆布帐篷,或挖个土窑洞,10个工人在里边睡觉,其余活动都在露天。青藏高原寒冬气温在零下30至零下40摄氏度,帐篷里的温度比外边稍高一点,工人们生活在冰冻的天地里,只有羊皮大衣、皮帽、毡靴等简单的御寒用品。但所有这些困难都难不倒英勇的养护官兵和护路工人。他们克服常人难以想象的困难，用顽强的意志与各种气候灾害和地质灾害抗争。60多年来，一代一代"两路"人用青春和热血守护着高原"天路"，用艰苦奋斗谱写了世界公路史上的奇迹。

a)

b)

图 6-1　艰苦的护路养路

(照片由西藏自治区青藏公路管理局提供)

新时代建设交通强国会面临许多新困难、新挑战。近年来，我国交通运输事业快速发展，特别是高速铁路、高速公路、大型超大型船舶、大型桥梁和隧道、城市轨道交通等许多领域技术水平已经进入世界先列，但是就总体而言，我国交通运输事业仍存在发展不充分、不平衡的问题。新时代交通人应继续秉承艰苦奋斗的优秀品质，继续铸就新的辉煌伟业。

二、勇于创新的科学精神

新时代交通精神要继承和弘扬勇于创新的时代精神。川藏公路修筑时，技术条件有限，特别是在高寒极地修路会遇到各种困难。筑路部队就有针对性地开展"工程民主、技术创造"运动，鼓励大家积极探索、大胆创新施工技术。他们克服重重困难，改进和创造了几十种适合在高原修路的操作方法。"1952年工效总平均为149%，

1954年达到157%。仅某师在提高工效、改移线路、节省材料三方面，一年就为国家节约75万元之多。"①工程技术人员面对挑战，勇于创新，攻克了一道又一道技术难关，解决了公路的多年冻土问题和桥梁建设等难题：在激流险峻的怒江上架起了第一座木质结构的钉板梁大桥；在青衣江上架起了悬索吊桥；仅用半个月时间就建成通车了技术难度很大的拉萨河大桥；根据青藏高原海拔高、气压低的情况，制定出适合高原行车的纵坡标准，解决了海拔和纵坡与汽车功率消耗的矛盾问题……

一代代"两路"人本着严谨求实、勇于创新的科学精神，解决了修筑道路和养护道路中的各种技术难题，与时俱进地实现技术革新，确保了"两路"的升级改造和常年通车。

十九大提出要"加快建设创新型国家"。与现今的世界交通强国相比，我国在核心技术的研发、关键技术、原始创新能力上还存在不足。随着互联网、人工智能、新能源等新技术的涌现，世界新一轮科技革命和产业变革正在到来。在信息化、智能化时代，交通人必须继承和发扬严谨求实、勇于创新的精神，依靠体制创新、制度创新、科技创新和服务创新，以创新促发展，提升交通智能化水平，坚持绿色交通发展，突破技术难关，走在世界交通技术的前列，再创交通奇迹，实现交通强国目标。

三、不畏艰险精神

川藏、青藏公路艰难的修筑环境，铸就了不畏艰险、顽强拼搏的精神。青藏高原海拔高、气温低，气候环境恶劣。在人力、物力

---

①成都军区后勤部军事运输部.川藏公路三十年资料简编[M].1984：20.

极度缺乏的条件下，慕生忠将军率领的筑路队伍，手握铁锹、镐头向"世界屋脊"发起了冲击。他后来回忆说："那时修路，不分军民，不分职务，都得干活。18 磅的铁锤，每人一次抡 80 下，我也不例外。修桥时，干部和民工一起跳进水里打桥桩。见面握手，谁的手上没有老茧和血泡就不是好干部。"①唐古拉山段的工程，北坡长 23 公里，除山脚有 1 公里盘旋道之外，其余都是缓坡弯曲上行，地面横坡一般为 20%；南坡长 16 公里，地面横坡一般为 50%，路基土方多沙夹石。这里海拔高、空气稀薄，含氧量不到平原地区的 50%，人的体力一般也要降低 50%。施工没有压实机具，路基全部要放在挖方上，经常泥泞陷车。加之气候变化剧烈，时有风雪来袭，施工相当困难。工人们迎着风雪冰雹，奋力拼搏，比原计划提前 4 天完成了任务。最终仅用了 7 个月 4 天的时间，筑路大军就使青藏公路格尔木至拉萨段 1283 公里的公路全线贯通。如此恶劣的环境、如此短的工期，正是不畏艰险、顽强拼搏精神的成果。

新时代要建成世界领先、人民满意、能有效支撑我国社会主义现代化建设要求的交通强国，需要不畏艰险、顽强拼搏的精神，不断攀登新的高峰。

四、默默奉献精神

新时代交通精神要继承和弘扬大无畏的奉献牺牲精神。在修筑青藏公路时，慕生忠将军认为，要想在困难的情况下打开局面，需要有不怕死的大无畏的奉献精神、牺牲精神，要"置之死地而后

---

①自治区党委党史研究室. 高路入云端 雪域铸忠魂——纪念慕生忠将军[J]. 新西藏，2015(09).

生"。他在一把铁镐上刻上了"慕生忠之墓"五个字。他说，如果我死在这条路上了，这就是我的墓碑，路修到哪里，就把我埋在哪里，头冲着拉萨的方向。慕生忠的精神是千千万万个筑路人奉献牺牲精神的缩影。"死，也要头朝拉萨"成为大家共同的誓言。

为了打通海拔5000多米的雀儿山，赶在大雪封山以前把冬季的粮食运到前方，筑路大军冒着严寒在冰河里作业，在零下20—30摄氏度度的恶劣天气中开山凿石、打眼放炮。

60多年来，一代代养护工人甘当路石，忠诚坚守，默默奉献，为了"两路"的畅通，他们奉献了青春、健康甚至生命。青藏公路局提供了一个数字：由于这里生存环境严酷，凡是长期在青藏公路上工作过的人，人体免疫力相对脆弱，容易患各种疾病，其中高血压、肺气肿、高原性心脏病、风湿性关节炎尤为严重。长期严重缺氧，使这里的道班工人30多岁就开始须发脱落；工作20年以上者，大都变成了驼背[①]；正是这种忠诚坚守、甘当路石、无私奉献的精神，铸就了不朽的精神丰碑，筑就了民族团结之路、人民幸福之路。新时代要建成自身强、强国家的交通强国，呼唤勇于担当、无私奉献的精神。

在特定时代、特殊背景下形成的"两路"精神，其表现形式是历史的，但其精神实质和内在品质是永恒的。"一不怕苦、二不怕死"的战斗精神、牺牲精神和革命英雄主义精神，"顽强拼搏、甘当路石"的奉献精神和顽强拼搏精神，"军民一家、民族团结"的军民同心、各民族团结互助精神，体现了一代代"两路"人的高尚情操和人生信念。"两路"精神是中华民族宝贵的精神财富，是中华民族生生

---

① 《青藏公路五十年》编委会. 青藏公路五十年[M]. 西宁，青海人民出版社，2007：245.

不息、克服困难、夺取胜利的重要法宝。"两路"精神是交通运输全行业的精神，是交通人核心价值观的集中体现，是推动交通运输业发展的强大精神动力。以"两路"精神为基础，孕育出的新时代交通精神，集中体现为艰苦奋斗、勇于创新、不畏艰险、默默奉献，是新时代交通人开拓前行的精神动力、价值追求、行为范式和道德规范。

新时代交通人继承和弘扬"两路"精神，不断丰富新时代交通精神内涵，不断创造世界交通运输建设史上新的奇迹，书写了中华民族的成就与自信。川藏公路的建成通车，创造了世界公路史上克服筑路地质条件最为复杂困难的建设伟绩；青藏公路的建成通车，创造了世界公路史上海拔最高、施工难度极大的建设奇迹；青藏铁路的建成通车，创造了世界上海拔最高、冻土地段最长的高原铁路的建设奇迹；港珠澳大桥创造了最长、最大、最重、最精心、最精细、最精准等多个"世界之最"，被英国《卫报》誉为"新世界七大奇迹"之一。港珠澳大桥的建设者们不畏艰险、攻坚克难、勇创世界一流，他们在伶仃洋上"作画"、在大海深处"穿针"的民族志气，就是"两路"精神在新时代的生动体现。

"两路"精神的拼搏、奋斗、奉献、牺牲、忠诚、敬业、求实、创新、团结等精神品质，为培育新时代艰苦奋斗、勇于创新、不畏艰险、默默奉献的交通精神提供了不竭源泉。在新时代，交通人要不忘初心、牢记使命，坚持创新、协调、绿色、开放、共享的新发展理念，践行社会主义核心价值观，走创新发展、绿色发展之路；不断增强服务意识、提高服务能力、改进服务水平；秉承艰苦奋斗、甘当路石、开拓创新的精神，恪尽职守、默默奉献，在平凡的岗位上，争创一流，创造不平凡的业绩；继承和弘扬"两路"精神，坚定理想信念，为建设交通强国，不畏艰难、甘当路石、顽强奋进。

第四节 "两路"精神是新时代民族团结、国家统一的重要法宝

民族团结是国家统一、社会稳定的前提和基础。我国是多民族国家，各民族又多分布在边疆地区。因此，促进民族团结关系到祖国统一和边疆巩固，对国家的长治久安和中华民族的繁荣昌盛极其重要。习近平高度重视民族团结，在庆祝西藏和平解放60周年时，他强调，要把西藏建设成为促进民族团结的典范[①]。"两路"精神是中华民族自信、自立、自强精神的传承和丰富，是西藏各族人民亲如一家、情同手足的生动写照，是民族团结、国家统一的重要法宝。

一、是中华民族自信、自立、自强精神的传承和丰富

中华民族五千年文明史，延绵不绝，经久不衰，形成了独特的精神文化和民族气质，这种精神文化推动着中华民族不断发展、生生不息。民族文化和民族精神的传承和发展，是中华民族自信、

[①] 习近平. 在庆祝西藏和平解放六十周年大会上的讲话[N]. 人民日报, 2011-07-20(02).

自立、自强精神的写照。"两路"精神体现着中华民族自信、自立、自强的精神。

新中国成立初期,面临着复杂严峻的国际国内形势。以美国为首的西方国家对新中国实行封锁包围,国外敌对势力在我国西藏地区加紧分裂活动。因此,尽快增强国防实力和捍卫国家安全,尽快恢复和发展国民经济、提升经济的自给能力,成为摆在中国共产党面前的首要任务。党中央毅然决定:打通进入西藏的交通要道,使其成为巩固国防的战略通道、成为维护民族团结的纽带、成为经济社会发展的大动脉。这是中华民族自信、自立、自强精神的集中体现。

英雄们心怀对祖国的热爱和建设社会主义新中国的高度热忱,怀着战胜一切艰难险阻的坚定信心,开始了艰苦奋斗、自立自强的筑路历程。他们战天斗地、勇往直前,在"世界屋脊"修成"通天"大道,这是中华儿女自力更生、顽强拼搏精神的完美彰显。"两路"精神是中华民族自信、自立、自强精神的传承和丰富,也成为中华民族屹立世界的精神支撑。

二、是新时代民族团结、国家统一的重要法宝

西藏地处中国西南边陲,国防战略地位十分重要。"两路"修筑之时,正值新中国刚刚成立,国内外敌对势力和分裂势力怂恿并支持西藏地方政府"独立"。英国驻拉萨商务代办处首席代表黎吉生,为西藏地方政府阻止人民解放军进藏献策,企图把西藏正式变为他们的附庸或者"缓冲国"。我国的国防安全面临极大的考验,民族团结遭到破坏。

因此，川藏、青藏公路的修筑就是为了捍卫国家统一、维护民族团结。"两路"修筑和养护的奋斗史，谱写了各民族团结互助、共同繁荣发展的不朽诗篇，是军民团结、民族团结、维护国家统一的生动典范，表现了各民族团结一致、亲如一家、互帮互助的深厚情谊。不论是在"两路"修筑与养护、西藏和平解放与平叛、中印自卫反击作战还是现在，一代代"两路"人、武警官兵、边防将士和各族民众，继续发扬"一不怕苦、二不怕死，顽强拼搏、甘当路石，军民一家、民族团结"的"两路"精神。他们战斗在祖国的西南边陲，保卫着川藏、青藏公路两条重要的国防战略通道，确保了西藏的和平安宁、民族团结和国家统一。在新时代，"两路"精神仍然是维护民族团结、国家统一的重要法宝。

（一）"两路"精神为新时代民族团结、国家统一提供强大精神支撑

当年，在没有一张完整地图、没有先进筑路工具的艰苦条件下，筑路先辈们在悬崖绝壁上悬空作业，在惊涛骇浪上架桥，在雪域高原上顽强筑路。断炊断粮的日子，宁愿饿断肠也不吃地方粮。他们以"为了帮助各兄弟民族，不怕困难，努力筑路"的坚定信念，以"一不怕苦、二不怕死，顽强拼搏、甘当路石，军民一家、民族团结"的精神力量，最终筑成"两路"，谱写了军民同心、各民族团结互助，齐心协力保卫边疆、捍卫国家统一的英雄赞歌。

当前，国际国内形势复杂多变，我们要继续弘扬"两路"精神，不断增强中华民族的民族认同感，不断增进各族人民的融洽亲和、团结互助；坚持"汉族离不开少数民族、少数民族离不开汉族，各少数民族之间也相互离不开"的原则；形成各民族在文化上相互交

融、经济上相互依存、情感上相互亲近，各民族像石榴籽一样紧紧抱在一起，谁也离不开谁的格局，促进各民族团结发展、维护祖国统一、反对民族分裂。

（二）"两路"精神是新时代民族团结、国家统一的重要教育资源

"两路"精神展现了筑路大军为了国家统一、民族团结而不怕困难、顽强筑路的崇高精神品质，是各族人民进行爱国主义教育、民族团结教育的生动"教科书"和"丰富的营养剂"。"两路"修筑过程中，部队严格贯彻执行党的民族政策和宗教政策。1954年11月20日，中共西藏工委、西藏军区和西藏地方政府共同协商，成立了青藏公路筹备处，确立了进藏的五项注意事项，包括：全体筑路员工和部队严格遵守民族地区的风俗习惯；修筑公路不准占用寺院、佛塔等建筑物；购买牛粪、草料或其他物品，必须在双方自愿的原则下进行，不准抬高市价或抢购；修筑公路，如要占用耕地，须经有关方面协商，按议价付款等；充分尊重少数民族群众的信仰和利益，把民族团结、军民一家的政策落到实处。

在60多年的修筑、养护过程中，广大官兵、各族养护工人发扬"军民一家、民族团结"的精神，克服重重困难，保障了川藏、青藏公路这两条战略公路的安全畅通。广大援藏干部扎根西藏、默默奉献，为西藏与内地同步发展、全面建成小康社会而努力奋斗。这其中涌现出许多可歌可泣的英雄模范，传承着许多可歌可泣的英雄事迹。这些都是"两路"精神传承与弘扬的彰显，是新时代民族团结、国家统一教育的重要而生动的资源。

在新形势下，弘扬"两路"精神、讲好"两路"英雄故事，能引导

各族人民自觉维护国家统一、民族团结，坚决反对民族分裂。

（三）"两路"精神对新时代民族团结、国家统一具有强大的凝聚功能和激励功能

"两路"精神成为民族团结、国家统一的精神纽带。在"两路"修筑和养护过程中，民族团结得到了充分彰显，"两路"的建成通车和道路养护加强和巩固了民族团结。青藏公路连接着青海西藏两省（自治区）5个地、市、州和19个县，沿线有汉族、藏族、回族、蒙古族、土族等十多个民族，少数民族占全线军民的50%。"两路"建成通车，有力地促进了西藏与祖国内地政治、经济、文化上的交流和联系，推动西藏实现跨越式发展。民族团结及祖国其他各民族的团结，从来没有像今天这样巩固；西藏地方和祖国内地在政治、经济、文化上的联系，从来没有像今天这样密切。川藏公路和青藏公路成为连接西藏与祖国内地的"金桥"，成为民族团结之路、西藏文明进步之路、西藏各族群众共同富裕之路。

川藏、青藏公路通车后，藏族群众欢呼着迎接"毛主席的牦牛"，称解放军为"亲人""金珠玛米"。藏族群众对解放军的高度赞扬，就是对国家的高度认同。"两路"通车，保障了人民解放军顺利进藏、驻藏、保藏、稳藏，捍卫了国家统一，巩固了西南边防。在1962年中印自卫反击作战中，川藏、青藏公路承担起运送兵员和军需物资的重要职责。在西藏极少数分裂分子与境外势力勾结，制造打砸抢烧等暴乱时，川藏、青藏公路为解放军入藏平叛提供了重要保障。

党中央高度关心西藏的建设发展。1983年，邓小平同志谈起青藏公路铺设柏油路的情况，并对青藏铁路建设做出指示。1984年第

二次西藏工作座谈会，决定"国家直接投资项目、中央政府财政补贴、全国人民对口支援"西藏，形成了全方位支援西藏建设的新格局。1990年7月，江泽民同志到西藏考察，对西藏交通建设做出明确指示：公路运输是西藏经济的命脉。2001年，在青藏铁路南山口施工段现场，胡锦涛同志满怀深情地对大家说：在"世界屋脊"上修筑一条海拔最高、线路最长的高原铁路，是人类铁路建设史上前所未有的伟大壮举。2011年7月19日，习近平同志在拉萨出席庆祝西藏和平解放60周年大会时，坚定地说："加快发展，是解决西藏所有问题的关键。"①铺下的是道路，树起的是丰碑。在党中央亲切关怀和有力部署下，西藏发生了翻天覆地的变化，通向"世界屋脊"的幸福大道越走越宽广，有力地促进了民族团结和发展。

民族团结和祖国统一是中华民族强大凝聚力、生生不息发展前行的前提和基础。"两路"精神是民族团结的强大凝聚力、向心力和推动力。当前，我国正处于决胜全面建成小康社会的关键时期，处于实现中华民族伟大复兴中国梦的战略机遇期。同时，我们也面临着严峻的风险与挑战，境外敌对势力也加紧渗透分裂活动。我们要严密防范和坚决打击各种渗透颠覆破坏活动、暴力恐怖活动、民族分裂活动。在新时代，应大力弘扬"一不怕苦、二不怕死，顽强拼搏、甘当路石，军民一家、民族团结"的"两路"精神，牢固树立国家意识、中华民族共同体意识。始终以昂扬向上、团结互助的精神状态，巩固全国各族人民的大团结，促进各民族和睦相处、和衷共济、和谐发展，巩固和发展平等、团结、互助、和谐的社会主义民族关系，继承和发扬军民一家亲的优良传统，团结一切可以团结的力量，确保我国的民族团结和国家统一。

---

① 习近平. 在庆祝西藏和平解放六十周年大会上的讲话[N]. 人民日报，2011-07-20(02).

第五节 "两路"精神是社会主义核心价值观教育的生动教材

社会主义核心价值观是当代中国精神的集中体现，凝结着全体人民共同的价值追求。要把社会主义核心价值观融入社会发展的各个方面，转化为人们的情感认同和行为习惯，而这种融入和转化需要好的载体和方式。习近平总书记指出："历史是最好的教科书。""对我们共产党人来说，中国革命历史是最好的营养剂。"①红色历史文化资源蕴涵着社会主义核心价值观的深刻内涵，"两路"精神是红色文化资源宝库中的重要内容。

"两路"精神是在中国共产党领导下，川藏、青藏公路修筑和养护人员用青春、热血和生命铸就的，是艰苦奋斗、顽强拼搏的写照，是爱国主义精神、集体主义精神、牺牲奉献精神、爱岗敬业精神的集中体现。"两路"精神是中华民族宝贵的精神财富，是不朽的精神丰碑，体现了社会主义核心价值观的内在要求和价值取向，是社会主义核心价值观教育的生动教材。

社会主义核心价值观是兴国之魂、强国之基，是凝聚中国精神和中国力量的思想道德基础。"两路"精神具有丰富的思想内涵和鲜明的时代特征，弘扬"两路"精神对于全社会开展社会主义核心价值观教育具有重要意义。

提升社会主义核心价值观教育的实效性是新时代立德树人的重

---

①中共中央党史研究室．历史是最好的教科书[N]．人民日报，2013-07-22(08)．

要任务。"两路"精神与社会主义核心价值观在基本内涵和价值目标等方面有着密切的内在联系，是开展社会主义核心价值观教育的宝贵资源。充分发挥"两路"精神的价值观教育作用，是拓展社会主义核心价值观教育的有效路径。

一、"两路"精神与社会主义核心价值观的深刻关联

社会主义核心价值观是社会主义先进文化的精髓，集中体现了人民群众的价值追求。"两路"精神是社会主义核心价值观在60多年来的"两路"筑路、护路实践中的具体呈现，是行业特色鲜明的价值观。"两路"精神是思想政治教育的丰厚资源，"两路"精神与社会主义核心价值观在价值目标、基本内涵等方面有着一致性。

(一) 内涵上高度统一

五千年来，中华民族形成了以爱国主义为核心的团结统一、爱好和平、勤劳勇敢、自强不息的伟大民族精神。改革开放以来，中华民族形成了以改革创新为核心的与时俱进、开拓进取、求真务实、奋勇争先的时代精神。

社会主义核心价值观倡导"富强、民主、文明、和谐，自由、平等、公正、法治，爱国、敬业、诚信、友善"。"两路"精神倡导"一不怕苦、二不怕死，顽强拼搏、甘当路石，军民一家、民族团结"的精神，这些与社会主义核心价值观在内涵上有着高度的统一性。社会主义核心价值观和"两路"精神都渗透了以爱国主义为核心的民族精神和以改革创新为核心的时代精神。

"两路"精神是社会主义核心价值观教育的生动教材，是民族精

神和时代精神在筑路、护路和建设西藏伟大实践中的集中体现，激发了汉藏军民和各族人民在建设西藏、发展西藏和巩固国防实践中生生不息的凝聚力、创造力和战斗力。在新时代，我们要继续弘扬"两路"精神，并与加强社会主义核心价值观建设结合起来，使之转化为推动西藏跨越式发展和实现长治久安的强大精神动力。

（二）长远目标追求一致

"两路"精神和社会主义核心价值观同属精神文明范畴，虽然在不同时空出现，且在特定的历史时期有着不同的历史使命，但若将它们置于中华民族伟大复兴的整个历史进程中进行考察，便会发现，二者在目标导向上有着共同的交汇点。这个交汇点就是致力于实现国家富强、民族振兴和人民幸福。

弘扬社会主义核心价值观是为了培养担当民族复兴大任的时代新人，要强化教育引导、实践养成、制度保障，把社会主义核心价值观融入社会发展各方面，转化为人们的情感认同和行为习惯。社会主义核心价值观成为激励中国人民为实现"两个一百年"奋斗目标、实现中华民族伟大复兴的中国梦而努力奋斗的精神力量。

"两路"精神反映了社会主义核心价值观的价值目标和根本要求，是建设交通强国、激励汉藏军民为经济发展、社会进步和人民生活幸福不懈奋斗的力量源泉。

当前，面对世界范围的思想文化交流、交融与交锋，多元价值观较量的新态势，我们要大力弘扬社会主义核心价值观、弘扬"一不怕苦、二不怕死、顽强拼搏、甘当路石，军民一家、民族团结"的"两路"精神，将其化为建设新时代中国特色社会主义的不竭动力。

(三)是社会主义核心价值观的生动体现

"两路"精神的科学内涵体现在:"一不怕苦、二不怕死"的牺牲精神,"顽强拼搏、甘当路石"的担当情怀,"军民一家、民族团结"的鱼水深情。"两路"精神历久弥新,其内涵不断丰富、发展。"两路"精神所包含的爱国主义、集体主义精神,体现了不畏艰难、坚韧不拔的民族信念,随着时代前行而不断深化发展。"两路"精神的科学内涵是社会主义核心价值观的生动体现,是几代高原筑路人用生命和热血浇灌出的民族精神之花。

社会主义核心价值观在"两路"精神中得到充分体现。在"两路"改造、养护和运输过程中,以唐古拉山"天下第一道班"、四川雀儿山五道班等养路先进模范为代表,在交通运输援藏工作中,以陈刚毅、朱汉华等为代表;无数交通运输干部职工、解放军和武警官兵,扎根雪域高原,默默牺牲奉献,用青春和热血续写英雄华章。我们要通过弘扬"两路"精神,真正使社会主义核心价值观在西藏建设中具体化,形成强大的凝聚力和向心力。

"两路"精神体现了社会主义核心价值观的共性要素。社会主义核心价值观是"两路"精神的内在灵魂,"两路"精神是社会主义核心价值观在"两路"修筑、养护和建设西藏、发展西藏实践中的生动体现。

二、"两路"精神对加强社会主义核心价值观教育的现实意义

(一)有助于增强和弘扬爱国主义情怀

爱国主义情怀是指个人或集体对祖国的一种积极和支持的态

度，集中表现为民族自尊心和民族自信心，为保卫祖国和争取祖国的独立富强而献身的奋斗精神。爱国主义不仅体现在政治、法律、道德、艺术、宗教等各种意识形态和整个上层建筑之中，而且渗透到社会生活的各个方面，成为影响国家和民族命运的重要因素。

在长期的革命斗争中，革命先辈用英勇奋斗谱写了一曲曲爱国主义颂歌，体现了对中华优秀传统文化精髓的继承和民族精神的升华，蕴含着坚定的理想信念、崇高的价值取向和高尚的道德情操，是中国共产党宝贵的精神财富，永远铭刻于中国共产党的精神图谱上，激励着一代又一代中国共产党人义无反顾、奋斗不息、砥砺前行。

爱国主义情怀是当代中国人不可或缺的精神元素。强烈的爱国主义情怀可以激发人们以民族复兴为己任，自觉地把个人命运和祖国、民族的命运紧密联系在一起。弘扬爱国主义情怀，是提高全民族综合素质的必然要求，是不断增强我国国际竞争力的必然要求，是坚持中国特色社会主义道路的必然要求。

60多年前，"两路"建设者用青春和生命诠释着爱国主义精神的内涵。藏汉军民筑路、护路的英雄史诗，是爱国主义最生动的教育资源。"两路"精神彰显的伟大的爱国主义精神，传承的一个个感人肺腑的故事，"两路"人创造的英雄业绩，是爱国主义教育的生动题材，是培养和增强人们爱国主义情怀的丰厚的营养剂和有效途径。

（二）有助于塑造敬业奉献的坚强意志

"两路"精神集中展现了一代代"两路"人崇高的精神风尚和行为范式，体现了交通人爱岗敬业、忠诚履职的职业精神。在新时代，弘扬"两路"精神有助于培养爱岗敬业、乐于奉献的坚强意志。

敬业奉献是指用一种恭敬严肃的态度对待自己的工作，认真负责，一心一意，任劳任怨，精益求精，是对职业责任、职业荣誉的深刻理解和正确认识。敬业是社会主义核心价值观对公民层面的基本要求。只有在自己的岗位上，恪尽职守，兢兢业业、积极进取地做好本职工作，才能夯实社会主义现代化建设的基石，为实现中华民族的伟大复兴添砖加瓦。

实现国家富强、民族振兴和人民幸福的伟大理想，需要有甘于奉献牺牲的高尚品格。筑路大军"让高山低头，叫河水让路"的豪迈气概，展现了修筑川藏、青藏公路的壮阔场景和各族军民挑战极限的拼搏精神。正是"两路"人牺牲小我、成就大我的奉献牺牲精神，才开启了西藏现代化建设的新时代。"两路"人乐于奉献、牺牲小我、成就大我、维护民族团结的精神，对于塑造人们的爱岗敬业、艰苦奋斗、无私奉献的高尚品格具有巨大的人格感召力和影响力。

（三）有助于培养团结友善的优良品格

团结友善是社会主义公民的基本道德规范。团结是指为了实现共同的利益和目标，人们在思想和行动上相互一致、相互统一、相互关心的社会关系和道德规范。友善是指人与人之间平等相待、相互友好、相互帮助、共同进步的道德行为。团结友善是中国传统美德的重要内容，是中国优秀传统文化的重要组成部分。团结友善的品格，对于建立和谐美好的新型社会主义道德风尚有着重要作用。

团结友善与"分裂"相对立。团结有着广泛的内涵，包括家庭团结、民族团结、集体团结、党内团结、军民团结和人民团结等。社会主义条件下，人民的根本利益是一致的，中国共产党领导全国各族人民实现了空前的大团结。在实现中华民族伟大复兴的征程中，我们要更加珍视安定团结的局面，齐心协力地为建设社会主义现代化强国而团结奋斗。

近年来，我国经济快速发展、人们生活水平显著提高，但在思想道德教育、诚信友善团结教育方面还存在不足。当年，筑路官兵和各族群众精诚团结、军民一家，携手战天斗地，在崇山峻岭、急流险滩间架起一道道民族团结的"幸福彩虹"。实践证明，川藏、青藏公路是民族团结、军民团结的丰碑，是开发边疆、建设西藏的丰碑，是各民族团结奋斗、共同繁荣发展的丰碑。大力弘扬"两路"精神，有助于营造和谐融洽、团结友善的社会氛围，这既是对中华民族优良传统的继承，也是提高人们道德素养的重要途径。

（四）有助于坚定理想信念，实现"中国梦"

实现中华民族伟大复兴的中国梦，是党的十八大以来习近平总书记提出的重要执政理念。"中国梦"的核心目标可以概括为"两个一百年"的奋斗目标，即：到中国共产党成立100周年时，全面建成小康社会；到21世纪中叶中华人民共和国成立100周年时，将建成富强、民主、文明、和谐、美丽的社会主义现代化强国，最终实现中华民族的伟大复兴。

实现中华民族的伟大复兴，是全体中华儿女的共同期盼。在实现"中国梦"的征程中，会遇到来自各方面的困难和挫折，必须坚定理想信念不动摇。当年的"两路"人为了实现高原筑路的梦想，无论遇到多大的困难和挑战都永不放弃、勇往直前，凭着坚定的信念，最终成就了"天路"奇迹。今天，弘扬"两路"精神，有助于人们坚定理想信念，实现"中国梦"。

三、英雄事迹是社会主义核心价值观教育的生动教材

"两路"精神中筑路、护路的英雄事迹，是社会主义核心价值观教育的生动教材，发挥着"教科书""营养剂"的重要作用。

首先，筑路、护路英雄们可歌可泣的英勇伟业，创造人类公路建设史上的伟大奇迹，不仅感动了中国而且震撼了世界，具有强大的吸引力和感召力，能引发人们强烈的情感共鸣，具有极强的示范效应和教育价值。将筑路、护路英雄们的伟大事迹融入社会主义核心价值观教育，不仅能让社会主义核心价值观教育内容更丰富、形式更生动，而且能让社会主义核心价值观真正地入脑、入心，从而使人们更加自觉地践行社会主义核心价值观。

其次，把"两路"英雄的故事讲好，使社会主义核心价值观教育"活"起来、"动"起来。例如，社会主义核心价值观的爱国主义精神教育，可以通过讲述"两路"英雄们众志成城、反对分裂，百折不挠、英勇奋斗，最终铸成"两路"、巩固国防的故事，生动地展现"两路"英雄们的爱国、爱党、爱西藏的情怀，能让人们更好地理解社会主义核心价值观中的爱国主义精神。社会主义核心价值观的敬业精神教育，可以通过一代又一代"两路"人扎根雪域高原，献身交通运输事业，不畏艰险、奉献奋斗的英雄事迹，让人们真切地感受到"两路"人对交通建设事业的热爱，从而让人们深刻理解社会主义核心价值观的敬业内涵。

同时，展现"两路"精神的物质载体也是社会主义核心价值观教育的生动教材，有利于提高社会主义核心价值观的教育效果。如通过追寻"两路"筑路先辈的奋斗足迹，重走川藏、青藏路，参观"两

路"精神纪念馆、慕生忠将军纪念馆、川藏青藏公路烈士墓等纪念地、遗址遗存，观看与修筑川藏、青藏公路有关的图片、视听作品、诗词文章、歌曲以及出版物等，形象生动地将"两路"精神融入社会主义核心价值观教育中，让受教育者的心灵受到极大的震撼，从而提高教育的实效性。

四、在弘扬"两路"精神中践行社会主义核心价值观

（一）深刻理解"两路"精神

"两路"精神体现了社会主义核心价值观的内在要求和价值取向，两者在内容上高度统一，在目标价值追求上具有一致性。因此，弘扬"两路"精神，是践行社会主义核心价值观的重要途径和方式。

"两路"精神传承着中华民族的优良传统，蕴含着中国共产党人的红色基因，彰显着中国人民的坚强品格，是伟大民族精神的生动体现，是永远激励我们奋勇前进的精神动力。60多年来筑路、护路的艰辛历程，带给我们的不仅是感动，更是一种穿越时空、震撼人心、历久弥新的精神力量。这种忠诚使命、不畏艰难、顽强拼搏、无私奉献、军民团结、民族团结的精神力量，在今天依然熠熠生辉地传承着。60多年来，一代又一代解放军武警官兵、工程技术人员、养护工人，用青春和热血谱写了一曲曲修筑和守卫"天路"的英雄赞歌。

新时代，弘扬"两路"精神必须深刻领会习近平总书记的殷切期望，深刻理解"两路"精神的时代内涵。养好"两路"、保障畅通，使

"两路"始终成为民族团结之路、西藏文明进步之路、西藏各族群众共同富裕之路,实现西藏跨越式发展和长治久安。

(二)践行"两路"精神

"两路"精神的本质是对党绝对忠诚、信念无比坚定,忠于国家、忠于人民,坚决贯彻党中央决策部署;始终不忘初心、牢记使命,千方百计为西藏各族人民谋幸福;始终敢于担当、拼搏奉献,脚踏实地、坚持不懈,一代一代地接续推进各项工作。

在新的伟大征程上,我们要以习近平新时代中国特色社会主义思想为指导,深入学习领会习近平总书记关于传承红色基因、发扬革命精神的一系列重要论述,进一步坚定理想信念,激发革命斗志,成为"两路"精神坚定的传承者和自觉践行者。

具体来说,就是把弘扬"两路"精神与做好日常工作联系起来,进一步学习和宣传筑路大军的英雄事迹。如,开展弘扬"两路"精神的征文、组织生活会,阅读和观看弘扬"两路"精神的书籍和视听作品等,达到春风化雨、润物无声的效果。

将学习和践行"两路"精神落到实处。2019年暑假,重庆交通大学马克思主义学院老师带领部分学生重走川藏公路和青藏公路,开展"两路·一梦"践行"两路"精神的三下乡社会实践活动。通过对"两路"沿线进行实地调研,让学生触摸历史,感悟先辈们的奋斗精神,感受"两路"沿线的今昔变化。学生们以舞台剧、演讲等各种形式为当地群众宣讲"两路"精神,积极用所学知识为当地群众脱贫致富奔小康贡献自己的力量。这样的实践活动,深受"两路"沿线群众的欢迎,同时,学生的触动也很大,参与社会调研的学生心灵受到极大的震撼。重走"两路",践行"两路"精神的三下乡社会实践活动,极大地增强了学生的责任感和使命感,激发了他们的爱国热情。学生们纷纷表示希望做志愿者到当地进行支教服务,并与当地进行建立了帮扶机制,学生们自觉将爱国情、强国志化为报国行动。

总之,弘扬"两路"精神,为新时代更好地践行社会主义核心价值观,为实现中华民族伟大复兴的中国梦注入了强大的精神动力。

(三)弘扬"两路"精神,实现伟大梦想

实现"两个一百年"的奋斗目标,实现中华民族伟大复兴的中国梦,必须有广泛的价值共识和共同的价值追求。社会主义核心价值观具有强大的凝聚力和感召力,是巩固全党全国各族人民团结奋斗的共同思想基础,凝聚起实现民族复兴的强大中国力量。

实现中华民族伟大复兴是当今中国的时代主题。但复兴之路绝不是一帆风顺的,必须付出更为艰巨、更为艰苦的努力。通过弘扬和践行"两路"精神,让"两路"始终成为民族团结之路、西藏文明进步之路、西藏各族群众共同富裕之路,是新时代践行社会主义核心价值观的应有之义。

特殊的环境和特殊的使命,决定了"两路"的建设者、维护者和驻藏官兵面临的考验、经受的挑战、付出的牺牲,是长期、严峻和巨大的。弘扬"两路"精神,践行社会主义核心价值观,就必须坚守顽强拼搏、甘当路石、长期建藏、边疆为家的信念,始终保持昂扬的精神状态,做到苦中干事业、苦中建功业、苦中砺本色。要加强先进文化建设,用"两路"精神和社会主义核心价值观引领人生航向、陶冶道德情操、点燃战斗激情,强化坚守的使命感、奋斗的自

豪感和奉献的光荣感。

每个时代都有自己的时代精神和价值观念。今天的中国，社会主义核心价值观是我们所倡导和坚守的精神力量，是实现中华民族伟大复兴中国梦的不竭动力。振奋国民的精神、增强全民族的精神纽带，必须积极践行社会主义核心价值观，铸就自立于世界民族之林的中国精神。将"两路"精神的丰厚内涵有效地融入社会主义核心价值观教育中，既是发挥"教科书""营养剂"的重要作用，又是增强社会主义核心价值观教育和思想教育实效性的重要途径。

总之，"两路"精神体现了社会主义核心价值观的内在要求和价值取向。我们要认真学习贯彻习近平总书记关于"两路"精神的重要批示，把弘扬"两路"精神作为培育和践行社会主义核心价值观的有效途径，塑造人们艰苦奋斗、顽强拼搏的坚强意志，培养勇于担当、无私奉献的高尚品格和爱岗敬业的职业精神。

第六节 "两路"精神是建设先进文化的重要资源

十九大报告指出：文化是一个国家、一个民族的灵魂。文化兴国运兴，文化强民族强。没有高度的文化自信，没有文化的繁荣兴盛，就没有中华民族的伟大复兴。因此，建设先进文化和增强文化自信是我国文化强国建设的重要内容。"两路"精神是中国共产党在领导修筑川藏、青藏公路的实践中形成的先进文化和精神标识。"两路"精神传承和升华了中华优秀传统文化和中国共产党的革命精神，积淀了社会主义先进文化的底蕴，是社会主义建设时期先进精神的重要源头。"两路"精神对建设先进文化、增强文化自信具有重要意义。

一、"两路"精神是建设先进文化的重要范本

"两路"精神丰富了文化传承和发展的精神内容,为中国特色社会主义先进文化注入新的精神动力。中华民族优秀传统文化、中国共产党革命文化是中国特色社会主义先进文化建设的重要来源。"两路"精神是中华民族优秀传统文化、民族精神、中国共产党革命精神在建设时期在交通行业的体现,是中国特色社会主义先进文化建设的重要来源和精神动力。

"两路"精神作为团结一心、共同奋斗的重要价值取向,对社会主义先进文化建设具有重要的指引作用。在艰苦的筑路过程中,战士们笑对苦难,苦中作乐,以西藏的发展、边防的巩固、民族的团结为信念,艰苦奋斗、勇于攀登,这样的精神已经深深融入社会主义现代化建设的各个方面,成为中华民族不断开拓创新的强大精神力量。

当年修筑川藏、青藏公路的筑路大军,在既无地质资料、又无高原筑路经验的情况下,团结一致、齐心协力,充分发挥集体智慧和艰苦创业的开拓精神。他们以大无畏的英雄气概,劈开悬崖峭壁、跨越沼泽冻土、降服险川大河、战胜饥饿与高寒缺氧,在"人类生命禁区"的"世界屋脊"开辟出万里坦途,他们用青春和热血,立下民族团结的丰碑。2万多藏族群众与进藏部队指战员并肩筑路、同甘共苦、互助友爱,成为亲密的朋友和建设西藏的知己。成千上万的藏族群众自觉参加筑路事业,他们打破驮畜历来不出县的传统,及时把全国各族人民援藏的60多万驮物资运送到工地,在当时的条件下,这是非常难能可贵的。

"两路"精神继承了中华优秀传统文化、民族精神的精髓,传承和发扬了不怕艰难困苦、不怕流血牺牲、勇往直前的革命英雄主义精神,体现了革命文化的红色基因。"两路"精神与中华优秀传统文化、民族精神、中国共产党革命精神和社会主义核心价值观一脉相承,是在新中国交通建设实践中培育出来的先进文化的重要范本。弘扬"两路"精神,就是传承和弘扬红色基因,推动先进文化建设。发挥"两路"精神在先进文化建设中的引领作用,将进一步坚定中国特色社会主义的道路自信、理论自信、制度自信和文化自信。

二、"两路"精神是增强文化自信的重要力量

"两路"精神是中国特色社会主义先进文化的重要内容,也是增强文化自信的重要资源。首先,"两路"精神的教育资源内涵丰富、意义重大,极富感染力。深入挖掘"两路"精神的深刻内涵与时代价值,将其融入社会主义文化建设,能增强人们的精神文化底蕴和文化自信心。川藏、青藏公路的建成意义重大,"两路"始终是民族团结之路、文明进步之路、共同富裕之路。新形势下,"两路"精神的一件件感人事迹,一座座庄严的烈士墓碑,一位位高尚的筑路英灵,一处处纪念馆、纪念碑,一件件筑路文物,生动地折射出筑路先辈崇高的革命理想、坚定的理想信念与爱国主义情操。

"两路"精神是文化自信的有力见证。伟大的事业,需要伟大的精神。"两路"精神彰显了中国共产党革命精神在高原筑路实践中创造的伟大奇迹,向世界彰显了中国精神、中国力量和中国自信。"两路"精神是增强文化自信的不竭精神动力。

三、"两路"精神助推思想道德建设

"两路"精神是弘扬主旋律、凝聚正能量的宝贵财富，是推进社会主义思想道德建设、引领先进文化建设的重要思想资源。

"两路"精神展现了交通人坚韧不拔、乐于奉献的精神，是当代中国交通文化建设的价值导向、交通运输行业的道德规范和交通运输建设发展的精神动力。在推进先进文化发展的过程中，要以高度的自觉大力弘扬和践行"两路"精神，顽强拼搏、默默奉献，不断丰富社会主义先进文化的内涵，不断拓展社会主义先进文化的时代性、多样性和生动性，推进社会主义先进文化的建设，向着建设社会主义文化强国的宏伟目标前进。

实现中华民族伟大复兴，建设社会主义现代化强国，需要大力发展社会主义先进文化。当前，中国社会的整体精神面貌是好的，社会主义先进文化在各个领域占领着主导地位。但同时也应该看到，在改革开放和社会主义建设过程中，由于种种原因，党的艰苦奋斗、勤俭节约、清正廉洁等优良传统作风被一部分党员和干部淡忘了。有的人忘记了初心和使命，理想信念淡漠，价值观扭曲，讲排场、比阔气、铺张浪费的现象时有发生，甚至以权谋私、贪污腐败走向犯罪。因此，加强思想道德建设、加强廉政法治建设显得尤为紧迫。

"两路"精神所展示的坚定的理想信念、无私奉献的品格、顽强拼搏的作风、开拓进取的精神，为我们今天推进社会主义思想道德建设、引领先进文化提供了丰富的思想资源。弘扬和践行"两路"精神，有助于自觉抵制错误观念，弘扬社会正气，引导人们树立正确的世界观、人生观和价值观。

总之，诞生于特定时代、特殊背景的"两路"精神，是中国共产党和中华民族的宝贵精神财富，是中国共产党建设时期的先进精神，是社会主义先进文化的重要组成部分。弘扬"两路"精神，是社会主义先进文化建设的重要内容，是增强中国特色社会主义文化自信的重要任务。

第七节　弘扬"两路"精神　维护国防安全

在中华民族伟大复兴的历史新征程上，建设和我国国际地位相称、与国家安全和发展利益相适应的国防，是我国社会主义现代化建设的重要战略任务。国防建设包括物质建设和精神建设两个方面。其中，国防精神不仅是维护国家主权、保障国家安全所必需的，更是国家崛起和民族复兴的强大精神动力。

川藏公路和青藏公路的建成，为实现西藏的和平解放、民主改革、平叛作战和社会主义现代化建设做出重要贡献，巩固了西南边防，维护了国防安全。"两路"精神所展现的爱国主义精神、特别能吃苦、特别能战斗的精神、革命英雄主义精神和牺牲奉献精神和军民一家、民族团结的优良传统，是国防精神的重要内容，对维护国防安全具有重要的意义。

一、"两路"精神体现巩固国防的战略眼光

西藏地处中国的西南边陲，民族关系错综复杂，外部环境纷繁多变，国防战略地位非常重要。2013年3月9日，习近平总书记在

参加十二届全国人大一次会议西藏代表团审议时指出:"治国必治边,治边先稳藏。"①这一战略思想,充分说明了维护西藏稳定在党和国家战略全局中的重要地位,也阐明了稳藏、治边和治国的关系。川藏公路和青藏公路的修筑以及由此凝练而成的"两路"精神,体现了"治国必治边,治边先稳藏"的战略思想和战略眼光。

(一)修筑"两路"出于巩固国防的目的

1949年10月1日新中国宣告成立,此时新中国还没实现完全统一。内部面临民族分裂势力和敌特分子的破坏,外部面临以美国为首的西方国家的封锁和包围。美国、英国、印度等国的敌对势力阴谋策划西藏脱离中国,并在西藏上层收买和培植亲帝分裂势力,从事所谓的"西藏独立"活动,新中国的国防安全面临极大的挑战。

为粉碎国内外分裂势力的阴谋,实现国家统一,党中央做出了"进军西藏宜早不宜迟"的决策。随后,1950年初,人民解放军第十八军奉命进军西藏,维护祖国统一和国防安全。但是,由于西藏交通闭塞,进藏部队面临着行军和补给的双重困难。党中央认识到公路交通对国防建设的战略作用,做出了修筑川藏、青藏公路的战略决策。毛泽东主席指示进藏部队:"一面进军,一面修路";邓小平同志亲自指挥川藏公路的勘修工作,并题词鼓励筑路军民"为巩固祖国的西陲国防而努力"。

(二)选线路体现国防意识

当年修筑川藏公路,勘探队设计了南北两条从昌都通向拉萨的路线。两条线路各有优缺点。北线相对比较平坦,但是地势高寒,

---

①谱写新时代中国梦的雪域篇章[N].人民日报,2019-03-28(01).

严寒冰雪时间较长，并且缺乏燃料和木材等建筑材料；南线沿途多为农区，地势相对北线稍低，建筑材料的获取相对容易，但是南线地形地质情况复杂，有高山峡谷、激流险滩，并有冰川和泥石流等灾害，工程十分艰巨。穰明德不顾危险，率领专家多次对南线进行反复踏勘，论证了南线修筑的可行性，并且认为这条线路"沿线居住人口较稠密，经济价值大；更重要的是，其国防上的作用不可忽视。彭德怀得知情况后高兴地说："我举双手赞成修这条国防公路。"邓小平说："康藏公路修通了，西藏才真正的解放！"最终，南线方案汇报给毛泽东主席，毛泽东圈掉了他原本已经批阅过的北线方案，挥笔写下"同意新方案"几个大字。可见，川藏公路的修筑、线路走向体现了国防意识。

(三)"两路"为建设西藏、巩固边防做出重要贡献

"两路"建成，为实现西藏的和平解放、民主改革、平定西藏上层反动集团的武装叛乱、中印边界自卫反击作战和社会主义现代化建设作出重要贡献，巩固了西南边防。

从军事角度来看，川藏、青藏公路是连接我国西部地区和南亚次大陆的交通大动脉，是重要的国防公路，是平时和战时保障部队机动和物资输送的重要战略交通线，也是祖国内地输送进藏物资的主要通道。川藏、青藏公路是具有政治、经济、军事和国防等多维战略意义的国道，在维护民族团结、治理边疆、稳定边防、巩固国防中发挥了重要作用。在"两路"精神指引下，"两路"建成并保持常年通畅，为人民解放军驻守边防、捍卫祖国统一和巩固国防提供了重要的保障。中国共产党依托这两条公路先后驱逐了帝国主义势力，维护了祖国统一。川藏、青藏公路为百万农奴的翻身解放、西

藏社会主义建设，做出了突出的贡献。在粉碎达赖集团与境外势力勾结分裂中国的阴谋中，川藏、青藏公路发挥了不可替代的重要作用，维护了国家统一和边疆稳定，巩固了国防安全。在1962年对印自卫反击作战中，川藏、青藏公路在兵员运输和军需物资运送方面发挥了巨大作用。大量兵力、作战物资均从川藏路或经由川藏路运往前线，有力地保障了作战部队的后勤供应，为赢得战斗的胜利创造了条件。

从经济角度看，川藏、青藏公路建成并保持常年通畅，极大地促进西藏地区的生产力发展，改善了沿线各少数民族群众的生活水平。生产力的发展、人民群众生活的改善，是西藏稳定的根本前提。富裕而稳定的西藏地区，有利于抵御各种分裂势力和国际敌对势力分裂中国的阴谋。"两路"和"两路"精神，在维护国家主权完整、巩固国防安全中发挥了重要的作用。

二、"两路"精神对维护国防安全具有重要意义

"两路"精神所体现的爱国主义精神、特别能吃苦、特别能战斗的精神、革命英雄主义精神和牺牲奉献精神和军民一家、民族团结的优良传统，是国防精神的重要内容，对维护国防安全具有重要的意义。

(一)爱国主义精神

"两路"的修筑和护养过程中，爱国主义精神得到充分彰显和弘扬，这种爱国主义精神对维护国防安全具有重要意义。青藏高原气候和地质环境恶劣，要在"世界屋脊"上修筑一条现代公路，困难重重，大家对修路有疑虑，有不同看法。慕生忠给大家做工作说：

"当前,我们迫切需要修出一条路来,否则我们在西藏的同志就会吃不上饭,穿不上衣。这是关系到西藏前途和国家安危的头等大事。试问还有什么比这更重要的呢?"穰明德也强调,公路是炸不烂的运输线,公路不通之地,等于没有解放;我方人员等于受流放之刑!"两路"建设者们正是出于对祖国的挚爱,出于维护国家安全和祖国统一的急迫心情,才勇敢承担起挑战"世界屋脊"的重任。这种爱国主义精神给了他们战胜一切艰难险阻的决心和力量,最终成功筑成人间"天路",使进藏官兵能在西藏站稳脚跟,为实现西藏的解放、祖国的统一和维护国防安全提供了重要保障。图6-2为西北军区首长给修筑青藏公路部队的嘉勉电。

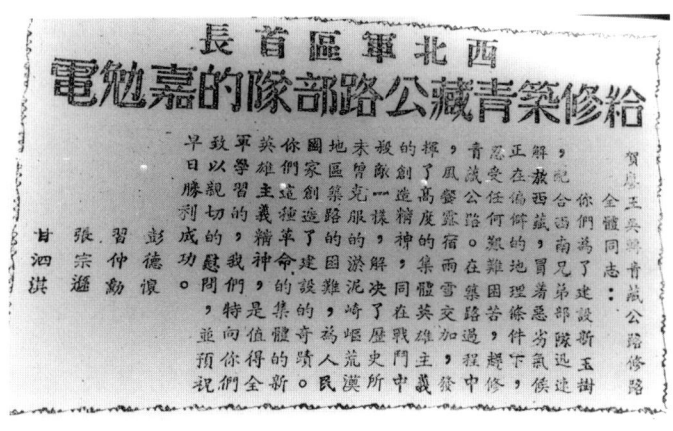

图6-2 西北军区首长给修筑青藏公路部队的嘉勉电

(作者摄于格尔木慕生忠将军纪念馆)

1959年,西藏上层反动集团与国外势力相勾结,公然撕毁《十七条协议》,悍然发动武装叛乱,川藏公路和青藏公路承担起战略物资运输的重任。为了保障平叛战斗中的物资供应,面对紧急而繁重的运输任务,"两路"养护者和汽车运输兵高扬爱国主义精神,千方百计保障道路的畅通,想方设法超额完成运输任务,为平叛作战的胜利做出了重大贡献。

新时代，维护国防安全仍然需要继承和弘扬爱国主义精神，只有这样，才能做到听党指挥、能打胜仗，忠于祖国、忠于人民，真正承担起维护国防安全的重任。

（二）战斗精神

"两路"精神体现出的"一不怕苦、二不怕死"特别能战斗的精神是国防安全的重要保障。川藏公路很多路段是修筑在悬崖峭壁的半山腰上的，战士们只能用一条绳子系在腰间，悬挂在陡峭的岩壁上完成打眼、放炮、撬石和运料等作业。因此，很多战士的手上、身上和腰间都磨出了血泡。修筑川藏公路要翻越雀儿山、米拉山等多座高山，因为海拔高，很多高山积雪很深，战士们下山无处落脚，只能连滚带爬向下滑去。

青藏公路需要跨越昆仑山、唐古拉山两大山系，这里平均海拔在4000米以上，地质条件复杂，气候严寒。在这样极端恶劣的气候和地质环境中，慕生忠将军率领的筑路队伍，凭着一人一把镐，仅用了7个月又4天的时间，毅然将青藏公路格尔木至拉萨段1283公里的公路全线贯通。这是中国军民战天斗地的成果，是特别能吃苦、特别能战斗精神的体现。

在"两路"的养护过程中，战斗精神保障了"两路"的畅通，维护了国防安全。在平叛时期，青藏公路各公路养护段都组织了30-50人不等的武装基干民兵排，护送车辆和随时打击叛匪，既是养路队，又是战斗队。养路工人在养路时也站岗放哨，随时准备战斗。敌人进攻时，拿起武器战斗；敌人逃跑了，继续养路，保卫交通安全。由于"两路"所处的地区地质环境复杂，山洪、泥石流、塌方、雪崩等地质灾害频发，为了保障战略交通线的常年畅通，养护人员长年与"天路"相伴，年复一年日复一日，用战斗精神与各种自然灾害和地质灾害抗争，为捍卫祖国的统一和国防安全做出重要贡献。

在新时代，战斗精神也是军队能打仗、打胜仗的重要保障，对巩固国防安全具有重要意义。当前，国际形势和我国周边安全环境日趋复杂，随着科学技术特别是军事技术的革新，战争形态和作战方式也在发生深刻的变化。因此，更需要继承和发扬"两路"精神中"一不怕苦、二不怕死"的战斗精神，攻坚克难，提升战斗能力，维护国防安全。

(三) 奉献牺牲精神

奉献牺牲精神对国防安全具有重要意义，在筑路护路的艰难历程中，解放军及武警官兵、公路养护职工，充分发扬奉献牺牲精神，保障了"两路"的成功修筑和养护。

3000公里(加上复线，南北线总长)的川藏公路，有3000多位英烈长眠于此，平均一公里牺牲一位筑路英雄。在抢渡通天河时，正逢雨季，河水上涨厉害，一时间无法过河。部队多次试图驱赶马、牛、骡子、骆驼下河抢渡，但是因为河水冰冷水势又猛，都没能成功，连驱赶牲畜的人都接连被洪水冲走而牺牲，为了抢渡通天河，八位同志献出了宝贵的生命。"死，也要头朝拉萨"，这是众多"两路"人的铮铮誓言，正是这种牺牲精神铸就了人间"天路"。

养护职工用牺牲精神保障了"两路"的通畅。西藏上层反动集团，自1956年8月就开始在公路沿线上不断地进行武装挑衅，制造流血事件。"据1959年平叛前不完全统计，成股的叛乱武装对公路养护段、道班、运输站和往来车队发动的攻击达55次之多。仅青藏公路沿线就有8000多叛乱分子，川藏公路拉萨至林芝段千余叛乱分子骚扰公路,袭击运输站、道班20余次,击坏汽车8辆,烧毁汽车2辆,拉萨至昌都的公路桥梁几乎全部被烧毁。"交通民兵在平叛战斗中英勇迎战武装叛乱的袭击,最终击败敌人,赢得了胜利,但是也付出了血的代价。"据1959年平叛前不完全统计,在反叛乱中有42名职工英勇牺牲,他们用鲜血和生命保卫了国防公路,为西藏的交通事业光荣献身。"①图6-3为1959年西藏上层反动集团武装叛乱时期,道班工人"一手拿锹、一手拿枪"的养路场景。

图6-3 1959年,在西藏上层反动集团武装叛乱时期,道班工人"一手拿锹、一手拿枪"养路的场景

(图片由西藏自治区青藏公路管理局提供)

在新时代,维护国防安全需要奉献牺牲精神。驻守在喜马拉雅山脉北麓的岗巴哨所的官兵,常年与风雪为伴,与雪山为邻,守卫着140多公里的风雪边防线。这里平均气温零下4摄氏度,最低气温零下40摄氏度,每年8级以上大风有200多天,空气含氧量只有平原地区的47%,被称为"世界屋脊"上的"屋脊""生命禁区"里的"禁区"。官兵们巡逻要翻越海拔5000米以上的山口18个,最高的达6280米,时常面对暴风雪、雪崩、雷击等威胁。在恶劣的自然环境里,岗巴营的官兵们始终表现出钢铁般的意志,用忠诚和热血在"生命禁区",为维护祖国领土完整和社会稳定,谱写出一曲曲爱国奉献的英雄颂歌。近10年来,他们20多次摧毁外军在我方境内非法设置的界碑和暗堡,抓获内潜外逃分子53批、100多人,发现、

---

①《青藏公路五十年》编委会. 青藏公路五十年[M]. 西宁:青海人民出版社,2007:57.

制止达赖集团的分裂破坏活动 10 多起。2009 年，巡逻分队与外军在零下 20 摄氏度的冰封雪冻中形成对峙，官兵忍住严寒，像一座座雕塑在风雪中纹丝不动，寸土不让，坚持斗争 5 个多小时，迫使外军主动撤回，有力地捍卫了国家主权、安全和领土完整。岗巴营队的历史，就是一部牺牲奉献的历史。全营 80% 的官兵患有严重的高原疾病，先后有 31 名官兵牺牲在巡逻执勤的岗位上。无论是面对凶恶的敌人，还是艰难险阻，官兵们始终英勇顽强、不怕牺牲，忠实履行使命，践行着"绝不把领土守小了，绝不把主权守丢了"的铮铮誓言和铁血担当，传承着红色基因，践行着"一不怕苦、二不怕死，顽强拼搏、甘当路石"的奉献牺牲精神。60 多年来，武警交通部队官兵、边防官兵与各族群众，团结协作，守护着进藏道路的畅通，守护着藏族群众的幸福安康，成为新时代最可爱的人。

（四）民族团结精神

川藏、青藏公路建设者和养护者体现的"军民一家、民族团结"精神，对国防安全具有重要意义。

"军民一家、民族团结"是人民解放军的优良传统，部队进藏继续延续和发扬此种传统。朱德总司令为进藏部队写了题为"进军西藏，巩固国防"的指示，其中第六条是：帮助西藏人民是最光荣的，要尊重藏族群众的生活习惯，学习藏语，并要谦虚谨慎，戒骄戒躁，和藏族群众亲密相处。

筑路官兵坚决做到不增加藏族人民的负担、不影响藏族人民生活的要求，体现了民族团结、军民一家亲的精神。部队在进藏之初，中央就做出指示："进军西藏，不吃地方。"此项指示是完全符合西藏的实际情况的。解放军第十八军先遣部队进军西藏后，由于粮食补给跟不上而多次出现粮食危机，但是，部队坚决执行中央"进军西藏，不吃地方"的指示，靠挖野菜维持，赢得了藏族群众的拥护和理解。藏族群众积极参加修路、运输，支援人民解放军。藏族人民为支援筑路做出了巨大努力，农牧民几年来动员人力、畜力为部队运送了几十万驮物资，有的离家千里赶来参加运输工作，有的为从交通极闭塞的地方来到运输线上，把成百上千头牦牛从溜索上溜下来。最终，维护了民族团结、国家统一。

在修筑川藏公路的工程中，处处彰显着军民团结的精神，军民互帮互助互学。在雨中施工，战士们争相把雨衣让给民工而自己淋雨；工地搬迁，民工用牦牛给战士驮东西。一位藏族群众称赞"解放军好心肠，您们的心和菩萨心一样"。

官兵们牢记宗旨，不断传承"军民一家、民族团结"的精神。进军、筑路途中，官兵们一面进军、一面修路，一面进军、一面生产，一面生产、一面建设。张国华、谭冠三率领官兵发扬南泥湾精神，在拉萨郊外开荒生产，经几十年奋斗，在"生命禁区"建起了"自我生存保障工程"。同时，助力地方发展生产，部队既是战斗队、工作队，又是生产队，积极支援西藏的经济社会建设，支持地方打赢脱贫攻坚战。2017年，与西藏自治区签订战略合作协议，确定了36个重点县、165个贫困村为扶贫主战场，在支援地方建设、精准扶贫帮困、保障改善民生、引领社会风尚等方面做出新贡献。医护人员牺牲节假日和休息时间，常年到海拔最高、条件最苦、就医最难的基层、雪山藏乡巡诊看病、送医送药，足迹遍及西藏所有县乡，续写着"军民一家、民族团结"的新诗篇。军民一家、民族团结是人民解放军的光荣传统和优良作风，关系到人民军队的性质、宗旨和本色，这种优良作风是国防和军队建设的重要保障。

三、弘扬"两路"精神，加强新时代军队建设国防教育

军队是维护国防安全的重要力量，党的十八大以来，习近平总书记就对加强国防和军队建设做出一系列重要论述。他强调："必须全面贯彻党领导人民军队的一系列根本原则和制度，确立新时代党的强军思想在国防和军队建设中的指导地位，坚持政治建军、改革强军、科技兴军、依法治军……更加注重军民融合，实现党在新时代的强军目标。"①"两路"精神包含着中国共产党的红色基因和人民军队的优良传统，其内涵与习近平总书记的强军思想具有内在的统一性。因此，在新时代强军中，大力弘扬"两路"精神，有助于推进我国军队文化建设，提高军队凝聚力与战斗力，保障国防安全。

"两路"精神对全民国防教育也具有重要作用。无论是在战争年代还是在和平时期，增强全民国防意识、提升国防软实力，是一个国家国防建设的重要任务。"两路"精神彰显了人民军队大无畏的革命英雄主义精神，又蕴含着强烈的爱国主义精神和民族团结的深情厚谊。将"两路"精神融入全民国防教育中，通过重温筑路先辈的英雄事迹和军民一家、民族团结的深厚情谊，能够强烈地激发人们的爱国热情，增强全民国防观念，从而为国家安全构筑强大的精神长城。

西藏是我国国防安全建设的重要屏障，党中央一直高度重视西藏的问题，始终关切着西藏的发展和稳定。习近平总书记强调："西藏是我国重要的国家安全屏障和生态安全屏障，在党和国家战

---

① 习近平. 决胜全面建成小康社会 夺取新时代中国特色社会主义伟大胜利[N]. 人民日报，2017-10-28(01).

略全局中居于重要地位。治国必治边，治边先稳藏。"①新时代，深入贯彻落实习近平总书记"治国必治边，治边先稳藏"的重要战略思想，更需要弘扬"两路"精神，增强军民之间、各民族之间的凝聚力，发挥民族团结对于西藏国防安全的长治久安作用。

当今世界处于百年未有的大变局时期，我国正处于由大国到强国发展的关键阶段，前行中的阻力和压力也在不断增大。目前，我国国防安全仍然面临诸多挑战，内有分裂势力的活动，外有敌对势力的挑拨。国内有"藏独""疆独"势力的存在，特别是以达赖集团为代表的分裂势力严重威胁祖国统一和国防安全；外部有敌对势力的挑战，在我国的东海、南海、西南边疆和西北边陲都存在着对国家统一和安全的威胁和隐患。

中华民族的伟大复兴需要一个和平的环境，需要一个巩固的国防。为了巩固国防安全，维护领土和主权安全，必须继续弘扬"两路"精神，弘扬爱国主义精神、战斗精神、牺牲精神，坚持民族团结，发扬军民一家亲的优良传统，实现边疆持续长期的全面稳定，维护国防安全。

第八节 "两路"精神助推旅游文化发展

随着我国综合交通运输体系的不断完善，旅游业迅速发展。2017年7月，交通运输部、国家旅游局等六部门出台《关于促进交通运输与旅游融合发展的若干意见》(简称《若干意见》)，其中特别提出，形成有广泛影响力的自然风景线、历史人文线、红色文化

---

①谱写新时代中国梦的雪域篇章[N]. 人民日报，2019-03-28(01).

线；加强对具有历史文化、精神价值等意义的铁路、公路交通遗产资源的保护开发研究，鼓励挖掘具有重要历史文化价值的交通遗迹遗存，做好资源保护与开发，完善旅游线路与展示平台。

目前，我国文化旅游业快速发展，红色旅游发展异军突起，全国已有300多个红色旅游景点景区，红色革命精神在旅游文化中发挥着日益重要的作用。修筑和维护川藏、青藏公路时形成的"两路"精神，具有鲜明的红色基因和交通行业精神的特色，是红色革命精神的重要组成部分。将"两路"精神作为红色文化旅游资源进行开发，不仅是宣传和弘扬"两路"精神的重要途径和方式，也为我国红色文化旅游业和西藏旅游业的发展提供了新的重要增长点。

"两路"的修筑及"两路"精神，为川青藏地区旅游文化的发展，尤其是红色旅游文化的发展提供了巨大而丰厚的宝贵资源。首先，"两路"为四川、青海、西藏地区的旅游提供了便捷的交通，"两路"及沿线的美丽景色已成为旅游景点，成为许多自驾游游客必到的打卡景点；其次，修筑川藏、青藏公路时所铸就的"两路"精神，其震撼人心的精神力量是"两路"特有的，是任何自然美景都无法企及、不可替代的。"两路"精神助推当地旅游文化发展，带动当地经济发展，经济发展将进一步促进民族团结，这是落实习近平总书记提出的"使川藏、青藏公路始终成为民族团结之路、西藏文明进步之路、西藏各族群众共同富裕之路"的重要体现。

一、"两路"精神助推红色旅游发展

(一)传播红色精神是文化旅游应有之义

近年来，国家高度重视红色精神传播和红色旅游发展。中共中央办公厅、国务院办公厅多次联合下发《全国红色旅游发展规划纲要》,明确指出:"发展红色旅游,对于加强革命传统教育,增强全国人民特别是青少年的爱国情感,弘扬和培育民族精神,带动革命老区经济社会协调发展,具有重要的现实意义和深远的历史意义。""发展红色旅游要以培育和践行社会主义核心价值观为根本,挖掘红色精神内涵,发扬红色传统,传承红色基因,……为实现'两个百年'奋斗目标和中华民族伟大复兴的中国梦作出积极贡献。"

红色旅游就是传播红色精神的旅游活动,中共中央办公厅、国务院办公厅联合发布的《2004—2010年全国红色旅游发展规划纲要》指出,红色旅游主要是指以中国共产党领导人民在革命和战争时期建树丰功伟绩所形成的纪念地、标志物为载体,以其所承载的革命历史、革命事迹和革命精神为内涵,组织接待旅游者开展缅怀学习、参观游览的主题性旅游活动。传播红色精神、发展红色旅游,是发展先进文化的重要途径,其目的是"提高人民思想觉悟、道德水准、文明素养,提高全社会文明程度",增强文化自信。发展红色旅游,要注意挖掘红色文化内涵,表现红色文化精神,传承红色基因。

(二)"两路"精神是红色文化旅游的重要资源

"两路"精神是红色文化旅游的重要资源,在助推红色旅游文化产业发展中具有重要价值。"两路"精神是中国共产党带领各族人民在修筑和维护川藏、青藏公路的伟大实践中形成的宝贵精神财富,是中国共产党革命精神的重要组成部分。"两路"精神集中展现了建设者们坚定的理想信念、家国情怀、民族团结、革命英雄主义和革命乐观主义；展现了一切为人民服务、甘于奉献、勇于牺牲的高尚情操和风貌风尚；展现了军民之间、各民族之间的血脉情深。"两路"精神是爱国主义教育的生动教材，川藏公路、青藏公路及其沿线分布着丰富的红色旅游资源，为红色文化旅游资源提供了不竭源泉[①]。

旅行不仅是观赏自然美景的休闲娱乐活动，更是一种精神的体验。没有"两路"先辈们的奋斗、奉献和牺牲，就没有今天"最美国道"之称的川藏路和青藏路。筑路先辈的牺牲精神、感人事迹，吸引着众多游客以骑行、自驾、徒步等方式前来，重温那段激情燃烧的岁月，体验世界海拔最高的青藏公路和最危险的川藏公路，感悟筑路先辈大无畏的牺牲精神。"两路"精神是对中国共产党红色精神的生动而深刻的阐释。要讲好"两路"和"两路"人的故事，让川藏公路和青藏公路上的旅行者，不仅能观赏到绝美的自然风光和绚丽的人文风情，更要体会到这美景的来之不易；不仅因自然美景而陶醉，更要因"精神"之美而感动，感受到心灵的震撼和精神的洗礼，这是对筑路先辈的崇高致敬，也是对"两路"精神的传播与弘扬。"两路"精神是发展红色文化旅游的巨大宝库。

同时，承载"两路"精神的历史遗迹、遗址、纪念碑、纪念馆、烈士陵园、文献资料、各类文物等物质载体，颂扬"两路"精神、筑路先辈的歌曲、诗文等文艺作品，记载着筑路英烈们的感人事迹，见证着筑路先辈们艰苦筑路、维护祖国统一、保卫边疆的爱国热情和坚定信念，不仅是宣传和弘扬"两路"精神的主要阵地，也是助推红色旅游文化发展的直接动力。如，西藏拉萨"两路"精神纪念馆、

[①] 郑涛，张玉荣，姜云艳. 红色精神传播视域下川藏公路文化旅游发展研究[J]. 重庆交通大学学报(社科版)，2019，19(02)：27-31.

十八军军史馆，青海格尔木市慕生忠将军纪念园，四川泸定县二郎山川藏公路纪念馆，拉萨川藏、青藏公路纪念碑，大渡河桥遗址及桥头题字，飞仙关吊桥遗址，天全县烈士陵园，张福林烈士墓，川藏线东西两线筑路大军会师的巴河桥及桥头碉堡等；《歌唱二郎山》《筑路歌》《叫我怎么不歌唱》等文艺作品，将筑路先辈的艰辛与伟大、军民团结的鱼水深情充分展示出来，生动形象地还原"两路"的筑路历史。游客们在欣赏自然美景的同时，感受到"两路"精神的深刻内涵与价值魅力，从而很好地发挥了红色文化的教育作用，推动了我国红色文化旅游的发展。

二、发展川青藏旅游文化需要"两路"精神引领

发展西藏地区旅游文化，需要大力弘扬"两路"精神，艰苦奋斗、开拓进取，不断增进民族团结。旅游文化的发展，带动了经济发展，提升了人民群众的生活质量，促进了民族团结，这也是"两路"精神在新时代的体现。

（一）弘扬不怕困难、开拓进取精神发展旅游文化

川青藏地区由于地理和历史等因素，旅游基础设施相对薄弱。"两路"沿线自然环境恶劣，地质条件复杂，气候多变，时常出现大风雨雪、泥石流、塌方等自然灾害。因此，总体上讲，川青藏地区的交通状况、旅游基础设施与其他地区相比还有较大的差距。

要解决这些困难，需要大力弘扬"两路"精神，艰苦奋斗、开拓进取。要不断完善基础设施建设，抓好人才培养，提高从业人员素质，规范旅游市场秩序，加强生态保护与建设。近年来，随着川

藏、青藏公路旅游的兴起，旅游人数大增，青山绿水的环境难免遭到破坏，因此，一定要处理好建设、保护与开发、利用的关系。2019年6月14日，习近平总书记在致"2019·中国西藏发展论坛"的贺信中提出"希望西藏抓住发展机遇，建设美丽幸福西藏，繁荣优秀传统文化，保护高原生态环境，实施更加积极的开放政策，广泛开展对外交流合作，描绘新时代西藏发展新画卷。"①要发扬开拓进取精神，大力发展红色文化旅游、扶贫开发旅游、生态旅游等，促进川青藏地区旅游文化的大发展。

(二)发展旅游文化：促民族团结、保社会稳定

旅游带动经济发展，提升了人民群众的生活质量，促进民族团结，保障社会稳定，这也是"两路"精神在新时代的体现。

川藏公路、青藏公路沿线旅游资源极为丰富，川青藏地区雪域高原风光、红色文化、民族文化、宗教文化交相辉映，极具特色。川藏公路即国道318线，被称为"中国人的景观大道""最美国道"，具有高品质的自然景观与人文景观，是具有"国家意识"和"国土意识"的令人惊叹的符号系统。每年，世界各地的游客纷纷慕名而来，川藏公路及其沿线地带已逐渐成为著名的旅游目的地。

青藏公路沿线有我国第一大内陆湖青海湖，有"天空之境"的茶卡盐湖，有野生动物王国的可可西里，有万山之祖的昆仑山。在"日光城"拉萨，有世界上海拔最高、规模最大的宫堡式建筑群布达拉宫等。

川藏、青藏公路连通了西藏地区与内地的交通，"两路"不仅是国防战略的生命线，也日益成为重要的旅游通道，85%以上的进藏

---

①习近平向"2019·中国西藏发展论坛"致贺信[N].人民日报，2019-06-15(03).

游客是从川藏、青藏公路进入西藏的。交通的便捷，使"两路"已成为旅游公路，网络热门景点。依托"两路"及"两路"精神积极开发这些特色文化，发展集观光、摄影、骑行、徒步穿越、登山探险、朝圣、科考为一体的旅游文化，可以极大地促进该地区经济社会发展，是带动民众脱贫致富的有效途径，将加速推进全面建成小康社会的进程。

如茶卡盐湖，20世纪80年代，从茶卡到西宁需要3天；而现在，只需3.5个小时的车程。日益畅通的青藏线，给茶卡的发展增添了新动力。青海茶卡盐湖文化旅游发展股份有限公司总经理李建康说："如果没有青藏公路，我们就不可能有如今的发展。"景区95%的游客是乘车而来的。2016年，盐湖景区开园，当年接待游客195万人次、车辆33万辆次，2018年这两个数字迅速增长到330万人次、56万辆次。茶卡镇全镇农牧民人均纯收2016年为1.1万元，而2018年增长到了1.78万元。城乡因路而兴，民众因路而富。

因修筑青藏公路而兴建的格尔木市，建成了昆仑山世界地质公园、盐湖国家矿山公园、玉珠峰国家登山训练基地、胡杨林自然保护区等17处旅游景点；开辟有青藏高原汽车探险旅游、昆仑山道教寻祖旅游、珠峰登山探险旅游、可可西里科普考察旅游、昆仑山世界地质公园旅游、察尔汗国家矿山公园科普旅游、丝绸南路民族风情体验旅游等独具地方特色的旅游线路10余条。昔日荒凉的格尔木，如今已发展成为青藏高原上一颗璀璨的明珠。

西藏林芝鲁朗镇的扎西岗村、罗布村和东巴才村，均位于川藏公路沿线，他们利用自身的区位优势积极发展旅游业。2015年，扎西岗村家庭旅馆由2012年的38户增加到51户，参与率占全村总户数的75%，家庭床位由365张增加到1038张。据不完全统计，全镇

2015年旅游业收入超过300万元。

川青藏地区依托"两路"积极推进旅游业开发，促进了当地经济的大发展。四川省2015年编制了《中国最美景观大道——318/317川藏世界旅游目的地（四川段）规划》，积极打造旅游景观道。《2018年西藏自治区国民经济和社会发展统计报告》显示：2018年全年，西藏自治区累计接待国内外旅游者3368.73万人次，比上年增长31.5%。其中：接待国内旅游者3321.11万人次，增长31.4%；接待入境旅游者47.62万人次，增长38.6%。旅游总收入490.14亿元，增长29.2%；旅游外汇收入2.47亿美元，增长25.1%。旅游业已发展成为川青藏地区第三产业的龙头和地区经济的支柱产业之一，极大地促进该地区经济社会的发展，带动民众增收致富。表6-2为2013—2018年西藏接待旅客人数及旅游收入情况统计表。

2013—2018年西藏接待游客人数及旅游收入情况　　表6-2

年份（年）	2013	2014	2015	2016	2017	2018
接待旅游者（万人次）	1291.06	1553.14	2017.53	2315.94	2561.43	3368.73
旅游总收入（亿元）	165.18	204.00	281.92	330.75	379.37	490.14

川青藏地区是少数民族较为集中的区域，居住着20多个民族，少数民族人口占全国少数民族人口的60%以上。西藏地处中国的西南边陲，与缅甸、印度、不丹、尼泊尔等国家和印控克什米尔地区接壤，陆地国界线4000多公里。因此，该地区发展旅游文化的一个重要原则就是要处理好民族关系、促进民族团结，以保持社会稳定和边疆安全。旅游的发展，一方面促进该地区社会经济发展，带动民众走上致富道路，有利于保持社会稳定；另一方面，旅游业的发展，加强了西藏与内地的经济文化交流，增强了汉藏之间及各民族之间的凝聚力和向心力，促进了民族团结，维护民族地区的社会稳

定，对保卫边疆安全和维护国家统一都有着重大意义，这也体现了"两路"精神的内涵。

三、发展"两路"精神红色文化旅游的思考

以优秀文化引导人、鼓舞人和塑造人，这是文化旅游必须坚持的原则。弘扬"两路"精神，传播红色文化，首先要加强"两路"精神红色文化内涵的挖掘、红色文化资源的抢救性保护。文化是旅游的核心，精神文化是旅游的灵魂。随着时间的流逝，特别是在"两路"的改造和重建中，以及自然环境的变迁，承载"两路"精神的遗址、遗存也遭到一定程度的遗忘和破坏。要抢救性地发掘和保护好承载"两路"精神的遗址、遗存等物质载体，收集整理传颂"两路"英雄、人物故事的诗文、歌曲、老照片、原始文件等资料，做好"两路"建设亲历者的口述史或回忆录的采访和收集工作，不断传承和弘扬"两路"精神、丰富发展西藏红色文化旅游的资源宝库。

其次，进一步提高"两路"精神红色文化旅游的品质，增强红色文化旅游的文化体验。"两路"精神的核心价值是爱党、爱国和爱人民，要在红色精神表达、红色内涵充实、红色产品设计及红色项目完善等方面，多从体验者的角度来思考，精心设计，增强文化体验，努力做到内容与形式的完美统一。润物无声，让旅游者"愿意来"和"喜接受"，感知、感悟、感动、感化，进而自觉传承和践行"两路"精神。

再次，改进"两路"精神红色文化旅游的传播方式，提升传播效果。要充分发挥传统媒体优势，借助纸媒、广播电视和视

听作品等大力宣传弘扬"两路"精神；同时，要高度重视互联网和自媒体的运用。充分运用好网络信息技术，发挥新媒体优势，通过微博、微信、客户端、QQ、网站等，大力宣传以"两路"精神为主题的红色文化旅游；开发"两路"精神红色内涵与现代流行元素相结合的旅游文化纪念品，作为"两路"精神红色文化旅游的传播载体。

总之，"两路"精神是中国共产党和中华民族的宝贵精神财富。"两路"精神对助推西藏旅游文化发展，尤其是对红色旅游文化发展发挥着独特的重要作用。"两路"及"两路"精神为西藏旅游文化发展提供巨大的精神财富，也带来巨大的物质财富。红色旅游的发展，弘扬了"两路"精神，传承了红色基因，带动了当地脱贫致富，体现了以人民为中心的发展理念，促进了民族团结、边防巩固和祖国统一。新时代下，要继续弘扬"两路"精神，养护好"两路"，让"两路"始终成为民族团结之路、西藏旅游文化发展之路、共同富裕之路。

附：亟须保护的部分遗址遗存（作者拍摄）（图6-4—图6-14）

a) b)

图6-4 大渡河桥及桥头碉堡

图6-5 大渡河桥建桥工程说明

图6-6 毛泽东七律《长征》题刻

图6-7 谭冠三《长征》题刻

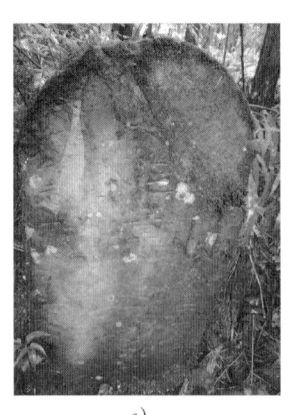
a)

b)

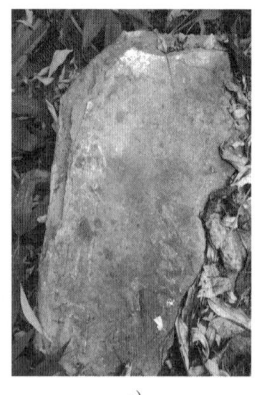
c)

图6-8 二郎山老路沿线的烈士墓碑

图 6-9　二郎山老路　　　　　图 6-10　仙人桥及石碑

图 6-11　川藏线米拉山段老的挡墙　　图 6-12　1954 年 11 月，康藏路东西两线筑路大军会师的巴河桥

图 6-13　巴河桥桥头的碉堡

a) b)

图 6-14 飞仙关大桥及桥头碉堡

第七章
"两路"精神引领交通强国

第一节 新时代"两路"精神楷模

习近平总书记说:"只有坚持从历史走向未来,从延续民族文化血脉中开拓前进,我们才能做好今天的事业。"[①]"两路"精神是11万各族军民,以巨大的奉献牺牲铸就的不朽丰碑。"青藏公路之父"慕生忠,十八军军长张国华,康藏公路修建司令部司令陈明义、政委穰明德,"千锤英雄"杨海银,川藏公路雀儿山烈士张福林等老一辈"两路"人所谱写的英雄赞歌,从未因时代的变迁而减弱或停息。"两路"精神早已融入中华民族的文化血脉,成为新时代中国红色文化的有机组成部分,是推动中华民族伟大复兴的强大精神动力。

伟大时代呼唤伟大精神,崇高事业需要榜样引领。今天,无数

[①] 习近平. 在纪念孔子诞辰2565周年国际学术研讨会暨国际儒学联合会第五届会员大会开幕会上的讲话[N]. 人民日报,2014-09-25(02).

的"两路"养路人、邮政人、交通科研人员、武警官兵用自己的行动生动地诠释和丰富着"两路"精神，不断传唱着新时代"两路"精神楷模的赞歌。他们的事迹令人动容，催人奋进，成为我们这个时代引以为傲的精神丰碑。

党的十九大提出，把社会主义核心价值观融入社会发展各方面，转化为人们的情感认同和行为习惯。讲好"两路"故事，传唱新时代"两路"精神楷模，对进一步继承和弘扬"两路"精神，践行社会主义核心价值观，对维护国家统一、政治稳定，促进民族团结、经济繁荣、社会进步，实现人民幸福具有重大现实意义。

一、最美绿色信使，铸就高原邮路丰碑

（一）雪线邮路的幸福使者——其美多吉

川藏邮路，从四川成都出发，途径雅安、甘孜到达西藏昌都、拉萨的汽车邮路，平均海拔在 3500 米以上，因此又被称作"雪线邮路"。它是沟通西藏与祖国内地联系的邮政通信大动脉，尽管这里环境恶劣、道路艰险，但云端邮政人坚定不移地担负起神圣使命，每天穿梭在高原邮路上，坚守了一代又一代。

1989 年 10 月，其美多吉成为德格县邮电局的一名驾驶员，在雪线邮路上，一干就是 30 年。30 年来，其美多吉平均每年行驶 5 万公里，6000 多次往返雪线邮路，行程 140 多万公里，相当于绕赤道 35 圈，也相当于从地球到月球之间往返了 2 次。他凭借娴熟和高超的驾驶技术、丰富的出车经验、沉着冷静的心态、胆大心细的性格特点，圆满完成了每一次邮运任务，从未发生过一起责任事故，带领的班组连续30年机要通信质量保持全优,仅2018年,就安全行驶近60万公里,运送邮件76万件。30年来,在这条崎岖险峻的雪线邮路上,其美多吉扎根高原,用青春与热血,忠实履责,默默守护西藏地区通信畅通,有力地诠释着顽强拼搏、坚韧不拔的"两路"精神,展现了新时代邮政人甘当信使、敬业奉献的精神风貌,使"两路"精神在新时代焕发出新的风采。

川藏线邮路冬季漫长,甘孜到德格的邮路,是甘孜海拔最高、路况最差、距离死神最近的路。这条路,经常遭遇冰雹、雪崩、暴风雪、泥石流、塌方滑坡等自然灾害。这条路,大半年都是冰雪覆盖,冬天最低气温低于零下40摄氏度,路上的积雪有半米多深,车子一旦陷进雪里很难出来,积雪被碾轧后,马上结成冰,就算挂了防滑链,车辆滑下悬崖、车毁人亡的事故也时有发生。夏天,又常遇到塌方和泥石流等灾害。在这条路上,车辆的每一次换挡、加速、转向都是与死神在博弈。

这条邮路是一条平均海拔超过3500米雪线的"云中路",身为班组长的其美多吉主动承担其中最艰险的甘孜—德格的邮运任务,途中要翻越主峰海拔6000多米的雀儿山。雀儿山垭口,俗称"鬼门关",常年冰雪覆盖,道路狭窄曲折,一面是碎石悬挂,一面是万丈深渊,驾驶车辆稍不留神就会掉下悬崖。其美多吉每执行一次邮运任务就相当于与死神进行了一次博弈。在2017年9月雀儿山隧道打通以前,其美多吉每个月都要翻越20多次雀儿山。一次,其美多吉和同事邓珠在雀儿山上遭遇雪崩,为了保护邮车和邮件安全,他们用加水桶、铁铲等工具一点一点铲雪,不到1公里的路,却走了整整两天两夜。图7-1、图7-2分别为其美多吉给邮车装防滑链和在雀儿山下取冰化水给邮车水箱加水。

图 7-1 其美多吉在给邮车加装防滑链

图 7-2 其美多吉在雀儿山下取冰化水给邮车水箱加水

其美多吉知道,乡亲们渴望通过他们送去的报纸,了解党和国家的政策,盼望亲人寄来的信件和包裹。乡亲们都说,每当看到邮车,就知道党和国家时时刻刻关心着这里。所以,再苦再难,他的邮车都必须得走。其美多吉说:"没有邮车翻越不了的高山,没有我们邮车驾驶员克服不了的困难。"这条邮路就是他的事业,他的舞台,他一生情之所系、魂之所归。

令驾驶员们望而生畏的雀儿山公路,对其美多吉来说早已是"轻车熟路"了。那里的"老虎嘴""鬼招手"等危险路段他都了如指掌。漫天风雪中,其美多吉的邮车常被当作保障安全的"航标",总是他最先在雪地碾出第一道车辙后,其他社会车辆才敢小心翼翼地跟着这一道辙慢慢前行。他总是说:"我只有开着邮车跑在路上,才有幸福感,就像歌手在舞台上才能找到自己的灵感和激情。"在这条自然环境极其恶劣的雪线邮路上,其美多吉驾驶邮车战高原斗风雪,不畏艰险直面生死考验,用30年的坚守谱写了雪线邮政人艰苦奋斗、无私奉献的时代颂歌,融进为实现新时代交通强国梦而不懈奋斗的时代交响曲。

直面生死考验,其美多吉用鲜血和生命守护着邮件和邮车的安全。2012年9月的一天，其美多吉开着邮车返回甘孜途中，路边突然冲出一伙歹徒把邮车强行拦下。其美多吉为了保护邮件，毫不犹豫地挺身而出与歹徒斗争。身负重伤的其美多吉，经历了3天3夜抢救、6次手术，才勉强捡回一条命。但其美多吉的手指肌腱已经重度粘连，左手和左臂一直动不了，医生诊断其复原的概率几乎为零。其美多吉为了能够重新驾驶邮车，四处求医，通过疼痛巨大的破坏性治疗，硬是把左手和胳膊上严重粘连的肌腱活生生地给拉开了。身体基本恢复后，他多次找到领导要求重返邮路。公司领导考虑他受了那么重的伤，差点把命都丢了，对他说："还是调整岗位，给你换一个轻松点的工作吧。"其美多吉却说："是组织的关心和同事的帮助给了我第二次生命，人要凭良心做事，我必须回报。"直到第六次提出申请后，他终于重新开上了邮车，带着一颗感恩的心，回到雪线邮路。

这条邮路上，除了歹徒，还有狼群，其美多吉曾经只身面对八匹野狼，面临各种生死考验，他用鲜血和生命守护着邮件和邮车的安全。

助人为乐，情满邮路。其美多吉不仅爱岗敬业、忠于职守，而且在雪线邮路上，他将身边的同事、路过的各族群众当作亲人，是维护民族团结、推动社会发展的楷模。他常在邮车上备好氧气瓶、铁锹、防滑链、红景天和肌苷口服液等物品和药品，成了义务救助员。在危急时刻，他帮助过许多陌生人，挽救过上百位陌生人的生命。他曾在一天之内，帮助20多辆军车开过冰雪路段。当雪线邮路上发生交通事故时，其美多吉又会成为义务交通员，维护道路通畅；当邮运途中看见有人争执摩擦时，他还会主动成为调解员；当遇到因雪天路滑不敢开车的驾驶员时，其美多吉会趴在冰冷路面上帮忙加挂防滑链，替他们开过危险路段。

30年来，其美多吉初心不改，真诚奉献。其美多吉和他的同事们在雪线邮路上架起民族一家亲的桥梁，把雪线邮路变成一条各民族守望相助的温情路、团结路、和谐路。其美多吉坚守川藏线邮路30年，将党和政府的声音、一封封邮件、一份份藏文报纸、一个个快递包裹送往雪域的各个角落，为西藏乡亲们带来幸福和喜悦，为维护西藏的安定团结，促进西藏经济社会发展做出了积极贡献，被群众誉为"雪线邮路的幸福使者"。其美多吉用坚守、奉献，让危险、孤寂的雪线邮路成为一条有温度、有温情的路，用实际行动践行着藏汉一家亲的社会主义核心价值观。

（二）"天路鸿雁"——葛军

格尔木市唐古拉山镇是青藏线上的一个重要驿站，也是世界上海拔最高和中国面积最大的镇，下辖8个行政村，年常住人口约1900人。这里年平均气温零下6摄氏度，8级以上大风天数年均168.2天，空气含氧量48%，自然条件极其恶劣。但这里地理位置重要，格尔木市至唐古拉山镇沿线的兰西拉光缆、输油管线、物资运输组成了进藏的三条生命线，长期以来，政府和邮政部门十分关心该沿线军民的通邮问题。2009年7月13日，格尔木市邮政局开通了我国海拔最高的一条乡镇邮路——格（尔木）唐（古拉山镇）邮路，成为青藏铁路、公路、兵站的生命补给线，被大家赞誉为"鸿雁天路"。

2010年，34岁的退伍军人葛军，自告奋勇地担负起格尔木市至唐古拉山镇邮路的信使任务，风雨无阻地坚持将党的声音和关怀传递到沿线军民的心里，成为"鸿雁天路"上精神和物质的重要传递者(图7-3)。他以自己的真诚服务和无私奉献赢得了沿线军民的信赖和赞扬,用实际行动践行"人民邮政为人民"的宗旨。

a)　　　　　　　　　　　　b)

图7-3 "天路鸿雁"——葛军

"鸿雁天路"沿线天气变化无常、路况极差,邮车在平均海拔4000米以上的高原公路上行驶异常困难,会出现严重的高原反应,甚至危及生命。葛军凭借着坚定的信念和顽强的毅力,与高原的高寒缺氧抗衡,与疯狂的沙尘暴赛跑,与突如其来的风霜雪雨抗争,一次次与死神擦肩而过,一次次圆满完成邮运任务。

从格尔木出发,邮路第一站到达纳赤台,近100公里路途,一年中有大半年会与沙尘暴相伴。纳赤台到昆仑山口段路滑道险,道路两旁是冰川,青藏公路冻土地质复杂,路况非常不稳定,行车异常艰难,有时1小时仅能行走10余公里。在风雪弥漫、气候恶劣且危险的环境下,葛军临危不惧,坚守在"鸿雁天路"上。

唐古拉山镇山高路远,沿途人烟稀少,这条邮路沿线的边防兵站官兵、机务站工人、铁路职工和农牧民等,生活条件极其艰苦并且单调。葛军的信,搭起了他们与亲人、与外界沟通的桥梁。葛军在邮送过程中常常为他们提供力所能及的服务,将满满的军民情、兄弟情撒满高原邮路,谱写了一首首感人肺腑的爱心曲。一次,大雪封路，邮车无法开往沱沱河兵站。深知高原官兵盼信心切，葛军不顾凶猛刺骨的风雪，硬是徒步20多里路，亲手将信件交到了战士们手中。看着葛军冻得红肿的脸庞，战士们激动得热泪盈眶。沿途的农牧民冬季吃不上新鲜的水果蔬菜，葛军常常帮他们购买。他尽自己最大的努力帮助别人，深受沿线官兵和牧民的喜爱。

在邮路上，葛军救助过无数人。2009年冬，葛军驾驶着邮车在距离五道梁兵站10公里处，看见一辆军车突然翻滚到路基下，他救起了4名受伤的官兵，把他们护送到了兵站。2010年11月，台湾同胞陈先生独自骑行到西藏旅游，突发高原反应，恰巧葛军驾驶邮车返回时遇上，他迅速将病人扶上邮车送往医院治疗。2012年11月26日，葛军到保护站送邮件，得知扎娅未满周岁的女儿生病，命悬一线，他毫不犹豫，迅速将孩子送往格尔木进行救治。途中大雪肆虐，能见度极低，葛军不得不一次次停车在雪地里艰难探路，本应该休息的他驾驶了十几个小时才把她们送到格尔木。此外，葛军还经常救助被过往车辆撞伤的藏羚羊、金雕等野生动物，将野生动物亲自送往保护站。

四代邮政绿色情，全心全意为邮政。葛军家里四代从事邮政，葛军的曾祖父是清末民初上海的邮差，爷爷当年支援大西北时成为青海邮政的投递员，爸爸子承父业成为青海柴达木邮电部门的邮递员，深受家庭的感染，葛军从小就崇敬邮政这个职业，全心全意为人民服务在葛军身上得到了充分的体现。他舍小家为大家，奔波在"鸿雁天路"上。长期身处高寒缺氧地带的他，患上了严重的肩周炎、胃病等疾病。2010年春，葛军从"天梯"（陡峭山崖上开凿的高达百米的阶梯）往军营送邮件并为几个紧急换防没能带上御寒衣物的武警战士捎去棉大衣，爬到一半突感一阵眩晕，他紧紧护住身后的包裹，爬上军营后就瘫倒了。2011年冬，感冒未愈的葛军不顾妻子劝阻驾驶邮车执行任务，到达唐古拉山镇兵站后他突发疾病，战士们急忙把他送到卫生院输液。第二天，葛军坚持驾车返程，没想到路上再一次出现眩晕恶心，他走走停停，经过4个小时的顽强坚持，才安全抵达下一个投递点五道梁兵站。后来，他才知道，自己得了最危险的高原脑积水症，侥幸的是救治及时，否则性命难保。葛军舍小家为大家，不怕困难、不畏牺牲，犹如天路上的鸿雁，用生命传递着邮件。

（三）"生命禁区"投递员——次仁曲巴

次仁曲巴曾任西藏自治区山南市浪卡子普玛江塘乡邮递员。2005年，只有19岁的他成为普玛江塘乡首位邮递员，成为当地村民眼中"连接外面的人"。2015年前后，单位为了他的身体健康，硬把他调到浪卡子县任邮车驾驶员，但他还是经常抽时间回普玛江塘乡义务投递。2014年，他荣获西藏自治区第四届"劳动模范"称号、西藏自治区"十佳邮递员"称号；2019年4月，又荣获第二十三届"中国青年五四奖章"。

普玛江塘的藏语意思是"世界之巅"，普玛江塘也是世界上海拔最高的行政乡，平均海拔5373米，大部分村子的海拔都在5500米以上，是世界公认的"生命禁区"。由于高寒缺氧，2014年普玛江塘乡人均寿命仅有45岁。在高寒缺氧的恶劣生存条件下，这里常住人口不足1000人。但次仁曲巴一直坚守在这里，他说："有人的地方就要有邮政服务。"

刚当邮递员时，次仁曲巴需要骑着自行车翻山越岭投递信件，念过初中的他经常帮助村民读信和回信。山高路远的邮途、稀疏分散的村落、五花八门的信件……特殊的工作环境,从没有影响他的工作效率。10多年来,他投送报纸百万份,信件将近2万封,包裹1万多件,从没丢过一封信和一个包裹,也从没有发生过一起误投或漏投的事件。他走过的邮路连起来近20多万公里,相当于绕地球5圈。

随着时代的发展和国家好政策的不断落实,牧民们的生活也发生了翻天覆地的变化。这个看起来闭塞的村庄,也随着邮路追赶时代,网购、看电视、发微信、刷抖音,普玛江塘乡通过各种渠道与外界建立联系。次仁曲巴积极为乡民们推广新事物,2010年,他为普玛江塘乡引进了"淘宝"。而此前,离这里最近的集市搭车往返也需要4个多小时。此后,他又教会乡民们网购、视频、邮寄物品、使用智能手机、使用微信等。一次,当得知一位老阿妈已经半年没有见到在外打工的儿子时,次仁曲巴打开微信,帮助她和儿子视频,这位母亲感动万分。

高寒缺氧把33岁的次仁曲巴"折磨"得苍老了很多,由于常年在高寒缺氧的地方投递邮件,他的头发变得稀疏,小腿静脉曲张非常严重。2013年的一天,他正走家串户投递邮件,却突然晕倒。单位为了他的身体着想,把他调到稍微轻松的岗位,起初,次仁曲巴舍不得这条邮路,直到等到能托付的人出现,他才放心交接。

做好本职工作的同时,次仁曲巴还积极向乡亲们宣传党的政策。在党和政府的关怀下,普玛江塘这个地方发生着巨变。谈起未来,次仁曲巴说:"我要不断努力,帮助更多的群众,做好新时代的追梦人。"①

---

① 在"世界之巅"实现人生价值——记中国海拔最高乡邮递员次仁曲巴[EB/OL]. (2019-05-14). http://www.xinhuanet.com//2019/05/14/c_1124493414.htm.

像其美多吉、葛军、次仁曲巴这样的"两路"邮政人还有很多，在人迹罕至、生态条件恶劣的茫茫雪域高原上，他们坚持不懈地为"两路"沿线各族群众真诚奉献、传递信息和邮件包裹。他们为"两路"精神在新时代的弘扬做出了生动的诠释，铸就了高原邮路的丰碑。新时代，中华民族正处在伟大复兴的关键时期，需要这样立足岗位、坚守初心与使命、艰苦奋斗、无私奉献的时代楷模。

二、"两路"守卫者，奉献不息保畅通

西藏的公路养护队伍随着川藏、青藏"两路"的修筑而产生，随着西藏交通运输事业的发展而不断成长，创造了"人在路上，路在心上；养路为业，道班为家；艰苦创业，无私奉献；甘当路石，奉献终身"的西藏养路工人精神。先后涌现出了"109道班""铁姑娘班"、青藏公路24工区等一批先进集体和全国劳动模范。面对严酷的自然条件和艰苦的生活条件，一代代高原养路人迎难而上、战风雪、斗严寒，冲在危险的第一线，以艰苦奋斗、无私奉献、保公路畅通的坚定信念，谱写了一篇篇可歌可泣的英雄诗篇。

（一）青藏公路管理分局那曲公路段24工区小多吉

小多吉本名叫多吉，因为单位还有一位年长的同事也叫多吉，所以大家亲切地称他为小多吉。小多吉所在的养护工区——青藏公路管理分局那曲公路段24工区海拔4900米，养护路段长45公里。这里高寒缺氧，常年风雪不断，夏季出工都得穿上棉袄。但小多吉和同事不惧艰难，每天工作十几个小时，创造了养护路段好路率连续10年西藏第一的好成绩。

小多吉出生于养路职工之家，在他心中，养路是崇高而神圣的事业，从小就励志要成为一名养路工人。小时候，当父亲出工时，他总是跟在身后，做一些他力所能及的工作，时间一长，工人们都叫他"编外养路工"。1983年12月，小多吉终于开始了他的养路职业生涯，他用实际行动展示着高原养路人无私奉献、吃苦耐劳的精神风貌。

1. "人在路上，路在心上"

参加工作以来，小多吉始终继承和弘扬"人在路上，路在心上；养路为业，道班为家；艰苦创业，无私奉献；甘当路石，奉献终生"的西藏养路工人精神。工作中，小多吉总是以身作则，严以律己，即使碰到天气恶劣得无法出工时，他也要独自带上铁锹，上路巡查排水、雪阻等道路情况。一次，外面狂风暴雨，小多吉担心泥石流会冲毁道路，便骑上自行车去巡查排水情况。因为路滑，他跌倒昏迷在路边的积水中，幸亏被过路的驾驶员发现，才捡回了一条命。在公路养护方面，作为工区长的他与大家一同劳动在养路一线，带领工人们在养护工作中做到规范化、科学化，牢固树立质量第一的思想。在养护路段长、道班工人少的情况下，小多吉身先士卒，带领同事们兢兢业业，每天工作十几个小时，圆满完成了公路养护和抢险保通任务，工区连续十几年被青藏公路管理局评为"养路最好的标兵工区"。

2. 贡献青春，用生命守护道路畅通

小多吉年复一年地守护着青藏公路那曲公路段，恶劣的高原气候和长时间超负荷的工作，让小多吉患上了心脏病、胃炎、高血压、哮喘、关节炎等多种疾病。上级领导安排他到成都医院进行住院治疗，病还没有痊愈，他不放心工区工作就提前出院，回到海拔4900米的公路养护工作岗位，继续坚持工作。

3. 护路不忘带头致富，探索"既养路又养人"新途径

高原地区恶劣的气候条件和艰苦的地理环境，严重影响路况，养护经费十分缺乏。1992年，青藏公路局党委提出：在养好公路确保公路畅通的前提下，大力开发第三产业，兴路富工。为了更新养护设备，改善工区职工工作生活条件，作为工区长的小多吉多次召开会议，研究解决办法。在他的带领下，道班附近先后开办了茶馆、饭馆、小卖部、磨粉厂等，既解决了工区待业青年的就业问题，也为工区创造了可观的利润。有了资金，小多吉提议拿出部分资金，用来补贴养路费用，改善办公条件，维修职工住房。

4. 关心职工，乐于助人

小多吉身为工区长，善于团结同志，大事小事均由工会民主管理委员会集体讨论决定。他关心职工，乐于助人，总是尽一切努力帮助有困难的人。几年来，他个人为特困户、希望小学及灾区捐款达数万余元。一次春节，他把自己的800元慰问金，留给了工区。2005年，小多吉被评为"全国劳动模范"，获得了1万元的奖金，他认为这份荣誉是大家的，就把奖金全部分给了工友，自己只留下了奖章。小多吉感人肺腑、乐于助人的事迹数不胜数，这些事迹在千里青藏线上被传为佳话。

（二）全国劳动模范——玛尔灯

玛尔灯，1978年参加工作，1995年加入中国共产党，是一名奉献在唐古拉山之巅的公路养护人。玛尔灯经常说着三句话：第一，"只有公路畅通，心里才能踏实"；第二，"要像爱护自己的眼睛一样维护好民族团结"；第三，"喊破嗓子，不如做出样子"。这三句话也正是玛尔灯工作生活的真实写照，诠释了一个高原养路人日复一日地坚守、矢志不移、默默奉献养路事业的崇高精神。由于工作突出，事迹感人，玛尔灯多次被评为先进工作者、优秀共产党员、西藏自治区劳动模范，2010年又被授予"全国劳动模范"的光荣称号。

1. "只有公路畅通，心里才能踏实"

玛尔灯所在的14工区坐落在海拔5200多米的青藏高原唐古拉山之巅，是世界上海拔最高的一个道班，1990年被交通部命名为"天下第一道班"。这里年平均气温在零下8摄氏度，最冷时达零下40摄氏度，一年8级以上大风天数超过120天，被称为"生命禁区"。

养路是一个既苦又累的工作，更不用说在条件艰苦、环境恶劣的青藏公路。玛尔灯所在的工区管养着40公里的路段，受高寒低温的限制，油路养护季节性极强。每年的5-9月，玛尔灯都要带着工友们在路边搭帐篷，抓住养护的"黄金"季节，突击养护路面，每天工作时间长达15-16个小时。冬天，玛尔灯和工友们在唐古拉山上顶着狂风暴雪，起早贪黑、不分节假日地清除路面冰雪，砸冰排水，疏通涵洞，确保公路的安全畅通。每次有险情发生，玛尔灯都会战斗在第一线，在他心中，公路安全畅通永远是最重要的。

2004年，一场猛烈的暴风雪连续几天袭击了唐古拉山一带，公路被积雪淹没。为了保障这条通往西藏的"生命线"安全畅通，玛尔灯带领工友们冒着零下40摄氏度的严寒挖冰排雪，引导车辆通行。大家顶着严寒风雪，吃住都在路上，但是没有一个人离开岗位，玛尔灯更是每天十几个小时坚守在工地上。

在青藏铁路格拉段修建过程中，青藏公路车流量猛增，公路路面损坏严重。为了保障公路畅通无阻，玛尔灯和工友们在公路旁搭起了帐篷，全天24小时监控路面变化情况，及时处理路面病害和险情,保障了公路的安全畅通和物资的安全运输。

2."要像爱护自己的眼睛一样维护好民族团结"

玛尔灯常说:"我们要像爱护自己的眼睛一样维护好民族团结"。他和工友们乐于助人,常常为过往驾乘人员、旅客、部队官兵排忧解难,奉献爱心。他还亲手在工区门口竖了一块牌子,上面写着"有困难,请找14工区"。无论谁遇到困难,14工区都会倾尽全力帮助,他们是这样承诺,也是这样积极践行的。

在"军民共建文明青藏公路运输线"活动中,14工区为更好地服务于部队需要,玛尔灯和他的工区承诺:一是军车抛锚,工区派人看好车辆和物品;二是为部队抛锚车辆驾驶员安排好食宿;三是车辆发生事故要积极救护伤员,送饭、送水、送大衣,帮助卸车、装车;四是车辆受阻时,帮助挖冰、垫沙子、清雪,抢险通车;五是建立茶水站,为过往车辆提供茶水;六是在条件可能之下,为部队采购牛羊肉。

2008年3月,拉萨的一辆运输车翻倒在路上,驾驶员受了重伤。玛尔灯和工友们赶到现场,背着受伤的驾驶员徒步走了20多公里赶回工区救治。2009年7月8日,湖北宜昌的一辆车在唐古拉山附近,由于驾驶员高原反应强烈,导致车辆滑到公路下,车辆损坏,无法行驶。玛尔灯立即组织工友带着施救工具冒着雨雪赶到事故现场进行抢救,获救人员感动万分。玛尔灯说:"在我们'天下第一道班'的辖区内,无论谁出了事故我们都会帮助他,这是我们的责任和义务。"被玛尔灯和工友们救助的人不计其数,被他们救助过的人赠送的锦旗和感谢信也早已挂满了工区会议室的墙壁。

2008年5月12日,汶川地震发生后,玛尔灯积极号召工区职工为灾区捐款。他说:"汉族和藏族是一家,我们有义务、有责任帮助灾区人民渡过难关。"他带头捐款1000元，并缴纳了500元的特殊党费，他还为西藏当雄地震灾区捐款600元。玛尔灯的身体状况和家庭经济状况并不好，但他助人为乐、无私奉献。

3."喊破嗓子，不如做出样子"

作为一名党员，玛尔灯时刻注意发挥先锋模范作用。他常说："喊破嗓子，不如做出样子。养好公路、保障畅通是养路人的天职，养不好公路就对不起共产党员的称号，更对不起'天下第一道班'的光荣称号。"他处处身先士卒，脏活累活抢着干。自己做不到的，绝不让工友干，要求工友做到的，自己必须做到。每逢节假日，他总是让其他职工回家过节，自己却连续8年在工区值班。

组织上考虑到他身体不好，打算把他调到条件相对较好的地方工作，他说："还是调其他有困难的同志吧。我在14工区工作已经30年了，有高原养护经验，这里需要我。再说，我是一名共产党员，我应该留下，作为一名养路工人能为西藏交通事业做点贡献，就是我一辈子的光荣。"

玛尔灯以实际行动，生动地诠释了"两路"精神，在他身上所体现出的崇高精神境界，令人称赞敬佩。

(三)"天路保护神"——全国道德模范扎西林具

扎西林具是拉贡机场高速公路养护中心一线养护工，现任该站副站长。他技艺高超、胆识过人，在地震、雪崩、泥石流、滑坡等自然灾害发生的危难时刻冲锋在前，在日常巡查养护中兢兢业业。他一次次挺身而出、置生死于度外，抢险保通，保护人民群众生命财产安全，被称为"天路保护神"。2015年度获得"西藏自治区抗震救灾先进个人"，2016年获得西藏自治区"五一劳动奖章"，2017年他被授予"全国五一劳动奖章",当选第六届全国道德模范。

1. 危难时刻冲锋在前,置生死于度外

道路抢险保通是扎西林具的日常职责和使命,每一次危难之际,他都义无反顾地挺身而出、勇往直前。他以丰富的抢险救灾经验、置生死于度外的精神和高超的技术,一次次完成抢险任务,守护了道路畅通,保护了人民群众生命财产安全。2015年4月25日,尼泊尔发生8.1级地震,我国聂拉木县距离震中较近,强震造成当地房屋倒塌、山体崩裂、交通阻隔。而与尼泊尔仅一山之隔的聂木拉县樟木镇,交通通信全面阻断,与外界完全失去联系,近6000人被困。扎西林具和同事火速开着挖掘机等机械赶往灾区一线进行抢险救援。在聂拉木至樟木的生命通道上,有一处十分危险的塌方。面对随时可能塌陷的路基和深不见底的悬崖,他毫无畏惧,不顾被飞石击中、塌方吞没的危险,沉着应对,他以高超的技术让庞大的挖掘机在塌方上面的狭窄空地灵活作业。在他的不懈努力下,生命通道终于被打通,几千名受困群众成功得到救援。

从老一辈筑路工人开始,通往墨脱的公路修了又断,断了又修,始终没有成功。2013年,交通运输部、西藏自治区人民政府决定结束全国最后一个县(墨脱县)不通公路的历史。修建墨脱公路时,由于雪崩,公路断通。为在施工黄金期打通雪崩路段,指挥部决定成立突击队,扎西林具第一个报名参加。断通路段险象环生,挖掘机要在悬崖边操作,要求突击队员不仅要有娴熟的经验,还要有很大的勇气。扎西林具让同伴撤到安全区域,自己驾驶挖掘机在悬崖边操作。突然,雪崩来了,发出隆隆巨响的雪崩以排山倒海之势在他和挖掘机旁咆哮而下,刚与死神擦肩而过的扎西林具,从挖掘机上走下来的第一句话却是叹息挖掘机被砸坏了。

2. 名不虚传的"多面手",耐心做好传帮带

在藏语里,曾经的养路工人被称为"萨索",意思是"技术含量最低的工人"。但随着时代发展,情况已今非昔比。在养护段上,扎西林具是名不虚传的"多面手"。他不仅会开各种挖掘机、装载机等大型机械,还会维修这些机械。在养护段的院子里,停放着各种抢险机械。这些机械对扎西林具来说,是陪着他出生入死的伙伴,也是他的孩子,只要让他听一听声音,他就能知道哪些机械是健康的,哪些出了问题。为了熟练掌握机械的性能,扎西林具虚心向他人请教,并且自己买书、搜集资料,学会了各种机械的运行原理和养护知识,一有空就当起了工区的"修理工"。以前,养护工区的设备坏了需要拿去修理厂,不仅成本高,而且烦琐。现在,扎西林具在工作之余担起了修理工的职责,这为工区节约了大量资金和时间。他说:"现在国家提倡工匠精神,我作为一名养路工也要有工匠的理想。这就需要我从养护、修理每一台机械做起,这是我的价值。"

扎西林具还做好传帮带工作,在他带领下,年轻一代逐步学会了操作养护应急机械;组成公路应急小分队,成为公路抢险救灾的旗帜性团队。2015年8月,318国道排龙段发生泥石流,排龙大桥交通中断,扎西林具牵头的公路应急小分队就发挥了重要作用。

3. 工闲时刻不休息,甘当路石护平安

扎西林具说:"我这一辈子只有一个心愿,就是当一名工匠,在抢险救灾中发挥作用,成为一颗合格的铺路石。"[①]扎西林具经常放弃周末休息时间,坚守在工作岗位上。他有一本记录册,里面密

---

① 拉贡机场高速养护站扎西林具:做一颗合格的"铺路石"[EB/OL]. (2017-04-30) [2019-08-21]. http://www.sohu.com/a/137369290_266317.

密麻麻地记着公路养护、养护机械等工作安排，几乎已排满到年底了。

作为一名普通的护路工人，扎西林具危难时刻冲在前头，置生死于度外；工闲时刻不休息，巡查公路保安全；有更好的职业选择，却偏偏当上与死神打交道的抢险突击队员；一辈子别无他求，只想当抢险保通的普通工人……这是什么精神？这就是立足岗位、艰苦创业的时代精神！这就是甘当"铺路石"、默默奉献的"两路"精神！

三、交通科研奋斗者，攻坚克难再谱传奇

（一）青海交通科学研究院盐渍土科研团队

我国西北高原的柴达木盆地，有着我国最大的盐湖——察尔汗盐湖，横跨盐湖之上有一段举世罕见的路桥——察格高速公路"万丈盐桥"，而在这奇迹的背后有一批顽强拼搏、默默奉献的交通科技工作者，他们是青海省交通科学研究院盐渍土科研团队。多年来，为了攻克盐渍土地区公路技术难题，团队成员克服了高原严酷的自然条件，在风沙中测量数据，顶着严寒埋设仪器，确保了盐渍土科研项目的顺利开展。察尔汗盐湖上的"万丈盐桥"、我国重盐渍土地区的第一条高速公路格尔木至察尔汗高速公路，都是团队的智慧结晶。他们是"两路"精神的传承者，他们用行动书写着新时代交通科研成果的辉煌篇章。

盐渍土作为一种特殊的路基填料，具有诸多工程隐患。盐渍土中的硫酸盐在反复结晶作用下，发生溶蚀、盐胀、冻胀、翻浆，从

而易导致路基沉陷、边坡滑塌、路面稳定性降低等工程病害；其大量的硫酸盐、氯盐，对桥涵构造物的腐蚀性很大，严重威胁桥涵构造物的耐久性和安全性。

我国盐渍土主要分布在内陆干旱、半干旱地区以及滨海地区，其中柴达木盆地最为突出。青海交科院作为青海交通科研领域的中坚力量，毅然投入到盐渍土地区的公路技术研究中。在20世纪80年代，他们就对215国道"万丈盐桥"段的建设和养护开展了深入研究，为我国在重盐渍土地区的第一条高速公路——察格高速公路（格尔木至察尔汗高速公路）的建设奠定了坚实的基础。

2009年，察格高速公路顺利开工，该路线全长约60公里，而这其中就有30多公里经过重盐渍土地区，路基需要在"漂浮"着的10—20米深的结晶盐和晶间卤水盐盖上铺设，施工难度极大。科研人员深入第一线，通过3年多的攻坚克难和技术创新，保证了察格高速公路的顺利建成通车，并成立了全国唯一的盐渍土地区公路研究实验基地，在盐渍土研究领域实现了多个"首次"突破。

兢兢业业，苦中作乐。察尔汗盐湖地区，降雨极少，紫外线强烈，极易灼伤皮肤；气温变化大且昼夜温差极大，夏季夜间温度可骤然降至0℃以下；风力强劲且持续时间长，一年中8级以上大风达两个月以上。因此，在这里开展科研活动，自然环境相当恶劣，条件极其艰苦。但是，科研人员坚持下来了，日复一日、年复一年，毫无怨言。他们敬业奉献、苦中作乐的精神彰显了新时代交通科研人员的风采。

（二）雪域高原的公路专家——原浙江省公路管理局总工程师朱汉华

朱汉华曾担任浙江省公路管理局总工程师，作为一名多年奋战在交通建设一线的工作者，他心系祖国交通事业，严谨求实、勇于创新、无私奉献、甘为路石，在援藏工程建设、汶川抗震救灾等任务中做出了重要贡献。他先后荣获交通部"青年科技英才"、全国劳动模范、浙江省"十大时代先锋"、浙江"交通十大感动人物"等荣誉称号。

用专业知识和技能回报祖国和社会。朱汉华从上大学到攻读博士，全靠国家奖学金和助学金完成学业。他学有所成，不忘回报祖国和社会，他常说："国家培养我，使我从一个什么都不懂的农民的儿子成长为博士，我要为国家实实在在做点事。"①1992年，他放弃免试博士后的机会，选择到最艰苦的交通建设一线去实现回报祖国和建设交通的人生理想。之后，他放弃了温州一家公路公司年薪十万加百分之十股份的优厚待遇，毫不犹豫地选择了为交通事业奉献的岗位，担任浙江省公路管理局副总工程师。

勇担川藏公路色季拉山段的艰巨任务。2002年6月至2004年底，40岁的朱汉华受浙江省交通厅委派远赴西藏林芝，奔向被称为"死亡之路"的川藏公路色季拉山段，承担318国道川藏公路色季拉山63.8公里长路段的改建工程。朱汉华不辱使命，率领工作人员，克服高寒缺氧等重重困难，率先圆满完成在雪域高原修筑63公里公路、完成整治500公里内多处严重公路病害的艰巨任务。

在雪域高原上，朱汉华始终坚持工作在第一线，几乎每天都在平均海拔4000多米的石路上来回颠簸七八个小时，早出晚归已是常态。在这样的艰苦工作环境下，他还经常面临着命悬于一线的危险时刻。在修建318国道川藏公路中，朱汉华双腿陷进沼泽差点送命。2003年7月，色季拉山的雨足足下了四天三夜，雨停后又开始下

---

①雪域高原的筑路专家[N]. 浙江日报，2006-06-16(02).

雪，雨雪一泡，老路全成了松烂的腐土，最深的地方陷进去能有 3 米。一次，几百辆军车和民用车被堵路上，朱汉华凌晨 3 点冒着瓢泼大雨指挥疏导交通。他一心指挥，不小心一脚踏空，整个人跌到崖口边，脚下是 100 多米的深谷。幸亏他死死抓住一棵树，大声呼救，旁边的人才知道他摔了下去，冒险把他拽了上来。而像这样的死里逃生，朱汉华经历过好几次。

工作上，朱汉华要求严格、铁面无私，严格监管工程质量，严格端正行业风气；施工中，朱汉华经常到工地第一线，不厌其烦地给大家现场培训；生活上，他视民工为兄弟，时刻关心他们，改善他们的生活条件，虚心向工人请教。

2008 年汶川大地震后，朱汉华主动请缨去汶川援助。作为技术专家组成员，他踏余震、战高温，义无反顾地担当起浙江省交通运输厅援川抗震救灾前线指挥部总指挥，全力以赴地推动地震灾区的公路改建工作，并在最短时间打通了广元至青川第三战略通道，为抗震救灾奠定基础工作。他带领大家修缮一座座危桥，打通一个个交通中断的节点，多次奔赴现场指导青川国道 G212 的抢通保通工作；协助超额完成浙江省援川桥梁检测任务，为广元灾后恢复重建工作打下良好基础。在忙碌而危险的抗震救灾前线，他还及时整理汶川地震后有关公路问题的解决方案，为地震灾区公路抢险保通、恢复重建建言献策。

（三）新时期援藏交通工程技术人员的楷模——陈刚毅

陈刚毅是湖北省交通规划设计院的一名高级工程师，也是新时期援藏交通工程技术人员的楷模。从 2001 年起，他主动请缨，2 次参加援藏。在第二次援藏期间，他不幸身患癌症，但仍然以顽强的意志与病魔抗争，化疗期间4次进藏，确保了工程的顺利完成。他用自己的实际行动在平凡的岗位上创造了非凡的业绩，体现了新时期交通工程技术人员生命不息、奋斗不止的拼搏精神，不懈探索的创新精神，胸怀祖国、热爱边疆的爱国精神，尽职尽责、鞠躬尽瘁的敬业精神，淡泊名利的自律精神，这一切是对"两路"精神的传承与升华。

1. 不幸身患癌症，化疗期间不忘工作

进入交通运输建设行业几十年来，陈刚毅视交通事业为生命，一直战斗在交通重点工程建设第一线，踏实做人，勤奋工作，生死关头桥为先，化疗期间仍然不忘工作。

角笼坝，位于滇藏线（国道214线）西藏芒康盐井段，海拔近3000米，道路险峻。1997年以来，这里每年频发滑坡、泥石流等地质灾害，严重影响周边人民群众的生活生产。2003年，交通部决定在这里援建一座大桥，从根本上解决这一问题。曾在西藏山南地区出色完成"湖北大道"建设任务的陈刚毅，主动请缨，担负角笼坝大桥建设的艰巨任务。为了实现零误差，陈刚毅每天都带领技术人员腰扎保险绳，站在晃悠悠的猫道上，严格地现场测量和计算数据，每一个数据都要经过上百次计算。

奇迹的背后，是陈刚毅用生命的坚持和守候。当陈刚毅全身心地投入到大桥建设中时，2004年2月19日，他被检查出患结肠癌中期。生死关头，陈刚毅把桥看得比生命还重要，最放不下的还是角笼坝大桥的工程进展、质量以及资金使用等情况。

2004年4月，大桥工地发生了一次塌方。得知这一消息，陈刚毅一次次找领导，坚决请求再次进藏工作。领导和家人实在拗不过他，只得同意他和妻子一同进藏。

5月初,刚做完第二次化疗,陈刚毅经过近10个小时的颠簸,才抵达西藏。他每天拖着极度虚弱的身体,忍受病痛的折磨和高原恶劣的环境,忙碌在项目办和工地现场。他经常工作到凌晨,一边忍着病痛,一边用手一笔一画艰难地在厚厚的资料上写着审查意见。为了抢在冬季来临前,完成大桥主缆架设、吊索安装等重要工序,他每天吃住在工地上。2004年3月到11月底,陈刚毅总共进行了7次化疗,其间却有4次进藏。在他的努力和奉献下,2005年8月3日,这座总投资1.1亿元,主跨345米的大桥终于竣工,成为名副其实的"西藏第一跨"。

2. 视藏族群众为手足,架起友谊之桥

陈刚毅的2次援藏工作,谱写了一曲曲各族群众融洽相处、团结互助、共建美好西藏的友谊之歌。2003年9月,一辆载着藏族群众的卡车翻下山谷。陈刚毅立即组织成立抢救小组。他和同事们在腰间系绳,下到谷底,然后用施工木板作为担架抬伤员。雨后的路非常滑,很难上坡,陈刚毅就跪着抬担架,一步步往上挪,膝盖都磨出了血。由于抢救及时,9名伤员全部脱险。2004年春节前夕,藏族驾驶员旺久胃部大出血,需要有人献血才行。陈刚毅知道了,忍受着疾病折磨,不顾严寒大雪和山高路险,赶到施工单位求助,终于找到了几名血型相符的志愿者,旺久得救了。

2005年8月,角笼坝大桥竣工,不仅为藏族人民架起了一座致富之桥,还架起了一座民族团结之桥。当得知为工程呕心沥血的陈刚毅就要走时,藏族群众纷纷前来送行,献上哈达,端上美酒,唱着歌曲。参加工作以来,陈刚毅从来不计较名利,从未向组织上提过任何要求,在个人待遇上,严格自律。

一批批交通行业的楷模用理想之光照亮奋斗之路,用自己的故

事诠释了交通人的崇高价值追求,他们的精神可歌可泣,他们的事迹感人肺腑。他们,是践行"两路"精神的时代先锋。虽然他们身处不同的岗位,却坚守着一样的初心,让看似平凡的人生折射出别样的光彩,以精神之光点亮前行之路。

第二节 弘扬"两路"精神,促进现代综合交通运输体系发展

"两路"精神不仅是建设和养护川藏、青藏公路的宝贵精神财富,也是促进现代综合交通运输体系发展、推动交通运输创造新辉煌的强大精神支撑和不竭动力。65年来,一代代"两路"人、交通人在党中央坚强领导下,大力弘扬以"两路"精神为核心的交通精神,不懈奋斗,促进我国现代综合交通运输体系发展,不断地书写着西藏交通乃至我国当代交通运输建设的新成就与新辉煌。

短短几十年,中国不但成为世界第二大经济体,同时成为全球交通运输最为发达的国家之一,拥有世界最大的高速公路网络,全球最大的高速铁路网,227个机场编织起了庞大的空中运输系统,在中国的海岸线上有7个港口吞吐量位居全球前十,庞大的交通网络正在支撑着中国经济的高速运转。

青藏铁路通车、嘎隆拉隧道贯通、拉萨至贡嘎机场高速公路建成通车、拉日铁路通车等交通运输成就,续写着西藏现代交通运输发展的伟大篇章,见证了西藏公路、铁路、民航、邮政等各种交通运输方式的相互融合、衔接以及协调的综合交通运输体系的逐渐完善。港珠澳大桥、北京大兴国际机场、"复兴号"动车组列车、C919大型客机、互联网+、南海灯塔、"一带一路"……一

系列现代交通运输成就，生动地展示了中国交通运输公路成网，铁路密布，高铁飞驰，巨轮远航，飞机翱翔，天堑变通途的现代综合交通运输体系的跨越式发展，让中国交通成为走向世界的亮丽新名片。

一、"新世界七大奇迹"之一——港珠澳大桥背后的交通精神

港珠澳大桥的建成，对于推进粤港澳大湾区建设，推进内地同香港、澳门互利合作，推动香港、澳门参与国家发展战略、保持长期繁荣稳定，具有重大意义。港珠澳大桥正式开通之际，习近平总书记强调，港珠澳大桥的建设创下多项世界之最，非常了不起，体现了一个国家逢山开路、遇水架桥的奋斗精神，体现了我国综合国力、自主创新能力，体现了勇创世界一流的民族志气。这是一座圆梦桥、同心桥、自信桥、复兴桥。大桥建成通车，进一步坚定了我们对中国特色社会主义的道路自信、理论自信、制度自信、文化自信，充分说明社会主义是干出来的，新时代也是干出来的！① 在交通建设的征程中，一代代交通人锻造出的"两路"精神、青藏铁路精神、新时代交通精神等崇高的精神品格，已深深融入交通人的血脉和灵魂中。

（一）逢山开路、遇水架桥的奋斗精神

港珠澳大桥总长约55公里，其中主体工程集桥、岛、隧于一体，包括九洲、江海和青洲三座通航斜拉桥、非通航孔桥、海底隧

---

① 港珠澳大桥正式开通[N]. 人民日报，2018-10-24(01).

道以及连接桥梁和隧道的东西两座人工岛。它是世界上里程最长、科学专利和投资最多、海底沉管隧道最长、钢结构最大、施工难度最高、设计使用寿命最长、施工规模最庞大的跨海公路大桥,是世界桥梁建设史上的巅峰之作,创造了多项世界纪录,被英国《卫报》誉为"新世界七大奇迹"之一。众多世界纪录和奇迹的背后,凝聚着无数能工巨匠的心血与汗水,靠的是大桥建设者们敬业担当、勇于追梦、敢于创新、攻坚克难、不断挑战极限、勇创世界一流的奋斗精神。正如港珠澳大桥总设计师孟凡超所说:"我们这代人都想为国家做点事,想立功,我们赶上了这个时代。"

作为连接香港、珠海和澳门的超大型跨海大桥,从研究、设计、施工到最终完成,港珠澳大桥历经14年的漫长岁月。仅大桥的设计,就面临登陆点的选择、施工安全、环境保护、工程技术、建设管理等众多挑战。

港珠澳大桥工程建设十分庞大,涵盖供配电、照明、通信、监控、通风、给排水、综合管线、防雷接地等十几项专业。如此庞大的工程圆满完成,背后是相关专业的技术人员和全体建设者十四年如一日的无私奉献。他们战胜了无数的艰难险阻,攻克了无数的世界级技术难题,用心血、汗水和智慧浇筑大桥。

一线建筑工人在高温、高湿、高盐的外海环境下建设作业,要面对台风、大雾、强对流天气、爆浪威胁等困难,他们舍身忘我,焊牢每一条缝隙,拧紧每一颗螺丝,筑平每一寸混凝土路面。在日复一日、年复一年的劳作中,港珠澳大桥平地拔起;面对防洪、防风、海事、航空限高等建设难题,全国各地建设精英们夙兴夜寐,攻坚克难,不断刷新世界工程施工纪录。

(二)克服世界级难题、攀登新高峰的创新精神

改革创新是时代精神的核心,中国科学家和工程师们克服一个个世界级难题,在港珠澳大桥的建设过程中,创造了400多项新专利,为中国制造、中国创新赢得了世界掌声。

港珠澳大桥建设者用7年的研发时间,成就了世界最长的海底沉管隧道。岛隧工程项目原本是港珠澳大桥工程最核心,也是难度最大的部分。国内本不具备该项技术,但国外公司的巨额要价迫使中国科学家们下定决心自主研发。他们在零经验上起步,呕心沥血,攻坚克难,突破了核心技术难关,不但自主研发、制造出了海底沉管,还将33节沉管全部安装成功。中国科技工作者用不懈奋斗和智慧架起了港珠澳大桥,更挺起了中国的脊梁。

(三)勇创世界一流的民族志气

粤港澳大湾区建设,是习近平总书记亲自谋划、部署和推动的重大国家战略,而交通基础设施的互联互通,则是大湾区经济高速发展和深化内地与港澳地区交流合作的必备条件。作为粤港澳大湾区基础设施互联互通的标志性项目,港珠澳大桥肩负着新时代重要的历史使命。这个举世瞩目的工程困难重重,甚至被外国专家断言"中国人无法做到"。但是,建设者们却克服了海底沉管隧道、海中人工岛等许多世界级技术难题,集成了世界上最先进的管理技术和经验,铸就了海上"天路"。

数以万计的工程建设者们克服重重困难,在桥梁建设技术创新和自主化方面实现了质的飞跃,标志着中国从桥梁大国走向桥梁强国。据不完全统计,港珠澳大桥创下了八个"世界之最"。最长的跨

海大桥——全长 55 公里；最长的钢铁大桥——有 15 公里是全钢结构钢箱梁，是世界最长的钢铁大桥；最重的钢结构桥梁——主体桥梁总用钢量达到了 42 万吨，相当于 10 座鸟巢或 60 座埃菲尔铁塔；最长的海底隧道——沉管隧道全长 6.7 公里；最深的沉管隧道——海底隧道最深 48 米；最大的沉管——沉管隧道由 33 个巨型混凝土管节组成，每个管节长 180 米、宽 38 米、高 11.4 米，质量达 8 万吨；最精准的深海对接——沉管在海平面以下 13-48 米不等的深度进行海底无人对接，对接误差控制在 2 厘米以内；最大断面的公路隧道——珠海连接线的核心控制性工程拱北隧道，双向六车道，全长 2741 米。此外，港珠澳大桥设计使用寿命长达 120 年，能抗 16 级台风、8 级地震。2018 年 9 月，超强台风"山竹"来袭，强度为 17 级。港珠澳大桥不但主体桥梁、海底隧道和人工岛毫发无损，就连桥面上的护栏与路灯都安然无恙，经受了史诗级的考验。

港珠澳大桥的建成通车，首次实现了珠海、澳门与香港的陆路连接，极大地缩短了粤港澳三地间的空间距离，有利于降低粤港澳三地交通物流成本，推动粤港澳三地人员交流和经贸往来，实现优势互补、互利共赢。此外，港珠澳大桥建成通车，不仅代表中国桥梁建设的先进水平，更是中国综合国力、自主创新能力、勇创世界一流的民族志气的体现。港珠澳大桥的建成通车是中华民族伟大复兴道路上的重要标志。

奇迹诞生的背后，是数万建设者们恪尽职守、脚踏实地、不畏困难、顽强奋斗，奋力开启交通强国建设新征程的努力奋斗。正如港珠澳大桥管理局总工程师苏权科在《工程师爸爸写给孩子的信——港珠澳大桥是怎样建成的》序言中讲道："十多年来，数以万计默默无闻的大桥建设者们抛家离子，他们并肩战斗，在漫长的岁月里一点一滴地铸就了今日的辉煌,却因工作需要无法照顾家中的亲人,在此谨以《工程师爸爸写给孩子的信——港珠澳大桥是怎样建成的》一书,献给随着大桥建设成长起来的孩子们。"钢筋混凝土的背后,是数以万计建设者的交通强国梦,也是数以万计孩子们思念异乡父母的梦,更是几代中国人的中国梦。"一不怕苦、二不怕死,顽强拼搏、甘当路石"的"两路"精神,在新一代建设者身上延续,在新时代焕发出新的光彩。

二、世界海拔最高的铁路——青藏铁路

在中国交通发展史上,川藏、青藏公路的建成通车已作为新中国的一号工程载入史册,而青藏铁路建成通车同样是具有里程碑意义的事件。青藏铁路通车前,入藏的川藏、青藏、滇藏、新藏、中尼5条公路中,由于自然条件的限制,只有青藏公路可以常年保持通车。但仅有公路运输系统,远远不能满足西藏发展的要求。青藏铁路的通车,实现了单一型的青藏公路通道向公路和青藏铁路并联、与其他公路串联的转变。青藏铁路的建设,不但使我国纵横交错、干支结合的铁路运输网络更加完整,而且使东、中、西部与南方、北方互为沟通,联结更加紧密。源源不断的物流、人流通过铁路大动脉,使西藏和内地往来更加频繁,揭开了西藏以铁路运输、公路运输、航空运输、管道运输等多种运输方式构筑的运输网络格局的序幕。

青藏铁路包括西宁至格尔木和格尔木至拉萨两段,全长1956公里,是世界铁路建设史上极具挑战性的工程项目。青藏铁路的大部分线路处于海拔4000米以上的"生命禁区"和"冻土区",是世界上

海拔最高、线路最长、穿越冻土里程最长的高原铁路。在这种严酷的自然环境下进行工程建设,是对人的生理、心理极限的严峻挑战。过去,人们曾说修建通往西藏的铁路是不可能的。但是,青藏铁路建设者们不畏困难,艰苦奋斗,顽强拼搏,10多万建设大军修建青藏铁路的伟大实践,催生了"挑战极限、勇创一流"的青藏铁路精神,这是对"两路"精神的丰富和发展,书写着"两路"精神的新篇章。

青藏铁路修建技术难度极大,其中最核心的难题就是冻土问题。为攻克这一技术难关,2000年,中科院寒区旱区环境与工程研究所冻土工程国家重点实验室启动了"青藏铁路工程与多年冻土相互作用及其环境效应"知识创新重大项目。为获得冻土变化研究原始资料,科研人员要到海拔5000米左右的高原工作。这里危机四伏、险象环生,高原病、狂风暴雪、沙尘暴、强烈的紫外线灼伤等,随时都面临生命危险。但这一切都没能阻挡科研人员前进的步伐,他们以"两路"精神为支撑,坚定"建设世界高等级铁路"的信念。他们不畏艰险,披星戴月、风餐露宿,多次在雪域高原往返,在藏北无人区来回穿梭,每天工作十几个小时。如同20世纪50年代修筑川藏、青藏公路的前辈一样,他们革故鼎新、大胆创新,通过科学论证、严谨分析,提出了在青藏铁路建设中采取"主动冷却路基,积极保护冻土"的思想,并通过大量的科学实验,找到了"冷却路基"的操作方法。

在党中央的亲切关心和领导下,一代代青藏铁路建设者不懈努力,2005年10月12日,全长1142公里的青藏铁路(格尔木至拉萨段)全线铺通。青藏铁路的建成通车,是世界铁路建设史上的奇迹,是"两路"精神的传承、丰富与发展。

青藏铁路建设者传承和丰富了川藏、青藏公路建设者爱国主义的豪情壮志。建设青藏铁路是党中央、国务院的重大决策，青藏铁路建设者们始终牢记使命，挑战极限，坚守"生命禁区"。他们用顽强的毅力和惊人的勇气，战高寒、斗风雪，生动地展示了铁路交通人为了国家大计、民族复兴而不懈奋斗的爱国情怀和壮志豪情，创造了世界高原铁路建设史上的奇迹。

青藏铁路建设者传承和发扬了川藏、青藏公路建设者自主创新的科学精神。在国内外都没有成熟经验的情况下，科技工作者和铁路建设者，拼搏奋斗、攻坚克难、自主创新、勇创一流。他们攻克了高寒缺氧、多年冻土、生态脆弱、生物保护等建设难题，刷新了一系列世界铁路建设的历史纪录，谱写了铁路建设史上的辉煌篇章。

青藏铁路是世界上海拔最高的高原铁路，最高点海拔为5072米；是世界上最长的高原铁路，全线总里程达1142公里（格尔木至拉萨段）；是世界上穿越冻土区里程最长的高原铁路，冻土里程达550公里。海拔5068米的唐古拉山车站，是世界上海拔最高的铁路车站；海拔4905米的风火山隧道，是世界上海拔最高的冻土隧道；全长1686米的昆仑山隧道，是世界上最长的高原冻土隧道；海拔4704米的安多铺架基地，是世界上海拔最高的铁路铺架基地；全长11.7公里的清水河特大桥，是世界最长的高原冻土铁路桥；建成后的青藏铁路冻土地段时速，是目前火车在世界高原冻土铁路上的最高时速等。青藏铁路的建成通车，再次向世界证明了中国自主创新的不凡能力。

回望历史，青藏铁路建设者的身影与当年川藏、青藏公路的修筑者渐渐重叠，一样的艰难险阻，一样的百折不挠，一样的辉煌战果!青藏铁路至今已安全运行14年,其背后凝聚着的是几代人的心血和奉献,凸显的是一往无前的"两路"精神。

三、弘扬"两路"精神,助力邮运事业建设

西藏地区平均海拔4000米以上,自1954年川藏、青藏公路通车后,就开通了邮路,成为沟通西藏地区与全国乃至世界的实物、信息传递的大通道。新时代,弘扬"两路"精神,将进一步助力中国邮运事业的科学发展。

一代代交通建设者传承和弘扬"两路"精神,为西藏邮运事业发展奠定了坚实的基础。邮政随着交通的发展而发展,改革开放以来,特别是党的十八大以来,国家不断加大对西藏地区交通和邮政的投入与扶持,墨脱公路建成通车,结束了全国最后一个县不通公路的历史;贡嘎机场为西藏与内地架起"空中桥梁";青藏铁路结束了西藏没有铁路的历史;拉萨至贡嘎机场高等级公路建成,实现了西藏高等级公路零的突破……西藏交通基础设施不断完善,邮政投递速度也大大提升。

一代代邮政人,始终传承和弘扬"两路"精神,时刻牢记"人民邮政为人民"的使命和担当,为中国邮运事业发展注入强大的精神动力。涌现出其美多吉、葛军、次仁曲巴等楷模,他们栉风沐雨、砥砺前行,坚守"生命禁区"。他们的事迹和精神,激励一代代邮政人不忘初心和使命,为维护国家统一、民族团结,促进社会进步、人民幸福,不畏艰险、坚守岗位、无私奉献、真诚服务,把一条条邮路变成各民族互帮互助的温情路、团结路、和谐路。

新时代,邮政人始终弘扬"两路"精神,使邮路交通始终成为文

明进步之路、共同富裕之路。改革开放以来，高原邮路见证着也推动着时代的发展和西藏的历史变迁。从徒步到自行车、摩托车、汽车、火车、航空乃至无人机运输；从运送信函、报刊、包裹等物品到囊括函、包、汇、储蓄、集邮、机要通信、速递物流、代办等全面业务；从信息传递、物品邮寄到依托邮政业带动百姓脱贫致富。随着邮政设施的不断完善、互联网的发展和电子商务的兴起，网购在西藏地区的群众间日益普及，邮路沿线特产也搭上了"互联网+快递+电商"的顺风车，为百姓提供更多的致富途径。如今，道路更加安全通畅，交通运输方式更加多样便捷，社会治安更加稳定，沿线百姓的生活更加富裕。一条条邮路，织就了一张以拉萨为中心、辐射西藏全区地市县直至乡村的立体邮运网络，为加快推进西藏跨越式发展、确保到2020年西藏和全国一道全面建成小康社会做出了重要贡献。

第三节 弘扬"两路"精神，促当代交通运输技术新发展

伟大的工程背后是无数的困难和挑战，没有巨大的精神力量支撑是无法克服的。"两路"精神不仅体现为筑路军民逢山开路、遇水架桥的奋斗精神，也体现了筑路军民实事求是、自主创新的科学精神。今天，一代代交通人传承和弘扬"两路"精神的顽强拼搏精神和科学求真精神，不畏艰难、科学应对各种施工难题，积极探索和创新高原特殊地质的铁路及公路建设技术、高速铁路技术、特大桥隧建造技术、交通信息化智能化技术、离岸深水港建设关键技术、大型机场工程建设技术等当代交通运输建造技术，不断创造着中国交

通乃至世界交通史上的无数奇迹。

例如，青藏铁路，攻克了千里冻土、高寒缺氧、生态脆弱三大世界级难题，在历史上第一次将铁路开进了拉萨；世界第一高海拔特长公路隧道——雀儿山隧道，攻克了高海拔地区特长公路隧道建设技术难题，以及冻土、涌水、断层、岩爆、通风供氧等多项施工技术难题，是隧道史上里程碑式的工程；被称为"新的世界七大奇迹"之一的港珠澳大桥，建设者们用通宵达旦的忘我工作，用超群绝伦的中国智慧创造了一系列世界瞩目的技术创新成果，留下了无数震撼人心的世界纪录。

一、世界最高隧道"雀儿山隧道"终结"鬼门关"

几代交通人不懈探索、奋斗不息，用理想和信念在雀儿山续写交通传奇。雀儿山隧道建成，终结了"翻越雀儿山，犹过鬼门关"的历史，进一步打通了川藏交通大动脉，有力推动着川藏经济文化的交流和发展。这既是一条呵护生命的安全之路，又是推动川藏经济腾飞的富裕之路，更是一条传承精神的信仰之路，始终传承和发展着不畏艰苦、攻坚克难、民族团结、共同繁荣的"两路"精神。

（一）百年天险终成通途大道

雀儿山地处川藏公路北线317国道，是川藏公路北线进入西藏、青海玉树的唯一通道。主峰海拔6168米，号称"山鹰都飞不过的山峰"，每年有8个月被积雪覆盖。该路段因地势陡峭、道路狭窄、高寒缺氧，被称作"川藏第一险"。

打通雀儿山隧道是中国公路史上的一次严峻挑战。雀儿山隧道从启动方案论证，到建成通车，历经整整15年，为打通川藏北线的天险瓶颈，工程技术人员克服了无数的困难。雀儿山隧道的建设，填补了世界高寒缺氧地区公路特长隧道建设的空白，荣获国际隧道与地下空间协会（ITA）"2018ITA年度工程大奖"，标志着我国公路隧道勘察设计和施工水平已成功跻身世界顶尖行列。

雀儿山隧道的通车，极大地提高了该路段的安全性和通行效率。隧道绕避了原公路3处共长达4.7公里的雪崩易发危险路段，6处共2220米泥石流路段，以及大量的冻土、滑坡、雪害、冰害等安全隐患严重路段。以往汽车翻越雀儿山路段的40公里危险山路，需小心翼翼驾驶2—3小时，现在仅需5—10分钟即可穿越雀儿山，而且再不受气候影响，可以常年通行。雀儿山隧道的通车，一举突破了困扰川藏北线几十年的交通瓶颈，为川藏地区人民提供了更加便捷和安全的交通环境，有利地助推了当地旅游、经济、文化交流的发展。

（二）攻克施工禁区，突破"零"纪录

雀儿山隧道洞口海拔4378米，从2012年开工建设到2017年正式通车，整整5年的建设时期，全体建设和管理人员面临重重困难。如高原高寒缺氧、通风供氧难、高原施工工效低、有效施工期短、自然环境和气候条件恶劣、季节性冻土、滑坡、泥石流、崩坍、路基冻融与翻浆等技术难题。

施工通风是需要解决的最大技术难题，建设者通过科学研究和分析，经多次修改，2014年底针对现场通风困难所编制的专项通风方案，得到了各方通风专家的肯定。

施工供氧也是一大难题。建设者将输氧管道安装至轴流风机进

风口，通风管内加入氧气，随同通风输送至隧道掌子面；隧道内还配备移动氧吧，随时为隧道内施工人员提供吸氧场所。经过几年的反复摸索，隧道掌子面空气含氧量与洞口自然环境空气含氧量基本相同。

地质情况复杂多变也是一大挑战。雀儿山全隧道有4条破碎带，危岩级别交替变化。隧道的防坍塌、涌水、岩爆和穿越破碎带的处治是施工重点和技术难点。建设者在实践中不断摸索，逐渐形成一套适用于高原高海拔高寒地区的施工方法。

一个个难题和挑战被突破，一项项新的纪录书写在了高原公路建设史上。雀儿山隧道的施工建设，是建设者们和衷共济、迎难而上、不懈探索、努力创新、不断填补空白的动态过程，为高原、高海拔、高寒地区的工程建筑施工留下宝贵的经验。

（三）背着氧气瓶，也要打通雀儿山

雀儿山自然环境恶劣、高寒缺氧，不少建设者都出现严重的高原反应，脱发、斑秃、头昏脑胀、胸闷气短、心动过速、流鼻血等。尤其是到了晚上，甚至会因头疼欲裂难以入睡。冬天，雀儿山上含氧量低，身体素质较差或轻微感冒的施工人员，晚上睡觉时特别容易出现休克的危险。过了10月，雀儿山隧道内因为施工设备散热的原因，温度超过30摄氏度，而室外却是零下30至零下40摄氏度，冰火两重天对施工人员的身体是一种极限考验。此外，几乎每一位317国道的建设者和管理者都远离家乡，扎根于贫瘠荒凉的雀儿山，手机信号极不稳定，常常不能与家人取得联系。

尽管困难重重，但雀儿山隧道的建设者对打通雀儿山隧道、让天堑变通途的目标，有着坚定的决心和毅力。这种决心和毅力，来自当年进藏的十八军官兵，第一次将红旗插上雀儿山时精神的鼓舞，来自当地民众对打通雀儿山隧道的期盼。为此，雀儿山隧道的建设者们无悔青春、坚守一线，兢兢业业、甘于奉献，发出"背着氧气瓶，也要打通雀儿山隧道"的豪迈誓言。在这场挑战生命极限的战斗中，他们铸就了云端上的坦途，结束了"鬼门关"的历史。他们是雀儿山隧道建设者，更是新时代的交通筑梦人。图7-4为雀儿山隧道。

图7-4　雀儿山隧道

二、"五隧两桥"让通麦天险成坦途

川藏公路南线318国道通麦路段是川藏线最危险的一段路，位于西藏自治区林芝市波密县内，号称"通麦天险""通麦坟场"。之所以称"天险"和"坟场"，是因为通麦路段处于"世界第二大泥石流群"，谷深路窄、道路蜿蜒，沿线山体土质疏松，且附近遍布雪山河流；夏季频发滑坡、泥石流、塌方、高山滚石等自然灾害。过去这里每天都会发生事故，车祸数千起。

2016年4月13日，国道318线川藏公路102滑坡群及通麦至105道班段整治改建工程正式通车，标志着昔日令人望而却步的"通麦天险"终成历史。平均通行时间由过去的2小时缩短为20分钟，极大地提高了波密至林芝的通车能力。不仅为当地群众和川藏往来提供了安全保障，也为促进沿线地方经济发展与西藏跨越式发展奠定了坚实的交通基础。

(一)三代通麦大桥见证川藏公路变化

通麦大桥位于帕隆藏布江和易贡藏布江交汇处,第一代通麦大桥于20世纪50年代修建,是一座钢筋水泥浇筑的大桥。2000年4月,易贡特大山体滑坡,该大桥被洪水吞没,附近公路也被冲毁,川藏南线交通完全中断。第二代大桥建于2000年12月,是一座临时保通性双塔双跨悬吊索桥,每次只限2辆车通过,限行20吨,2013年、2015年连续出现故障。第三代通麦特大桥(图7-5),是单塔单跨钢桁梁悬索桥,2015年底通车,大桥全长415.8米,主跨长258米,设计基准使用年限100年,施工技

图7-5 通麦特大桥

术含量高、施工难度和工期压力极大。目前通车的为通麦特大桥,另外两桥已停止机动车辆的通行。三桥并列的景观,见证了川藏线的变迁,也见证了新中国走向繁荣富强的历史进程。

(二)西藏最大跨度斜拉桥——迫龙沟特大桥

迫龙沟特大桥的建设者们不惧艰险,发扬"两路"精神,战胜了雨季飞石、泥石流、滑坡和塌方等自然灾害。经过4年的不懈努力,2015年底大桥顺利合龙,标志着国道318线通麦至105道班整治改建项目全线贯通。迫龙沟特大桥(图7-6)全长743米,该桥成都侧接"通麦天险",拉萨侧为"排龙天

图7-6 迫龙沟特大桥

险"，是西藏自治区内最大跨度斜拉桥。

(三)亚洲最难整治滑坡群的川藏公路 102 隧道

川藏公路 102 隧道位于西藏波密与鲁朗镇之间，该隧道穿越世界第三、亚洲第一的滑坡群地段，地质条件复杂，风险极高，施工难度极大，是川藏线上很难逾越的"天险"。在施工中，公路专家现场指导，运用新技术和新工艺，克服了隧道涌水、危岩破碎、地下水丰富等施工难题。整治工程完成后，有力地推动当地交通运输和旅游发展，有利于西藏地区的建设发展和繁荣稳定。

通麦特大桥、迫龙沟特大桥、102 隧道、飞石崖隧道、小老虎嘴隧道、帕隆 1 号隧道、帕隆 2 号隧道，以"五隧两桥"为主的川藏公路通麦段整治改建工程上，一座座新老桥梁、一条条公路隧道，既是咽喉要道，也是独特景观，见证着共和国的筑路和护路者的奋斗历程，见证着西藏公路交通发展，见证着新中国成立以来的交通发展成就。

三、公路建设史上的"珠峰"——"云端高速"雅康高速公路

川藏高速公路雅安至康定段，全长约 135 公里，是目前四川省乃至全国桥隧比最高、施工难度最大的高速公路之一，也被业内喻为公路建设的"珠峰"。

雅康高速公路建设面临着地形条件极其复杂、地质条件和气候条件极其恶劣、生态环境极其脆弱、工程施工极其困难等一系列重大技术的挑战。但困难再大，也阻挡不住建设者们"为国家担当、

为人民奉献"的决心和勇气。

(一)二郎山特长隧道,刷新国内公路隧道榜

雅康高速公路二郎山隧道全长 13459 米,施工难度大,耗时 5 年于 2017 年 9 月建成。正式贯通后,15 分钟就可以穿越二郎山。它是目前全国建成通车的高海拔地区最长的高速公路隧道,被誉为"川藏第一隧"。

二郎山特长隧道位于 8 度高烈度地震区,隧址穿越 13 条区域性断裂带,地质条件复杂,全线气候多变,地质灾害频发,施工过程充满艰险。为保护大熊猫栖息地,工程人员首次采用从斜井从主洞反向施工,在世界上当属首次。

(二)大渡河兴康特大桥,成就"川藏第一桥"

兴康特大桥全长 1411 米,是一座建设在高海拔、高地震烈度带、复杂风场及温度场环境下的超大跨径钢桁梁悬索桥。兴康特大桥施工难度极大,施工环境极其艰难,建设者要克服很多世界级难题,因此,此桥被称作"川藏第一桥"。

该大桥跨越鲜水河、龙门山等三个地震断裂带,山体岩层破碎,极易发生塌方。此外,兴康特大桥位于河谷之中,气象条件多变,风场十分紊乱,瞬间风速能达到 32.6 米/秒,相当于 12 级台风风速。建设者们发扬"两路"精神,战胜地质条件极其复杂、生态环境极其脆弱、气候条件极其恶劣、施工环境极其困难的挑战,于 2018 年 12 月将大桥建成。图 7-7 为建设中的兴康特大桥,图 7-8 为建设完成的兴康特大桥。

图 7-7 建设中的兴康特大桥

图 7-8 大渡河兴康特大桥

四、川藏铁路书写"两路"精神新华章

川藏铁路东起四川省成都市、西至西藏自治区拉萨市,线路全长 1838 公里,铁路包括成康(成都至康定)铁路、康林(康定至林芝)铁路、拉林(拉萨至林芝)铁路 3 个路段,工程从两端向中间推进,先易后难。其中,成雅段已于 2018 年 12 月建成通车;拉萨至林芝段,2019 年 9 月铁路挺进至山南市泽当车站,预计 2021 年拉林段建成通车。图 7-9 为建设中的川藏铁路拉萨—林芝段。

图 7-9 建设中的川藏铁路拉萨—林芝段

川藏铁路是我国在建的第二条进藏铁路,具有重大的经济、社会、民生、国防等意义。2018 年 10 月,习近平总书记在主持召开的中央财经委员会第三次会议上强调指出:规划建设川藏铁路,对国家长治久安和西藏经济社会发展具有重大而深远的意义,一定把

这件大事办好①。规划建设川藏铁路，是促进民族团结、维护国家统一、巩固边疆稳定的需要，是促进西藏经济社会发展的需要，是贯彻落实党中央治藏方略的重大举措。修筑川藏铁路是西藏人民的期盼，也是全国人民的心愿。

川藏铁路是世界铁路建设史上地形地质条件最为复杂、建设难度与风险最大的铁路工程，面临四大世界级挑战：显著的地形高差、强烈的板块活动、频发的山地灾害、脆弱的生态环境，它的修建难度超过青藏铁路。如此艰巨浩大的建设工程，需要建设者有坚定的信念、顽强的意志、拼搏奉献的精神。当年修筑和维护川藏、青藏公路期间形成的"两路"精神，在新时代川藏铁路建设者的奋斗奉献中，绽放出更加璀璨的光芒，谱写出新的时代华章。

川藏铁路被誉为世界铁路修筑史上最具挑战性的工程。首先，极端复杂的地质条件与气候特征，地质灾害种类及规模均属罕见。铁路将横穿横断山区，这里是中国最大的高山峡谷区，沿途地层岩石复杂多变，地形切割破碎，地震活动剧烈，仅拉萨至林芝段穿过的断裂带就多达18条。山崩、滑坡、泥石流、塌方、落石以及突泥等地质灾害频发。其中，岩爆、涌水和突泥是铁路施工期间的三大棘手难题，还有冻土、雪崩、沙漠、沼泽、溶洞、暗河等各种地质难题。气候恶劣复杂，高寒缺氧、高原反应、强烈紫外线等给施工人员带来严峻考验。其次，沿途地形落差极大，从海拔500多米的成都平原到海拔3650米的拉萨。沿途翻越二郎山、折多山、高尔寺山、色季拉山等众多山脉，桥隧工程占比达81%，最长隧道超过42公里。1838公里的川藏铁路台阶式八起八伏，累计爬升高度超过

---

① 大力提高我国自然灾害防治能力 全面启动川藏铁路规划建设[N]. 人民日报, 2018-10-11(01).

1.4万米,犹如"巨型过山车"。再次,铁路要横跨大渡河、怒江、雅鲁藏布江等大江大河,崖岸风侵雨蚀,险象环生。此外,生态环保、绿色线路也是修筑川藏铁路必须考虑的。川藏铁路沿路区域水土流失、土地荒漠化较为严重,生态脆弱、环境敏感;沿线还有大量自然保护区、风景名胜区、水源保护区和文物古迹等。如何在不破坏自然、人文环境的情况下修筑川藏铁路,是个极大的难题。

艰难险阻,玉汝于成。川藏铁路建设者继承和发扬"一不怕苦、二不怕死,顽强拼搏、甘当路石"的奋斗精神,敢于担当、乐于奉献,不畏艰险、勇往直前,为改善沿线交通基础设施、促进西藏经济社会发展、构建中国至南亚陆路经贸的新通道贡献力量。他们是不忘筑路初心、牢记交通强国铁路先行的时代先行者。

五、雪域高原上的"空中金桥"助力西藏发展

曾经,只有神鹰才能翱翔于上的雪域高原"世界屋脊",经过一代代航空建设者接续奋斗,终于架起了联通世界的"空中金桥"。西藏民航的发展壮大,有力地推进着西藏经济社会的快速发展。

1956年,中国民航成功试飞当雄机场,一举突破了全球航空界公认的"空中禁区"。1965年3月,北京—成都—拉萨航线开通,正式架起了西藏各族人民联通世界的"空中金桥"。1966年底,当雄机场转场拉萨贡嘎。

在党中央、国务院亲切关怀和大力支持下,西藏航空逐渐发展。此前,刚建好的贡嘎机场,航班少、航线单一,飞机载运量小,年发运旅客不足万人。1985年后,拉萨航线相继投入波音737-300等当时最先进的大型客机;1987年,西藏航空迎来历史上

第一条国际航线，即拉萨—加德满都—拉萨航线；1994年，邦达机场修复，民航昌都站组建，拉萨—重庆、成都—昌都、拉萨—西安、拉萨—西宁、拉萨—昌都5条航线相继开通；2010年，贡嘎机场第四次大型改造工程获批立项，结束了机场43年来无夜航的历史。

目前，西藏民航共有拉萨贡嘎、昌都邦达、林芝米林、阿里昆莎、日喀则和平5个运输机场，拥有航线96条，通航北京、广州等50个城市，执飞航空公司10家，基本形成了以拉萨贡嘎机场为中心，其他4个机场为支线，连接周边各城市的航线网络。

航空运输是西藏综合立体交通运输体系的重要组成部分和中坚力量。随着国家西部大开发战略的不断深入和改革开放步伐的不断加快，西藏区内航线网络逐步完善、基础设施不断健全，极大缩短了西藏与外界的距离。2000年，西藏民航年旅客吞吐量突破50万人次，到2018年，西藏机场旅客吞吐量已达531.99万人次。

近年来，特别是党的十八大以来，西藏旅游业搭乘民航实现了井喷式发展。2018年，西藏累计接待游客3368.72万人次，实现旅游收入490.14亿元。机场建设和发展带动了临港经济和其他产业的繁荣，创造了许多就业岗位，让西藏人民更好地享受到医疗、教育、邮政等基本公共服务。

西藏所有机场均为高原机场，而高原地区高寒缺氧，风沙、冰雹、高空强风乱流肆虐，是公认的世界上飞行难度最大的空域。但是50多年来，西藏航空人坚守高原机场，始终坚持高标准运行，不断提高安全管理能力和水平，没有发生过一起空中危险，创造了"在世界平均海拔高度最高、面积最大和最难飞行的地区安全飞行时间最长"的纪录。

第四节 弘扬"两路"精神,推动交通运输文化发展

交通运输文化是交通运输行业在长期的交通建设实践中,形成和发展的为广大交通员工所普遍认同、具有鲜明行业特色和时代特征的价值理念。2006年,交通部印发的《交通文化建设实施纲要》中即将交通文化要素分为三个部分,即精神文化、制度文化和物质文化。在整个交通文化体系中,精神文化是交通行业的核心价值理念,是交通行业的核心文化。要立足于交通运输行业的历史文化,深入挖掘交通运输行业的文化资源和独特个性,不断注入开放、创新的时代元素,推动交通运输文化的发展,适应交通强国的时代新需求。

交通运输文化对生产力的提升作用不可小觑。马车和大车体现的交通运输文化表征的是前现代的农耕文明的生产力;而由"大规模的铁路建设和远洋航运带来的发展以及电报的支撑所形成的才是现代化的机器大工业的生产力"[1]。今天的中国,已开启建设交通强国的征程,丰富和发展交通运输文化是实现交通强国战略必不可少的关键环节。"两路"精神发轫于新中国成立之初大规模工业化建设的历史实践,是中国人民满怀豪情迈向崭新的工业化、现代化历史时期的精神硕果,也是社会主义建设时期交通精神形成的起始点。其后历经60多年的传承、发展与升华,2014年习近平总书记对其高度凝练,概括为"一不怕苦、二不怕死,顽强拼搏、甘当路石,军民一家、民族团结"的核心理念。

---

[1] 中共中央马克思恩格斯列宁斯大林著作编译局. 马克思恩格斯全集 第3卷[M]. 北京:人民出版社,1972.

"两路"精神是几代交通人在长期的交通实践中孕育、丰富与发展的宝贵精神财富,在交通运输行业早已深入人心。"两路"精神向世界展示着中国交通人依靠精神力量创造辉煌业绩的勇气、智慧和胆识,说明只有投身国家建设的发展战略,才能让个体的生命焕发光彩。"两路"精神所承载和积蓄的精神力量,所孕育的爱国、忠诚、奉献、奋斗、军民一家、民族团结等精神,是交通运输文化的核心组成部分,是新时代发展交通运输文化的宝贵资源和巨大推动力量。

一、弘扬"两路"精神,凝聚交通运输行业强大精神力量

精神文化是一个国家综合实力的重要组成部分。优秀的精神文化具有强大的凝聚力和感召力。交通文化是交通运输行业综合实力的显著标志,是推动交通运输事业科学发展的精神动力,是增强行业凝聚力和提高行业影响力的重要力量。

"两路"精神,在时光中雕琢,在千锤百炼中锻造,在新时代绽放出新的光芒。川藏、青藏公路是当年筑路军民用铁锤、钢钎、铁锹和镐头掘出的路,是军民用生命和意志闯出的路。他们用自己的汗水、牺牲描摹出了"两路"蜿蜒的轨迹,绘就了不朽的篇章。其后几十年,在"两路"的维护和改造过程中,科研人员和建设者攻坚克难、默默奉献。今天的中国,早已有足够的技术能力和生产能力保障交通人的职业安全。青藏铁路二期工程中,虽然工作环境艰苦依旧,数十万人奋战在条件最为艰苦的"生命禁区",却没有一例因为高原病而死亡就是明证。甘当路石的奉献精神在新时代更多表现为忠于职守、乐业敬业,在平凡的工作岗位中创造不平凡的业绩。如

青藏公路安多养路段的养护员巴布，30多年坚守在海拔5200米以上的唐古拉之巅，默默奉献，将所有的忠诚、敬业和爱心托付在了唐古拉之巅。

昔日行路难，今朝走平川。令人望而生畏的高山垭口、天险路段在一代代交通人奋斗拼搏下，一点点成为驻留在回忆中令人唏嘘的过往。318国道上的高山近一半已建成隧道，高尔寺山隧道、雀儿山隧道、剪子弯山隧道、理塘隧道和通麦隧道群相继通车。2019年4月，世界上海拔最高的公路特长隧道——米拉山隧道正式通车。修筑米拉山隧道时，2000多名建设者，在米拉山上坚守了1000多个日日夜夜，工程人员在工地上竖立起"弘扬'两路'精神"的标语自我激励。有一名建设者在日记里写道："为了梦想，我们把青春挥洒在山高水长；为了梦想，我们用脚步丈量每一片大漠荒凉……"有志者事竟成，经过4年的苦战，米拉山隧道终于建成通车，过往驾乘人员再也不用翻越海拔5000米的雪山了。图7-10为建设完成的米拉山隧道。

图7-10 米拉山隧道

爱国、忠诚、进取、创新、安全、服务、奋斗，这些"两路"精神的精华，在一代代交通人身上传承，成为新时代交通运输文化的重要组成部分。

成功的背后是不懈的奋斗。"两路"精神彰显着建设者无穷的生命力和创造力，生动地体现了交通运输行业的核心价值观。新时代，要大力弘扬"两路"精神，凝聚交通运输行业强大的精神力量，完成时代赋予交通人的使命与担当，推动交通运输事业继往开来走向新的辉煌。

二、弘扬"两路"精神，助推新时代交通运输文化发展

新时代，弘扬"两路"精神，需要倡导"为国家担当、为人民奉献、为民族争光"的爱国主义精神，求真务实、勇创一流的科学精神，不畏艰险、勇于攀登的进取精神，民族团结、互帮互助的团结精神等崇高精神品质，并结合时代特点，推动"两路"精神创新性发展，进而推动新时代交通运输文化的发展。

将"两路"精神融入交通运输文化学习中，进一步发挥思想引领作用。要加强学习，深刻领会"两路"精神的丰厚内涵，围绕立德树人根本任务，推动"两路"精神融入交通运输行业干部职工思想道德教育、文化知识教育、社会实践教育各环节，贯穿于理论教育、职业教育、作风教育等各方面；强化价值引领，通过多种形式，讲述好"两路"精神鼓舞下，交通运输服务经济社会发展、支撑国家发展战略、助力打赢"三大攻坚战"的故事，深刻反映当代交通人良好的精神面貌；用心用情讲好交通运输保障和改善民生、帮助群众兴业致富、带动产业升级促进充分就业、保障安全便捷绿色高效出行的故事，增强"两路"精神的时代感；发挥先进典型的榜样示范作用，创新宣传方式，扩大传播效应，形成学先进、赶先进的氛围，弘扬正能量，铸就精神高地。各交通运输行业，可以根据本单位的实际情况，积极开展弘扬"两路"精神的活动，营造浓厚的学习氛围。这是培养高素质、复合型的交通建设人才的需要，又是构建良好的交通运输行业文化的重要方式。

将"两路"精神融入交通运输工程建设之中，确保交通安全文化的建设。新时代，大力弘扬"两路"精神，激励广大交通运输建设者

树立"逢山开路、遇水架桥"的精神,为构建交通强国而不懈努力。同时,交通运输建设关乎国家战略、关乎经济社会发展、关乎人民群众的生命财产安全,需要交通运输建设者用严谨求实、一丝不苟的科学态度保证工程质量。质量和安全是交通永恒的主题,安全第一,生命至上,是交通人服务社会、服务公众的第一理念。新时代,将"两路"精神融入交通运输工程建设之中,激励交通运输建设者自觉坚定理想信念,确保工程质量和人民群众的出行安全,营造良好的交通安全文化氛围。

将"两路"精神融入交通运输服务之中,聚力交通惠民文化建设。以服务于国民经济和社会发展大局、服务于社会主义新农村建设、服务于人民群众安全快捷出行为目的的"三个服务",是交通运输服务工作的根基。川藏、青藏公路是立足国家治边稳藏的战略,为各族人民修筑的团结之路、富裕之路。"两路"精神蕴含着深厚的爱国主义精神和全心全意为人民服务的初心。新时代,弘扬"两路"精神,与交通运输服务相融合,能激励广大交通运输工作者不忘服务人民群众的初心和使命,自觉创新服务理念、提高服务质量,从而不断提高人民群众的满意度,不断增强交通运输行业的美誉度。

将"两路"精神融入交通廉政文化建设之中,净化行业风气,加强自身建设。反腐倡廉永远在路上,交通运输行业是我国国民经济的基础产业,点多、线长、面广、社会影响大,因此,加强交通运输行业的反腐倡廉工作十分必要。交通廉政文化是廉政建设与交通运输行业文化建设相结合的思想文化,其目的是筑牢思想底线,增强拒腐防变的能力,提高交通运输行业整体素质,确保交通运输建设事业的科学发展。一代代"两路"建设者在"世界屋脊",挑战生命极限,志存高远、淡泊名利、无私奉献。新时代,弘扬"两路"精神,建设清正廉洁、健康向上、团结奋进的先进交通廉政文化,有利于消除交通运输行业中的不正之风,有利于交通运输行业助廉、兴廉、崇廉,自觉抵制各种诱惑,从而营造淡泊名利、恪守清廉、忠诚、干净、有担当的文化氛围,推进交通运输建设事业又好又快发展。

将"两路"精神融入交通运输建设的创新发展之中,营造创新氛围。创新是民族进步发展的不竭动力,"两路"精神蕴含了一代代交通运输建设者不懈探索、开拓奋进的创新精神。新时代,将"两路"精神融入交通运输建设的创新发展中,加强大数据、人工智能等新技术在交通运输行业的创新和应用,营造迎难而上、开拓创新的文化氛围,充分发挥交通运输建设者的积极性和创造性,为我国交通运输建设事业提供不竭的动力。

三、弘扬"两路"精神,增强交通运输文化吸引力和感召力

习近平总书记关于弘扬"两路"精神的系列重要指示,是新时代交通运输文化建设的重要指导。交通运输行业要围绕"学习认识到位、理解挖掘到位、阐释传播到位、践行落实到位"的目标,进一步把"两路"精神践行好、弘扬好、传承好①,增强交通运输文化的吸引力和感召力,为建设交通强国、决胜全面建成小康社会提供坚实思想基础和强大精神力量。

充分运用现代信息技术,多渠道、多层次、有温度地弘扬"两路"精神。交通运输部门、新闻媒体,可以充分运用报刊、电视、微信、客户端等各种媒介,加大对"两路"精神的宣传报道。讴歌川藏、青藏公路建设、养护改建以及当代交通人,在建设交通强国征

---

① 刘小明. 弘扬"两路"精神 开创交通强国建设新局面[J]. 华东公路, 2018(06): 7.

程中涌现出的英雄楷模和感人事迹等内容。人们对过往的记忆，很多已经斑驳破碎，但总有一些人、一些事，像暗夜中的星辰，熠熠生辉，任时光流逝、世事变迁而永不褪色，始终让人感怀，给人力量。交通运输文化要具有普遍的社会感染力，就要讲好"两路"故事，用"两路"故事中充盈的人性、不懈的追求、细腻的感情、乐观的态度、勃发的勇气，激发新时代交通人的建设热情。

形成一批交通运输文化的研究成果。目前，有交通运输部政策研究室"两路"精神工作室、西藏自治区交通运输厅"两路"精神纪念馆等，致力于推动"两路"精神的研究、学习和宣传工作的常态化、系统化，对于深入理解及弘扬"两路"精神具有深远意义。

创作一批有影响力的有关交通运输文化建设的视听作品、音乐舞蹈史诗、戏曲话剧、诗歌散文等文艺作品。鲁迅说："文艺是国民精神所发的火光，同时也是引导国民精神的前途的灯火。"优秀文艺作品诉诸情感、精神和心灵，具有的强大感召功能，通过感染、感动读者来实现的一种唤起、引领和吸引的功能。弘扬"两路"，就要通过深入人心的文艺作品和艺术形象，展示交通人艰苦奋斗、无私奉献，为中国交通运输事业奋勇向前的精神，激发新时代建设者的爱国情、强国志。

建设和完善有关交通运输文化建设的展览馆、纪念馆、陈列馆、博物馆等。开展田野调查，对"两路"遗址遗存进行抢救性保护；做好"两路"建设亲历者及新时代交通运输重大工程建设者的采访及回忆录的收集整理；打造一批具有交通运输行业精神文化特质的工程，在川藏、青藏公路上逐步形成"两路"精神文化带，成为进行爱国主义教育、革命传统教育和国防教育的重要基地；探索"'两路'+旅游""'两路'+新媒体"的融合发展新模式，逐步实现"精神有形化、宣传多样化、成果实物化"的目标。

第五节 弘扬"两路"精神,助推强国梦

习近平总书记说:"实现中华民族伟大复兴,就是中华民族近代以来最伟大的梦想。"①实现中华民族伟大复兴的中国梦,就是要实现国家富强、民族振兴、人民幸福。交通运输是兴国之器,强国之基。

党的十九大报告提出要建设交通强国,其内涵可以从三个方面来理解。首先是强国家,发挥交通运输在国家经济社会发展中基础性和先导性的作用,为我国建成社会主义现代化强国提供强有力的保障;其次是强自身,要在交通运输基础设施、交通运输服务、交通运输科技装备、交通运输创新能力、交通运输安全水平以及治理水平等方面达到世界领先地位;第三是增强人民获得感,交通运输发展成果要不断满足人民日益增长的美好生活需要。建设交通强国需要"两路"精神提供坚实思想基础和强大精神力量。就强国家和强自身而言,弘扬"两路"精神,能激励无数交通人坚守岗位,积极投身交通运输建设,从而为实现交通强国战略构建坚实后盾,提升中国国际影响力;就增强人民获得感而言,交通运输建设是实现脱贫致富的基础性和先导性条件。弘扬"两路"精神,能为交通扶贫、决胜全面建成小康社会、实现中华民族伟大复兴的中国梦提供强大精神动力。

2019年,国家加大了对交通运输基础建设项目的支持,包括京津冀、长江三角洲、粤港澳大湾区、山东半岛、北部湾等重点城市群加快推进城际铁路、市域(郊)铁路规划建设;规划建设西部陆海

---

①习近平总书记深情阐述"中国梦"[N]. 人民日报,2012-11-30(01).

新通道；加快推动川藏铁路、沿江高铁、北煤南运通道体系、跨区输电通道、西南水电等重大项目的规划建设；推进枢纽机场新建、迁建和改扩建工程，有序建设支线机场和通用机场，加快推进北京大兴国际机场建设和运营筹备工作；大力推进综合客运枢纽、物流枢纽建设，制定国家物流枢纽网络建设实施方案，支持集疏港铁路等建设，打通运输"最后一公里"。这些项目规模大、技术难度高，但对促进国民经济发展、推动区域经济融合、深化"一带一路"建设具有重要作用。未来，中国还将出现新的超级工程，迎接更大的技术挑战。要迎接挑战、战胜困难，让交通运输架设起中国腾飞、民族复兴的桥梁，就要立足新时代，大力弘扬"两路"精神。

一、弘扬"两路"精神，助推交通运输事业科学发展

交通强国，首要任务是交通自身强大。65年前，为建设西藏、巩固边防、加强民族团结，党中央做出了修筑川藏、青藏公路的重大战略部署。人民解放军、各族群众以及工程技术人员组成的筑路大军，创造了世界公路建设史上的奇迹，开创了西藏现代交通运输事业的新纪元。长期以来，川藏、青藏公路成为两条重要的运输生命线，在支援西藏建设、抗震救灾、青藏铁路建设等重点工程建设所需大型设备的运输等方面，发挥了重要作用。在修建川藏、青藏"两路"中形成的"两路"精神，为一代代交通运输人不断继承和发扬，成为西藏交通运输事业乃至全国交通运输事业科学发展的强大精神动力。

首先，一代代交通运输建设者在大规模改造整治和养护川藏、青藏公路、保障道路畅通中，始终传承、弘扬和深化"两路"精神。

川藏、青藏公路所处的地理、气候环境极其恶劣，地质灾害频发，建设和养护技术极其复杂困难。两路建成后，为保障道路畅通、改善行车条件，国家投入大量资金对川藏、青藏公路进行了改造、整治和养护。为了解决工程技术难题，交通运输部先后组织了600多名专家学者进行研究，攻克了多项技术难题。西藏、四川、青海和武警交通部队还组建专门机构养护川藏、青藏"两路"，保障道路畅通。目前，以青藏线、滇藏线、新藏线、川藏北线、川藏南线为代表的进藏主干道，已实现了路面黑色化，西藏地区的高速公路在不断地建设发展。几代"两路"建设者和交通科研人员，攻坚克难、追求卓越、奋勇向前，推动着中国在桥梁、公路隧道勘察设计和施工方面成功跻身世界顶尖行列；在高原、高海拔、高寒地区的工程建筑施工中，创造了多项世界级的突破性成果。"两路"精神在新时代闪耀着别样的光彩。

其次，"两路"精神助推西藏综合交通运输事业的科学发展。65年来，在党中央的关怀下，在全国人民的支援帮助以及西藏各族群众、一代代交通人的不懈努力奋斗下，以川藏、青藏公路通车为起点，西藏现代交通运输事业从无到有、从小到大、从线到网，发生了历史性的飞跃。公路交通、铁路交通、航运交通、邮政等综合交通运输网络全面发展，为西藏经济社会的发展奠定了坚实的交通运输基础。几代交通运输建设者把川藏、青藏线上每一条奔腾的河流都转化为交汇的纽带，每一个险峻的山口都凿通为友谊的走廊。现在的西藏，交通便利，舟车广至，背靠内地，面向南亚地区，凭借地缘优势、资源优势和政策优势，拥抱"一带一路"建设的历史机遇，描绘着新时代西藏发展的壮丽画卷。

新时代，中国交通运输建设者深入贯彻落实习近平总书记关于交通强国建设的重要指示，大力传承与弘扬"两路"精神，全面推进我国交通运输事业的快速发展。"两路"精神与新时代交通精神共同激励着建设者们为建设交通强国而不懈努力。

二、弘扬"两路"精神，构筑强国梦坚实后盾

交通强国核心是强国家。新时代，我国的交通运输行业在自身强大的同时，更成为构建中国社会主义现代化强国的重要基石。我国的高铁、公路、桥梁、港口、机场等基础设施建设取得的一个个世界奇迹，成为中国硬实力和软实力的重要体现。无论是深化改革开放、调整经济结构、转换经济增长动能，还是推进"一带一路"倡议、京津冀协同发展战略、长江经济带发展战略，以及创新驱动发展战略、乡村振兴发展战略等，交通运输都起着基础性、先导性、战略性和服务性作用，有力支撑着国家重大发展战略的实施。

"两路"精神为新时代建设交通强国注入强大精神力量，激励一代代交通人奋勇前进，服务和支撑着中华民族"强起来"的伟大事业。交通运输行业，从行业特点来看，许多工作都直面危险，需要交通运输建设者具有不畏艰险、直面挑战的精神；从行业使命来看，推动交通运输业高质量发展，助推交通强国建设，需要交通运输建设者凝心聚力、攻坚克难；从行业宗旨来看，交通运输行业要建设人民满意的交通，保障人民群众安全出行和美好出行的需求，需要交通运输建设者兢兢业业、默默奉献的精神品质。"两路"精神如月之恒、如日之升，以一种潜移默化的力量，在几十年的岁月里浸润、滋养着交通运输建设者的精神世界，于无言中传递着信仰的力量，激励一代代交通运输建设者砥砺前行，从交通大国迈向交通强国。

"两路"精神助力增强国防交通的建设。交通运输是国防建设的重要基石，我国的《国防交通法》已于 2017 年 1 月正式实施。一个国家强大的综合交通运输体系的构建，将有力地保障国家主权和政治影响力。例如，我国南沙群岛的交通运输建设，有效地保障和加强了我国对南沙群岛的主权；我国的"一带一路"建设，进一步增强着我国在全球的影响力。西南边陲安全稳定关系到我国强国梦的实现，新时代无数道班养路人、雪线邮运人、武警官兵，继承和发扬"两路"精神，不忘交通运输建设初心，保障"高原天路"畅通，构筑起了祖国内地连接西藏的立体保障通道，托举起川藏、青藏公路沿线的繁荣和西南边防的稳定，有力地支撑和保障着国防和军队建设，为强国梦构筑起坚实的后盾。"两路"精神还是军民一家、民族团结的典范。新时代，弘扬"两路"精神，不仅能传承与发扬军民鱼水情深和各民族团结友爱的优良传统，进一步增强交通运输建设者、解放军武警官兵建设边疆、保卫边疆的国防意识，更好地发挥交通运输在国防建设中的战略作用。

　　弘扬"两路"精神，助力交通人才培养。党的十九大提出建设教育强国、交通强国的战略目标。教育，不仅仅是知识和技能的传授，更加重要的是价值观的引领和精神的塑造。建设交通强国归根结底要依靠交通人才。传承与弘扬"两路"精神，将"两路"精神融入交通运输类院校大学生思想政治理论课教育教学，进教材、进课堂、进学生心灵，将有助于培养信念坚定、政治强、本领高、作风硬的交通强国建设者和接班人。

　　弘扬"两路"精神，助推交通精准扶贫。2013 年，习近平在湖南湘西考察时提出了"精准扶贫"的重要指示，交通扶贫是精准扶贫的重要内容。脱贫攻坚工作是一件伟大而艰巨的工程。攻坚克难、顽强拼搏的"两路"精神，为交通扶贫提供了坚定的决胜信念；拼搏精神与科学精神相统一的"两路"精神,为交通扶贫的有序推进指明了方向;军民一家、民族团结的"两路"精神,为交通扶贫树立了执政为民、全心全意为人民服务的榜样。新时代,弘扬"两路"精神,深入挖掘"两路"修筑时期的交通扶贫历史经验,如筑路与发展经济、民族与军民团结、尊重少数民族风俗习惯等,对新时期我国少数民族地区和交通不便地区的扶贫工作有着重要的示范作用。

弘扬"两路"精神,拓宽贫困群众致富渠道。过去,地理环境限制了边远地区人民的发展;未来,互联互通将彻底改变这些区域人民的生活。"旅游+扶贫"的模式,将交通、扶贫与旅游三者巧妙结合,开发出一条扶贫新道路。在为沿线贫困群众带来经济效益的同时,开发、弘扬沿线历史文化、红色革命精神,将实现经济效益和社会效益的双丰收,也为其他贫困地区树立旅游和交通扶贫的新样本。"交通+特色产业"扶贫、"交通+旅游休闲"扶贫、"交通+电商快递"扶贫、"交通+民生"扶贫等模式,拓宽着贫困地区群众的致富渠道,为他们的生活带来勃勃生机。

2019年是脱贫攻坚进入决战的关键期,交通运输行业要大力弘扬"两路"精神,打赢深度贫困地区交通扶贫脱贫攻坚战,为决胜全面建成小康社会提供坚实的交通运输基础保障。

参考文献

著作类：

[1] 中共中央马克思恩格斯列宁斯大林著作编译局. 马克思, 恩格斯. 马克思恩格斯全集 第1卷[M]. 北京：人民出版社, 1972.

[2] 中共中央马克思恩格斯列宁斯大林著作编译局. 马克思, 恩格斯. 马克思恩格斯全集 第2卷[M]. 北京：人民出版社, 2005.

[3] 中共中央马克思恩格斯列宁斯大林著作编译局. 马克思, 恩格斯. 马克思恩格斯全集 第3卷[M]. 北京：人民出版社, 2002.

[4] 中共中央马克思恩格斯列宁斯大林著作编译局. 马克思, 恩格斯. 马克思恩格斯全集 第4卷[M]. 北京：人民出版社, 1972.

[5] 中共中央马克思恩格斯列宁斯大林著作编译局. 马克思, 恩格斯. 马克思恩格斯全集 第6卷[M]. 北京：人民出版社, 2009.

[6] 中共中央马克思恩格斯列宁斯大林著作编译局. 马克思, 恩格斯. 马克思恩格斯全集 第25卷[M]. 北京：人民出版社, 2001.

[7] 中共中央马克思恩格斯列宁斯大林著作编译局. 马克思, 恩格斯. 马克思恩格斯全集 第26卷[M]. 北京：人民出版社, 1980.

[8] 人民铁道出版社. 马克思 恩格斯 列宁 斯大林论交通运输业[M]. 北京：人民铁道出版社, 1961.

[9] 恩格斯. 自然辩证法[M]. 曹葆华, 等, 译. 北京：人民出版社, 1955.

[10] 中共中央马克思恩格斯列宁斯大林著作编译局. 列宁选集 第4卷[M]. 北京：人民出版社，1972.

[11] 毛泽东. 毛泽东文集 第2卷[M]. 北京：人民出版社，1993.

[12] 毛泽东. 毛泽东选集 第3卷[M]. 北京：人民出版社，1991.

[13] 毛泽东. 毛泽东选集 合订本[M]. 北京：人民出版社，1993.

[14] 毛泽东. 毛泽东文集 第4卷[M]. 北京：人民出版社，1993.

[15] 中共中央文献研究室中共西藏自治区委员会. 毛泽东西藏工作文选[M]. 北京：中国藏学出版社，2008.

[16] 周恩来. 周恩来选集 上下卷[M]. 北京：人民出版社，1997.

[17] 陈云. 陈云文选 第2卷[M]. 北京：人民出版社，1995.

[18] 邓小平. 邓小平文选 第2卷[M]. 北京：人民出版社，2014.

[19] 邓小平. 邓小平文选 第3卷[M]. 北京：人民出版社，2014.

[20] 江泽民. 江泽民文选 第3卷[M]. 北京：人民出版社，2006.

[21] 胡锦涛. 胡锦涛文选 第1卷[M]. 北京：人民出版社，2016.

[22] 中共中央宣传部. 习近平总书记系列重要讲话读本[M]. 北京：学习出版社，2014.

[23] 习近平. 决胜全面建成小康社会 夺取新时代中国特色社会主义伟大胜利——在中国共产党第十九次全国代表大会上的报告[M]. 北京：人民出版社，2017.

[24] 习近平. 习近平谈治国理政 第二卷[M]. 北京：外文出版社，2017.

[25] 习近平. 摆脱贫困[M]. 福州：福建人民出版社，2012.

[26]《十八大后中国共产党治国理政新方略》编写组. 十八大后中国共产党治国理政新方略——深入学习习近平总书记系列重要讲话[M]. 北京：中共中央党校出版社，2013.

[27] 中共中央党史研究室. 历史是最好的教科书：学习习近平同志

关于党的历史的重要论述[M].北京：中共党史出版社，2014.

[28] 中共中央党史研究室.中国共产党的九十年[M].北京：中共党史出版社，2016.

[29] 中共中央党史研究室.中国共产党历史 第2卷[M].北京：中共党史出版社，2011.

[30] 中共中央文献研究室，逄先知，金冲及.毛泽东传 第1-6卷[M].北京：中央文献出版社，2011.

[31] 理查德·伊文思.邓小平传[M].北京：中央文献出版社，2013.

[32] 罗伯特·劳伦斯·库恩.他改变了中国：江泽民传[M].谈峥，于海江，译.上海：上海译文出版社，2013.

[33]《刘伯承传》编写组.刘伯承传[M].北京：当代中国出版社，2015.

[34]《彭德怀传》编写组.彭德怀传[M].北京：当代中国出版社，2015.

[35] 中共甘肃省委党史研究室.慕生忠纪念文集[M].北京：中共党史出版社，2016.

[36] 杨星火.高路入云端：陈明义将军传[M].成都：四川人民出版社，1999.

[37] 降边嘉措.雪山名将谭冠三[M].北京：中国藏学出版社，2001.

[38] 中共西藏自治区委员党史研究室.谭冠三与老西藏精神[M].北京：中共党史出版社，2011.

[39] 赵慎应.张国华将军在西藏[M].北京：中国藏学出版社，2001.

[40] 党益民. 用胸膛行走西藏[M]. 北京：解放军文艺出版社, 2005.

[41] 罗仁坚. 中国综合运输体系理论与实践[M]. 北京：人民交通出版社, 2009.

[42] 交通运输部政策研究室. 弘扬"两路"精神 共筑幸福大道——川藏青藏公路建成通车60周年宣传报道集锦[M]. 北京：人民交通出版社股份有限公司, 2014.

[43] 交通运输部政策研究室, 交通运输部公路局编写组. "四好农村路"理论与实践[M]. 北京：人民交通出版社股份有限公司, 2018.

[44] 傅志寰, 孙永福, 等. 交通强国战略研究 一二三卷[M]. 北京：人民交通出版社股份有限公司, 2019.

[45] 人民交通出版社股份有限公司. "四好农村路"建设政策文件汇编[M]. 北京：人民交通出版社股份有限公司, 2018.

[46] 尚庆飞. 国外毛泽东学研究[M]. 南京：江苏人民出版社, 2008.

[47] 余伯流. 井冈山革命根据地全史[M]. 南昌：江西人民出版社, 2007.

[48] 华宏. 航天精神[M]. 北京：北京联合出版公司, 2012.

[49] 沈壮海. 思想政治教育有效性研究[M]. 武汉：武汉大学出版社, 2001.

[50] 李平. 用雷锋精神引领大学生思想政治教育[M]. 北京：中国文史出版社, 2015.

[51]《青藏公路五十年》编纂委员会. 青藏公路五十年[M]. 西宁：青海人民出版社, 2007.

[52] 舒春平, 齐明宇. 武警交通四支队——建功川藏线[M]. 北

京：人民出版社，2010．

[53] 刘五．进军世界屋脊——修筑青藏公路散记[M]．北京上海：新闻文艺出版社，1957．

[54] 人民交通出版社．跨越"世界屋脊"的康藏、青藏公路[M]．北京：人民交通出版社，1955．

[55] 林田．康藏高原散记[M]．重庆：重庆人民出版社，1954．

[56] 林田．大军西南行——一个记者的随军日记[M]．北京：新华出版社，1990．

[57] 高平．川藏公路之歌[M]．拉萨：西藏人民出版社，1978．

[58] 晓浩．穿越第三极：川藏青藏公路通车五十周年纪实[M]．北京：中国藏学出版社，2004．

[59] 中国共产党西藏自治区交通厅．川藏青藏公路通车十年史料汇编[M]．中国共产党西藏自治区交通厅，1965．

[60] 纪念川藏青藏公路通车三十周年筹委会办公室文献组，西藏自治区交通厅文献组．纪念川藏青藏公路通车三十周年文献集[M]．拉萨：西藏人民出版社，1984．

[61] 中国共产党西藏自治区交通厅政治部．川藏青藏公路通车十年[M]．拉萨：中国共产党西藏自治区交通厅政治部，1965．

[62] 西藏自治区交通厅，西藏社会科学研究院．西藏古近代交通史[M]．北京：人民交通出版社，2001．

[63]《奉献在唐古拉之巅》编写组．奉献在唐古拉之巅[M]．拉萨：西藏人民出版社，2000．

[64] 杨璀编．康藏公路[M]．上海：新知识出版社，1956．

[65] 谢蔚明．康藏公路纪行[M]．上海：上海出版公司，1955．

[66] 管季，纪奋．人民的康藏公路[M]．成都：四川人民出版社，1956．

[67] 人民交通出版社. 跨越"世界屋脊"的康藏、青藏公路[M]. 北京：人民交通出版社, 1955.

[68] 康藏公路修建司令部修路史料编辑委员会. 康藏公路修建史料汇编[C]. 内部印刷, 1955.

[69] 穰晋甡.《穰明德的回忆》[C]. 内部印刷, 2018.

[70] 新文艺出版社. 战斗在"世界屋脊"上——康藏公路通讯选集[M]. 上海：新文艺出版社, 1955.

[71] 西南文艺编辑部. 金色的拉萨河谷——康藏公路诗选[M]. 武汉：长江文艺出版社, 1957.

[72] 高平. 亲历川藏线[M]. 北京：人民出版社, 2011.

[73] 钱俊君. 中国共产党交通大战略[M]. 北京：当代中国出版社, 2011.

[74] 西藏军区政治工作部. 具有军区特色的五种精神[C]. 内部印刷, 2018.

[75] 成都军区后勤部军事运输部. 川藏公路三十年资料简编[C]. 内部印刷, 1984.

[76] 彭逢烨. 康藏公路和青藏公路[M]. 北京：通俗读物出版社, 1955.

[77] 中共西藏自治区委员会党史研究室. 新中国的西藏60年[M]. 拉萨：西藏人民出版社, 2011.

[78] 多杰才旦, 江村罗布. 西藏经济简史[M]. 北京：中国藏学出版社, 2002.

[79] 赵磊. 一带一路——中国的文明型崛起[M]. 北京：中信出版社, 2015.

[80] 梅黎明. 精神永存：中国共产党精神概说[M]. 北京：中国发展出版社, 2014.

[81] 国家林业局. 建设生态文明 建设美丽中国：学习贯彻习近平

总书记关于生态文明建设重大战略思想[M]. 北京：中国林业出版社，2014.

[82] 吴文化，宿凤鸣. 中国交通2050：愿景与战略[M]. 北京：人民交通出版社股份有限公司，2017.

[83] 叶持跃，黄伟. 中国交通文化概说[M]. 北京：机械工业出版社，2012.

[84] 刘文杰. 路文化[M]. 北京：人民交通出版社，2009.

[85] 孙志敏，刘志荣，吴德镇. 交通百科词典[M]. 北京：航空工业出版社，1993.

[86] 中国公路交通史编审委员会. 中国公路史（第一册）[M]. 北京：人民交通出版社，1990.

[87] 赣州地区交通局交通志编纂委员会. 赣南交通志[C]. 内部印刷，1992.

[88] 晋察冀边区交通史编纂委员会. 晋察冀边区交通史[M]. 人民日报出版社，1995.

[89] 河北省邯郸运输公司史志编委. 邯郸陆路运输史稿[C]. 内部印刷，1988.

[90]《交通大辞典》编辑委员会编. 交通大辞典[M]. 上海：上海交通大学出版社，2005.

[91] 朱志敏. 大学生中国革命精神认同力研究[M]. 北京：北京师范大学出版社，2013.

[92] 费正清，崔瑞德. 剑桥中国史：中华人民共和国史[M]. 北京：中国社会科学出版社，1992.

[93] 北京大学"一带一路"五通指数研究课题组. "一带一路"沿线国家五通指数报告[M]. 北京：经济日报出版社，2017.

[94] 斯文·赫定. 亚洲腹地旅行记[M]. 周山，译. 南京：江苏凤

凰文艺出版社，2011.

[95] 高等学校中国共产党革命精神与文化资源研究中心．中国共产党革命精神史读本(新民主主义篇)[M]．北京：人民出版社，2014.

[96] 中国石油天然气集团公司思想政治工作部．大庆精神铁人精神学习教材[M]．北京：石油工业出版社，2009.

[97] 雷莹，等．不朽的丰碑——中国共产党革命精神历史嬗变研究[M]．北京：光明日报出版社，2009.

[98] 赵光辉，朱谷生．互联网+交通：智能交通新革命时代来临[M]．北京：中国工信出版集团、人民邮电出版社，2016.

[99]《港珠澳大桥》纪录片摄制组．港珠澳大桥(中文版)[M]．北京：新世界出版社，2018.

[100] 王显光．面向"中国梦"的综合交通运输体系发展战略[M]．北京：人民交通出版社股份有限公司，2019.

[101] 中华人民共和国国务院新闻办公室．伟大的跨越：西藏民主改革60年[M]．北京：人民出版社，2019.

[102] 王成平，魏铜铃．文化传播视域下交通与旅游融合发展探索[M]．北京：人民交通出版社股份有限公司，2019.

[103] 张政．红船初心——"红船精神"的理论与实践[M]．北京：人民出版社，2019.

[104] 王刚，李懋君．中国共产党革命精神系列读本：长征精神[M]．北京：中共党史出版社，2019.

[105] 潘洵，刘志平，高等学校中国共产党革命精神与文化资源研究中心等．红岩精神[M]．北京：中共党史出版社，2018.

期刊类：

[1] 斯文·赫定. 西藏探查记[J]. 民声(上海)，1910(1)：2.

[2] 撒倍朗达. 西藏游记[J]. 亚东时报，1899(13-15).

[3] 百六十年来之西藏大势[J]. 四川月报，1934(5)：1.

[4] 沈颐. 西藏近世史略[J]. 教育杂志，1910(2)：11.

[5] 西藏经济状况[J]. 经济旬刊，1935，4(14).

[6] 日本朝日新闻. 中国经营西藏谈[J]. 东方杂志，1908(8).

[7] 哀西藏[J]. 新民丛报，1904(3)：7.

[8] 本国纪事川军入藏补纪[J]. 国风报，1910 (1)：6.

[9] 纪实：新闻界：经略西藏(西藏) [J]. 重庆商会公报，1907 (54).

[10] 论西藏近情[J]. 外交报，1904(4)：13.

[11] 论西藏条约[J]. 外交报，1906(6)：16.

[12] 拍卖西藏议[J]. 经济丛编，1902(11).

[13] 金葆稞. 西藏问题[J]. 法政杂志(东京)，1906(1)：6.

[14] 专件：四川商办藏茶公司筹办处章程[J]. 四川官报，1909(9).

[15] 要求川藏路权[J]. 广益丛报，1909(214)：7.

[16] 公牍：藩学臬司盐茶道、商务局会详遵议印茶入藏设法维持文并批[J]. 四川官报，1907 (25).

[17] 国外工程界消息：康藏边英筑公路塞地亚至察隅一线定年底完工，渝绥署已令康滇两省搜集证件(五月廿七日申报)[J]. 工程报导，1948(37).

[18] 张凯峰. 略论近代西藏留学生与西藏近代化[J]. 中国藏学，2008(4)：34-41.

[19] 康藏公路桥梁工地一昼夜[J]. 新华社新闻稿，1954(1574)：26.

[20] 康藏公路工地一角[J]. 新华社新闻稿，1954(1560)：10-11.

[21] 修筑康藏公路的战士和工人过着丰富多样的文化生活[J]. 新华社新闻稿, 1954(1576): 6.

[22] 康藏公路的全体人员向全国人民代表大会保证今年把公路修到拉萨[J]. 新华社新闻稿, 1954(1580): 10.

[23] 康藏公路的战士们纷纷表示决心[J]. 新华社新闻稿, 1954(1414): 3-4.

[24] 勘测康藏公路的人们[J]. 新华社新闻稿, 1952(925-955): 33-34.

[25] 修筑康藏公路的英雄部队[J]. 新华社新闻稿, 1954(1526): 5-6.

[26] 修筑康藏公路中的模范党员邓子修[J]. 新华社新闻稿, 1954(1677): 6.

[27] 康藏公路筑路人员克服雨季困难紧张修路[J]. 新华社新闻稿, 1954(1565): 8.

[28] 康藏公路运输汽车部队为国家节约大量财富[J]. 新华社新闻稿, 1954(1567): 5.

[29] 康藏公路东段的道班工人[J]. 新华社新闻稿, 1954(1670): 30.

[30] 政协第二届全国委员会第一次全体会议致修筑康藏、青藏公路的全体人民解放军、工程人员和民工同志们的慰问电[J]. 新华社新闻稿, 1954(1672): 7-8.

[31] 光明日报、工人日报、中国青年报发表社论庆祝康藏、青藏公路通车[J]. 新华社新闻稿, 1954(1673): 12-13.

[32] 阿沛·阿旺晋美. 西藏历史发展的伟大转折：纪念"关于和平解放西藏办法的协议"签订四十周年[J]. 中国藏学, 1991(1): 20-28.

[33] 贺熙成. 我参加了中印边界自卫反击战[J]. 四川统一战线, 2013(6): 41-42.

[34] 王炳林, 房正. 关于深化中国共产党革命精神研究的几个问题[J]. 中国高校社会科学, 2016(3): 4-15+155.

[35] 杨传堂, 李小鹏. 奋力开启建设交通强国的新征程[J]. 求是, 2018(4): 22-24.

[36] 王小彬. 西藏城镇发展研究[J]. 小城镇建设. 2002(6): 66-70.

[37] 何芳芳. 共和国修建康藏公路略述(1950—1954)[J]. 中华文化论坛, 2016(2): 165-168.

[38] 徐文渊. 20世纪50年代修筑康藏公路的基本经验与历史反思[J]. 中华文化论坛, 2016(2): 158-164.

[39] 王戎, 罗婷. 中国共产党第一代领导集体交通发展思想的当代价值[J]. 重庆交通大学学报(社会科学版), 2016(5): 82-86.

[40] 尚婷, 唐伯明. 世界屋脊筑天路, 重庆交大奠基人——缅怀川藏公路政委穰明德[J]. 重庆交通大学学报(自然科学版), 2016: 35(SI): 86-92.

[41] 金绍荣. 红岩精神的思想政治教育价值及其实现路径[J]. 学校党建与思想教育, 2015(13): 28-29.

[42] 王戎, 李琪. 穰明德与"两路"精神[J]. 兰台世界, 2015(34): 91-92.

[43] 王戎, 郝栋. 毛泽东新中国交通建设思想探析[J]. 毛泽东思想研究, 2010, 27(3): 41-45.

[44] 王戎, 罗婷, 庞跃辉. 论"两路"精神的内涵特质[J]. 重庆交通大学学报(社会科学版), 2019(2): 9-15.

[45] 邓群刚."两路"精神学习·研究·宣传弘扬现状述评[J].重庆交通大学学报(社会科学版),2019(2):16-21.

[46] 王毅.新中国60年交通运输改革与发展[J].综合运输,2009(9):19-23.

[47] 曾丽雅.中国共产党精神文化发展历程略论[J].江西社会科学,2004(8):148-155.

[48] 陈扬勇.高瞻远瞩 功在当代——周恩来发展中国西部交通的思想和实践[J].当代中国史研究,2002(2):35-41-126.

[49] 徐文礼.康藏公路的修建过程[J].四川文物,2002(1):60-63.

[50] 罗广武.毛泽东与西藏解放事业[J].西藏民族学院学报(哲学社会科学版),2011,32(4):1-4+137.

[51] 魏碧海.一种精神超越喜马拉雅——"老西藏"阴法唐访谈录[J].军事历史,2006(7):14-20.

[52] 董贵山,段禄定.大力弘扬老西藏精神 忠实履行肩负的使命任务——纪念西藏军区成立55周年[J].军队政工理论研究,2007(2):72-74.

[53] 魏清源.井冈山:中国革命精神之源[J].石油政工研究,2009(2):75-78.

[54] 陶富源.中国和平发展与新军事变革[J].合肥师范学院学报,2011(1):54-60.

[55] 郝琳文.揭开新疆生产建设兵团神秘的面纱[J].中国经济信息,2006(13):44-47.

[56] 余伯流.胡锦涛三论井冈山精神[J].江西社会科学,2009(7):7-13.

[57] 庞丹丹.弘扬"两路"精神加强大学生社会主义核心价值观教

育[J]. 重庆交通大学学报(社会科学版), 2015(04): 9-11+15.

[58] 姚桓. 创新思想教育 弘扬革命精神[J]. 中国井冈山干部学院学报, 2012(1): 131-135.

[59] 王玉泽, 潘国强, 冯梅, 等. 中国铁路"走出去"建设标准发展策略研究[J]. 中国工程科学, 2017(5): 17-21.

[60] 吕靖, 蒋美芝. 交通强国背景下我国国际海上通道安全影响因素分析[J]. 中国水运(下半月), 2018(4): 32-33.

[61] 王菲. 面向"一带一路"的国际铁路通道布局研究[J]. 铁道运输与经济, 2018(4): 13-17.

[62] 庞跃辉, 王戎, 魏巍. "交通强国"战略的背景、意蕴及路径探索[J]. 改革与战略, 2018(8): 29-35.

[63] 李连成. 交通现代化的内涵和特征[J]. 综合运输, 2016(9): 43-49.

[64] 荣朝和. 运输发展理论的近期进展[J]. 中国铁道科学. 2001(3): 4-11.

[65] 徐奇, 孙家庆, 杨珍花. "四个交通"一体化发展现状与对策[J]. 世界海运, 2014(5): 18-21.

[66] 翟献礼. 资源节约型、环境友好型交通发展模式研究[J]. 中国外资, 2014(1): 194-195.

[67] 杨远舟, 毛保华, 刘明君, 等. 我国现代综合交通运输体系框架分析[J]. 物流技术, 2010(13): 1-3.

[68] 蔡翠. 我国智慧交通发展的现状分析与建议[J]. 公路交通科技(应用技术版), 2013(6): 230-233.

[69] 夏杰长, 魏丽. 习近平新时代交通强国战略思想探析[J]. 河北经贸大学学报(综合版), 2018(2): 5-12.

[70] 王胜利, 白暴力. 习近平新时代中国特色社会主义交通运输理论研究——马克思主义交通运输理论的丰富和发展[J]. 陕西师范大学学报(哲学社会科学版), 2018(2): 20-29.

[71] 王家云. 周恩来精神是中国共产党精神的旗帜——从周恩来与中国共产党精神的关系角度分析[J]. 淮阴师范学院学报, (哲学社会科学版)2008(1): 43-48+108.

[72] 杨少华. 邓小平对中国共产党革命精神的创新发展[J]. 中共云南省委党校学报, 2015(1): 13-16.

[73] 敖四江, 郭国祥, 张永红, 等. 新时代弘扬革命精神研究[J]. 学校党建与思想教育, 2018(6): 4-7.

报纸类：

[1] 赵慎应. 为建设祖国边疆而牺牲的共产党员张福林[N]. 人民日报, 1952-5-18(03).

[2] 康藏公路康定至昌都段提前通车 毛主席朱总司令题词嘉勉筑路军工和民工 西南军政委员会主席刘伯承军区司令员贺龙等致电祝贺[N]. 人民日报, 1952-11-27(01).

[3] 陈家琏. 修筑康藏公路的英雄部队[N]. 人民日报, 1954-08-03(03).

[4] 从"八一"建军节文艺竞赛演出看新舞蹈艺术在部队中的发展[N]. 人民日报, 1952-08-20(03).

[5] 清华大学师生热烈迎接校庆[N]. 人民日报, 1954-04-03(03).

[6] 贺笠. 让公路跨越"世界屋脊"[N]. 人民日报, 1954-06-09(02).

[7] 赵慎应, 袁传方. 把公路修上"世界屋脊"——记康藏公路康定至昌都段通车[N]. 人民日报, 1952-12-01(02).

[8] 张光普. 发展中的西南公路[N]. 人民日报, 1954-02-17(02).

[9] 康藏公路筑路人员正在打通最后一座大山 我国自制的打桩机和钻探机开始在康藏公路工地上使用[N]. 人民日报, 1954-10-23(04).

[10] 拉萨市藏族各阶层人士和爱国团体在春节前夕写信慰问康藏公路筑路战士[N]. 人民日报, 1954-02-05(01).

[11] 达赖喇嘛班禅额尔德尼写信慰问筑路人员[N]. 人民日报, 1953-08-08(01).

[12] 沈石. 普普拉达——康藏公路通讯[N]. 人民日报, 1954-11-22(02).

[13] 庆贺康定至昌都段公路通车[N]. 人民日报, 1952-12-16(02).

[14] 毛主席授予康藏青藏两公路筑路人员锦旗[N]. 人民日报, 1955-02-04(01).

[15] 交通部和交通部政治部电贺康藏青藏公路全体筑路人员[N]. 人民日报, 954-12-25(01).

[16] 康藏公路昌都到拉萨段动工修筑 太昭到拉萨段筑路工程在施工前作了充分准备[N]. 人民日报, 1953-08-08(01).

[17] 康藏公路中段工程修到昌都以西四百公里处[N]. 人民日报, 1954-01-10(01).

[18] 康藏公路东段即将开始修筑[N]. 人民日报, 1954-03-31(01).

[19] 康藏公路东段提前六天全段通车 青藏公路筑路人员争取年底通车到拉萨[N]. 人民日报, 1954-11-29(01).

[20] 康藏公路拉萨至太昭段修筑工程全面开工[N]. 人民日报, 1954-03-27(01).

[21] 康藏、宜塘等公路通车后 沿线人民的经济生活日益繁荣[N]. 人民日报, 1953-12-25(02).

[22] 青藏公路查拉坪红土山两段重点工程完工[N]. 人民日报,

1954-08-13(02).

[23] 青藏公路越过沮洳地段[N]. 人民日报, 1954-10-27(02).

[24] 青藏公路越过青海大草原通车到黑河[N]. 人民日报, 1954-11-20(02).

[25] 康藏公路跨过最后一座大山——色齐拉山[N]. 人民日报, 1954-11-13(02).

[26] 苏策. 在怒江激流上——康藏公路通讯[N]. 人民日报, 1954-12-18(02).

[27] 拉萨筹备迎接康藏青藏公路通车 康藏公路最后一座桥——拉萨河大桥正在架设[N]. 人民日报, 1954-12-06(02).

[28] 王雨霏. 发扬"两路"精神 当好公路卫士[N]. 西藏日报(汉), 2017-07-07(02).

[29] 李文平. "两路"精神彰显社会主义核心价值观[N]. 解放军报, 2015-06-30(07).

[30] 蔡尧. 林芝交通:"两路"精神在这里延续[N]. 林芝报(汉), 2015-06-11(03).

[31] 程晓红, 王杰, 冯骥. 弘扬"两路"精神 永葆党的先进性[N]. 西藏日报(汉), 2015-03-19(01).

[32] 葛裕涛, 扎西江措. 大力弘扬"两路"精神, 推进西藏交通运输科学发展跨越发展[N]. 西藏日报(汉), 2014-12-25(07).

[33] 王川, 白娟, 张琪. 在"两路"精神的指引下——60年来西藏交通事业发展纪实[N]. 西藏日报(汉), 2014-12-15(05).

[34] 刘念光. 弘扬"两路"精神 献身强军实践[N]. 人民日报, 2014-12-14(05).

[35] 朱思雄, 周舒艺. 川藏线:"最美公路"六十年[N]. 人民日

报，2014-11-23(06).

[36] 秦亚洲，张琴. 川藏公路精神坐标[N]. 新华每日电讯，2014-11-21(14).

[37] 刘玉璟. 弘扬"两路"精神 助推交通发展[N]. 西藏日报(汉)，2014-10-20(02).

[38] 西藏自治区人民政府. 弘扬"两路"精神 助力科学发展[N]. 人民日报，2014-10-16(15).

[39] 交通运输部党组. 筑牢民族团结路文明进步路共同富裕路[N]. 人民日报，2014-09-29(12).

[40] 李正印. 弘扬"两路"精神 建设"四个交通"[N]. 中国交通报，2014-09-05(01).

[41] 刘玉璟. 弘扬"两路"精神 提升管养服务水平[N]. 西藏日报(汉)，2014-09-05(03).

[42] 谭鑫. 感悟"两路"精神[N]. 湖南日报，2014-09-02(10).

[43] 宋亮. 大力弘扬"两路"精神 促进交通运输科学发展[N]. 中国交通报，2014-10-23(01).

[44] 人民日报评论员. "两路"精神让西藏挺起脊背[N]. 人民日报，404-19-01(01).

[45] 冯蕾，杨君. 川藏青藏道路工人："献了青春献子孙"[N]. 光明日报，2014-08-30(02).

[46] 吴爱军，涂敦法. 献给雪域高原的哈达[N]. 解放军报，2014-08-28(07).

[47] 韩建华. 践行"两路"精神 推进青海交通运输事业提质增效[N]. 青海日报，2014-08-26(03).

[48] 王腾腾，任浩. 青藏川藏公路：天路从此不遥远[N]. 南方日报，2014-08-16(A11).

[49] 尼玛占堆. 弘扬"两路"精神 开创治边稳藏新局面[N]. 日喀则报(汉), 2014-08-13(01).

[50] 闻欣. 用"两路"精神凝聚发展强大合力[N]. 中国交通报, 2014-08-12(01).

[51] 常川. 弘扬"两路"精神 不负殷切嘱托[N]. 西藏日报(汉), 2014-08-08(01).

[52] 石磊, 李成业. 以学习贯彻总书记重要批示精神为动力 弘扬"两路"精神开创治边稳藏新局面[N]. 西藏日报(汉). 2014-08-08(01).

[53] 焦党文. 弘扬"两路"精神, 切实推进交通运输科学发展[N]. 中国交通报, 2014-08-08(01).

[54] 习近平就川藏青藏公路建成通车60周年作出重要批示[N]. 人民日报, 2014-08-07(01).

[55] 孙英利, 孙妍, 刘春辉. 传承"两路"精神 加快构建综合交通运输体系[N]. 中国交通报, 2014-07-28(01).

[56] 汪巍. 鏖战雪域15载 "铁军"扬威川藏线[N]. 中国交通报, 2011-09-23(03).

[57] 刘畅, 瞿长福, 薛志伟, 等. 川藏公路: 雪域架金桥 高原气象新[N]. 经济日报, 2011-08-05(08).

[58] 习近平会见神舟十号载人飞行任务航天员和参研参试人员代表[N]. 人民日报, 2013-07-27(01).

[59] 牢记历史经验历史教训历史警示 为国家治理能力现代化提供有益借鉴[N]. 人民日报, 2014-10-14(01).

[60] 认真贯彻党的十八届三中全会精神 汇聚起全面深化改革的强大正能量[N]. 人民日报, 2013-11-29(01).

[61] 中共中央关于制定国民经济和社会发展第十三个五年规划的

建议[N]. 人民日报, 2015-11-04(01).

[62] 习近平. 在党的群众路线教育实践活动总结大会上的讲话[N]. 人民日报, 2014-10-09(02).

[63] 习近平. 弘扬和平共处五项原则 建设合作共赢美好世界——在和平共处五项原则发表60周年纪念大会上的讲话[N]. 人民日报, 2014-06-29(02).

[64] 习近平. 青年要自觉践行社会主义核心价值观——在北京大学师生座谈会上的讲话[N]. 人民日报, 2014-05-05(02).

[65] 高严. 载辉煌成就 谱世纪新篇[N]. 人民日报, 1999-10-11(02).

[66] 中共中央国务院关于打赢脱贫攻坚战的决定[N]. 人民日报, 2015-12-08(01).

[67] 坚持运用辩证唯物主义世界观方法论 提高解决我国改革发展基本问题本领[N]. 人民日报, 2015-01-25(01).

[68] 胸怀大局把握大势着眼大事 努力把宣传思想工作做得更好[N]. 人民日报, 2013-08-21(01).

[69] 习近平. 在纪念红军长征胜利80周年大会上的讲话[N]. 人民日报, 2016-10-22(02).

[70] 扎实开展第二批教育实践活动 努力取得人民群众满意的实效[N]. 人民日报, 2014-01-21(01).

[71] 习近平在参观《伟大胜利 历史贡献》主题展览时强调牢记中国人民抗日战争伟大胜利 万众一心推进中国特色社会主义[N]. 人民日报, 2015-07-08(01).

[72] 习近平在推进"一带一路"建设工作5周年座谈会上强调坚持对话协商共建共享合作共赢交流互鉴 推动共建"一带一路"走深走实造福人民[N]. 人民日报, 2018-08-28(01).

[73] 习近平在会见四川航空"中国民航英雄机组"全体成员时强调 学习英雄事迹 弘扬英雄精神 将非凡英雄精神体现在平凡工作岗位上[N]. 人民日报, 2018-10-01(01).

[74] 习近平. 在深度贫困地区脱贫攻坚座谈会上的讲话[N]. 人民日报, 2017-09-01(02).

[75] 习近平. 在网络安全和信息化工作座谈会上的讲话[N]. 人民日报, 2016-04-26(03).

[76] 习近平. 齐心开创共建"一带一路"美好未来[N]. 人民日报, 2019-04-27(03).

后 记

本书的撰写，是在交通运输部政策研究室、"两路"精神工作室、人民交通出版社股份有限公司组织领导下进行的，得到了部领导、出版社领导的大力支持、重要指导与帮助。同时，西藏自治区林芝公路分局、武警某部交通三支队、西藏军区、西藏自治区交通运输厅、西藏自治区交通运输厅"两路"精神纪念馆、四川省交通运输厅、四川省公路规划勘察设计研究院有限公司、青海省交通运输厅、青海省交通运输厅公路管理局、西藏自治区青藏公路管理局、青海省档案馆、西宁市档案馆、格尔木市档案局（馆）、慕生忠将军纪念馆、川藏公路二郎山纪念馆等单位和机构，以及川藏（康藏）公路筑路政委穰明德先生的后人穰玉武先生、张福林烈士的胞弟张福立将军等，对本书的撰写提供了大力支持和帮助。人民交通出版传媒管理有限公司党委委员、董事谭鸿对本书的写作给予了热情的帮助和悉心指导，并为全书做了终审。人民交通出版社股份有限公司交通史志编辑部主任张征宇、责任编辑陈鹏对本书文字的编校做了大量认真且细心的工作。在此，课题组致以由衷的感谢！在撰写过程中，引用的著述和媒体报道材料，尽可能地注明出处，在此也向这些作者表示感谢！

重庆交通大学庞跃辉教授、任海涛教授、万宇博士、张勃博士等，对本书的写作提出了宝贵的建议，在此致以诚挚的感谢！

本书写作提纲由王戎、唐伯明拟定，具体各章撰写如下：

前言：唐伯明；第一章：郭瑞敏；第二章：邓春梅；第三章：张晓平、康文籍、王戎；第四章：王戎、罗婷、李琪；第五章：郭瑞敏、邓春梅；第六章：张佩佩、徐园媛、王戎、罗婷；第七章：

罗婷、郭瑞敏、王戎；全书由王戎、唐伯明、郭瑞敏统稿。由于水平有限，书中难免出现错漏，恳请读者批评指正！

作　者

2019年12月